现代项目管理学

MODERN PROJECT（第四版）MANAGEMENT

卢有杰 ◎ 编著

首都经济贸易大学出版社
Capital University of Economics and Business Press
·北京·

图书在版编目(CIP)数据

现代项目管理学/卢有杰编著. —4 版. —北京:首都经济贸易大学出版社,2014.1
ISBN 978 - 7 - 5638 - 1109 - 0

Ⅰ.①现… Ⅱ.①卢… Ⅲ.①项目管理 Ⅳ.①F224.5

中国版本图书馆 CIP 数据核字(2006)第 128659 号

现代项目管理学(第四版)
卢有杰 编著

出版发行	首都经济贸易大学出版社
地　　址	北京市朝阳区红庙 (邮编 100026)
电　　话	(010)65976483 65065761 65071505(传真)
网　　址	http://www.sjmcb.com
E - mail	publish@cueb.edu.cn
经　　销	全国新华书店
照　　排	首都经济贸易大学出版社激光照排服务部
印　　刷	北京泰锐印刷有限责任公司
开　　本	787 毫米×980 毫米 1/16
字　　数	492 千字
印　　张	28.25
版　　次	2004 年 3 月第 1 版 2007 年 7 月第 2 版 2011 年 1 月第 3 版 **2014 年 1 月第 4 版** 2014 年 1 月总第 6 次印刷
印　　数	17 001 ~20 500
书　　号	ISBN 978 - 7 - 5638 - 1109 - 0/ F · 643
定　　价	43.00 元

第四版前言

本书已出版三版，仍然有大量读者关注和喜爱，究其原因，乃国家各项事业继续蓬勃发展使然。人民日益增长的物质、文化和安全需要，总要有更多、更新、更好的项目才能满足。这大概是本书仍得读者垂青的主要缘由。作者深受鼓舞的同时，又自愧学识浅陋、文字功底薄弱，故此，又对文字再做修改。至于项目管理的基本原则和做法，因“天不变，道亦不变”，未做改动。本书虽经三次修订，仍难免有错讹之处，恳请读者不吝赐教。

卢有杰

癸巳年暮秋于荷清苑

前　言

目前，国内有关项目管理的文献，既有从发达国家翻译过来的，也有国内编写的。例如，教科书、职业标准、认证标准、专著、普及读物，等等。翻译文献中以美国的为多。有美国项目管理学会（PMI）的《项目管理知识体系指南》（PMBOK 指南）、教科书、专著、大公司内部项目管理手册、应付 PMI 项目管理专业人员（PMP）认证考试的辅导教材，等等。但是，如此众多的文献似乎还不能满足人们学习的需要。首都经济贸易大学出版社希望笔者再添一本。

这本书就是这样来的。在如此浩瀚的项目管理文献面前，写出来的东西要有新意，很不容易。思来想去，决定沿着 PMBOK 指南指出的线索编织材料。PMBOK 指南不是“项目管理知识体系”本身，而仅仅是告诉人们项目管理庞大的知识体系里有哪些宝藏。PMBOK 指南的宗旨之一是“为美国项目管理学会的职业培训和提高课程提供统一的教学大纲”。这又说明了 PMBOK 指南不是教材。笔者的思路由此而发。

笔者深刻体会到了 PMBOK 指南的好处。但是，要将其变成适合于学习的教材，还得付出极大的努力。笔者认为，至少须做以下几件事：首先，把其中（特别是某些汉译本）艰涩与生僻之处说清楚；第二，将学习者想知道的东西剖析明白；第三，在 PMBOK 指南这块“骨头”上添加血肉；第四，让在发达市场经济中成长起来的这份指南入乡随俗，服我国的水土，但又不失其精华。第五，在中华文化与太平洋彼岸的文化之间“修路架桥”，实现沟通。

人人都希望教材通俗易懂，这种渴望应当满足。所以，书中加入了有助于啃“骨头”的实例，可当做“案例教学”的素材。

书中材料、观点和看法的来源，凡可指明出处者，均列入参考文献。有些材料来自世界银行和美国几位专家的讲义，他们是：Robert Youker、David Hamburger、John Huang、Lewis R · Ireland、John Douglas 等等。

本书开始，介绍项目和项目管理的基本概念，以及现代项目管理 9 个知识领域的概貌，提出了由项目工作构成的四维空间，即项目的所在行业、阶段、管理知识领域和管理过程。第 2 章介绍项目来源、识别和市场失灵。市场失灵是政府干预经济的理由，而项目是干预的适当手段。第 3 章介绍项目管理环境。自从 20 世纪 90 年代以来，经济全球化对我国经济和社会产生的影响日渐明显，已经成为项目管理环境中不可忽视的因素。因此，这一章介绍了经济全球化的基本情况。第 4 章是有关项目选择的若干问题，影响选择的因素、选择原则、可行性研究和其中的成本效益分析。第 5 章是项目启动和项目班子。项目经理的作用他人无法替代，所以将专门讨论。项目管理中有多层次、多形式的委托代理关系。因信息不对称，委托代理关系造成了许多问题，故此，用了一定篇幅提醒读者注意它对项目成败的影响。从第 6 章至第 12 章逐一介绍项目管理规划的各个子过程。第 13 章是执行项目计划的各个子过程。第 14 章是项目控制。最后一章是项目结束和项目成败因素的初步分析。

因笔者水平有限，且时常有事打扰，致使该书成稿较为匆忙，由此为读者留下的不便之处还请大家多加原谅，并请给予批评、指正。

卢有杰

甲申正月识于荷清苑

目　录

Contents

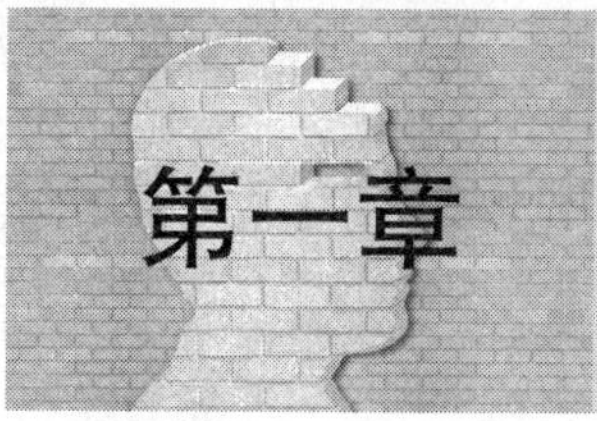

第一章 项目管理概论

MODERN PROJECT MANAGEMENT

内容提要

- 项目的定义、特点及与项目成果的区别，项目与其他人类活动的联系和区别
- 项目根据行业的特点划分为不同阶段，各阶段紧密衔接而构成项目的生命期
- 项目管理的定义，与企业管理的区别，及其同管理学等学科的联系
- 项目管理知识体系的 9 个知识领域，贯穿项目始终的 5 类管理过程
- 项目过程包括一般项目管理过程、项目成果创造过程和独特的管理过程
- 项目管理知识领域与项目管理过程之间的关系
- 项目管理学的发展过程

学习重点

- 项目与项目成果的区别
- 项目区别于其他人类活动的特点
- 项目管理及其与企业管理的区别
- 项目过程及其分类
- 项目管理的知识领域
- 项目阶段和生命期
- 项目管理的体系结构

第一节 人类活动和项目

一、人类活动

几千年来,人类活动的范围不断扩大。如今,人类从事着经济、政治、文化、教育、医疗、军事、科学研究和外交等各种各样的活动。经济活动又有生产、流通、交换和储存等。生产是人类所有其他活动的基础。没有生产,人就不能存活,就不能发展。

二、组织

我们在国民经济各部门和社会发展中参与着各种活动,从事着各种工作,彼此之间千差万别。

我们在工厂、公司、学校、政府机关、医院,以及其他地方进行工作,工厂、公司、学校等这些地方叫做"组织"。"组织"可以定义如下:两个或更多的人为了达到某些目标,有意识地以某种方式联系起来,并有一定的分工及不同层次的权力和责任制度,按一定规则从事社会、经济各种活动的群体或单位。

食品厂、自来水公司、服装厂、贸易公司、软件公司、商店、学校、政府机关、设计院、建筑公司、世界银行、世界贸易组织、长江三峡工程总公司、军队、警察、法院都是组织。组织要比企业范围广。所有的组织都可能有项目,进行项目管理,不限于企业或其他特定类型的组织。

三、不间断的重复性活动和一次性活动

国民经济和社会生活中的工作大致可以分为两类:一类是天天如此,不断地重复,看不到结束的日子;而另外一类,持续时间有限,达到目的之后便告结束,只做一次,不重复。

食品厂方便面生产线上的工作,每天早晨 8 点开始,下午 5 点结束,天天如此。生产线上工人的技术已经非常熟练,只要遵照生产流程规定的步骤开机、巡视、调节流程参数、排除故障、更换磨损的零部件、关机、清理、记录、交班就行。

电视台"社会"栏目的小魏看到,近些年来城镇住房条件有了天翻地覆的变化,但仍有许多不足之处,便萌发了制作一套节目的想法,以便反映这种变化。于是,他向电视台领导提出了建议,说明节目的意义和可行性,以及时间、开支和人力安排,请求拨给经费。这套节目从经费拨下来算起,用了 5 个月拍外景,2 个月后期制作,1 个月审查定稿,总共 8 个月时间完成。等节目上映时,摄制组解散,所有人员各自投身到其他工作之中。

上述两大类工作有共同的特征,例如:都由人来干;可供使用的资源有限;可分解成多个部分,划分成阶段;都需要规划、执行和控制。方便面生产线上的工作属于第一类,可以叫做"连续循环性业务"或"日常业务";而小魏的工作属于第二类,本书将其称为"项目"。

项目还有别的名称,例如研究工作中的"课题"和"攻关"、社会事务中的"专案"、建设事业中的"工程"、军事和防务中的"行动"和"演习"、战役中的"战斗"、各种组织中的"任务",等等。这些不同的称呼反映了项目活动的广泛性,反映了人们对项目认识的演变。即使在项目活动活跃,项目管理得好的美国,亦不例外。他们在普遍认可"project(项目)"这一术语之前,曾使用"task(任务)",将直接参与的全体成员叫做"task force(特别工作组)",现在则以"project team(项目班子,项目团队)"呼之。

四、项目

美国项目管理协会编写的《项目管理知识体系指南》(简称"PMBOK 指南")将项目定义为"为创造独特产品、服务或结果而做的时间有限的努力"。其中的独特产品、服务或结果叫做"项目成果"或"成果"。

前面提到的电视节目制作是一个项目。各个节目的内容、日程、摄制组成员和地点不同,都有"独特"之处。制作了一次,下次不再重复。相比之下,方便面生产属于"连续循环性业务",不能称为项目。原因至少有三。第一,产品天天如此,无"独特"之处;第二,生产线天天运转,不知何日停下;第三,工人只能按照操作规程作业,不得有任何改变。厂方不鼓励工人在作业期间"创新"。

符合这个定义的活动很多。国民经济和社会生活的各个方面都有。就连合家出游、设宴请客、阿姨领娃娃到动物园看熊猫,都可称得上项目。

社会各种组织从事的很多工作,既有连续循环性业务,又有项目,主次不同而已。

以下活动均可算做项目:

各届全国人民代表大会;2008 年北京奥运会;军事行动;开发新产品或服务;改变企业治理或其他组织结构、人员配备或作风,实施全新的经营流程;新客机试飞;政治竞选;发射神舟 6 号;在互联网上建立电子商务网站;打捞沉船;抢险救灾;推广农业技术;等等。

五、项目的特点

为了正确理解项目的定义,认识项目对其主体提出的要求,进而提高项目管理能力,有必要弄清项目不同于日常业务的若干方面。项目的特点主要表现在以下几方面:

(一)时间有限

项目都有具体的开始和结束时间。在其目的已经实现,或者在执行过程中已经看清无法实现事先设定的目标,或者根本无法实现原定目的而应该放弃时,该项目就到了其终点。

除了有始终,时间有限还表现在如下几个方面:

1. 项目欲抓住和利用的机会或市场窗口稍纵即逝,必须在有限的时间内完成项目,创造出独特的产品或服务,否则便“过了这村儿,就没了这店儿”。

2. 从事项目和管理项目的集体(班子、团队)是临时的,成员来自不同地方、组织或部门,开始时彼此不熟悉,需要花费时间磨合,否则就会起冲突,影响工作。由于项目班子是临时的,项目结束后各成员要各奔前程,所以项目接近结束时,班子成员就可能心猿意马,不能集中精力把项目工作做好,以至于功亏一篑。所有这些,都要求搞好项目人力资源管理。

3. 项目一旦失误,很难有纠正机会。个人、企业或其他组织要对项目的所有方面和一切后果负责。许多新产品和服务来自于小企业、小公司,甚至个人的项目。可供这些项目使用的资金和其他资源不但有限,而且项目主体必须为这些资源的损失和浪费承担经济的和法律的责任。项目一旦失败,则投入的资源就要付诸东流,项目的发起人和资金投入者就可能因此而破产。

4. 项目一旦失败,项目的发起者和管理者就要终生蒙羞,很难再有机会以行动证实自己能够吸取教训,总结经验,做好第二个项目。

时间有限要求我们对待项目要慎之又慎,要付出极大的努力,做细致的工作,确保项目切实可行,符合人民和国家的长远利益。

不过,时间有限的特征不能赋予项目所创造的产品或服务,即这一特征并不是项目成果的一种特点。项目经常会产生比项目本身久远得多的社会、经济和环境影响。项目活动,在大多数情况下都是为了得到存续长久的结果。例如,修路、架桥、挖渠、治河、筑坝和树碑的项目就是为了取得世代相传、经久耐用的结果。

组织为了实现一个战略目标,可能需要一系列或多个同时进行的互相补充的项目。例如,我国20世纪60年代“两弹一星”的成功,就是几十、上百个互相配合和协同的项目的共同成果。这些项目相互配合,大大提高了研制效率,降低了成本,加快了研制的速度。

(二)独特的产品和服务

项目是以前未做过的事情,成果与众不同。即使有意模仿,也不可能使自己的成果与模仿对象一模一样。项目的成果尽管属于范围广大的某同一类别,但就像同一父母的亲兄弟,长相、身材、性格和禀性都会有差异,因此是独特的。

例如,我国的扶贫工作。几十年来,各级政府为了使偏远地区的贫苦农民过上温饱生活,做了大量工作,参与此项工作的人已经积累了丰富的经验,形成了一套行之有效的办法。但是,这些脱贫的努力没有两次完全相同。即使有一些标准部件可以重复用于多种产品,但这种情况并不会改变研制新产品项目的独特本质。例如:

- 同是帮助贫困地区人民改善饮水的开发项目,具体实施的地点不同、水文地质条件不同,因而需要付出的努力也就不同。
- 在市场上推销新药的项目可能需要进行数千剂不同剂量的临床试验。
- 研制新型民航客机的项目可能需要做多个不同性能和技术特性的原型机。
- 世界银行给予贷款的几个城市环境项目都列入了培训子项目,培训课程基本相同,但是,由于各城市参与项目的人员不同,培训方式、时间、培训教师等等会彼此不同。

指出项目成果的独特性,主要是为了提醒项目主体,每一个项目都要求重新思考,重新谋划,过去的经验和做法不能照搬照套;每一个项目都要有新意,项目是创新的机会,而非例行公事;循规蹈矩是无法创造出独特的产品和服务的。

在市场竞争日益激烈的时代,项目创造的产品、提供的服务或结果必须独特。若与他人雷同,没有差别,就难以取得优势,就无法战胜竞争对手。

示例 1–1　如何面对"中国创造"是取胜之道

日本最大的财经新闻机构日经 BP 社以《战胜中国制造——日本企业的五张王牌》为题发表连载文章,引起了我国企业界的注意。该文指出:日本制造企业要在先进生产方式、及时响应客户、专利技术、质量品牌、产品设计开发等五个方面提升竞争力,战胜中国制造。"中国制造"如何面对这一挑战?作为中国电子信息百强企业之首的海尔集团 2002 年成功地将冰箱、洗衣机等产品打进日本市场,在日本本土和"日本制造""短兵相接",颇有收获。海尔是怎样看待这个问题的呢?

海尔集团总裁张瑞敏一语破的:"如果是'中国制造',就一定会被打败!如果是'中国创造',就一定不会败!"

为什么"中国创造"才是取胜之道?张瑞敏说:因为"创造"是"人无我有","制造"是"我有人也有"。"创造"是根据用户需要进行的;如果不知道用户需要,"制造"得再好也只能是库存。

写到这里,笔者自然想到家电业用得最滥的词——价格战。如果不按用户的需要制造,那么制造能力越强,竞争力越差,价格战只会越打越惨。

再想想:为什么在非典型肺炎严重流行时,北京的小汤山医院决定安装海尔空调?海尔空调便宜吗?当然不是,海尔空调的价格甚至高于国外的同类产品。因为海尔空调创造了独一无二的“氧吧”健康功能。

海尔有一个故事更能说明问题。2003年6月17日,新疆某枕头厂问海尔能不能生产“洗荞麦皮”的洗衣机。这种产品海尔以前没有生产过,但海尔也从来没有拒绝过为用户排除难题。

洗地瓜的洗衣机、洗龙虾的洗衣机、打酥油茶的洗衣机、打面筋的洗衣机……正是有了这一系列满足个性化需要的先例,坚定了海尔开发人员的信心,也正是由于此,新疆的用户才会找到海尔。海尔人没有让新疆的用户失望,只用了24个小时,“洗荞麦皮”的技术攻克了。新疆的用户接到肯定的电话后,第一句话是:“我一定给你们开个好价钱!”

用户想要的,只有海尔有。这种“绝活儿”是创造出来的,不是制造出来的!

(摘自2003年7月27日《今晚报》,佚名文,略有改动。)

显然,各行业项目的独特性不同。一般说来,新技术项目要比技术成熟者更独特;无先例的项目要比有先例者更独特;同类产品项目,对于新手要比老手独特;等等。不同的项目对努力和资源的要求不同,管理方法也不同。

成熟技术、有类似先例或老手干的项目容易确定目标;新技术、无先例或新手干的项目不易或者根本无法确定目标。因而,目标管理在目标易定项目上行得通,而对不易定目标者则难以奏效。

(三)逐步完善

逐步完善也是项目的特点之一。时间有限和独特性造成了每一项目的成果都是与众不同的,其技术、经济、社会和其他方面的特征或功能不可能在项目构思过程中,在项目实施开始阶段,甚至临近结束时完全明确和全部实现。因此,某个项目的成果区别于其他产品或服务的各种特征只能靠项目参与者耗费心血,逐步明确并使之成为现实。“逐步”的意思就是“一步一步地进行,一点一滴地积累,逐步添加的过程”,而“耗费心血”则意味着“项目是一个严谨、仔细、考虑所有可能性的发展过程”。

当然,项目绝不是“骑驴看唱本,走着瞧”。项目参与者在项目刚开始时就应当大致明确项目成果和项目的主要特征,并随着对项目理解的逐步深入和完整而明确这些特征的具体细节,以及提出实现它们的办法。

要做到逐步明确成果的诸项特征,就必须恰当地确定成果的范围,必须将两者巧妙地结合起来,任何不一致都应尽力协调。在项目根据合同进行时,更应当如此。如果项目的范围,即项目需要完成的所有工作确定得合适,清楚明白,则在逐步明确和细化项目成果特征的过程中,项目范围就不会发生影响项目其他方面的大变动。由于项目和项目成果不同,所以项目成果的范围和项目的范围亦不相同,它们之间的关系将在本书项目规划一章中进一步讨论。示例 1-2,1-3 是几个不同行业中的项目示例,有助于读者理解项目“逐步完善”的含义。

示例 1-2　软件系统图

山水旅行社请环球信息技术公司建立管理信息系统。2003 年 7 月 9 日上午,环球公司项目负责人杨大全同山水旅行社的联系人刘小燕讨论该系统应具备的功能。刘小燕先向杨大全介绍了山水旅行社的基本情况,包括业务、各部门的职能和相互关系。然后提出该系统至少要能记载 6 件事,即:客户资料;交通工具(飞机航班,轮船、火车、长途汽车时间表等);服务费标准;每日收取的服务费;导游员资料;旅游团的组成、行程和开销。该系统最好能在 6 个月内完成。在刘小燕叙述时,杨大全不断提问,例如,客户的资料都应有哪些内容。当日下午,杨大全绘制了一个系统框图。以后的编程要以这个系统图为依据。刚刚绘制完毕,刘小燕来了电话。她说,山水旅行社的经理提出,该系统除了能记载资料,还要能够算账,例如,将每日每个旅游团的开销分类,以便分析成本,挖掘降低成本的可能性。杨大全听后,欣然应允,但同时请刘小燕再次征求山水旅行社各部门的意见,看看他们还有什么具体要求。两天后,杨大全带着项目组的王欢悦到了山水旅行社与他们当面讨论。山水旅行社议论这件事已经 3 年,但以前都未当真。现在,环球公司真要建立这个系统了,他们就积极了起来。讨论持续了整整一个上午。他们的要求很具体,例如,应在客户资料中列入慢性病情况。下午,杨大全和王欢悦一起修改了系统图,结果是面目全非。杨大全让王欢悦根据新系统图估算需要多长时间才能完成。第二天,王欢悦告诉杨大全,至少需要 8 个月。杨大全随即告诉了刘小燕。山水旅行社经过讨论,认可了 8 个月。为了在项目组内分工,王欢悦再次细化了系统图。在细化过程中随时同刘小燕联系,甚至当面讨论。几经反复,直到 8 月 15 日双方才认可了最后的系统图。一般而言,这张系统图还要在编程过程中进一步补充、修改和完善。

此外,我们还须注意,项目是由许多更小过程构成的一个过程,即为创造独特产品和服务的一系列行动或操作。

示例1－3 起草《突发公共卫生事件应急条例》

2003年4月初，国务院副总理吴仪在中国疾病预防控制中心表示，要尽快建立我国应对突发公共卫生事件整套机制。4月14日，卫生部会同国务院法制办将此事正式列为项目，组织有关专家动手起草《突发公共卫生事件应急条例》。

4月14日，国务院法制办主任曹康泰把属下科教文卫司副司长宋瑞霖叫到办公室，告之国务院常务会议已决定立刻起草《突发公共卫生事件应急条例》。曹主任对宋瑞霖说，“你要负起责来，保证完成任务”。已经工作18年的宋瑞霖还是第一次遇到这种紧急的事，所以心里无底。回到家后更大吃一惊。晚间《新闻联播》发布了要制定这个条例的消息，但此刻一个字还没有呢。他感到了巨大的压力。

急事急办。4月15日下午两点多，在邀请的20多位专家都到了会议室时，立即成立了起草班子。

16日，起草小组的成员来到北京展览路银龙苑宾馆后，不能再随便出去，成了“非典”袭击北京后第一批“隔离”起来的人。

16日，起草小组用了一天的时间听专家介绍全国的疫情和防治情况。17日，只能将草拟结果逐条录到电脑里，没时间打印，就用投影仪映到墙上。起草小组全体人员围坐在长条桌旁，看着墙逐条修改。

从18日开始，起草小组成员都是两眼盯着墙，口头起草。到了19日下午，很多人眼睛都花了。

突发公共卫生事件包括重大的传染病、食物和职业中毒、不明原因疾病等多种情况，远非“非典”一种。因此，特别要注意权衡各方面的情况，尤其要警惕感情因素掺杂进去。在防治“非典”初期，一些地方确实出现了一些问题。尤其是因信息不通、数字不准确、反应迟缓等造成的被动。对于已经造成的损失，不愤怒、没感想是不可能的。但是，立法要的是理智，越是在有人愤怒的时候越要冷静。不冷静，就不能发现规律，找到线索。

4月20日，国务院法制办邀请桑国卫、高守一、洪涛三位工程院院士和中国疾病预防控制中心、医疗机构的十几位医学专家、学者，对条例初稿进行研究、论证。会后，根据专家、学者的意见进行了修改，形成了条例征求意见稿，并立即送发展改革委员会、财政部、公安部、监察部等15个国务院有关部门和中央军委法制局征求意见；同时，邀请中国疾病预防控制中心负责人和北京大学公共卫生学院的专家、学者，对征求意见稿再做研究和论证。在此基础上，对征求意见稿做了补充、完善，形成了条例草案。该草案经5月7日国务院第七次常务会议审议并原则通过。之后，国务院法制办会同卫生部对草案又做了进一步修改，报请温家宝总理审查并签署后公布。

2003年5月12日，国务院向社会公布了《突发公共卫生事件应急条例》全文。该《条例》从动议到正式发布才二十几天。

许多情况下，项目和连续循环性业务不能截然分开。例如，为某企业提供管理咨询的过程，从整体而言，具有上述三个特点，因此是项目。但是其中的某些工作却具有连续循环性。例如，制定ISO 9000认证计划就是如此。

另外，项目一旦成功，其成果得到社会承认，受到消费者欢迎，为满足源源不断的需求而进行的生产就成了日常业务。可以说，是项目创造了日常业务，而日常业务则将项目的成果不断地提供给大众，满足他们的需要。分散的项目和日常业务这两种活动汇集起来就是经济增长和社会发展。

从某种意义上说，项目是"创业"，而连续和循环性日常业务是"守业"。创业难，守业也不易，两者都需要管理。

六、项目及其成果

（一）项目与其成果的区别

项目和项目的成果是既相互联系，又相互区别的两件事，不能混淆。

例如，地铁车辆设计项目的成果是地铁机车和客车，与参与设计者的构思、比较、分析、绘图、讨论和计算等活动和工作不是一回事。但是，许多人却常常误将项目的成果视为项目。不少人热衷于快快见到成果，但不愿意为创造成果而投入资源，并付出艰辛的努力。他们重视结果，但轻视过程。

重结果轻过程的做法，容易挫伤项目参与者的积极性，还容易造成项目管理中的混乱。将两者清楚明白地区别开来，有利于搞好项目管理。

（二）有益、无益和有害的成果

项目定义有一个假设，即项目所创造的"独特产品、服务或结果"都是"有益的"，但是，人们经常看到有无益甚至有害的独特产品、服务或结果。无益产品或服务有：热量过高的快餐与饮料、过分的商品包装、虚假宣传的保健食品、博彩服务、带有赌博性质的电子游戏等；有害的独特产品或服务包括无法降解的塑料袋、香烟、整容后的报废汽车等。市场机制具有鼓励创造无益甚至有害产品或服务的功能，是一种"市场失灵"。

上述项目定义未区别有益与无益的成果，但请读者注意本书第三章，这一章指出项目和项目管理必须遵守法律、社会公德和职业道德。然而，我国的立法和司法体系还不完善。因此,从事项目者和项目管理人员应以自己的行动弥补法律体系和道德观念目前存在的不足,不能从事有害的项目活动。项目必须有利于促进发展社会生产力,有利于满足人民日益增长的健康需要,有利于增强国家实力。

七、项目的阶段和生命期

创造独特成果的项目总会有某种程度的不确定性。为了避免不确定因素造成损失,并将项目与实施项目的组织的日常业务联系起来,通常要按照项目成果的技术或组织特征将其划分成若干个阶段,以便施以更好的控制。这些阶段衔接起来叫做"项目生命期"。

(一)项目阶段特征

项目各个阶段均以一个或数个阶段性成果的完成为标志。阶段性成果有时候叫"中间成果"或"应交付成果",与项目成果不同。应交付成果就是某种有形的、可查验和核对的成果,例如,研制某市地理信息系统的可行性研究报告、详细设计文件或可供示范用的样品系统。项目管理特别重视应交付成果的记载、表达、保存和交流。应交付成果的用途很多。

为了逐步恰当地明确项目成果(如地理信息系统)应具备的功能和特征,事先应根据创造的成果技术或其特征设想勾画出大致的逻辑步骤,应交付成果以及项目阶段就是这些逐步完善步骤的具体表现。

每当一个项目阶段结束时,通常都要审查重要应交付成果和项目迄今为止的实施情况。这些工作是项目阶段结束的标志。审查的目的是:①判断并确定项目是否应当继续进行,是否可以进入下一阶段;②以最小的代价及时发现错误、偏差和潜在的问题等,并对问题进行有效的纠正,避免积累成灾难性后果。美国常常把这种阶段末审查叫做"阶段放行口"、"阶段关卡"或"否决站"。

每一个项目阶段一般都事先明确应交付的成果,以便高层管理人员判断项目是否达到了事先设定的水平。所有这些事项的大部分都同各阶段的主要应交付成果相联系,而各阶段一般也使用这些事项的名称,例如要求说明书、设计、建造、试验、启动、交接,以及其他适当的名称。

除了上述用途,应交付成果还是遇到问题时回顾和追查根源,判明责任的依据。这一过程叫做"追踪"。应交付成果是"追踪"的路标。另外,大型复杂的项目,工作量巨大,各阶段的许多工作要交由项目班子以外的个人或组织完成。这样一来,应交付成果就是这些工作承担者的业绩,是向他们付酬的依据。

(二)项目生命期特征

项目生命期的用途之一是确定项目的开始和结束时间。例如,当组织认识到应当采取行动抓住某个机会时,一般会指定人员做一个需求评价或可行性研究,以便判断是否应当搞一个项目。可行性研究经常单独成为一个项目或计划，不列为本项目的一个阶段。

在确定项目生命期的同时，还要求确定有哪些过渡行动是项目的开始和结束的组成部分，还有哪些行动尚未成为项目的开始和结束的一部分。这样一来，确定项目生命期的工作就是将项目与项目实施组织之间持续不断的日常业务联系起来。

多数项目生命期确定的阶段顺序一般是某种形式的技术交接。例如，从提出设计要求到设计、从制造到使用或从设计到部署。前一阶段完成的应交付成果一般经过批准后才进入下一阶段。但是，有些时候，若认为后一阶段可以在尚未批准前一阶段的应交付成果时就开始，只要这样做的风险可以接受的话，就可以这样做。把阶段先后搭接起来的做法在美国叫做“快速跟进”。

项目生命期一般确定的内容包括：①项目的每一个阶段应当完成什么技术工作？②项目的每一个阶段都应当有谁参加？

项目生命期说明书可简可繁，视具体情况而定。

从对多数项目生命期所做的说明中可以看出：

1. 人力和费用的投入，开始时少，后来逐步增多，而当项目接近结束时减少得非常迅速。见图 1－1。

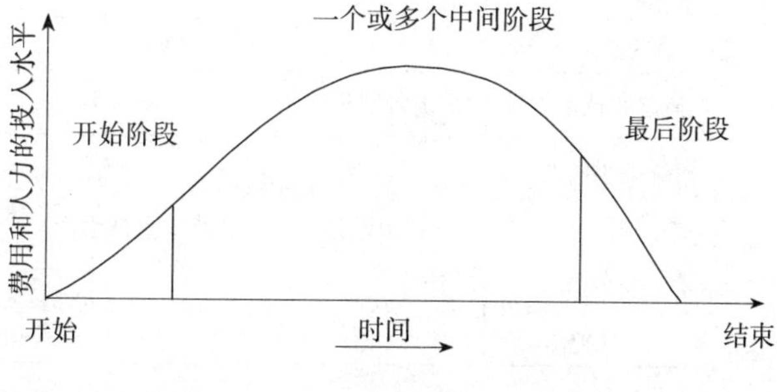

图 1－1　项目投入在其生命期中的变化情况

2. 项目开始时，成功的把握性最小，风险和不确定性最高。随着项目的进展，项目获得成功的可能性一般都会逐渐增大。

3. 项目开始时，利害关系者影响项目成果最后功能特性和项目最终费用的余地最大，而随着项目的进展，其影响逐步减小。所谓利害关系者，即积极参与项目，或其利益因项目的实施或完成而受到积极或消极影响的个人或组织。造成这种现象的原因主要是随着项目的进展，变更和纠正失误的费用一般都会越来越高。

项目的生命期和项目成果的生命期不同，必须区别之。例如，研制疫苗的项目和疫苗的生命期不同。疫苗有其试用、推广、逐渐失效、最终淘汰的生命期。研制疫苗的项目生命期仅仅是疫苗生命期的一个阶段。

多数项目生命期有4个或5个阶段,某些项目可多达9个以上。即使某单一行业或部门的项目,也会有很大差别。如,一个组织的软件开发生命期可能只有一个设计阶段,而另一个组织却可能将其分成功能设计和详细设计两个单独的阶段。

项目的子项目也可以有不同的生命期。例如,投资银行接到客户借款申请,决定先研究其资信,然后再做定夺。这是一个项目。该行固然人才济济,但对于客户借款用途中开发地热部分是否合理,无人能够回答。于是,就将其委托某地质大学研究。该大学自然将这一委托视为项目,这一子项目也有自己的阶段和生命期。

(三)具有代表性的项目生命期

这里选些例子,说明各种不同项目生命期的确定方法。

例1 美国国防部采购项目。美国国防部须知5000.2最后协调稿2000年4月版详细说明了图1-2中采购项目的一系列里程碑和阶段。

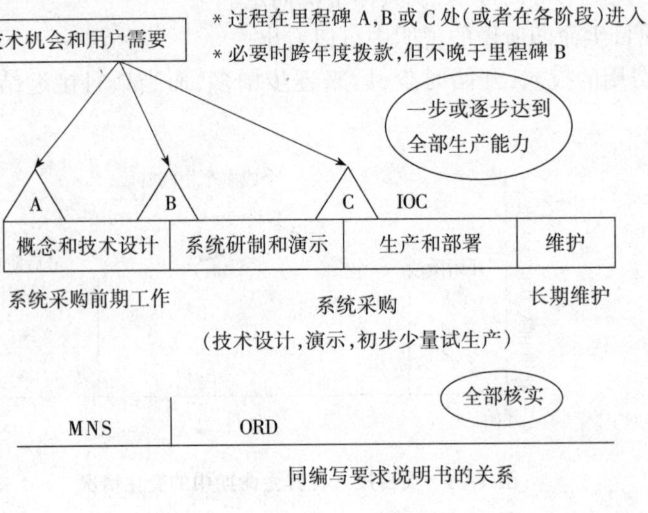

图1-2 典型国防采购生命期
(摘自US DODI 5000.2 2000年4月,最终汇总稿)

- 概念和技术设计——对满足任务需求的各种概念进行书面论证;准备新系统概念的子系统/部件和概念/技术演示。最后选定系统结构和准备使用的成熟技术。
- 系统研制和演示——系统集成;降低风险;演示技术设计模型;详细设计并进行初步运行试验和评价。最后在实际运行环境里进行系统演示。
- 生产和部署——小批量试产;建立最大的生产能力;这一阶段与日常连续业务和维护重叠。
- 维护——这一阶段是产品生命期的一部分,但是实际上属于日常管理。在这一阶段可以进行各种各样的项目以提高生产能力，纠正缺陷等等。

例 2　药物研制项目。美国某种新药研制项目的生命期，见图 1-3。

- 发现和筛选——包括基础研究和应用研究。识别临床前试验的候选物。
- 临床前研制——包括实验室和动物实验，确定安全性和效验，编写和提交调查新药申请书。
- 注册——包括临床阶段Ⅰ，Ⅱ和Ⅲ试验，以及编写和提交"新药申请书"。
- 申报后活动——包括为满足食品和药品管理局审查"新药申请书"的要求而必须进行的各种工作。

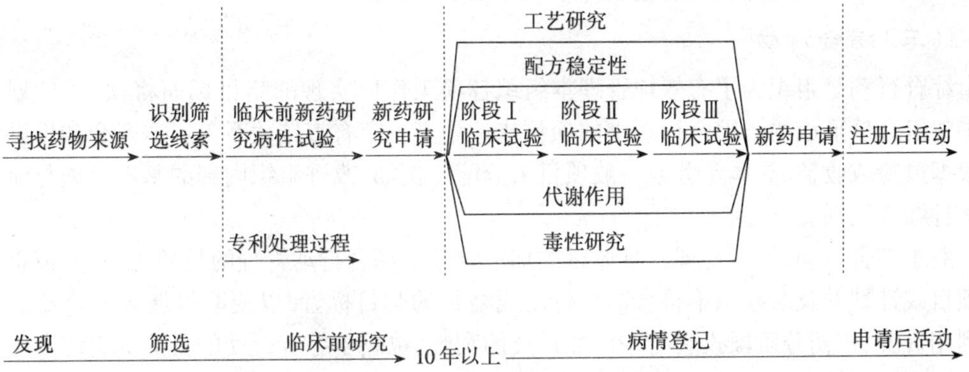

图 1-3　药物研制项目典型生命期

八、同项目类似的活动

某些有目的的活动与项目类似，甚至密切相关。这些活动有的叫"计划（program）"、"工程"、"运动"；有的叫"子项目"。

（一）计划（工程、运动）

计划是一组协调管理的项目，以取得对它们分别进行管理时无法取得的效果。我们对计划并不陌生。例如，人类基因组计划、星火计划、863 计划、曼哈顿计划、阿波罗计划、北京申奥计划；南水北调工程、西气东送工程、希望工程、夏商周断代工程、西部地区退耕还林（还草）工程等，都是计划。军事上的战役相当于计划，而战斗相当于项目。

《三国演义》中孙权和刘备联合抗曹战役就是一个典型的计划。该计划由一连串儿的行动或项目组成。其中有诸葛亮舌战群儒、孔明用智激周瑜、群英会蒋干中计、草船借箭、苦肉计、阚泽密献诈降书、庞统巧授连环计、七星坛诸葛祭风，以及三江口周瑜纵火等。

大部分计划除了项目管理之外,还常常要求做某些连续循环性的工作。

计划和项目有时同义,有时不同,一般而言,项目包括在计划之中。为了避免同指导行动、评价和判断实施情况的“计划(plan)”相混淆,有人称“计划(program)”为“大项目”。

(二)子项目

项目常划分成多个易管理的部分,称为“子项目”。不能认为子项目是小项目。子项目常发包出去,交给外部的供应商或组织内其他部门完成。人们经常将子项目看做是单独的项目进行管理。例如,某城市环境项目就有城市污水截流、固体废物处理、自来水改造、地理信息系统、城市环境监测、制度建设与培训等众多子项目。

(三)综合行动

综合行动是组织为了有效地管理本组织各项工作以实现战略目标而将项目、计划与其他工作组合后形成的。综合行动中的项目或计划不一定有直接关系。所需资金和后勤保证可根据风险或收益、具体业务或一般项目来分配。例如,改进组织内部的基础设施与流程就是一种综合行动。

对于综合行动,组织要视其具体目的加以管理。综合行动管理的目的之一是,慎重地选择项目或计划并及时剔除不符合综合行动战略目的与目标者,以便取得最大的收益。有效地利用资源,权衡分阶段投资与一次性投资的利弊,也属于综合行动的目的。组织高层管理人员或高层项目管理人员一般承担综合行动管理之责。

第二节 项目管理

一、项目管理的定义

项目若不事先规划,精心组织,并在努力过程中及时协调、严密控制,就不能创造出独特的成果,难以达到目的,甚至事与愿违,蒙受损失。对项目的工作进行规划、组织、协调和控制,就是管理项目,或称“项目管理”。

PMBOK 指南称项目管理“就是把各种知识、技能、手段和技术应用于项目之中,以满足项目的要求”。若将上述两种定义结合起来,则项目管理就是:将各种知识、技能、手段和技术应用于创造独特成果的努力之中,以满足项目的要求。

项目参与者必须具备、掌握和灵活使用项目所需要的知识、技能、手段和技术。只有这样,才能满足项目的要求。项目千差万别,其要求自然也不同,但是,这些要求之间也有如下共同点。

第一,权衡和处理项目在范围、时间、费用、风险和质量等方面提出的各种各样,甚至互相冲突的要求；

第二，权衡和处理利害关系者的不同需要与期望；

第三，满足已明确的要求和尚未明确的要求。

所谓满足，实际上就是权衡和折中。利害关系者对项目有自己的需要和期望。已明确的要求好理解，例如，项目根据合同进行时，合同中的书面条文。尚未明确的要求，就是在项目开始时或初始阶段，利害关系者没有感受到，或者虽然感受到了，但未能表达出来的要求。表 1－1 列出的是制造业建设项目各利害关系者明确提出和未明确提出的要求和期望。

表 1－1　制造业建设项目利害关系者要求的冲突

利害关系者	明确提出和未明确提出的要求和期望
业主	成本低，收益高，时间短，工程无缺陷，一次投产成功
咨询工程师	合理的酬金，从容的进度安排，迅速取得信息，迅速决策，及时收到酬金
承包商	丰厚的利润，及时收到施工图纸，变更尽可能少，材料和设备及时送到现场，公众不要抱怨或妨碍施工，可自由选择施工方法，不受其他承包商的干扰，及时收到工程款，迅速领取各种许可证或执照，及时提供服务
供应商	规格和其他技术要求明确，从订货到发货的时间充裕，利润率高，尽量少用非标准件，质量要求合理
金融机构	贷款安全，按预定时间收回本息，项目的收益良好，能够及时清偿债务
公众	施工期间无污染及公害，投产后对外部环境不产生有害影响，有社会效益，产品优良，价格合理
公用事业单位	业主或承包商及时提出对服务的要求，把施工的干扰降至最低限度
政府机构	符合国家的政策和法律
一线作业人员	施工图纸及时送达，最好无变更，材料和装备及时送达，公众不抱怨，咨询工程师的指示明确，不受其他施工单位的干扰，执照发放迅速，及时提供服务，及时验收工作或工程
业主内部各部门	从容的进度安排，有足够的时间收集信息，及早获得有关项目的信息，工程对本厂目前的运转尽量不造成干扰

示例 1-4 尚未明确的需要

某市要举办一个建设成就展览会，目的是充分展示本市十几年来取得的辉煌成就，让人民看到更美好的未来，激发更大的工作热情和干劲，烘托气氛，刺激消费，吸引外资。展览会的内容：市政、交通、住宅、园林绿化、环境保护和基础设施。展览会筹备组按照市委的要求，认真规划、组织和实施。正当展品基本齐备并已就位之时，市委要求增加市政公用设施有偿使用、鼓励民间资金介入的内容。对于十分疲惫的筹备组来说，这是很大的压力。筹备组负责人冷静地向市委询问，为什么到现在才提出这个要求？市委人员解释说，当初酝酿时，没有想到污水排放收费问题阻力这么大。现在看来，非常有必要利用这个展览会向市民、企业和其他单位宣传这项改革的必要性和深远意义，希望民间资金也参与到这个事业中来。因此，希望筹备组克服困难，再接再厉，把这个展览会办得有特色、圆满，达到市委设想的目的。

尚未明确的要求经常打乱项目的安排，既能带来机会，也会带来威胁。项目管理人员应当在项目启动前或规划阶段就尽量弄清项目利害关系者的要求。

二、项目管理与企业管理的区别

有些项目管理人员不知道，也没有认真想过项目管理与日常业务组织管理有何不同。图 1-4 和表 1-2 是企业管理(职能部门工作)与项目管理的概括性比较。

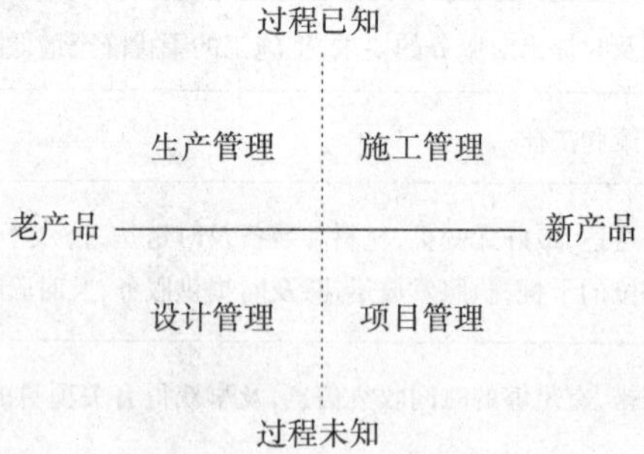

图 1-4 职能部门工作与项目管理的比较

表 1-2 职能部门工作与项目管理的比较

职能部门	项目管理
过程和产品重复	新产品/过程
多个目标	一个目标
连续不断	一次,时间有限
一样的人多	不一样的人多
集合集体的努力有现成的办法	集合集体的努力须重新设法
结果、成本和时间很确定	结果、成本和时间很不确定
维护既定惯例	破除既定惯例
维护现状	打破现状
直线职能组织的一部分	非直线职能组织

三、项目管理知识领域

项目管理以启动、规划、执行、控制与收尾等过程展开。项目管理诸过程涉及多方面的知识,权衡和处理项目在范围、时间、费用、风险和质量等方面提出的各种各样,甚至互相冲突的要求;处理利害关系者的不同需要与期望,满足其已明确的要求和尚未明确的要求。这些知识可分为 9 个方面,即项目范围管理、项目时间管理、项目费用管理、项目质量管理、项目人力资源管理、项目沟通管理、项目风险管理、项目采购管理和项目整体管理。

(一)项目范围管理

项目范围管理就是明确项目成果和项目管理的范围,确保项目不但完成全部规定要做的事情,而且成功地实现项目创造独特成果的目的。该知识领域的基本工作是随时明确和控制应当列入和不应当列入项目的事项。项目范围管理的过程有范围规划、范围定义、范围核实和范围变更控制等。

本书重点讲述的是管理项目范围的过程、工具和技术等方面。管理成果范围的过程、工具和技术因行业、部门(应用领域)不同而不同,一般都是项目生命期的一部分。

(二)项目时间管理

项目时间管理是为了确保项目按时完成而必须进行的所有过程,包括活动定义、活动排序、资源规划、活动持续时间估算、进度表制订和时间控制。

某些项目,特别是小项目,活动顺序的安排、活动持续时间的估计和进度表的制订等彼此之间联系密切,可看成一个过程,可以由单独一人在一段短时间内完成。

(三)项目费用管理

项目费用管理是保证在批准的预算内完成项目所需的诸过程的全体,包括费用估算、费用预算和费用控制等。

虽然项目费用管理主要关心完成项目各活动所需资源的费用,但也必须考虑项目决策对利用项目成果的费用的影响。例如,限制设计审查次数有可能降低项目费用,但同时也有可能增加委托人或顾客的使用费用。费用管理中的这种长远观点叫做“生命期费用估价”。生命期费用估算经常与价值工程技术一起使用,以降低成本,缩短时间,改善质量和效果,并优化决策。

在许多应用领域,对项目成果将来财务效果的预测和分析是在项目之外完成的。而在另外一些领域(例如基础设施项目),这一工作则属于项目费用管理范畴。如果这种预测和分析归入项目费用管理,则需要增加一些过程和许多一般的管理技术,例如投资收益率、现金流量折现、投资回收分析等等。项目费用管理应当考虑项目利害关系者的信息需要,因为不同的利害关系者可能在不同的时间,以不同的方式测算项目的费用。例如,采购品的费用在承诺、发出订单、送达、支付,以及为会计核算而记录时,就要进行测算。

当项目人力资源管理中的奖励和表彰制度需要支出费用时,应当分别估算和编制可控和不可控费用的预算,以便通过奖励反映实际业绩。

某些项目,特别是小项目,费用估算和费用预算两者之间的联系十分密切,可将其看成一个过程,可以由一个人在一段短时间内完成这几个过程。在项目的早期阶段,影响费用的能力是最大的,这正说明了尽早完成范围定义,彻底弄清项目利害关系者对项目提出的要求,扎扎实实地制订项目计划是十分重要的。

(四)项目质量管理

项目质量管理也是项目管理的一部分,是为了保证项目能够满足原来设定的质量要求而必须进行的质量规划、质量控制和质量保证三个过程,包括决定质量方针、目标和责任的综合管理功能中的所有活动,并将这些活动通过诸如质量规划、质量保证、质量控制和质量改进等手段在质量体系内加以实施。

(五)项目人力资源管理

项目人力资源管理是为了保证最有效地使用参加项目者的能力而必须进行的各种过程的全体。其中,有组织规划、招聘人员和班子建设与管理等内容。

(六)项目沟通管理

项目沟通管理是解决人、思想和信息之间的联系,保证项目信息及时准确地提取、收集、传播、存贮以及最终进行处置所必需的所有过程的全体。其中有沟通规划、信息分发、进展报告和利害关系者管理等几项工作。

（七）项目风险管理

项目风险管理需要的过程有识别、分析不确定的因素，并对这些因素采取应对措施。其任务是尽量扩大有利事件的积极结果，而把不利事件的后果降低到最低程度。涉及的过程有风险管理规划、风险识别、风险定性和定量分析、风险应对规划，以及风险监测与控制等。

（八）项目采购管理

项目采购管理是以买者的角度处理从项目组织外部获取货物或服务的问题。涉及的过程有采购规划、发包规划、询价、供方选择、合同管理、合同收尾等。

（九）项目整体管理

项目整体管理是为了正确地协调项目所有各组成部分而进行的各个过程的全体。其核心就是在多个互相冲突的目标和方案之间做出权衡，以便满足项目利害关系者的要求。整体管理由五个关键性过程组成：启动、制定项目计划、执行项目计划、控制整体变更和收尾。

管理中的协调功能体现在项目整体管理之中。整体管理包括协调功能，但协调不包括将范围、时间、费用、质量、人力资源、沟通、风险和采购 8 个方面的管理结合为有机整体的功能。正是这种结合使项目管理效果大大超过 8 个方面单独管理的效果之和，即“整体大于部分之和”。

上述 9 个知识领域，每一个都有若干过程。这些过程之间，以及同其他知识领域过程之间相互影响、互相作用。其中每一个都可能根据项目的需要由一人、多人，一个或多个集体付出努力。一般说来，项目每一个阶段至少都会有上述过程之一。

将项目管理划分为 9 个方面，是学习、领会和把握项目管理的一种方式。但是，它们并不是项目管理人员分工的依据，各方面不一定交由不同的人去完成。本书将以另一种方式，即按照启动、规划、执行、控制和结尾 5 个大过程介绍这 9 个知识领域涉及的各个子过程。

四、项目管理与其他管理学科的关系

从世界范围而言，项目管理已经发展成独立的学科。但是，该学科与其他学科，特别是与管理学科有着千丝万缕的联系。图 1－5 就是这种联系的一种形象表示。

管理项目这种人类有目的、有组织的活动，需要各种知识和技能。将项目管理与其他管理学科区别开来的这些知识有如下特点：

（一）独特的知识

项目管理中，许多知识是其本身所独有的（例如，关键路线法 CPM、计划评审技术 PERT、图形评审技术 GERT、实现价值管理 EVM 和工作分解结构 WBS），也有很大一部分知识与其他管理学科（如企业管理）所共有，例如组织行为学、财务预测和规划理论（线性规划、非线性规划、动态线性规划等）。

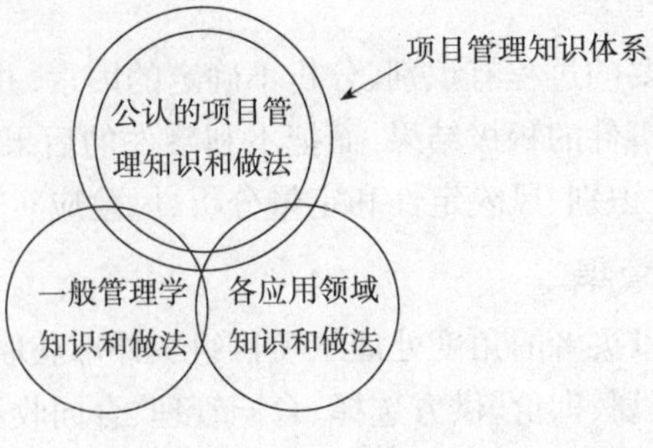

图 1－5 项目管理与其他管理学科的关系

（二）多方面知识

一般管理指对企业或其他组织的连续循环性业务进行规划、组织、人员配备、执行和控制，一般要经常用到法律、战略规划、物流管理、财务管理和人力资源管理等各种学科的知识。

项目管理要用到一般管理的多个方面的知识。例如，组织行为学、财务预测、规划技术等。必要时，将上述各个方面的知识加以改造后再用于项目管理。

（三）应用领域知识

前面已经多次提到，项目存在于国民经济各部门和社会生活的各个方面，这些千差万别的项目各有自己的规律，因此，管理它们就要具备有关这些具体规律的知识。我们在这里将其称为“应用领域知识”。从项目管理的角度看，应用领域知识指的是具体项目所具有的但又不是所有的项目都具有的技术或管理方面的知识。应用领域一般根据以下特征确定：①技术因素。例如，软件开发、医药、给排水工程或土建工程。②管理的分科。社会和工商业发展到了今天，管理学和管理职业内部的分工也越来越细，可以说项目管理就是其中之一。此外，还有政府采购、社区开发或新产品开发等管理分科。③职能部门和配套学科。例如，法律、生产和库存管理、营销、物流和人事管理。④产业集团。例如，汽车、化工、农业、金融服务等。

可以说，国民经济有多少个部门，社会有多少个方面，项目管理就有多少应用领域。下面是关于应用领域知识中的技术知识和管理知识的简要说明：

第一，应用领域技术知识。从事软件开发项目的人员，必须懂得电脑软件、软件工程、编程语言等方面的知识；工程设计项目，涉及生产工艺、建筑学、结构工程、设备、电气、园林景观等方面的知识；从事农业灌溉项目要求相关人员懂得土壤学、作物学、水力学、气候学、水利机械等方面的知识。

第二，应用领域管理知识。隔行如隔山，不但不同应用领域的技术知识彼此不同，连管理知识也不同。例如,同是合同管理,土木工程的合同要比一般物资采购的合同复杂得多。同是土木工程的合同管理,政府项目的要求也不同于民间项目。外贸项目和国内贸易项目显然不同。我国已经加入世界贸易组织,越来越多的发达国家对我国的产品实行反倾销调查,不懂进口国的法律,不懂世界贸易组织规则,难以应对这些抗诉项目。另外,生物科学项目要服从环境保护方面的要求,就必须通晓有关法律和国际标准化组织的有关标准。

第三节　项目管理的过程

一、过程

自然现象和人类活动都表现为许多过程。事情进行或事物发展所经过的程序称为过程。过程有作用的对象和结果,以及产生结果的机理或机制。自然过程表现为最终造成某一具体结果的逐渐变化,例如,地球表面和建筑物的风化过程,生物的新陈代谢过程;而人类活动的过程除了具有上述作用外,还表现为一系列造成某种结果或引起突变的行动或操作,例如,物品的制造、事件的发生和社会制度的更迭。过程一般都具有多个可以识别的阶段,阶段的多少和彼此之间的衔接关系是由过程的内在矛盾或逻辑关系所决定的。反过来,每个阶段内也常常有多个小一些的过程。

组织的连续循环性业务和项目都表现为许多过程。

连续循环性业务,例如,银行吸纳个人存款的业务、政府机构接待民众的投诉并给予其满意的回答,这些都是过程。

而项目和项目管理均是由诸多小过程综合而成的一个大过程。这些过程的各个方面之间互相影响,在某一方面采取行动或未采取行动一般都要影响其他方面或过程。这些影响和作用有时很明显,容易发现,容易理解。例如,如果设计诸过程中缺少某些行动,努力不够,往往会在设计过程中留下缺陷,进而增加加工、制作过程中的费用,延长加工、制作时间,打击加工、制作人员的积极性。而有些影响和作用则很微妙,难以察觉,不易捉摸。例如,用户若在软件开发过程中改变其功能要求,就可能会影响项目班子的士气。

项目管理人员必须事先了解和敏锐地观察和发现项目各个过程之间的各种影响和作用,必须在项目的各种要求之间进行权衡。所谓权衡,就是在时间和其他资源有限的情况下,决定项目的哪些要求必须满足,哪些要求可以从缓、从简,或者完全放弃。只有对这些影响进行主动、积极地管理,项目才能取得成功。

二、项目过程的分类

项目过程一般分为两大类:

第一类,说明、安排、组织和完成项目工作的过程,简称“项目管理过程”。

第二类,创造独特产品或服务,完成独特任务的过程。组成此类过程的行动或操作及其顺序由产品或服务,或者任务的用途、组成、结构、材料、性能等特点以及需用的技术、工具、设备和设施所决定,简称"成果创造过程"。

项目过程和项目管理过程之间的差别特别值得注意,切勿混淆。项目管理过程是所有应用领域(行业、专业、产业、社会部门)的项目都必须进行的过程,例如,时间、费用、质量、风险规避、人才培养等方面的规划、协调和控制过程。

成果创造过程因应用领域的不同而彼此之间相差很大。例如,新药品研制过程与影视创作过程;民用产品采购过程和武器的采购过程;农作物新品种的培育过程与工业新产品的研制过程等等,彼此之间相差悬殊。

成果创造过程可以进一步分为专业管理过程和技术过程。例如,建设项目的施工组织设计属于成果创造过程中的专业管理过程,而混凝土的浇筑和养护属于成果创造过程中的技术过程。

正是这种复杂的情况,决定了项目管理人员必须有足够的应用领域知识、素养和技能。不知道如何创造项目的成果,就不能确定项目的范围,也就不能制定出能够满足项目要求的项目计划。

现代社会的实践证明,很少有人能够成为"万能"的项目经理。项目管理人员要不断地学习,"与时俱进"。

项目的阶段和生命期主要由成果创造过程决定,但也必须考虑管理过程的要求。项目的阶段和生命期也可以反过来决定成果创造过程。

项目管理过程和成果创造过程在项目的生命期间始终彼此重叠,互相影响。因此,项目管理人员要善于将二者结合起来,把它们变成一个有机的整体,以系统的观点审视之,以系统工程的方法对待之、处理之。

由于项目活动发生的应用领域极其广泛,彼此之间千差万别,成果创造过程难以穷尽,故本书主要介绍项目管理过程,对于成果创造过程,特别是其中的技术过程不能加以详述。

三、项目管理过程

项目各管理过程按其在项目管理中的职能可归纳为5组,每一组都有一个或多个子过程。

第一,启动。承认、认可和批准项目或项目阶段,动员和决定投入资源。

第二,规划。制订或修改项目计划,确定和细化项目的要求,并在各种可行的行动路线中选择最好的、能最有效地实现项目本应达到的目的者。

第三,执行。调动人力和其他资源执行项目计划,并进行协调工作。

第四,控制。定期监视和测量项目进展情况,发现项目的各个方面是否有偏离计划之处,并在必要时采取行动、措施和办法纠正之,确保创造出有用的项目成果,实现事先可能设定的目标。

第五，收尾。正式接收项目或项目阶段的成果，并有条理地结束项目。

以上5个过程组通过各自产生的结果(应交付成果)而联系起来。一个过程的结果或后果常常是另一过程加工或操作的对象、激发的因素、依据(有人称之为“输入”)。规划、执行和控制过程是项目管理的核心过程。在核心过程之间，反复多次发生上述联系，规划过程为执行过程提供项目计划，随着项目的进展，控制过程又为规划过程提供了新资料，要求修改、补充和更新项目计划。见图1-6。

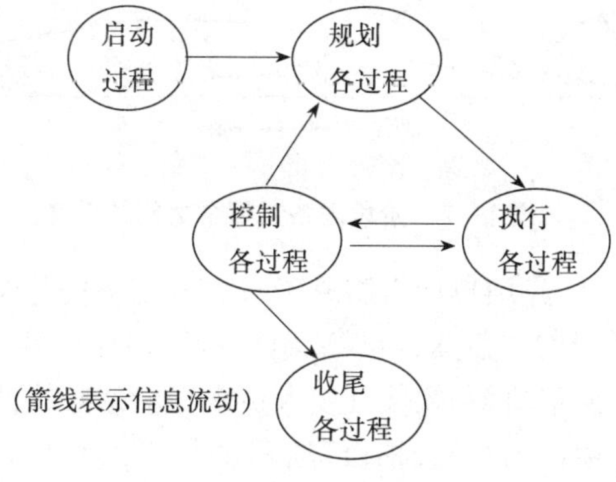

图1-6　阶段内各过程组之间的信息流向

请读者注意，千万不要将上述5个过程误解为项目的5个阶段。不能将两者混淆起来的理由主要有3个：

其一，项目的阶段是由项目成果的特性决定的，不同应用领域的项目阶段划分方法不同，阶段数目也不同；而上述5个过程是管理过程，与应用领域无关。

其二，项目的阶段都是一次性的，不能重复多次；而上述规划、执行和控制3个核心过程，可以而且必须重复多次。

其三，图1-6中执行和控制过程之间的两条箭线表示了它们之间的成果双向交接和依赖关系，而非阶段之间的单向交接关系。

将过程和阶段区别开来，有助于加深对项目是逐步完善这一固有特性的认识，有助于项目管理人员认识到自己身上的责任，必须为完成项目而付出不懈的努力。

项目管理的各组过程不是只进行一次就完了，它们在项目的每一阶段都不同程度地互相重叠。图1-7是一个阶段内各过程群相互重叠的情况。

项目管理各组过程的相互影响和交接还跨越阶段，一个阶段的结束为启动下一阶段提供了依据。例如，管理信息系统研制项目的“用户对系统的要求”阶段结束时，要求用户在

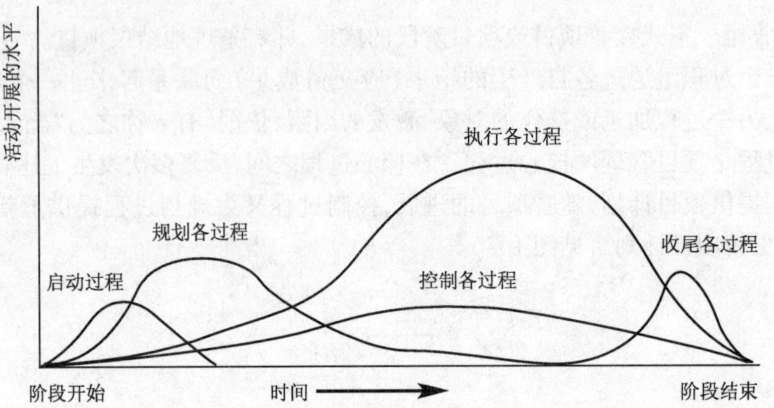

图 1－7　阶段内各过程群之间的重叠

项目委托文件上签字认可。经用户和研制班子双方签字的委托文件就为随后的“系统逻辑设计”阶段提供了成果说明书。显然，不弄清用户对管理信息系统的要求，如何能进行系统设计呢？据说，因为用户说不清楚，软件开发人员未弄清楚对软件系统的要求而惨败的项目太多了。再如，影视创作项目的“外景拍摄”阶段的成果，为“后期制作”阶段提供了加工对象。项目各阶段之间的这种过程交接关系可以形象地表示在图 1－8 中。

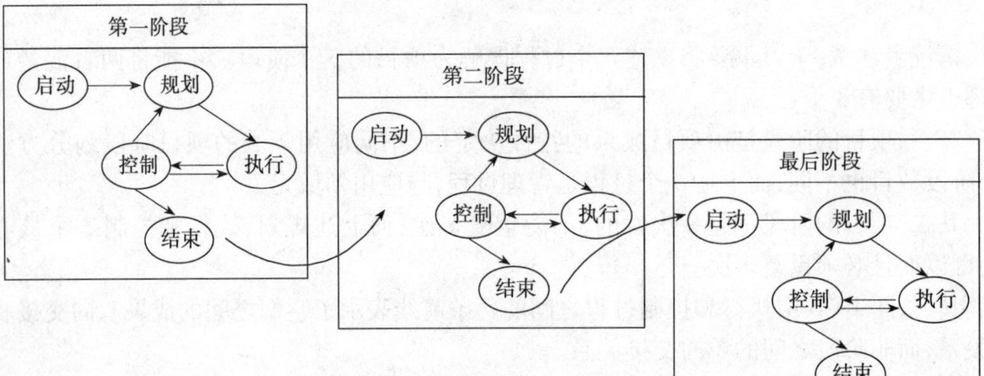

图 1－8　项目各阶段之间的过程交接关系

请读者注意，不要因图 1－8 的表示方法而造成错觉，好像各个阶段重复的各组过程仅为本阶段的项目工作而展开。实际上，前面阶段的过程经常为后续阶段做准备。这就是说，后续阶段的过程经常根据前面阶段的结果进行修改和调整。例如，规划过程不但要详细地说明当前阶段需要完成的工作、工序或活动的细节，而且要大致说明下一阶段和其他后续阶段应当完成的工作、工序或活动。这种关系再次体现了项目“逐步完善”的特点。项目计划这种逐步完善的过程就是人们常说的“滚动式规划”。

在项目的每一个阶段开始时，都要有一个启动过程。这样做有多种好处。首先，项目是为满足某种需要而提出的。在如今新想法、新技术、新设备、新产品、新标准、新法规和新时尚不断涌现，世界发展变化极为迅速的时代，昨天急迫的需要，今天就变成了多余，这种情况并不鲜见。因此，当一个阶段结束，准备进入下一阶段之时，重新审查一番下一阶段的必要性和可能性是十分必要的，这样做能够保证在原来提出的需要成为多余时，或该项目不可能再满足这一需要时，将项目停下来。其次，回顾、发现和总结以前各阶段的成败，有利于改进以后各阶段的管理效果。再次，根据新情况修改项目计划，使项目计划真正发挥指导作用。总之，项目的每一个阶段都设一个启动过程，可以将项目的注意力始终集中在它本来应当满足的需要和实现的目的上。

让项目利害关系者参与项目的各个阶段非常重要。这样做，不但能够提高项目满足顾客要求的可能性，而且能够做到项目利害关系者始终认同项目、项目的计划和目的，始终如一地为项目做出应有的贡献，防止出现严重的分歧，保证项目的顺利实施。

最后，还有一点需要交代。读者可能会问，项目阶段和项目过程都介绍过了，怎么没有提“项目实施”呢？“实施”在《新华词典》里是这样注释的：“指政令、政策、计划等的实行”，而《现代汉语词典》对“实行”的解释是：“用行动来实现（纲领、政策、计划等）”。

显然，在项目管理里，“计划”是相对“行动”而言的。但是，什么才算“行动”？各人理解不同。有人认为，进行可行性研究、制订项目计划相对于迸入大脑里的一种想法，受某种启发而激发出来的灵感，经过反复思索产生构思而言，就属于行动，所以，上述的规划过程就属于“实施”。然而，另一部分人却认为，停留在纸面上的计划不能算行动，而执行项目计划，在执行过程中发现了问题进而采取纠正措施即控制才算行动，所以，上述的“执行”和“控制”都算“实施”。如此说来，各人对于何谓“实施”的理解是不同的。为了避免误解，本书尽量不用“实施”二字。

四、过程之间的联系

上述5组过程，其中每一组都至少有一个更小的称为“子过程”的过程。PMBOK指南将各子过程处理、加工和作用的对象或需要考虑的因素称为“输入”，而将作用的机制和结果分别称为“工具和技术”与“输出”。PMBOK指南之所以这样冠名，是受了系统工程的影响。本书中将“输入”和“输出”分别称为“依据”和“成果”。各个子过程都通过彼此的依据和结果而联系起来。岂止管理过程，自然界各种过程的联系何尝不是如此呢！最典型的就是食物链循环过程。读者若有这样的观点和习惯，理解本书中的各个过程就轻而易举了。

PMBOK 指南从下列 3 个方面介绍每一个子过程：

第一，依据。这是指据以采取行动的文件或可写成文件的事项。有些时候，依据仅仅是在过程中需要考虑的因素。所以，请读者充分发挥想象力，不要将思想局限在看得见、摸得着的实实在在的依据上。本书在介绍某些管理过程时，不将其依据单列出来。

第二，工具和技术。这是指将依据转化为结果的机制。这里，读者的想象力同样重要，应当将“工具”的含义做最广泛的理解，不要局限在钳子、扳子、锹、斧子等等上；同样，“技术”也不要想得过玄，有些办法很简单，但也将其称为“技术”。正因为如此，作者才把“工具”和“技术”定义为有些抽象的“机制”。

第三，成果。这是指该过程产生的文件或作为过程的结果可写成文件的事项。请再次注意，成果在多数情况下是实在的东西，但也有许多并非如此。例如，吸取的教训，是成果，但却不是实在的可触摸的物体。同样，本书有些时候不将过程的成果单列出来，需由读者自己归纳。

每一阶段内，规划、执行和控制三个核心过程互相作用，推动该阶段向前，使这一阶段的结束为下一阶段的开始创造了条件。

五、根据具体情况确定项目过程

本书从第四章开始介绍项目的启动、规划、执行、控制和收尾的各个子过程。这些子过程以及相互关系都经受了实践的考验，得到了公认，在大多数情况下适用于多数项目。但是，并不是所有的项目都要用到所有这些过程，也不是所有的项目都会出现所有这些相互关系和影响。例如：

(1)如果经验丰富的军界代表在军事物资设计委托文件中详细而又具体地说明了设计任务，则设计班子就没有必要进行确定设计项目范围的过程。其他依赖于特殊资源(商业软件开发、生物药品等)的项目都可以在范围定义之前确定任务和责任。因为哪些事情可以做到取决于能找到何种人完成这一工作。

(2)如果项目实施组织拥有项目所有需要的资源，项目班子就没有必要进行各采购各子过程。

(3)某个过程未出现不表明这个过程不应进行。例如，项目委托人与项目班子签订的是成本加酬金合同，项目班子就没有必要做详细的费用估算。但是项目班子应当识别并管理为保证项目成功所需要的所有过程。

(4)某些过程结果可能成为其他子过程的制约因素，因此需要提前明确。例如，项目完成的时间由项目委托人或其他利害关系者事先规定，而不是由项目班子通过规划过程来确定。当然，强加的完成日期可能会增加项目的风险，增加费用，损害质量。

(5)较大的项目可能需要较多的细节。例如，风险识别可以进一步划分为集中精力识别费用风险、进度风险、技术风险和质量风险。

(6)子项目和较小项目的某些过程的某些成果若已经在项目层次上确定,则子项目或小项目就无须再进行这些过程。例如,对于总承包商已明确承担的风险,分包商就可以不再花费心思;如果子项目和较小项目的某些过程即使进行,效益也很有限,则无需再花费精力。

很显然,不同项目的同样子过程需要付出的努力和资源在数量和性质上是不同的。项目管理人员一定要具体情况具体对待,千万不要将这些子过程视为教条。

六、项目管理的体系结构

了解和掌握了项目过程之后,就可以完整地把握项目管理的体系结构。项目管理可以从4个方面来认识:即5组管理过程、一个成果创造过程、9个知识领域和若干个阶段。若想确定或说明具体项目管理人员在某个时刻从事的项目工作,只要指明这项工作所属的应用领域、项目生命期的阶段、项目管理知识领域和管理过程即可。例如,小王现在的工作是影视创作项目“明确委托人要求”阶段的时间计划细化,属于规划工作;老李的工作是建设项目“设计”阶段的费用估算,也属于规划工作;临时受雇于城市环境考察队的刘小姐这几个星期一直在记录各组完成的工作量和开支,属于项目野外作业阶段费用管理中的进展测量,也属于控制工作,等等。这样一来,一个项目生命期内的所有工作都可以区别开来,所有互相之间可以区别开来的项目工作的全体可以叫做“项目工作(四维)空间”。这个四维空间的“应用领域维”用文字说明,其他三维分别用三条互相垂直的射线表示。这样一来,“项目工作(四维)空间”就可以表示成图1-9那样。

第四节 项目管理的发展

一、古代项目管理

项目管理古已有之。古代人就已规划和管理项目。凡有文明之处,就有项目,如盖房、铺路、架桥、兴水利、制定法律,都是项目。中国古代就有很多实例成为传颂千古的项目管理成功先例。

古人虽然没有今天这样的工具、技术和方法,但很会安排时间、调集人力、材料和资源,并权衡其中的风险。宋代沈括在《梦溪笔谈》中介绍了一个“一举而三役济”的例子。宋真宗大中祥符年间,京城汴梁发生火灾,皇宫被烧毁。灾后,宋真宗命大臣丁渭主持修复工作。朝廷上下普遍认为,这一工程耗资巨大、旷日持久、难以完成。可是,丁渭欣然领命。“患取土远”而令在宫前空地取土烧砖,“土足而沟成”。接着,又令将汴水引入沟内,使之成渠。然后,利用“竹木筏和船只”运输木、竹、灰、石等建筑材料“入至宫门”。皇宫修复后,又将瓦砾灰壤复填入沟,“使复为街衢”。结果,不仅“省费以万亿计”,而且大大加快了工程进度。

古人的认识和做法就是今人称之为“项目管理”的方法和技术的萌芽。

整体管理	启动	制订项目计划	执行项目计划	整体变更控制	行政合同收尾
范围管理		范围规划 范围定义		范围核实 范围变更控制	
时间管理		活动定义 活动排序 资源规划 活动时间估算 制订进度计划		时间进度控制	
费用管理		费用估算 费用预算		费用控制	
质量管理		质量规划	质量保证	质量控制	
人力资源管理		组织规划 人员招聘	班子建设和管理		
沟通管理		沟通规划	质量控制	进展报告	
风险管理		风险管理规划 风险识别 定性风险分析 定量风险分析 风险应对规划		风险监视和控制	
采购管理		采购规划 发包规划	询价 供方选择 合同管理		
	启动	规划	执行	控制	结束

第一阶段
第二阶段
最后阶段

图 1–9 项目工作四维空间(未表示应用领域)

二、现代项目管理

现代项目管理的发展应分为两个阶段。第一阶段，大致从 20 世纪 40 年代到 70 年代，第二阶段从 20 世纪 70 年代到现在。

第一阶段着重于项目的范围、费用、时间、质量和采购等方面的管理，管理的对象主要是“创造独特产品或服务”的项目。

第二阶段更加重视人力资源、沟通、风险和整体管理,管理的对象增加了企业改革和应付突发事件等等。人们认识到,企业的改革、重组和兼并等都是项目,应当专门成立项目管理班子。这第二阶段可叫做“现代项目管理”。

美国项目管理协会1987年编写《项目管理知识体系指南》可视为现代项目管理形成的里程碑。现在所说的项目管理就是指现代项目管理。

第二次世界大战结束以后,世界经济和科学技术都获得了迅速发展。在20世纪五六十年代,经济发展和科学研究中的项目规模越来越大、越来越复杂,使用的资源种类日益复杂多样,时间也越来越长。

美国20世纪40年代的罗斯福新政、杜鲁门原子弹计划(曼哈顿计划),50年代美国海军武器局“北极星”导弹计划,60年代肯尼迪的阿波罗登月计划等等,都是通过项目或计划完成的。对于这样的项目,单靠横道图和会议日程表已无法有效地管理。为此,人们提出了多种适合这些项目的管理思想、方法和技术,使项目管理面貌不断翻新。人们的这些努力为现代项目管理的发展奠定了基础。

世界上许多大公司、政府机构、非政府机构等广泛实行项目管理,重要原因之一是,各种经济和社会因素迫使它们进行组织改革,如精简人员、精简机构、改革业务流程等等。这些经济和社会因素有:①项目和服务规模越来越大,内容越来越复杂;②竞争扩展到全球,且越来越激烈;③通讯技术和手段的进步使信息传播得越来越快、越来越广;④顾客越来越精明,要求越来越苛刻;⑤技术发展和传播极为迅速;⑥跨国公司努力寻找管理项目的更好方法;⑦环境保护和可持续发展对项目管理提出越来越严格的要求。

三、项目管理技术的发展和知识体系的形成

(一)网络计划技术

在第二次世界大战后期,运筹学和系统工程发展起来。进入20世纪50年代,美国军界和各大企业管理人员纷纷为各种项目的管理寻求更好的规划和控制技术,其中最突出的是网络技术。

1956年,美国杜邦和兰德公司研制出关键路线法,1957年应用于杜邦公司价值千万美元的化工项目,大大缩短了工期,节约了开支。

1958年,美国海军武器局制订“北极星”导弹计划时提出了计划评审技术。该项技术顺利地解决了200多家承包商的组织协调问题。

20世纪60年代,美国阿波罗登月计划使用了计划评审技术(PERT)。该项目耗资300亿美元,2万多企业、40多万人参与,使用了700万个零部件,但由于使用了网络计划技术,使各项工作进行得有条不紊,取得了巨大成功。

网络计划技术的出现不但为项目管理人员提供了具体的技术,还为项目管理成为独立学科奠定了基础。

（二）项目管理知识体系的形成

20世纪60年代，上述项目管理技术主要用于美国航天、国防和建筑业。大多数公司仅将项目当做偶然之事，凡遇到项目，就将其临时交由常设的职能部门管理。

进入20世纪70年代，项目日益复杂、规模日益增大，外部环境也更加变化莫测。同时，项目管理成了各大企业、政府部门经常性的事务，成了管理工作的重要组成部分，以往那种随时应付的办法已经行不通了。另一方面，计算机技术发展了起来，行为学派在项目管理中得到了广泛应用，这些都极大地推动了项目管理的发展。

在这种背景下，现代项目管理逐渐形成了自己的理论和方法体系。

早在1965年，欧洲就成立了国际项目管理协会；1969年，美国也成立了项目管理学会。1976年，美国项目管理学会召开研讨会，开始议论将当时已有的项目管理通用做法汇集成标准。后来，又提出把项目管理看做单独职业的观点。

1983年8月，在美国《项目管理》杂志上刊登了一个特别报告，该报告包括：①职业道德规范和规范执行程序。②由6个主要知识领域组成的标准：即范围管理、费用管理、时间管理、质量管理、人力资源管理和沟通管理。③评估指南和认证指南。评估指南用于对教育机构提供的课程质量进行认可，而认证指南用于对个人职业资格的认可。

该报告后来成为美国项目管理学会初步评估和认证计划的基础。1983年，项目管理学会对西卡罗莱纳大学的项目管理硕士课程进行了评估，并于1984年认证了第一批职业项目管理人员。

1984年，美国项目管理学会委员会批准了第二个有关项目管理知识体系标准的计划，为此，组成了6个委员会，分别阐述这6个方面的知识。在1986年8月，《项目管理》杂志上发表了这6个方面知识，以征求意见。经过修改的文件增添了以下内容：①补充了项目管理体系，加上项目与外部环境、项目管理与一般管理之间的关系；②补充了风险管理和合同采购管理，并将其作为独立的知识方面，以便更好地反映项目管理行业的特点。

此后，又对上述资料进行了一系列编辑方面的修改，并于1987年由美国项目管理学会委员会批准，最终完成的文件在1987年8月以《项目管理知识体系》为题发表。此项目管理知识体系发表之后，人们继续对美国项目管理学会主要标准文件的格式、内容和结构进行讨论。1991年8月，根据美国项目管理学会会员提出的意见对其再次修改，并于1996年正式颁布，现在使用的是《项目管理知识体系指南》第3版。

编写《项目管理知识体系指南》有多种目的，主要有：①为项目管理职业提供共同语言；②为有志于项目管理者提供基本教材；③为美国项目管理学会的职业培训和提高课程提供统一的教学大纲。所谓职业培训计划，包括职业项目管理人员资格认证、项目管理专业学位授予资格的评估等。

《项目管理知识体系指南》不是强制性的。相反，美国项目管理学会标准委员会明确声明："项目管理班子对于任何具体的项目都应随时确定怎样做才是正确的，并为这些决定负责"。

除了《项目管理知识体系指南》以外，欧洲国际项目管理协会和国家标准化组织也分别编制了自己的项目管理知识体系标准 ICB 和 ISO 10006：质量管理——项目管理质量指南。

（三）项目管理职业化

项目管理在发达国家和地区已经成为一种职业。项目管理人员特别是项目经理，可以像教师、建筑师、工程师、医生、会计师和律师等一样以自己的专业知识、技能和经验立足于社会，服务于社会。

在今天全球日益激烈的竞争舞台上，职业项目管理已经占有一席之地，发挥着他人无法替代的作用。

四、现代项目管理在我国的发展

在过去的 60 多年中，我国的项目管理取得了很大的成绩。

（一）20 世纪 50 年代

建国后恢复经济时期，我国有许多大型建设项目，前苏联援助的 156 个项目更是突出。我国的建设者对这些项目进行了有效的管理，取得了成功，奠定了我国的工业化基础。

（二）20 世纪 60 年代～70 年代

这一时期，我国虽然遭受了自然灾害，经历了"文化大革命"，但项目管理活动并没有完全停止。大庆油田、红旗渠的兴建，原子弹、氢弹和人造卫星的发射，南京长江大桥的修建等，都取得了很大的成功。

这一时期，现代项目管理也在我国传播开来。称得上项目管理里程碑的工作，是华罗庚教授和钱学森教授分别倡导的统筹法和系统工程。

网络计划技术当时叫"统筹法"。1964 年，华罗庚带领中国科技大学部分师生到西南三线建设工地推广统筹法，在铁路、桥梁、隧道等项目管理上取得了成功。1965 年，华罗庚所著的《统筹方法平话及其补充》一书出版，1965 年、1966 年分别翻译出版了《计划评审方法基础》和译文集《计划管理的新方法》等项目管理文献。其中提出了一套较系统、适合我国国情的项目管理方法，包括调查研究、绘制网络图、找主要矛盾线，以及在设定目标条件下优化资源配置等。

毛泽东主席在 1965 年 3 月 18 日给华罗庚的信上鼓励他："诗和信已经收读。壮志凌云，可喜可贺。"1965 年 7 月 21 日再次写信祝贺和勉励他"奋发有为，不为个人而为人民服务"。1970 年 5 月，华罗庚得到了周恩来总理的支持和鼓励，带领助手陈德泉和计雷到上海炼油厂蹲点，在"酚精炼扩建改建工程"上应用统筹法。该设备每天产值 20 多万元，原计划需停工一个多月的扩建改建工程，应用统筹法后只用了 5 天便完成了。

其后的十多年，华罗庚带领"推广优选法统筹法小分队"，到全国 23 个省、市、自治区推广，在建筑工程、设备维修、生产组织、生产流程重建等诸多领域很快取得了成果，创造了巨大的经济效益（宝钢、鞍钢、马钢、葛洲坝、引滦入津等工程，均采用了统筹法）。这一期间开发出了数以百计的作业流程，为进一步实施项目管理的规范化和标准化奠定了坚实的基础。

现在看来，华罗庚当时推广统筹法的问题主要是范围较窄，仅注意了项目活动的时间和费用的协调。

（三）20 世纪 80 年代

20 世纪 70 年代后期，施工项目管理理论和实践先后从原联邦德国、日本，以及其他发达国家陆续传入我国。1985 年，在总结了中石化四公司“建设多功能的企业大本营，为精兵强将上前线打基础、创条件”和“实行小分队外出承包”的经验后，我国提出要改革原有的建筑业生产方式。1986 年底，国家计委提出推行项目法施工，改革施工管理体制。1987 年 11 月，国家计委要求实施鲁布革工程管理经验的试点企业，全部按“项目法”组织施工，其他企业也要积极探索。

1980 年后，华罗庚和他的助手们开始将统筹法应用于国家特大型项目，例如 1980 年中国科协联合 5 个部委、7 个学会启动的“两淮煤矿开发”项目。20 世纪 80 年代后期，我国已开发出了基于统筹法和网络技术的项目管理软件，北京统筹法与管理科学研究会首先在全国的建筑工程领域大力推广该软件，使各地建筑业的项目管理水平大大提高。目前，国内已出现许多有关项目管理的软件，具备了财务预算与管理、进度控制、风险分析等多项功能，在项目选择、规划、实施、监测和控制，以及招投标等方面都发挥了积极的作用。

（四）20 世纪 90 年代

建设部于 1992 年 6 月成立了全国施工企业项目经理培训教材编委会，编辑制订了《全国施工企业项目经理培训大纲（试用）》和《项目法施工》、《施工企业项目管理》、《施工企业现代化管理方法》三本教材。培训结束后，统一考试，合格者颁发《全国建筑施工企业项目经理培训合格证》。

1994 年，财政部和世界银行协议委托清华大学和世界银行经济发展学院举办项目管理师资培训班，并于 1995 成立项目管理培训网，紧接着，于 1996 年末成立项目管理培训教材编写组。

1996 年，为推动我国项目管理研究与应用，由华罗庚生前创建的“中国优选法统筹法与经济数学研究会”在西北工业大学成立项目管理研究委员会。该分会还加入了国际项目管理组织 IMPA。

1992 年，我国明确要建立社会主义市场经济体制。这一伟大事业，有许多工作需要完成：深入经济体制改革、国有企业改革、调整经济结构、创造更多的就业机会、大力发展民营经济，等等。另一方面，企业自身也必须适应新形势，进行企业战略规划，做好应对加入世界贸易组织后国际竞争的准备。

所有这些，都要以项目的形式进行。现在，我国的项目管理人员短缺，项目管理人员的知识和能力还跟不上需要，亟待加强这方面的培训和提高。

（五）进入21世纪以来

2002年4月，中国（首届）项目管理国际研讨会于北京召开，并出版了《中国项目管理知识体系纲要》（2002版）。

上述事实表明，近代项目管理虽然发源于美国，但是在今天已经大大向前迈进了。目前，国际上项目管理研究与应用出现一些值得注意的动向，主要有：

1. 项目管理内容不断扩展。例如，从工程项目扩展到其他项目；从项目执行阶段扩展到项目的全生命期；等等。

2. 高新技术和服务项目不断增多，战略、风险、竞争、规模、复杂、信息密集等特征日益明显。

3. 项目管理知识体系不断完善。在需求的推动下，项目管理的理论与方法也随之发展，成为多种领域知识综合的交叉学科，包括某些通用的管理学知识，各种不同类别项目所共同需要的项目管理基础知识，以及各应用领域项目所需要的特殊管理知识。

4. 信息技术的快速发展改善了项目管理的全过程。互联网等现代化的通讯技术，对项目全过程中产生的信息进行收集、储存、检索、分析和分发，以改善项目生命期内的决策和信息的沟通。各种类型的项目管理软件（如预算软件、进度控制软件、风险分析软件等）也在不断地改善。

五、项目管理的新发展

科学和技术的迅速发展，竞争的日益加剧，经济全球化的影响日深，大大改变了项目管理的任务、技术、手段、环境和需要解决问题的类型。改革企业、应付突发局面的项目越来越多，越来越引起人们的重视。这些项目需要解决的问题，关心的重点，需要创造的成果已经发生了很大变化。在新的形势下，第二次世界大战后四十几年逐步完善起来的项目管理思想、原则和方法已经开始显露出其局限性。这个时期的项目管理多集中在建筑业和国防工业，对象大多是大型、复杂和耗费巨额资金的工程或系统。由于当时手段的限制，项目管理人员将主要注意力集中在成果创造过程，即技术方面。他们从技术和工程的角度看待项目，付出了极大的努力来研究和应用项目时间、费用和资源分配等管理技术和方法，而没有把顾客和项目委托人的需要放在应有的位置。对于项目是否成功的评价也集中在工期、预算和产品或服务的性能是否满足要求上，而不是看项目及其成果是否让顾客和委托人感到满意。实际上，创造项目成果的技术人员感到满意的性能经常不能满足顾客的需要，仅仅成为项目班子和技术人员孤芳自赏的“杰作”。

再有，由于技术的限制，项目管理人员将其主要精力耗费在项目时间、费用和资源管理需要使用的横道图、网络图、CPM、PETR、S曲线等的编制、修改和补充上。正因为如此，他们无暇顾及更重要的事情,例如顾客的需要和要求、人际关系、班子建设、激励班子成员、沟通、领导艺术、风险防范等等。但是,经验表明,项目的失败在大多数情况下不是因为上述工具使用不当,而恰恰是因为他们无暇顾及其他各方面,例如不负责任、士气低落、冲突、沟通不畅等等非技术原因。

还有,项目成果和项目管理的范围,以及项目经理的职责范围在新形势下都已经显得过于狭窄。新的形势和环境要求扩大项目管理的范围,改变关心的重点,并寻求新的管理工具、技术和手段,扩大项目经理的权力等。

项目管理必须将注意力集中在顾客的需要和要求上,以顾客为中心。现在,大多数产品和服务的市场是买方市场。顾客为了满足自己的需要和要求,已经有了多种选择,谁能最好地满足其需要和要求,顾客就将其需要和要求委托给谁。任何以自己为中心,凡事只顾自己方便的做法、作风和态度,带来的只能是失败。

由于技术的进步,特别是计算机、卫星、通信、计算机网络和各种各样功能神奇的软件的应用,将过去耗费精力,需要管理人员个人技巧的工作变成了易于掌握、便于使用和传播的东西,再无"专业"之说。相反,技术尚无法施展效力的人际关系、班子建设、沟通、领导艺术、冲突处理等对于项目的成功,作用越来越大。

由于组织的网络化、扁平化,以及全球资源的利用,项目经理越来越成为资源的组织者,他们对人际关系处理、班子建设、激励、沟通、领导艺术、冲突处理、风险防范等知识和技能的需要越来越迫切;他们需要有更大的灵活处置权,以应对瞬息万变的环境,调动必要的资源。诸如网络图、CPM、S 曲线等"硬"技术已经开始让位于全球观、价值观、人际关系处理等"软"技术。

以上是项目管理最新发展的主要特点。

思考题

1. 项目的主要特征是什么?这些特征对项目管理人员提出了哪些要求?

2. 项目和项目所创造的成果有何区别,请举例加以说明。

3. 何为项目管理?项目管理需要哪些主要的一般管理技能,项目管理与企业管理有何异同?

4. 如何划分项目阶段?有人说,所有项目均划分为启动、规划、执行、控制和结尾5个阶段。你同意这种看法吗?

5. 请说明项目生命期、项目与项目成果生命期的区别、项目生命期的主要特征,以及研究这些特征对于项目管理的积极意义。

6. 请举例说明项目是逐步完善的。

7. 如何理解项目管理是一个过程？这个过程有哪些子过程？以上各过程和项目管理各个知识领域有何种关系？

8. 项目管理知识体系由哪几部分构成？其中哪些部分你具有优势？

9. 项目涉及的所有子过程是否均已在 PMBOK 指南中介绍过？

10. 项目整体管理主要解决哪些问题？

第二章 项目来源、识别和市场失灵

MODERN PROJECT MANAGEMENT

内容提要

- 满足人类的需要是项目的来源，众多的项目因其内在的联系而构成“项目链”
- 项目是利用机会、解决问题、实施战略、合理分配资源、进行改革、处理突发事件的手段
- 项目需要由人构思和识别
- 识别项目不但要提出方案、明确目的，还要识别制约因素和假设
- 项目识别之后要加以分类，分类有多种角度和准则
- 在市场经济中，政府必须出面主持因市场失灵而无人做的项目

学习重点

- 项目的来源、使命和作用
- 项目识别的方法、过程、手段和任务
- 完全竞争、市场失灵、政府干预和挤出效应

第一节　项目来源、使命和作用

一、项目来源

种种社会需要，常常要通过项目来满足。项目的最终目的是为了增加社会福利，提高人民物质文化生活水平，以及增强国家实力。

项目来源于满足国内外的需要和解决各种问题的必要性和急迫性，来源于社会生产、分配、消费和流通不断的循环。

20世纪80年代初，我国城镇曾出现过极度的电力短缺，影响了人民生活和社会生产。经过中央和地方政府连续几年的不懈努力，陆续提出了一些电力项目，建成了许多电厂，满足了人民的需要，消除了制约国民经济发展的“瓶颈”。然而，我国国民经济在20世纪90年代后半期的迅猛发展再次打破了电力的供需平衡。如今，我国已完成了许多利用多种能源的电力项目。

人口的急剧膨胀，城市化进程的加快，造成了交通拥挤、水资源短缺、垃圾遍地和污水横流等情况，不断恶化着人民的居住和工作环境，由此产生的缓解交通压力，保障水源供应，处理垃圾、污水，优化环境等需要，带动了修扩建道路、南水北调、建设垃圾污水处理厂等项目的实施。

除了以上所说，项目其他来源还有：

- 企业家在希望利用已经觉察到的机会时主动提出的倡议，或对政府的鼓励措施作出的积极反应。
- 政府为减轻因日益加剧的社会、经济或地区不平等所造成的政治或社会压力而产生的愿望。
- 企业或其他组织或个人为解除已觉察到的外部潜在威胁的投资计划。
- 因严重的自然灾害或战争而向国际组织提出的援助要求。
- 建立可持续发展能力（进行制度建设，提高当地提出项目和实施项目的能力）的努力。

项目不仅来源于国内，也可能来自国外，例如：

- 跨国公司的投资决策。
- 双边或多边援助机构制订规划的过程，以及国际专家组的意见（如，世界银行本部门的工作，或者与联合国粮食及农业组织、联合国教科文组织、联合国世界卫生组织和联合国工业发展组织联合制订的计划）。
- 发展中国家投资方式的战略影响；由国际协议创造的机会（如，有关近海资源协议）。
- 国内权威专家的意见和社会舆论，或迫于上述组织的压力而提出的与人口、环境和贫困有关的项目。

对于民营企业或其他组织而言，项目一般是为了满足下列一种或多种需要或要求：

- 市场需求。例如，汽车公司制造节省燃料的汽车，以应付汽油短缺。
- 经营需要。例如，培训公司开设新课程的项目，以开辟新的收入来源。
- 顾客要求。例如，电业局建设新变电站，为新工业园区供电。
- 技术进步。例如，电子公司在电脑内存改进后研制视频游戏机。
- 法律要求。例如，油漆厂制订有毒材料使用规则。
- 社会需要。例如，发展中国家非政府组织，为饱受霍乱之苦的低收入社区建立饮用水系统、修厕所，并进行卫生教育。

项目的上述来源也叫做“问题、机会或经营要求”。因此，项目可以理解为组织或个人面对问题、机会或经营要求必须做出的应对行动。

二、项目的使命

我国的经济和社会发展、人民提高生活水平的迫切要求，以及融入全球化后面临的竞争形势，所有这些方面都有大量问题需要不失时机地加以解决。项目恰恰是利用机会、迎接挑战、解决问题、进行改革的手段。项目在我国社会发展的现阶段肩负着重要的历史使命。例如，由政府开支的项目主要包括：

示例 2-1　烟台将建世界最大海水淡化厂

《光明日报》2003 年 7 月 14 日报道，该报记者从水利部获悉，清华大学与山东省日前达成协议，采用清华具有自主知识产权的低温核供热反应堆，与高温多效蒸馏淡化工艺相结合生产淡水的技术，共同启动核能海水淡化高新技术产业化项目，建设世界上最大的海水淡化厂。

海水淡化要解决两个关键问题：一是淡化装置；二是热源。而大规模海水淡化最可靠、最经济的热源便是核能。如果利用核能技术搞大规模的海水淡化工程，成本将会大幅下降。

淡化水的成本一直是阻碍海水淡化实施的重要原因之一，而采用清华设计的 200 兆瓦核供热堆供热进行海水淡化，总投资需要 16 亿元人民币左右，日产淡水 16 万吨，成本大约 3.75 元/吨，大大低于深度处理自来水的成本。如果再利用我国自制的设备，还可以节省大笔资金。专家们还表示，海水淡化以核反应堆为热源，安全不存在问题。

第一,许多城市环境迅速恶化,要改变这种局面,就要实施多种项目。例如,有效处理城市垃圾的焚烧、填埋或用其发电、发热的项目。

第二,日益严重的城市交通拥堵问题,同样需要以项目加以解决。例如,建设高速公路、地下铁路、城市轻轨,以及航空港等。

第三,在加速的城市化进程面前,城镇低收入家庭的住宅日显短缺。兴建住宅,改造旧城区的众多项目,不但能带动经济增长,还可稳定社会。

第四,我国的一些大城市制订了长远计划,以便避免水土资源恶化、保证有足够的安全水源和保护江河流域的水质等,从而为社会和经济的持续稳定发展创造良好的环境。要落实这些计划,就要实施一系列的项目。例如,城市环境基础设施、环境水质监测系统、环境基础设施信息数据库、城市环境基础设施信息管理系统、文化遗产管理和市政府及项目实施单位的机构强化等。

第五,为了使我国落后地区脱离贫困,走上小康,也要实施一个又一个的扶贫项目。

第六,自然资源的发现和开发当然也要以项目形式来进行。例如,水能、石油、天然气等资源就是如此。

第七,科学发现和科学研究常常为以前人类无法利用的资源找到新出路和新用途,因而也就能够提出许多新项目。现在世界上已经有了许多利用垃圾的成功项目。可以预期,资源的回收和再利用将是21世纪以后人类社会的重要活动。这些活动将改变人类社会的结构、制度、价值观、风俗、习惯和道德观。人类可持续发展思想日益成熟,各国已经提出越来越多的体现这种思想的各种计划。这些活动和计划将要以项目的形式展开。

总之,国民经济各部门和社会各个领域,如科学研究、发明创造、技术改进、巩固国防、农业、水利、气象、能源、交通、运输、邮电通信、冶金、石油化工、建材、医药、机械制造、电子信息、轻工纺织、汽车船舶、环境保护、城市基础设施和第三产业等各个部门或领域,都有许许多多的事情,正等待着以恰当而又及时的好项目加以解决。项目可谓"任重而道远"。

三、项目链

无时不在,无处不有,数量巨大、种类繁多的项目之间互相联系。许多时候,某个项目的实施或完成会产生对另外一些项目的需要,或者为这些项目准备了条件。

某个社会组织提出的项目也会向其他组织提出项目需求,为后者带来机会,创造出一个"项目链"。例如,某地沙荒开发项目为本地区的农业、水利、林业和农机局带来了种子田和培肥改土、造防护林、水利灌溉和农机站建设项目。水利灌溉系统项目为喷灌设备研制单位带来了一个项目。

再看科学研究领域。由科学研究发现产生的项目常常使国民经济结构发生重大变化,甚至改变人类的历史。尽人皆知的例子是20世纪初物理学和化学发现的放射性、核裂变和相对论等使美国提出了著名的“曼哈顿计划”。该计划包括了许多项目,并激发了后来的许多核发电和其他原子能和平利用项目。

其他行业和部门也会出现类似的“项目链”。可以说,高度发展的社会分工,国民经济各部门之间的紧密关联是产生“项目链效应”的根本原因。

所有这些说明,一个项目的成立,由于内在的自然和社会因果关系而触发了许多项目,就如同核裂变一样。根据凯恩斯“需求管理”的见解制订的刺激需求、摆脱衰退的财政政策就是利用这种裂变效应来实现其“乘数效应”的。

四、项目的作用

经济全球化日益明显地影响到我国的经济和社会发展,影响到组织的行为以及人们的日常工作和生活。然而,组织的日常业务无法有效地对这些变化和各种挑战做出及时和恰当的反应,而项目则是调整组织结构和行为,使其适应环境变化,战胜竞争对手,迎接挑战的有效手段。

例如,各国的经济增长和社会发展遇到的若干重大问题,由于市场机制固有的缺陷,众多而又分散的个人和民间组织不会自发地提出恰当的项目或开展其他活动给予及时解决。遇到这种情况,必须要由政府出面加以解决。项目就是政府克服市场失灵,弥补市场缺陷,实施宏观经济政策,稳定物价,减缓经济衰退,促进经济增长,减少失业,扩大就业,以及平衡国际收支的重要手段。

又如,当今世界上的各国政府、国际发展组织、国有和民营企业、地方政府都会提出各种项目。越来越多的地方、部门和组织急需以项目来解决他们的问题。

再如,第二次世界大战结束以来,虽然没有爆发大的战争,但是局部摩擦和战争始终未断。20 世纪 90 年代初,以美国与前苏联为首的两大阵营的冷战结束以来,天下不但没有因此而太平,国际关系反而更加令人捉摸不定,各种极端行动有增无减。除了社会动荡,大自然也时常给人类带来种种麻烦。所有这些,常常出人意料,来得突然。每当遇上这种事情,人们都要采取应急行动,抢救和安抚民众,尽量减少损失,消除影响。为此,人们制订了一套办法,建立了机构,对资源加以规划和分配,这些应急行动,都是项目。项目已经成为当今社会处理突发事件的有力手段。

总之,项目在经济和社会发展进程中发挥着特别重要的作用。项目把设想、计划和部署变成了行动。项目充当了社会变革和经济变革的手段,可用来破除旧的组织、经济和社会制度,建立新的生产、经济和社会制度。项目还是一种工具,可用以调动和合理分配资源,创造新的生产工具,生产新的生产和消费资料,提供新的服务,不断促进生产力发展,满足人民日益增长的需要,增强国家实力。同时,项目还是一种手段,用以处理日益增多的自然和社会突发事件。

第二节　项目识别和构思

许多时候，需要虽然已经清楚，但是，用何种项目来满足需要却不清楚。另外，满足同一需求，可以有多种项目。本国、本地过去已经有过的项目，经常由于种种原因而无法满足现在人们的需求，必须寻找新的项目。

另一方面，当客观上产生了某种需要时，人们往往不能马上察觉。而当普遍感受到这种需要时，又无法马上给予满足。其原因是种种需要与项目的关系并非一目了然。例如，“863”计划中涉及我国21世纪生产力长远发展的一些研究项目；预防和治疗因城市化或其他原因造成的疾病的研究项目；解决人类可持续发展遇到的能源、水源、清洁空气以及灾害预防和减轻问题的各种软、硬研究或建设项目等，与人们的眼前需要可能不是直接相关，但却能满足人们将来的潜在需求。

一、项目识别

考虑、发现和研究促进社会发展需要的项目的过程叫做“项目识别”。

项目管理人员应当知道如何识别项目，而不应当满足于接受他人的委托，将别人的想法变成现实。

由于人类劳动生产率已经达到了很高的水平，国际市场竞争已非常激烈。我们能够想到的产品或服务，大多数已经严重供大于求。要想挤入国际市场或开辟新市场，就必须有新的产品，为顾客提供新的服务。要实现这一点，就要有新的项目。所以，识别新项目是非常重要的。

项目识别阶段不仅要提出项目目标，也要识别有关的制约因素。明确制约实现项目目标的因素非常重要。许多项目失败，就是因为项目发起人和管理者有意或无意地忽略了这些制约因素。

制约因素多种多样，如地理、气候、自然资源、人文环境、政治体制、法律规定、技术能力、人力资源、时间期限等方面的限制。所有这些，都有可能制约和限制项目的实现。脱离了制约和限制条件而谈论项目的前景是没有意义的。制约和限制条件是限制项目班子做出选择的一些因素。PMBOK指南认为，最直接制约项目班子选择的因素和条件是如下4种：项目实施组织的组织结构、工会协议、项目班子的偏好和人员任务分派。

二、项目构思

最终能够满足社会需要的项目才有生命力。但是，许多组织或者个人寻找项目的直接目的却是为了实现他们自己的利益。他们将项目视为实现自身利益的手段。例如，大多数的房地产开发项目，近些年来传入我国的BOT项目等。在市场经济中，只要符合国家的经济和社会发展计划,遵守国家法律,就应当允许这些项目存在,有时还应大加鼓励。

很多投资集团为了实现自己的利益而提出项目并付诸实施。他们挖空心思琢磨点子,为自己的资金寻找出路,或者利用他人的资金获取收益。他们琢磨出点子后就要将其变成项目。可以把这种项目识别过程叫做"项目构思"或构想。在发达国家,项目构思不再满足于创新,而是追求"突破"。

创新可以利用新技术生产原有产品或提供原来的服务,也可改变使用现有技术的制度安排生产出新产品或提供新服务。而"突破"则与所有现在的概念不同。任何既有的做法和思考方式都无法同其相比。"突破"是应用新技术生产新产品,提供新服务。

创新和突破都可以通过新产品或新服务来开辟新市场。即便提供的仍是原有产品或原来的服务,由于采用了新技术,可以大大降低成本,节约资源,因而可争得更大的市场份额。

在激烈的市场竞争中,项目识别或构思越来越成为市场竞争者的重要活动。许多时候,识别有市场前景的新项目本身就是一个项目。社会上有很多"策划"公司,他们"策划"的很多东西最后变成了项目。有些杂志发表有新意的建议,鼓励人们提出更多的新建议。

项目识别和构思是一种创造性劳动。识别和构思项目要有激情和灵感。这种激情来自于对人民和祖国的感情,来自于为人民和祖国贡献的胸怀,来自于为人民和祖国成就一番事业的抱负。我国历史上这样的人很多。李冰父子领导修建都江堰,林则徐发配新疆修渠挖坎儿井,革命先驱孙中山先生在"建国方略"中提出建三峡大坝和宁波北仑港,毛泽东提出"一定要根治海河"等等。

三、项目识别和构思的方法

任何具有一定知识、经验和想象力的人都可以提出几个主意,列出几个项目。但是,要找出一是社会经济发展急需,二是能够办成,三是办成之后可为社会带来好处、不造成损失的项目,却不是件容易的事。

经过30多年的发展,一度成为国民经济发展"瓶颈"的基础设施不足问题也已大大缓解。很多部门生产的产品已经供大于求。然而,目前仍然存在许多问题。其中之一就是目前严重的项目雷同、重复建设问题。多少年来,困扰我国经济发展的问题之一是资金短缺,但是当2009年中央政府准备把几千亿人民币投入基础设施建设时,有关部门却提不出像样的项目。能提出来的,大多重复。可见,识别能够满足上面所说的各种要求,又不重复的项目实际上并不容易。

(一)市场调查

市场调查是项目识别的基本方法。在调查过程中,必然会发现许多需要或酝酿出许多设想。市场调查可以发现以下事项:

- 未得到满足的需要，以及加以满足的最有前途的方式；
- 由于缺乏基础设施、劳动力、材料或人力资源，或者发展过程中由于组织机构或其他障碍（贸易、国际收支平衡等）所造成的问题和制约因素；
- 未利用或未充分利用的材料或人力资源，以及将其用于更好用途的机会，或者发现需要保护或储存，然而却被过度利用的自然资源；
- 补充其他投资的需要。

个人或组织，除了直接进行市场调查之外，还可以从别的渠道了解到对项目的需要。例如，各级政府的社会经济发展计划，社会团体和国际组织的建议，政协委员和人大代表的提案，政治家和社会名流的言论，民众的呼吁，学者和专家的见解和意见等等。还可以通过主动地了解和评价社会、经济和科学技术的发展现状和未来方向而识别项目。例如，某投资者到外地考察，与当地各界广泛接触，试图找到投资机会。相对而言，当人们的需求已经迫在眉睫，不给予满足就要影响社会安定时才想到应上何种项目，可以叫做"被动项目识别"。

（二）头脑风暴法

组织应当鼓励本组织尽可能多的人积极参与，深入思考，大胆提出各种项目设想。这样做不但可以广开思路，而且还可以减少少数人决策时的失误。

发达国家在预测、决策、规划以及其他方面都非常重视发挥集体的作用，利用集体的智慧。其中有一个方法，就是在遇到问题时把有关人员召集在一起，让参加者出主意，想办法。通过适当的安排和组织，给参加者充分的自由，不加任何限制，让其广开思路，海阔天空，提出想法。当有人提出想法后，其他人就会受到启发，也提出一些想法。后提出来的想法又反过来触动最初说出想法的人，使其头脑中升腾出更多、更深入、更好的想法。如此的互相启发、互相补充、共同完善，最后就能汇集出好主意来。这种方法叫做"头脑风暴法"。头脑风暴法也是构思项目的好方法。使用头脑风暴法时，应注意如下几点：

- 把参加者初步提出的想法列出来。
- 不要对这些想法进行任何评价或做出任何判断。
- 对于提出来的想法，除了未表达清楚者外，不要讨论。
- 欢迎"异想天开"，对与不对、不合理甚至听来荒谬的想法，不要急于否定。
- 可以有一样的或者重复别人的想法，不要怕重复。
- 多多益善，想法越多，找到有用的想法的可能性就越大。
- 不要急于收场。若提不出新想法了，应暂停，休息一会儿。在大家重新振作之后，继续进行。

项目设想阶段往往只能提出某种较为模糊的目标，不能具体地指明实现这一目标的措施和手段。这个阶段提出的项目设想可能根本无法付诸实施。但是，提出项目目标本身就是一个重要的起点。

四、项目的分类

为了便于识别和管理项目,有必要适当分类。

(一)传统项目和非传统项目

按照项目成果的不同,可以将创造独特产品和服务的项目叫做"传统项目",而将其他项目叫做"非传统项目"。

1. 传统项目。传统项目有以下几个特征:①目的是为了完成组织高层管理人员的战略目标;②有明确的费用、进度和技术目标,分配有具体的资源;③遵循传统项目生命期;④在既定的组织结构中进行;⑤项目管理受既定的组织文化约束。

例如,开发新产品或服务,开发、购买新的信息系统,在互联网上建立电子商务网站,研制抗癌新药,推广农业技术,影视创作,军事行动等都属于传统项目。

2. 非传统项目。在社会发展和经济建设中非传统项目也大量存在,例如,改变企业或其他组织结构、谋取政治职位的竞选运动、实施全新的经营流程、打捞沉船、抢险救灾、建设收治新型传染病人的医院等。非传统项目可以进一步划分为应付突发局面和组织变革两大类。

(1)应付突发局面。突发局面可能是紧急状态,也可能是机会要求立即采取行动。如:对市场变化做出反应;利用竞争对手遇到的麻烦或弱点;对紧急需要做出反应;抢先开发新产品或服务;争夺竞争优势;天灾;事故;恐怖活动、破坏活动等。

(2)组织变革。组织变革的目的是改善或重塑经营流程、办事程序、制度、结构和文化,以便提高组织的效率。组织变革项目经常来源于组织合并、采用新技术或新流程等情况。在各种情况中,项目管理关心的是变革给人们带来的后果,要对这些后果进行管理,让所有的人都积极参与组织的变革,并为之作出贡献。

组织变革项目希望通过协调各方面的关系,调整人们思想的感情,使其达到一种新状态,由此让组织获得新的、更大的竞争优势。通过对变革的管理,使人们把精力投入到战胜外来的竞争威胁上,而不是耗费在阻挠变革上。组织变革项目可分为结构调整和组织重塑两种情况。

其一,结构调整。该项目目的是逐步改善组织的结构和制度,以便使组织的效率逐渐提高;指导思想是让组织的业务跟上历史潮流,使之现代化;重点是调整组织内效率不高的部门和单位;采取的策略是减少管理层次。

其二,组织重塑。该项目的目的是在短期内彻底改变组织的结构和制度,大幅度提高组织效率;指导思想是在组织内确立新的办事方式;重点是重塑组织的整个经营流程;采取的策略是彻底改变现有制度和组织结构。

示例 2-2　日本企业治理向美国看齐

为强化公司的治理，提高经营成效，索尼公司开始采取美国式的企业治理方式。今年的股东大会选出多位外部董事，并在董事会内建立了“委员会”制度，分离了监督和执行职能。在外国投资者的极力主张下，日立、东芝等大企业也准备仿效之。唯政府与部分学术界人士与此相左，称美式制度不适合日本企业。

经过修改的日本商业法于2003年4月生效，允许资本为5亿日元以上或负债总额200亿日元以上的大型公司选用美国式的企业治理方式。这种方式要求公司设置执行董事，负责公司的日常业务，而董事会则负责决策和监督职能。与过去不同的是，不再设置监察董事，而是在董事会设提名、薪酬和监察三个委员会。三个委员会每一个都由3名以上的董事组成。一半以上的董事都必须是外部董事。索尼公司希望通过这次改革，明确分离执行和监督权。（参考消息2003年6月26日）

（二）公共项目和民营项目

按照资金来源及在市场经济中作用的不同，项目可以分为公共项目和民营项目。

1. 公共项目。公共项目就是使用财政拨款的项目。我国自然科学基金会、社会科学基金会，以及其他许多种国家基金资助的研究项目都属于公共项目。公共项目还有大学人才引进、课程设置和教材建设项目；防卫武器研制和国防设施建设项目等等，不胜枚举。公共项目可能来自于中央政府的经济和社会发展规划，通常要由部门或地区在进一步研究的基础上补充和细化。有时候，这些研究由某个项目选定机构或国家投资基金组织（例如国家开发银行）委托相关机构进行。建立投资基金组织是一种制度安排，其目的是帮助解决将国家发展计划转化为具体的项目时碰到的困难。在某些部门，例如教育部门，越来越多地需要与国家有关部门协商，共同探讨国家的教育政策和规划。大多数公共项目是政府纠正市场失灵、弥补市场缺陷、干预经济的重要手段。

2. 民营项目。民营企业为了在激烈的市场竞争中获得发展，以各种方式争取资金和其他资源的支持，进行着各种各样的项目。这些项目日益成为我国国民经济的新增长点。

（三）排斥项目、互补项目和独立项目

项目所创造的产品或服务从消费的角度可以划分为替代产品、互补产品和独立产品。替代产品就是可以提供相同效用的产品，例如，模拟信号电视机和数字信号电视机。互补产品是连带在一起使用的产品，如相机和胶卷。独立产品则是彼此效用之间没有直接联系的产品，如文具和食品。

就多种替代产品而言，对其中一种产品需求的增加会减少对另外一种或多种产品的需求。一种产品价格的上升会引起其他产品价格的上升。

就互补产品全体而言，对其中一种产品需求的增加，会引起对其他产品需求的增加。其中一种产品的价格下降，会引起其他互补产品价格的上升；反之，则会使其价格下降。独立产品或服务的价格之间不存在上述的那种直接关系。

我们在选择项目时，一定要注意创造上述三种不同产品和服务的项目之间的排斥、互补或独立关系。

第三节 市场失灵与政府干预

从根本上说，项目是满足人们多种需要的手段。但是，项目又是牟利的手段。按照西方经济学的逻辑，做项目的主体主观是为自己谋利，但客观上满足了人们的需要。然而，人们需要的项目是否一定有人去做呢？否。其原因就是所谓"市场失灵"。

西方经济学有一派理论认为，市场是一架自我调节、自我纠正、有效运转的灵巧机制，受价值规律支配；在这样的市场上活动的经济主体都是"理性人"。从这种观点出发，可以得出一个重要结论：在信息完全、没有垄断的完全竞争的自由市场体系中，可供社会支配的资源能够得到最好的使用。目前，持这种见解的经济学派叫做"新古典经济学"或者叫做"新自由主义"。支撑该学派的上述结论称做"完全竞争假设"。

一、完全竞争

新古典经济学认为，具备如下条件的市场属于完全竞争的市场：

第一，有大量独立的买主和卖主，任何单一的买卖都不会影响市场价格；市场上交易的产品彼此之间无区别；交易者不会勾结起来占别人的便宜（无垄断成分）。

第二，市场进出无障碍。新企业进入和老企业退出市场，都不会受到阻碍。

第三，每种产品或服务都具备私人产品的属性，即①所有者在使用该产品时能够排除他人。付钱购买者能够阻止未付钱者从该产品中获得好处（排他性）。②能够赋予所有权。所有权可以在市场上买卖和转让该产品。③未参与生产或消费过程的人不能不付钱就享有利益或承担无法得到补偿的成本。除了买卖双方，该产品的生产和使用不影响任何其他人（无外部影响）。

第四，所有的交易都由买卖双方自由自愿达成，无外来唆使或干涉。

第五，卖主和买主都掌握有关产品或服务及其价格的完全信息。即知道谁买卖何种产品，知道产品的成本和价格是多少。

第六，政府的干预不能使市场价格偏离经济价值（无政府失灵）。

此外，还假定市场可以连续出清，即劳动力、产品和资金的价格都具有充分的灵活性，可以根据市场上供应和需求双方之间的关系和作用迅速调整。有了这种灵活性，产品、劳动力和金融市场就不会存在超额供给现象。在上述假设下，每一个市场最终都会处于供求平衡状态。

二、理性人

新古典经济学认为，在上述完全竞争的市场体系中，理性人具有明确的目的和目标、完全的信息、准确的计算能力，能够在认真思考之后在所有可以选择的行动（项目）中采取最有利于实现自己目的和目标的行动（项目）；经济活动是激励力量和调节力量之间的相互作用；个人改善自己及其家人福利的愿望是所有经济体制的基本激励力量。新古典经济学假定，激励力量的基础乃是一种内在的个人自利动机，这种动机可以造成个人的行为让他人为此付出很高的代价；竞争是一种有效而又成本低廉的遏制这种行为的调节力量，在完全竞争的市场上，个人动机的激励力量与竞争的调节力量之间的相互作用有利于社会取得最大的福利。

简单说来，上述假设中的理性人就是能够最合理地利用自己的有限资源为自己取得最大的效用、利润或社会效益的个人、企业、社会团体和政府机构。

显然，理性人假设不符合现实。并非所有的人都能全面地考虑所有可供选择的项目或行动，人们无法估计所采取的项目或行动可能产生的后果；人并不能掌握完全的信息，要掌握完全信息，须付出代价；人的认知能力有限，不可能洞察一切，不可能将所有的因素都归纳成判断项目利弊的某个简单尺度；等等。现实人的理性是有限的，不具备完全的理性。世界上没有哪个市场能完全满足“完全竞争”和“理性人”假设。发展中国家和发达国家都是如此。

按照新古典经济学的见解，凡是个人和民营企业能够完成的项目，均应由个人和民营企业在市场信号的指引下决定取舍，不应由政府出面使用公共资金从事之。只有在民营企业无力从事，或无利可图，或者不能处理其项目或其他经济和社会活动的后果时，政府才应出面动用公共资金和其他资源从事公共项目。公共项目是政府为弥补市场机制的缺陷而提出和实施的。

三、市场失灵

所谓“市场失灵”，指具体的产品或服务市场未能满足“完全竞争”和“理性人”假设的情况。“市场失灵”在项目选择方面有如下表现，或在如下条件下发生。

（一）外部影响

外部影响又叫“外部效果”或“外部效应”。当项目影响到“第三方”，即项目主体以外的人时，就会有外部影响发生。外部影响分有利影响和不利影响两种。有利者以效益或福利来衡量，不利者以成本来衡量。在讨论外部影响时，经济学家区分了两种类型的成本和效益。具体的经济主体付出的成本或得到的收益分别叫“内部成本”、“私人成本”或“财务成本”和“内部收益”、“私人收益”或“财务收益”。我们以某商场改建项目为例,该项目产生两种外部影响:施工期间,光顾该商业区的人大大减少,使区内其他店铺的销售额大大减少,这是不利的外部影响;当商场改建完成重新开业之后,光顾该商业区的人猛增,区内所有其他公司的营业额都比改建前大大提高,这是有利的外部影响。改建的这家商场为此付出的成本就是私人成本。而施工期间其他店铺、商场或其他公司因此而蒙受的损失或后来所得到的收益分别叫“外部成本”和“外部收益”。只顾自己利益的商场改建者是不会主动支付外部成本的,这就是一种市场失灵现象。

内部成本与外部成本之和叫“完全成本”、“社会成本”或“国民经济成本”;而内部效益与外部效益之和叫“完全效益”、“社会效益”、“社会福利”或“国民经济效益”。

(二)自然垄断

当项目创造的产品或服务有较大的规模节省(规模经济)时就会出现自然垄断现象。自然垄断一般都需要很高的固定成本,例如电力、灌溉和城市供水的输送分配网络。许多公用事业铺设管线和线路等输配系统的固定成本都很高。这类部门的平均供应成本随着产量的增加而降低,这也就是“规模节省”的含义。正是由于存在平均成本随着规模的增大而降低的规律,所以在此类部门中往往只成立一家或很少几家公司,出现垄断是很自然的。国家一般不会仅仅为了让多个公司实行竞争而重复投资,所以,该部门在性质上就是垄断性的。

具有自然垄断性质的部门,自由市场无法产生有效的调节结果,因为无论是在一国之内,还是在多个国家之间,都不会通过竞争调整该种垄断使其符合公众的利益。

(三)公共产品和准公共产品

自20世纪60年代起,经济学家发现,市场之所以会失灵,还在于它不能有效地提供维持社会正常活动所必需的公共产品。公共产品供应不足最终会损害经济发展乃至社会的正常运行。民营部门不能提供足够的公共产品(如路灯、不收费公路、城市街道和广场、清洁的环境)和准公共产品(如收费公路、铁路、机场、教育、公共卫生、治安和消防)。

公共产品有两个显著的特性。首先,未花钱购买公共产品的人不能排除在此产品或服务的消费之外。其次,某人消费公共产品并不以牺牲另一人的消费为代价。如,只要不过分拥挤,甲欣赏美景并不剥夺乙也欣赏美景的权利。

准公共产品缺少公共产品的某些特性。严格讲来,许多公共产品实际上是准公共产品,如海边的美景就是如此。因为同时在同一地点欣赏的人多了,就会发生拥挤,甲的欣赏活动就可能妨碍乙的欣赏活动。

私人产品与公共产品不同。首先,私人产品可以在一定时间供一个人使用,即可以“获得权利”。这项权利可以转让,非购买者可以被排除在外,不能得到消费该产品的好处。民营项目创造并提供的产品和服务必须遵循这一原则。汽车和软饮料都是私人产品。其次,一人使用私人产品就不能再让其他人使用。消费软饮料时,享用者就剥夺了其他人享用的机会。每个想消费的人都必须花钱购买消费权利,没有公共产品和准公共产品所具有的"免费"性质。

公共产品和准公共产品一般由政府通过预算开支来提供,不能像私人产品那样出售,不会有市场价格。

新制度经济学家还认为能够保证社会经济正常而又有效运行的法律、公共安全以及自然秩序也是公共产品。这些公共产品能够使市场有效运转,但却不能由市场本身提供,因而,也只有通过公共选择由政府来生产诸如此类的公共产品。

(四)项目主体无知(信息经济)

在自由市场经济中,项目能否取得预期的成果完全取决于项目主体的决策是否正确与理智。要做出正确而又理智的决策,必须掌握足够的信息。

然而,现实情况是,人们对于自己某些行动的后果了解得很少。对于已掌握的信息,其正确性如何,也很难有正确的判断。另一方面,信息像其他产品一样,也是一种有价值的稀缺资源,要想获得足够的信息就必须支付足够的费用。昂贵的信息费用迫使人们不得不在信息不完全的情况下进行决策,从而导致决策失误与资源配置效率的下降。为避免这种现象,政府必须进一步承担起向消费者免费提供信息的职能,并代替买方做出某些决策。

信息很容易成为公共领域的一部分。信息,例如研究成果,很难限制其向民营部门扩散,而且往往也不应当进行这种控制。当信息有可能影响社会很大一部分人的健康和福利时,情况更是如此。

政府常常参与制造和分发信息的活动。世界各地工程招标信息的发布,建设部向建筑企业推广新材料和新技术的信息,就是此类活动。

(五)复合谬误

复合谬误,又可称为"增产不增收",在农业部门的产品价格变动方面表现得最明显。如果农户通过提高庄稼的单位产量而增加了总产量,按道理其收入亦可望增加。但是,许多农产品的需求价格弹性却很小,所以,当所有农户都提高了产量后,可能的情况是粮价下跌,结果是每家农户的收入却减少了。创造独特产品或服务的项目也会出现这种情况。因此,在这种情况下,仅靠市场自发来调节便是无效的。

(六)关联经济

关联经济问题是一种特殊的外部影响。在自然资源开发部门常可见到关联经济现象,特别是在采矿和大规模的伐木行业。经济学家认为,关联经济的存在是政府介入,并进行整体统一规划的重要理由。例如,某发展中国家不发达地区要建一个大型采矿区,采掘的矿石用于出口。需在3个不同的部门投资:①矿区自身;②将矿区同全国铁路网连接起来的铁路支线;③扩建码头。

这3个互相联系的部门,采矿、铁路和港口扩建最好一起规划。许多经济学家认为,这样的综合规划最好由政府来承担。但是,除了将规划工作统一起来之外,该矿石出口系统的每一环节都可能对其他两个环节形成垄断。因此,如果该系统有3个,甚至两个各自经营的民办公司的话,系统在运转上就有可能遇到困难。

因此,有些国家或地方政府就决定将这样相互之间紧密联系的业务收归国有或者由政府控制。他们这样做的根据是:民营矿业公司和民营铁路公司之间互相形成了垄断。其结局很可能是由具有较强财务、政治,甚至民间武装力量的那一方来起决定作用。最终的结果很可能是较强的一家以低于原有成本的价格购并较弱的一家。这场争斗可能会使社会付出相当大的代价。

鉴于这种情况,当部门之间存在类似的相互依存关系时,政府常常介入,并承担起发展这种互联部门的任务,至少要参加互联部门发展的规划和控制工作。政府还有可能想部分拥有该互联系统,例如铁路支线和港口码头。与此类似,在灌溉供水系统中,政府常常决定在这种互相紧密联系的生产系统中充当垄断供应者的角色。

四、政府对经济的干预

在市场失灵时,政府应当进行干预,或称为调节,使之回复应有的效率。政府常常通过立法、产业政策、教育、项目和计划等来实施“最优干预”。干预的目标是保证充分就业、稳定物价、经济增长和国际收支平衡。

政府应当将受到市场失灵影响的产品或服务恢复到“最优”生产、消费以及合理价格状态。例如,对电讯、电力和供水等自然垄断部门,政府通常都要进行管制。其目的是将其调节到最优状态,保证此类公司的经营最大限度地符合社会利益。再如,帮助公用事业管理人员按照从全社会来看是最优的方式经营公用事业公司。不过,由于种种原因,达到最优状态的要求是非常困难的。

如果公用事业的自然垄断被调节到最优,那么,公用事业的价格,例如电的财务价格(市场价格)就会代表电的经济价值。这时,政府的干预就会将市场失灵纠正过来,而处于垄断地位的电力公司也就会像在完全竞争环境中一样进行经营。

政府通过项目干预经济的例子比比皆是。这些项目一般都是民间部门,甚至地方政府都无力进行的基础设施项目。京沪高速铁路、南水北调工程、西气东送等大型项目都属于这种情况。政府投资建设这些项目的具体目的虽然是多方面的,但最终目的还是为了实现经济增长、保证就业等宏观经济目标。

五、政府失灵

政府在干预经济之前必须要经过认真仔细的规划和分析。然而现实是,政府往往没有做上述工作便进行干预。有时,政府进行干预只是为了狭隘的利益,而不是为广泛的社会利益。这就是所谓的政府失灵，其造成的国民经济失真可能会比市场失灵造成的后果严重得多。

当政府的干预既不适时，也不恰当时，就会出现政府失灵。例如，当政府使用进口税牺牲国内消费者的利益来保护自己喜欢的生产厂家时，或者为维持政府的运转而利用关税取得收入时，就有可能发生政府失灵现象。

在政府失灵方面，我们同发达国家相比可谓有过之而无不及。政府直接涉足经济太深，在许多方面取代市场，而不是补充市场的不足。例如，对固定资产的投资，本应当放松管制，让民间企业介入。但多少年来，一直由政府包办。结果是，这些政府项目不但效率很低，而且还产生了“挤出效应”（由于政府增加开支而导致利率提高，进而使社会上的投资减少）现象。相信随着我国市场经济体制的逐步健全，这一问题会得到逐步改善。

思考题

1. 举例说明项目是利用机会、解决问题、实施战略、合理分配资源、进行改革、处理突发事件的手段。

2. 说明我国人民生活、社会发展和国防建设中有哪些需要可以或者应当以项目来满足。

3. 举例说明项目链的内在联系、因果关系和相互影响。

4. 为什么可以将项目理解为组织面对问题、机会或经营要求时必须做出的应对行动？

5. 项目识别的基本方法是什么？除了基本方法，还有哪些具体办法？

6. 请说明项目识别的任务、识别制约因素的必要性，以及PMBOK指南提出的制约项目班子选择的主要方面。

7. 你所从事的行业在哪些方面不符合完全竞争的假设，研究市场的现实条件同识别和确定项目有什么关系？

8. 说明政府干预经济的理由。举例说明政府以项目干预经济是合理的。

9. 举出政府以项目干预经济失败的例子，并说明失败的必然和偶然原因。

第三章 项目管理环境

MODERN PROJECT MANAGEMENT

内容提要

- 项目有多方面的利害关系者，其要求和期望不同，经常互相冲突
- 项目和项目管理同周围环境在时间、空间和因果关系上的联系
- 制度、项目母体组织和一般社会经济环境对项目和项目管理的主要影响
- 制度及其变动对于项目成败的影响，必须留意各种制度的变动及其后果
- 经济全球化已成为主导影响因素，既为项目及其管理带来了机会，又造成了威胁
- 项目管理人员必须迅速提高管理水平
- 项目管理人员应善于驾驭环境，趋利避害，因势利导

学习重点

- 项目和项目管理同周围环境在时间、空间和因果关系上的联系
- 制度和制度变动对项目及其管理的影响

项目和项目管理同周围环境有时间、空间和因果关系上的联系。环境要比项目本身大得多,复杂得多。项目的提出和成立同环境的许多方面有关。项目的日常活动必须要管理好。但是,项目的日常活动管理好并不能保证项目取得成功,项目管理人员必须要对影响项目的环境、背景以及各种关系有清楚的认识。本章要介绍的周围环境同项目和项目管理的联系,以及对项目和项目管理的影响主要体现在如下几方面:项目利害关系者、制度、项目母体组织的影响和社会经济影响。项目目前环境中的一个重要因素是经济全球化。

第一节 项目利害关系者

项目利害关系者就是积极参与项目或其利益因项目的执行或完成而受到积极或消极影响,或者对项目或项目的结果施加影响的个人和组织。有些利害关系者有时候也叫做"参与者"或"当事人"。利害关系者有些是积极的参与者,而有些或者是被动的观望者,或者是激烈的反对者。他们对项目都具有不同程度的权力和影响力,对于项目的成败影响颇大。

项目班子必须弄清项目有哪些利害关系者,弄清他们的期望、要求和态度,然后对这些要求进行管理,必要时施加影响,争取支持,克服阻力,确保项目取得成功。

识别项目利害关系者并非易事,经常会遇到困难。例如,参加新产品设计的装配线工人在项目结束后能否保住工作取决于项目的结果。那么,装配线上的这些工人是否为该项目的利害关系者呢?

项目不同,涉及的个人和组织也不同,因而利害关系者也不同。但是,所有项目都涉及的关键利害关系者有以下几种:

第一,项目经理。这是负责管理项目的个人。

第二,顾客。顾客泛指使用项目产品或服务的个人或组织。顾客可能有多个层次。例如,新药的顾客可能有开药方的大夫、服药的病人,以及为该种药物担保的保险公司。在某些行业,顾客就是用户,但是在另外一些行业,顾客指购买项目成果的实体,而用户指直接使用项目成果的人。

ISO 9004 将顾客定义为:"最终的消费者、使用者、委托人、受益者或者对方。"在项目管理里,这一定义应加以修改和扩充。经验表明,应把更多的人看成是顾客,并且这些顾客中的每一类都对由个人、集体、部门或组织所提供的产品和服务具有独特的要求。项目班子的成员彼此之间应当视为顾客。例如,编制项目工作分解结构的成员应将制订进度表、费用预算、质量管理计划,以及进行风险分析和从事其他工作的成员视为顾客,因为项目工作分解结构是他们的工作依据,无此依据工作便难以开展。一般说来,管理过程和成果创造过程上游活动或工作的负责人和参与者,应将下游的班子成员视为顾客。

第三，项目实施组织。这是项目班子主要成员隶属的组织，或者说是雇员最直接参与项目工作的企业或其他组织，也叫做"项目母体组织"。

第四，项目班子及其成员。这是指完成项目工作的集体和其中的个人。

第五，委托人。项目实施组织内外为项目提供现金或实物并将占用项目成果的个人或集体称为"委托人"，有时候也叫做"发起人"、"雇主"或"业主"。

显然，项目委托人和顾客是最重要的利害关系者。委托人出主意或者投入资金；顾客渴望项目成功并得到许诺给他们的好处。

除了上述者之外，项目还有许多冠以不同名称和类型的其他利害关系者，可以按不同方式进行划分。例如，内部和外部利害关系者、业主和出资者、供应商和承包商、班子成员及其家庭、政府机构和新闻界、临时的和永久的游说组织等。命名和将其分组是识别利害关系者的基本手段。利害关系者的角色和责任可能重叠，例如，某工程公司为它所设计的工厂融资，所以它既是项目的设计人、出资者，又是委托人。

利害关系者具有影响他人见解的力量，这种影响也许有利，也许不利。项目经理也许有能力评价各种利害关系者对项目可能产生的影响，并确定限制阻力的策略。利害关系者，不管是支持者还是反对者，都要认真对待。应当把潜在的支持者培养成有价值的资源，而在无法改变反对者的意见时，至少应当设法提出抵消其影响的策略。

无论是建造高楼大厦，还是建立新的客户来电处理系统，项目经理都将与持有各种不同想法的利害关系者共欢乐，同苦恼。若将其置于脑后，则势必遇到麻烦。

管理利害关系者的期望，很多时候非常困难。利害关系者的目标常常彼此相差很远，甚至互相冲突。例如：①要求添置新管理信息系统的部门经理可能希望费用低，系统设计师可能强调该系统技术上应当上乘，而承揽编程工作的人则希望利润越多越好。②电子产品公司负责研究工作的副总裁可能将"成功"理解为技术先进，负责制造的副总裁可能理解为世界一流的工艺，而负责营销的副总裁则可能主要关心新性能的多少。③房地产开发项目的业主可能特别注意时间进度，当地政府可能希望收取尽可能多的税款，环境组织可能希望尽量限制地产项目对环境造成的不利影响，而附近居民则希望将项目移到别处。

一般说来，在利害关系者出现分歧时，处理方式和结果应当充分考虑顾客的利益。但是这样做并不等于说其他利害关系者的需要和期望就可以置之不理。对于分歧，要找出解决办法。这就是项目管理面临的重大课题之一。

相关知识

利害关系者分析

项目负责人应当对本项目的各种各样利害关系者的需要、期望，对待本项目的态度，在本项目中的地位和作用等进行分析，以便对如何满足他们的需要和期望，以及如何将其努力引导到创造独特的成果方向上形成一个整体和合乎逻辑的看法。在此基础上制定出适合于本项目的利害关系者战略。具体可按如下步骤进行：

第一步：针对项目应创造的成果，向各利害关系者实事求是地说明项目的目的、要求和制约因素。

第二步：画出同各方面的关系图。

第三步：针对每一个具体的利害关系者确定自己的权限、影响力和掌握的情况。

第四步：确定每一个利害关系者在项目各项工作(过程、活动)中的位置和态度——是拥护者、支持者、反对者，抑或中立者？他们相互间的利害关系是什么？注意他们位置和态度之间的冲突。

要想弄明白利害关系者如何看待和对待本项目，项目经理可以思考如下问题，看一看利害关系者属于何种人：

(1)感觉到项目的成功会给自己带来好处；

(2)感觉受到了项目或项目结果的威胁；

(3)可能会公开支持项目；

(4)可能会公开反对项目；

(5)可能会暗中支持项目；

(6)可能会暗中反对项目。

项目经理也可以提出下面的问题：

其一，利害关系者可能会以何种方式影响项目的成败？

其二，利害关系者可能会施加多大程度的影响？

第五步：制订战略。战略应当在识别现存和潜在的联合、支持者和反对者之后，充分利用有共同利益者所掌握的权力来实施战略；应当让利害关系者在有关自身利益方面分享决策和控制权，以获得他们在其他方面的支持。

第二节 制度对项目的影响

经济、社会与政治制度影响个人和组织的动机和行为。制度对于项目的效率影响很大。好制度可以促进、改进和提高项目的效率；坏制度则起到阻碍、破坏和降低项目效率的作用。政治经济学家认为，制度和组织是出于各种合理、不合理，甚至变化无常的动机而建立的。许多制度和组织效率很低，损害人们的利益，也不一定代表其建立者的利益。然而，制度一旦建立并存续一段时间后，就会产生效率更高、效力更好的新制度和组织，而原有的制度和组织却不肯轻易让位于更优者。也就是说，制度的惯性极大，无论是建立、改革或革除都要付出巨大的代价。所有这些，切切实实地影响着项目的提出、规划、实施和成果的分配和维持。项目管理人员不可不知，不可不察。对于应当革除的制度和组织，应当用新的、效率更高、效力更好的制度和组织取代之。

技术的变化促成了管理和生产方式的改变。人与人、组织与组织、大企业与小企业、行业与行业、国家与国家、地区与地区、发达国家之间、发展中国家之间、发展中国家与发达国家之间日益激烈的竞争促进了制度的变化。

最先变化的是企业制度。一方面，技术进步和竞争催生了许多小企业，另一方面也通过企业兼并和收购，催生了新的垄断和寡头企业，加强了垄断，结果是更激烈的竞争。

企业改革的特点，在很大程度上是由技术进步，特别是计算机及其网络技术所决定。改革主要表现在减少管理层次、缩小规模、裁减冗员，进行精简；交给员工更多的任务和责任以及相应的权力；更多地利用外部资源。所有这些努力都是为了降低成本，提高效率，为顾客提供更好、更快的产品和服务，争取更多的顾客，最终在激烈的竞争中生存并获得发展。

一、制度

(一)制度的含义

制度指各种机构和组织，如公司、农场、家庭、工会等等。除了有形的机构和组织之外，制度还包括各种无形之物，如所有权、社会习俗、生活方式等等。制度是经济和社会活动的规则，即规定、指导和约束社会、政治和经济行为的一系列规则。美国项目管理学会编写的《项目管理知识体系指南》就是项目管理的规则，是一种制度。国际标准化组织的 ISO 9000 系列、国际咨询工程师联合会编写的各种工程合同条件、招标程序、世界贸易组织的《服务贸易总协定》、国际商会的仲裁条例等都可视为一种制度。

(二)制度的其他含义

制度还有其他一些含义，例如：

1. 制度与人的动机和行为之间有内在联系。新制度经济学认为，人在追求最大效用、利润和其他利益时，总是受到某种制度的制约。否则，追求自身最大利益的行为就会造成社会秩序的混乱，降低经济发展的效率。

2. 制度是一种特殊的公共物品。制度与其他一般公共物品（如电台上的天气预报）不同。一般公共物品有形，而制度无形；一般公共物品无排他性，但制度却可能有排他性。例如，项目管理人员认证制度就将一些项目管理人员排除在外。再如，对于大多数人有利的制度可能对少数人不利。

3. 制度与组织不同。组织（企业、政府）是经济活动的主体，被视为决策者，对于资源实施控制。各种流派对制度的见解不同，有人认为制度也包括组织。

（三）制度的构成要素

新制度经济学认为，制度主要由社会公认的非正式约束、国家规定的正式约束和实施机制3个基本要素组成。

1. 非正式约束。它是人们在长期交往中无意识形成的、具有持久的生命力，并构成文化的一部分。如价值观、伦理道德、风俗习惯、意识形态等。非正式约束的产生减少了交易的衡量和实施成本。

2. 正式约束。它是指人们有意识创造的一系列规则，如法律、规范、规章和合同（契约）等。社会越复杂，正式约束形成的收益率越高。制度可以移植，一些正式约束可以从一国移植到他国，从而大大降低引入国制度创新和变迁的成本。例如，参照FIDIC标准合同文件编制了用于国内建设项目的合同范本，降低了编制成本，大大提高了效率。

3. 实施机制。离开了实施机制，任何制度都形同虚设。检验一国的制度实施机制是否有效，主要看违约成本的高低。违约成本越高，说明实施机制越有力。

（四）制度的起源

新制度经济学在解释制度产生原因时主要有交易费用说和合作说两种说法。

资源的流动、产品和服务的交换不是在真空中毫无规则地任意进行的，而是按照由市场交易参与者在自愿交换基础上达成的协议以及履行这些协议的规则和制度进行的。达成协议、制定履行协议的规则、建立相应的制度等都要付出代价。这些代价叫做“交易费用”或“交易成本”。交易费用说认为，是降低交易费用的动机促进了制度的形成。新古典经济学完全竞争的理论没有考虑制度的影响，实际上假定了交易不需支付费用。但交易费用是客观存在的。制度是人们降低交易费用努力的产物，能够影响市场交易者的决策和行为，会引导交易者寻求正确的信息，以获得最大收益。

合作说认为，个人理性造成的结果常常会损害个人的利益。理性人之间的过度竞争常常使竞争者同时受损。在屡屡受损之后，理性人认识到，合作比竞争更有利。同样，市场经济主体在多次交易后发现，遵守某种合作规则要比以欺诈手段谋取少数几次不义之财更有利，这时，制度就出现了。

（五）制度的功能

制度的外延很广，如经济制度、社会制度、政治制度、军事制度（如义务兵制、志愿兵制）、教育制度、文化制度、婚姻制度（如一夫一妻制）、税收制度（如增值税制）、企业制度（如公司制、股份制、合伙制），以及反映这些制度的法律制度等。这里主要介绍经济制度的功能。经济制度主要具有以下几种功能：

1. 可降低交易费用。

2. 为经济活动服务。例如，货币制度便利了交换，市场制度提供了信息，保险制度可规避风险等。

3. 为合作创造了条件。

4. 形成激励机制。

5. 制度创新有利于外部利益内部化，也就是说，将原先独立于旧制度之外的利益纳入到新制度中来。

6. 形成约束力量，抑制经济主体的机会主义行为。

二、标准和规则

标准和规则都是制度，对于项目欲创造的成果、项目和项目管理影响很大，经常限制项目班子的选择。但是标准和规则二者之间存在着区别。国际标准化组织 ISO 把标准和规则做了如下的区分：

标准是“某个公认的机构批准的文件，规定了经常和反复使用的规定、原则、产品、过程或服务的特性，但并不强迫必须遵守这些规定、原则或特性”。

尽管项目实施组织可以不采纳标准，但是，在经济全球化之风日盛的今天，除了首创产品之外，大多数产品，特别是中间产品，若不遵守国家和国际标准，就很难或根本销售不出去。不但产品如此，就是产品和服务的生产或提供过程也不得不遵循国家和国际标准。ISO 9000质量体系标准就是一个众所周知的例子。

规则是“规定产品过程或服务特性的文件，包括使用的行政规定，其遵守具有强制性”。合同法、建筑法及其他建筑法规、政府采购法、环境保护法等，都属于规则。除了法律，政府部门和地方政府出于各种目的制订的名目繁多的各种条例和程序等，也是规则。项目班子在采取行动时一定不能违反规则。规则是项目和项目管理首先要考虑的制约因素。

许多项目已经熟悉了许多标准和规则，在项目计划中反映了其影响。但是，也有许多情况，标准和规则的影响未知或不能确知，因此必须在项目风险管理中给予考虑。

三、制度变迁

制度变迁指制度安排或制度结构发生的变化。制度安排指决定人们行为与关系的一套规则。制度安排的变迁就是部分规则或整套规则的变化。

制度变迁是效率更高、更好的新制度逐渐取代原有的陈旧、低效率、过时的制度的过程。发达国家的制度变迁一般表现为当个人或企业在发现获利机会时自发倡导、组织和实施。换句话说，制度的重新安排是在单个行为主体为谋求在现有制度下无法得到的利益时而进行的。

企业的业务流程改进、企业的重组、兼并、缩小规模、减少管理层次等项目，都属于制度变迁。项目管理在制度变迁的实施中发挥了重大作用。

第三节　组织对项目的影响

项目、项目班子一般都从属于某个组织。即使项目班子本身是一个独立的组织，也会受到建立该项目的母体组织或多个母体组织的影响，带有其脱胎出来的母体组织的痕迹。组织在项目管理制度、文化、作风、组织结构，以及项目管理办公室方面的健全和成熟程度，也对项目产生影响。约束项目的组织结构可能会影响到项目各个大的方面。

一、组织结构

所谓组织结构，就是组织中的成员以怎样的形式组织起来，使他们在组织的不同位置上发挥作用。组织结构主要有 3 个方面的内容：

第一，分工的方式和细致程度。

第二，规章制度，及其约束工作行为的效力。

第三，决策程序和过程，以及决策权力的集中和分散程度。

这 3 个方面结合起来，便可说明一个组织结构的面貌。

组织结构对项目、项目班子有很大影响，常常制约着项目获取所需资源的可能性，以及项目班子成员的工作态度等。

世界上的组织有各种不同的结构。这些千差万别的组织结构可归纳为 3 种主要的形式：职能式、矩阵式、项目单列式。表 3－1 详细列出了主要企业组织结构形式同项目有关的特点。值得注意的是，项目所在的母体组织的结构与项目本身的结构是两件不同的事，后者放在后面的章节中介绍，千万不要混淆。

表 3－1　组织结构对项目的影响

组织形式 项目特征	职能式	矩阵式			项目单列式
		弱矩阵	平衡矩阵	强矩阵	
项目经理权限	很少或没有	有限	小到中等	中等到大	很大，甚至全权
在项目上工作的时间	几乎没有	0～25%	15%～60%	50%～95%	85%～100%
项目经理任务	半时	半时	全时	全时	全时
项目经理的常用头衔	项目协调员 /项目领导人	项目协调员 /项目负责人	项目经理 /项目主任	项目经理 /计划经理	项目经理 /计划经理
项目管理行政人员	半时	半时	半时	全时	全时

(一)职能式组织

历史悠久而又常见的"职能式组织"(图3－1)是一种层次结构。每一个雇员都有一个明确的上级,人员按专业分属于组织内的不同部门。例如,在上层有生产、经销、技术、会计部;技术部进一步细分为支持组织经营的职能单位,如机械和电气部门。职能式组织仍然有项目,但是项目的范围限制在该职能的范围之内,即职能式组织中的技术部将独立完成其工作,与制造或经销部无关。

纯粹职能式组织在研制新产品时,其设计阶段常常叫做设计项目,而且仅仅包括技术部人员。如果遇到有关制造的问题,就按照这种层级结构的规定将该问题提交到本部门领导,而这位领导再与制造部的领导协商。问题解决后,技术部的领导再按照这种层级结构的规定将与制造部的领导协商的结果向下传达给设计项目经理。

(二)项目单列式组织

组织结构谱的另一端是"项目单列式"组织(图3－2)。在这种组织中,项目班子人员常常集中在一起工作。该组织大部分资源都用于项目工作,各项目经理有很大的独立行动自由和权限。项目单列式组织经常下设称为部门的组织单位。但这些单位直接向项目经理汇报,或者为各个不同的项目提供各种保证性服务。

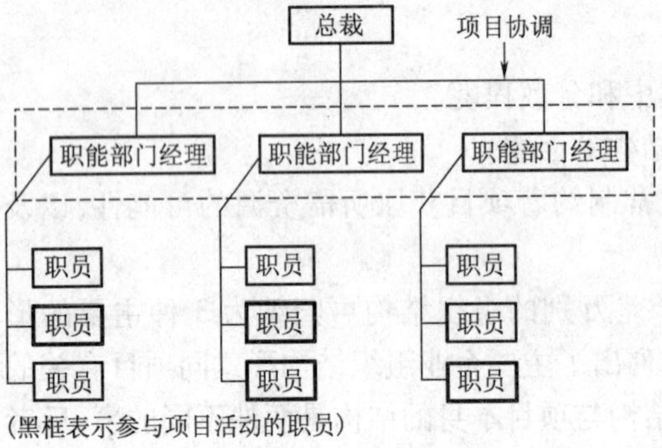

图3－1 职能式组织

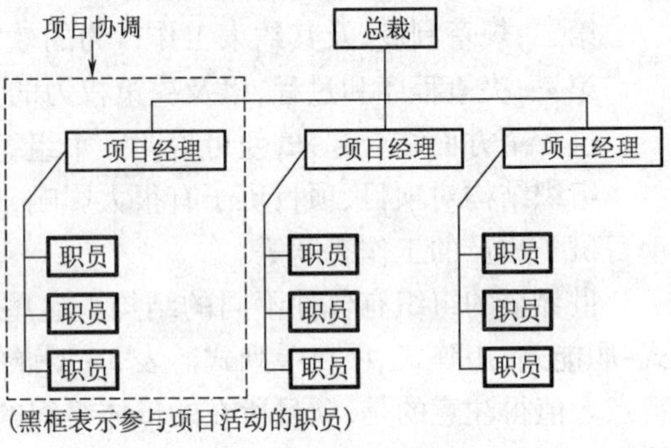

图3－2 项目单列式组织

(三)矩阵式组织

矩阵式组织(图3－3到图3－5),是职能式组织和项目单列式组织的混合。弱矩阵式组织保留了职能式组织的许多特点,项目经理职责中的协调或督导成分多于经理的成分。强矩阵式组织具有许多项目单列式组织的特点,全职项目经理具有相当大的权限,并领导全职的项目管理职员。

(四)复合式组织

大多数现代组织的不同层次,要根据需要选用上述组织结构,形成复合式组织(图3－6)。

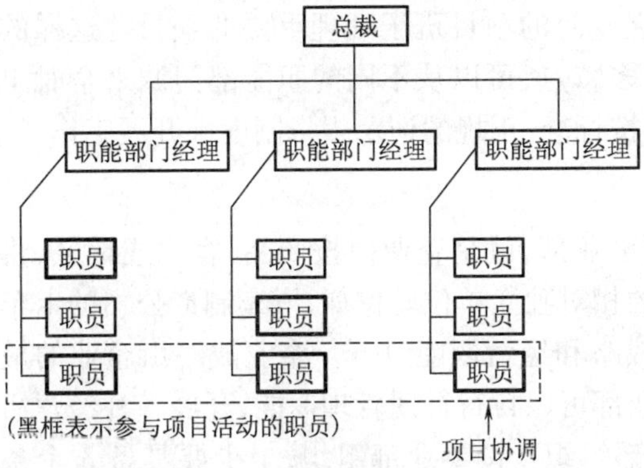

图 3－3 弱矩阵式组织

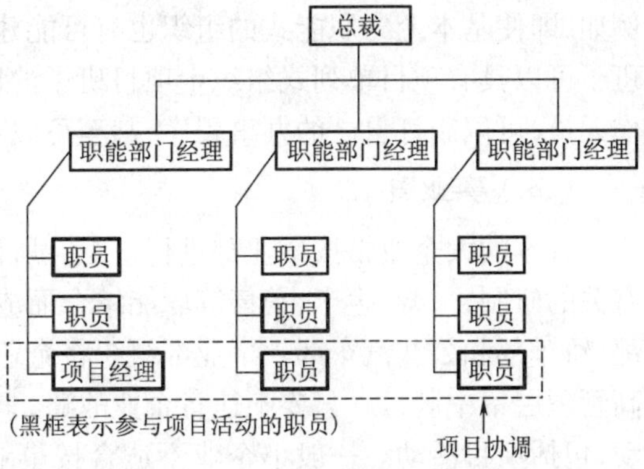

图 3－4 平衡矩阵式组织

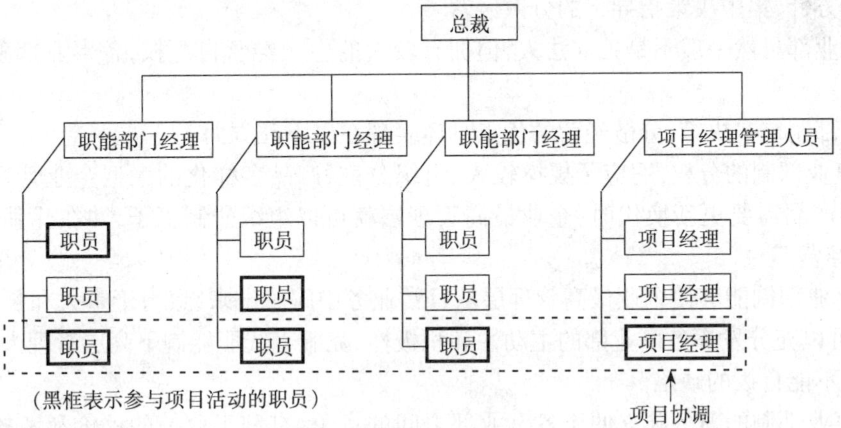

图 3－5 强矩阵式组织

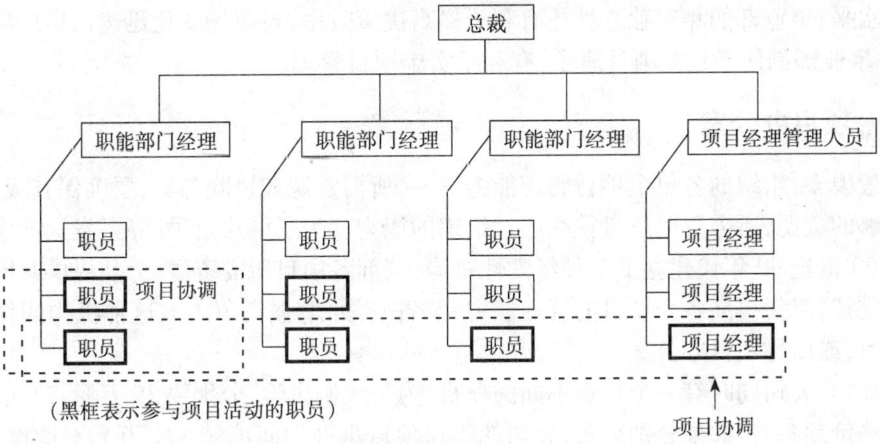

图 3－6 复合式组织

例如,即使基本上为职能式的组织也有可能建立专门的项目班子处理重要的项目。这样的班子可以具有项目单列式组织中项目班子的许多特点,可以从不同的职能部门调来全时工作人员,可以制订自己的办事程序,甚至可以不按标准、正规的请示报告制度来开展工作。

(五)事业部

日本的大企业常按事业部进行组织。所谓事业部,就是企业内按产品、客户或地区,将有关的研制、采购、生产、销售等职能结合而成的相对独立单位。例如,汽车制造公司的卡车部、轿车部和公共汽车部。事业部组织将企业战略和经营职能分开。企业战略由企业的最高管理层集中制订。只要不违背企业战略,事业部可以自行行使管理职能,开展各种经营活动,包括项目活动。一般小企业不适合按事业部组织。按事业部组织,至少要具备3个条件:①具有独立的产品和市场;②财务独立;③足够的分权。换言之,按事业部组织的企业要实行统一方针、集中决策指导下的分散经营。

各事业部虽然一般不是独立法人,但拥有较大的生产经营自主权,各事业部独立核算、自负盈亏。

事业部制统一决策、分散经营的优点具体表现在以下几方面:

1. 事业部制的分权,适应了规模较大、组织分散、产品多样化的大型企业管理的需要。当企业的产品需要更新换代时,企业最高管理层就可以组织研制班子,并在此基础上进行“多样化经营”。

2. 事业部制能够使企业最高管理层从日常业务中解脱出来,致力于重大和长远问题的研究,还可以充分发挥各事业部的主动性和积极性,克服直线职能制下高层管理人员深陷日常事务而不能自拔的缺陷。

3. 事业部制的财务独立便于各事业部之间的竞争,有利于业绩的评价和考核,有利于培养管理人才,发挥个人的才能和创造性;按产品划分事业部,有利于提高产品质量和专业化生产水平;事业部的相对独立性还有利于提高决策效率,对市场变化迅速做出反应。

4. 事业部制便于建立项目班子,有利于实施项目管理。

二、项目办公室

一般说来,组织的各单个项目管理能力不一,所需资源和风险各异,要确保其成功,都要投入足够的资源,所需资源总量往往超过组织的能力。为了解决这种问题,发达国家的一些组织于20世纪90年代建立了一种经常性机构,调剂各项目所需资源,为其提供共同需要的服务和支持,以便提高各个项目的管理能力,节省资源,增强竞争力。这种机构叫做项目管理办公室,或简称项目办公室。

例如,某公司同时有三个行业不同的项目,为了规避风险,分别要35万元、72万元和64万元的涨价预备费,如果分别准备,公司就要在项目进展期间冻结171万元不能挪为他用。但若统一安排,120万元就可能够了,因为三个行业所需物资同时涨价的可能性很小。

许多组织已经认识到建立和使用项目办公室的好处。当然,其作用已不再限于调剂资源。

项目办公室是监督、协调和集中管理组织多个项目的机构,支持并负责这些项目的日常事务。项目办公室能够发挥的作用,视这些项目彼此之间的关系而定。对于互相有联系的项目,项目办公室的协调作用特别明显。许多组织,有意识地将项目根据项目办公室协调与管理的方式以某种形式联系和组合起来。

项目办公室的工作重点是统一规划与本组织或顾客整体经营目标有紧密联系的项目和子项目,并安排其优先顺序、轻重缓急和具体执行。

项目办公室任务范围广,事无巨细,例如,培训项目管理人员、提供软件、协助各个项目制定标准、方针与程序,直接参与管理并分担实现项目目标的责任。

项目办公室可在项目的发起阶段就接受委托,充当利害关系者代表和关键的决策人,还可能有权提出建议,甚至有权为坚持经营目标而终止项目。

项目办公室在必要时还可参与选用、管理和调动共同使用有奉献精神的项目人员。

项目办公室都要适合于各自行业和组织的需要,没有,也不会有千篇一律的样式。但是,有些重要方面确是各种项目所共有的,主要包括:①管理并协调所有项目共同使用的资源;②识别与提出项目管理的最好做法和标准;③充当各个项目交换方针、程序、样板和其他共用文件的场所;④统一缓解与管理各个项目的风险;⑤充当使用与管理项目工具,例如管理软件的集中场所;⑥协调各项目之间的沟通管理;⑦充当项目经理的辅导站;⑧从组织的角度集中监视各个项目的进度、预算和开支。

项目经理与项目办公室的分工和不同之处可能有如下方面:

第一,追求的目标不同,并因此而服从不同的要求。然而,所有这些努力都应服从组织的战略。

第二,项目经理的任务是提交具体的项目成果,而项目办公室应当从整个组织的角度提出强制性要求。

第三,项目经理的注意力集中在事先规定好的目标上,而项目办公室要在遇到潜在机会时,从更好地实现组织经营目标的角度,管理重要的范围变更。

第四,项目经理控制分配给项目的资源,以便最好地实现项目目标,而项目办公室要在所有的项目中间调剂共用资源,使其得到最好的使用。

第五,项目经理管理项目成果的范围、进度、费用和质量,而项目办公室管理整体风险、整体机会和项目之间的相互依赖关系。

第六,项目经理报告项目进展和具体信息,而项目办公室提出统一的报告,并从组织整体角度审视各个项目。

项目办公室对于各种结构的组织都能发挥良好的作用,不仅对职能式组织,对于矩阵式组织和项目式组织也是如此,特别是在组织同时参与多个或先后接续的系列项目时更是如此。

项目办公室的工作范围很广,如充当顾问,对项目提出具体的方针和程序建议;帮助项目经理从组织高层争取授权;等等。

项目办公室统一管理的灵活性可以为项目经理提供在组织内更多的提拔机会。项目班子中专业技术人员经常同项目办公室联系还有助于得到更好的技术和管理方法。

三、组织中的规章制度

从项目管理的角度,组织分为两种类型:按项目建立的组织和以连续循环性工作为业务的组织。

(一)按项目建立的组织

按项目建立的组织,其业务主要由项目构成。这些组织又分为下列两大类:

第一类:主要从为其他组织实施项目而获得收入的组织,如:建筑师事务所、工程公司、咨询公司、施工承包公司、政府采购承包商、非政府组织,等等。

第二类:按项目实施管理的组织,即组织把日常业务的许多方面当做项目来对待,并使用项目管理的技术。

上述组织一般都有现成的管理制度,便于实施项目管理。例如,它们的财务管理制度常常是为多个同时进行的项目的核算、追踪和报告而具体制订的。

(二)以连续循环性工作为业务的组织

以连续循环性工作为业务的企业(例如,制造业公司、金融服务公司等)常常缺少为支持项目而制订的有效管理制度。缺少针对项目需要的规章制度经常会使项目管理陷入尴尬境地。有些时候,以连续循环性工作为业务的组织,可以像以项目为业务的组织那样增设一些部门或单位,满足项目的需要。项目管理班子应当敏感地认识到组织中的规章制度对本项目会产生怎样的影响。例如,如果组织鼓励职能部门经理按职员工作时间长短向项目收取费用时,则项目管理班子就要加强控制,确保来自该职能部门的职员在本项目上充分发挥作用,提高工作效率。

四、组织文化与作风

大多数组织形成了独特的文化和作风。例如,某大学"严谨、勤奋、求实、创新"的校训,另一所大学告诫学生"知为师,行为范"。各个组织的文化与作风反映在其成员共同的价值观、行为规范和期望之中,反映在他们的行动方针和办事程序中,反映在他们对权力关系的看法之中,还反映在许多其他方面。

组织文化对项目班子起着鼓励或约束的作用。例如:在严格的层次结构组织中,参与意识强的项目经理容易遇到麻烦;在参与意识强的组织中,专横的项目经理同样也会处处碰壁;在风气保守的组织中,提出不平常或风险大的办法很难获得批准。

每一个组织都会有其独特的文化,这个文化会影响到组织项目管理的能力。所以,应当了解文化有哪些构成因素,并将其视为测量组织目前状况的晴雨表。文化的构成因素是指那些始终占主导地位的态度和信仰,而不是一时的评价。

有以下10种因素构成组织的文化:

(1)组织个性、形象和使命。这包括:组织如何看待自身,其业务性质,以及指导组织生存和发展的原则与行动在他人心目中造成了何种印象,组织的外界形象如何。

(2)组织的范围和空间。这包括:组织如何确定它的物理和心理的两种界线,以及内部和外部两种活动范围;本组织以何种界线同其他组织区分开来。

(3)态度、信仰和传闻。这包括:组织通过正式、非正式,有意识和无意识的行动,过去的经历和故事,以及组织内部津津乐道、广为流传的话题、消息与传闻所表达的世界观、人生观、处世之道和关心的主题。

(4)价值观和行为准则。这包括:对于组织内人们认可的行为和表现,如何给予评价,如何看待其主次轻重。这些都体现了组织内人们明确表达或隐含的期望和认可。

(5)沟通和语言。这包括:组织内彼此沟通和交流使用的独特语言、行话和术语,以及正式和非正式的具体交往过程中的情节。

(6)组织的业务和办事流程与学习习惯。这是指用于生产和提供组织的产品/服务的流程,包括技术的应用、知识、人际关系和人才培养。

(7)人事/人力资源的管理——表彰、奖励和模范人物。这包括:招聘、选用、雇用、训练、提拔和聘用何种人,何人受到重用,何人受到轻慢,哪些类型行为、成绩和成就受到奖励和表彰;表彰和奖励的方式,奖牌、奖章、等级和地位。

(8)习俗、礼仪和其他习惯。它们反映在繁文缛节和制度之中,例如,某个组织的庆祝活动就能反映出其突出的价值观、行为准则、标准、期望和程序,包括特别活动、游戏联欢会的结构和形式,食物以及饮食的习惯等。

(9)关系。这是指对与他人关系的态度、组织结构示意图和结构、角色确定、身份、种族问题及其解决办法。

(10)外在形象、风格和信誉。这包括:外观、周围景物、设备,以及"此地的心理感受"。当组织与外界接触时,其报告、出版物的外观和代表的外表;组织内部的气氛和环境;组织处理人、雇员的方式,人力资源管理和培养的方式;组织对时间、现实、外表、规则和各种惯例的感觉和态度。

第四节　社会经济对项目的影响

项目管理人员必须明白,社会、经济的现状和发展趋势对项目可能产生很大的影响,其中的一个小小变化可能会使项目本身巨变。一般而言,小变化和巨变之间要有一段时间差。

各种社会经济影响中如下几大类经常影响项目的实施及成败。

一、产业政策的影响

政府干预国民经济的重要手段之一就是产业政策。产业政策指的是政府利用财政补贴、贸易保护或政府采购等手段决定和调整经济结构的专门措施。产业政策可以针对具体行业或经济部门,也可以针对具体企业而制订。产业政策不同于旨在改善国民经济整体表现的宏观经济政策。

产业政策和相应的干预行动依据的理由是,在整个国民经济中,有些行业、产业部门或经济部门比其他行业或部门重要,需要制定产业政策给予其扶持。这些产业或部门有可能创造新的就业机会,能够产生良好的外部效果(如技术溢出)或增加值较高。产业政策可以消除市场失灵,所以在许多国家是合法的。但是,也有许多人反对制定产业政策,支持与鼓励某些部门或行业发展的做法。他们认为,所有的产业都应一视同仁,不能由政府宣布哪个部门是战略部门。

产业政策对于民间企业选择项目、为项目筹集资金、动员和使用人力资源等项目活动都将产生很大影响。

二、社会文化的影响

文化是"社会上传播的行为模式、艺术、信仰、制度和所有其他人类工作和思想成果的总和"。项目在一个或多个文化规范的背景下进行。文化影响范围包括政治、经济、人口、教育、伦理、种族、宗教和其他影响人们和组织相互往来的方式的惯例、信仰和态度。在经济全球化日盛的今天,越来越多的项目跨越了地区或国界,项目参与者来自于不同的文化背景。这种情况广泛而深刻地影响着项目的组织、项目成员之间的沟通、时间安排、项目的范围、成果的评价,等等。

三、环境保护和可持续发展的影响

几乎所有的项目都是在某种社会、经济和自然环境中进行规划和付诸实施的,因此都会产生意料之中和未曾意料的积极和消极影响。组织不但应当越来越多地为项目在其完成之后给人们、国民经济和环境造成的影响(例如道路的修筑在大大便利了人们前往曾经是原始的自然环境的同时,也大大便利了对它的破坏)负责,也应当对项目造成的后果负责(例如,在道路施工项目中偶然破坏具有考古价值的地点)。

必须注意的是,自从20世纪70年代以来,世界环境保护运动的发展日益影响到各个国家的项目活动。有些人打着保护自然环境的旗号,直接干预发展中国家的项目活动。例如,某国际金融机构就以破坏生态平衡为借口拒绝为某水利枢纽项目提供贷款。

第五节 经济全球化对项目的影响

经济全球化一方面为我们提供了更多的资源和发展机会,另一方面也给项目和项目管理带来了种种新风险。本节介绍经济全球化的表现、推动力和为发展中国家带来的机遇和挑战,进而探讨经济全球化对项目管理的影响,希望项目管理人员在认清全球市场变化主旋律的前提下,及时抓住机会,选择正确的项目,施以正确的管理,规避风险,取得成功。

一、经济全球化

(一)全球化是一个历史过程

资本主义诞生伊始,全球化就开始萌芽了。如果从东印度公司和其他各种"冒险家"的活动算起,以跨国公司和对外直接投资为特征的经济全球化已经有三四百年的历史了。

列宁在1916年的《帝国主义是资本主义的最高阶段》中指出:"……只要资本主义还是资本主义,过剩的资本就不会用来提高本国民众的生活水平(因为这样会降低资本家的利润),而会输出国外……在这些落后的国家里,利润通常都是很高的,因为那里资本少,地价比较贱,工资低,原料也便宜。……许多落后的国家已经卷入世界资本主义的流通范围,主要的铁路线已经建成或已经开始兴建,发展工业的起码条件已有保证等等。……资本主义在少数国家中已经'成熟'过度了,'有利可图'的投资场所已经不够了……"

列宁的上述论述深刻地揭示了资本主义发展到帝国主义的必然规律,突出了当时发达国家向世界其他各地扩张的基本动力,那就是利用不发达国家和地区的廉价劳动力、土地、原材料,以及广阔的市场,谋取超额利润。

列宁的话还指出了西方经济学中普遍承认的投资边际收益递减律。列宁的精辟论述仍然适用于现在的世界,是我们认识、理解和把握今天经济全球化的起因、过程、规律,以及各种表现的指路明灯。

经济全球化是指公司通过出口向国外经济进行扩张,但尤其指通过对外国的投资,建立生产部件的工厂、制造车间和销售子公司;它又是一个经济、文化和政治进程,它源于跨国垄断资本的利益,已在资本的历史性国际化进程中形成一个新的阶段。这种资本包括了资本生产和再生产的所有方面,并且改变了国家与资本、战争与和平的关系以及人类所有生活领域(工作条件、文化、教育和价值等)。

资本输出是当前经济全球化的主旋律。为了推动资本输出,发达国家通过国际组织,制定有利于他们的规则,对发展中国家施加种种压力,甚至诉诸武力。

发展中国家经济的迅速发展使少数发达国家感到其市场和能源供应地受到了威胁,便以莫须有的借口发动战争,为本国的垄断资产阶级霸占全球市场和能源产地开路。这些情况,在我们考察当今项目管理的环境时,必须予以足够的注意。

（二）经济全球化的推动力

第二次世界大战以来，技术的巨大进步是经济全球化最根本的动力。20 世纪 70 年代以来，发达国家的投资边际收益率递减，各国之间投资收益率和风险之间存在的巨大差异促进了国际资本的跨国流动。美、英等发达国家鼓吹自由贸易，要求其他国家向其开放市场。另一方面，许多发展中国家和地区，为了摆脱落后面貌，陆续进行了改革，开放了本国市场。在这一过程中，交通和通讯技术得到了迅猛发展。所有这些，大大减少了国际贸易、资本流动和知识转移的障碍，加速了经济全球化。此外，关贸总协定（世界贸易组织）、国际货币基金组织和世界银行等重要国际组织，在经济全球化过程中也发挥了重要作用。

（三）经济全球化过程中的社会面貌

经济全球化使人类社会呈现出从来没有过的景象。其具体表现是：

1．生产要素在世界范围内流动。移民、劳工、学生和商人以从未有过的规模和速度在世界范围内流动；机械和信息技术在全球范围内迅速传播和使用；全球资本市场日渐发达；各种媒体在全球范围内扩展，传播着各种各样的意识形态。

2．现代社会的组织形式正在急剧改变。交通和通讯等技术的发达，使社会组织越来越从过去的层级结构演变为分散、灵活的网络型结构。企业的发展不再局限于内部分工，而是更多地利用外部资源。

3．民族国家的作用日益受到约束和限制。不断扩充的国际法、国际管理体制，限制了各个国家的资源开发政策和其他政策；世界经济和全球市场的兴衰对民族经济，包括就业方式和就业率、汇率和利率等的影响越来越大。

4．越来越多的国家接受自由市场思想。二次大战以后，自由市场思潮席卷了韩国、中国台湾省、香港和新加坡等国家和地区，也传到了亚洲、拉丁美洲、非洲，以及中欧和东欧国家。越来越多的国家已经或正在从“计划经济”转向“市场经济”，创造各种条件，吸引外国投资。

5．经济中心正由发达国家转向发展中国家。市场机制促进了竞争，提高了效率，改进了技术，带动了投资，发展中国家的经济开始跟上发达国家。从 20 世纪 80 年代开始，世界的经济中心向发展中国家转移。

6．技术的发展促进了全球交流。航空、电信和计算机等方面的发展大大降低了商品的运输费用；广泛采用的电视会议、电子邮件，提高了远程业务和经营的可靠性和效率。

7．国外竞争者进入了国内市场。贸易、投资及技术转让的开放，使各国的企业，尤其是跨国公司能够在全球范围内扩大市场，寻找可减少纳税数额、降低成本或提高质量的最佳地点，利用可能出现的技术优势等。竞争者之间的竞争比以往任何时候都剧烈。

（四）金融全球化

国际资本和金融机构的业务范围都以从未有过的规模和程度跨过了国界；世界各地的

金融市场的融合程度大大提高；各国的金融制度逐渐统一，金融市场已经跨越了国界和时间的限制，资金可以比以往任何时候都方便地出入各国的金融市场。

（五）国际金融危机

20世纪70年代以后，发达国家纷纷实行金融改革，在相互开放资本市场的同时，强烈要求发展中国家开放资本市场。不少发展中国家为了吸引外资，采取了发达国家的金融制度，开放了自己的资本市场。于是，全球金融结构和银行制度逐渐靠拢，促进了金融机构、金融市场的发展和资本的流动。

金融全球化极大地推动了世界经济，但是其迅猛发展破坏了全球金融市场的稳定。近些年来的金融危机，银根骤紧、股市暴跌、信用破产、银行发生挤兑或停兑、金融机构倒闭、固定汇率制度崩溃、外汇储备耗尽、无法支付外债等金融混乱带有国际性趋势。

发展中国家频发金融危机的原因之一就是开放了国际收支中的资本项目，实行了本国货币的完全自由兑换等，但在同时却实行固定汇率制度。20世纪90年代的亚洲金融危机带有很大的传染性，一个重要原因就是许多发展中国家的产业结构和其他国民经济基本条件相似。

（六）全球化是发展中国家经济发展的必由之路

二战以后，许多发展中国家曾人为隔离同国际经济的联系，走内向型的发展道路，但收效甚微。历史表明，凡是成功实现经济现代化的国家，无一不重视从国外引进和吸收先进技术。

发展中国家参与经济全球化有多方面好处：①各国按比较优势专业化，能提高产量。②可促进投资，进入更大的市场，获得更大的规模收益，得到廉价的资本货物。③商品、机械和外国直接投资带来了新知识和新技术。④生产要素比较充足，劳动力创造的收益更大。⑤在开放经济中，可保持宏观经济的稳定和缩小政府管理部门的规模。

总之，发展中国家参与经济全球化可弥补国内资本、技术等的不足，可利用后发优势，迅速改进产业结构，更新技术，建立新制度。劳动密集型生产日益转向发展中国家，有助于发展中国家增加就业。

经济全球化对于发展中国家是机遇与挑战并存，机遇远大于挑战。发展中国家能否从经济全球化中获益，取决于对经济全球化的态度以及据此确定的经济政策。

（七）经济全球化对发展中国家的消极影响

经济全球化对发展中国家也带来了一系列消极影响，表现如下：

1. 发展中国家若过分依赖国际市场，势必影响本国经济的稳定。初级产品与制成品之间存在着巨额价格差，致使许多发展中国家从事初级产品生产的行业增产不增收，甚至增产减收，难以享受到贸易自由化带来的益处。

2. 发展中国家外债越来越多，无力按期偿还。短期外债造成了支付困难，突发性危机的可能性增加。

3. 因发展中国家经济实力弱，金融市场不健全，监管机制不完善，风险防范能力弱，使其在金融危机发生时受到的危害更大。

4. 关税下调和非关税措施的减少，使发展中国家企业面临着更激烈的竞争。

5. 发展中国家人才大量流向发达国家，使发展中国家蒙受了巨大损失。

6. 发达国家将制造业、资源密集型和污染产业向发展中国家转移，把发展中国家变成了环境代价的主要承受者。

二、全球市场对项目管理人员的要求

（一）全球市场

在经济全球化时代，全球市场的国家界限逐渐模糊。这个市场需要越来越多的知识，对专业人员的要求越来越高；同时，专业人员也要建立起全球观。

越来越多的组织参与跨越国界的工作，因而项目也越来越多地跨越国界。除了关心传统的范围、费用、时间和质量之外，项目班子还必须考虑地球时区差、国家和地区节假日、参加当面会谈的旅行、电话会议的安排，以及敏感的政治差异等因素的影响。

（二）市场需求

来自于发达国家和地区的客户见多识广，要求高，他们的要求对于项目管理班子来说，更具挑战性。具体表现为：①他们使用资金时非常谨慎；②对于未达到其要求之处，毫不留情地提出批评，在项目实施过程中很少表扬；③他们非常重视安全。总之，他们的要求可归纳为质量、创新和迅速及时、有求必应。

1. 质量。客户想规避风险，项目的质量一定要得到保证。在客户看来，质量就是项目的工作，必须使他们感到满意。

2. 创新。经济全球化加剧了国内外的竞争。客户指望我们的创新为他们带来更多的价值，提高他们在市场上的竞争力。在这种形势下，我们为客户提供的勘察、设计、施工、咨询和项目管理服务必须要有所创新。

熊彼特认为，创新是经济活动中的重要因素。创新是企业家对生产要素新的结合和生产手段的新组合，即① 引进新产品、提供产品的新质量或产品的新特性；② 采用新技术、新生产方法，或新经营方式；③ 开辟新市场；④ 获得原材料新来源；⑤ 实行新的企业组织形式。

创新一般都能为客户提供更好的产品和服务，都会造成新的市场和提高原有市场的进入壁垒。利用新技术或建立新制度可大大提高劳动生产率，大幅度降低成本，减少开销，加强创新企业的竞争力。其他企业则因为不能满足客户日益苛刻的要求而得不到新合同，又不能降低成本，其利润率大大降低，最后的结局是资不抵债、倒闭、破产，被强者所兼并。结果，市场上能够被客户所接受的企业就越来越少，其他人只能充当这些少数垄断企业的分包商、供应商。

3. 迅速及时、有求必应。工业时代的竞争力表现为诸如机器等实体资本，而在知识经济时代，竞争力则表现在全身心创造新知识的能力上。项目班子创造新知识的能力非常重要，创造新知识，应用新知识的速度是使其立于不败之地的关键。同时，对于客户的要求和愿望，还必须给予及时的响应，提供给他们新颖的、有独创性的产品和服务。

（三）竞争对手和合作伙伴

全球市场对我们的项目管理人员提出了更高的要求，还表现在我们的竞争对手和合作伙伴比我们更有竞争力。发达国家和地区的企业经历了长期竞争的考验，积累了丰富的经验。他们愿意并且能够为客户提供独特的服务。我们必须认清这种形势，加速提高我们的管理能力。

（四）动员、组织和利用资源的能力

经济全球化的主要成果是克服了以往利用其他地区和国家资源的重大障碍。今天，世界上缺乏的不再是资金、材料和人力，而是动员、组织和利用这些资源的能力。没有这种能力，资源再多，亦不能为我所用。在这种形势下，重大项目的管理日益转向资源的动员、组织和利用，而非直接和具体地创造产品或提供服务。因此，谁资源利用得好，谁就受客户欢迎，谁就能在竞争中获胜。利用者主动，占上风；被利用者被动，处下风。世界上的许多大公司，借助于其掌握资源分布信息和国际联系的优势，担任重大项目的领导者，将具体的管理和技术工作交给其他地区和国家，特别是发展中国家的组织或个人完成。我们很大一部分的组织和项目管理人员已经变成了跨国公司利用的廉价资源。对此，我们必须积极行动起来，提高动员、组织和利用国内资源的能力，尽快扭转这种不利局面。

思考题

1. 企业的组织结构有哪些形式，各自对项目的影响有何不同？
2. 项目一般受哪些内外因素的影响？
3. 如何理解要满足各项目利害关系者的各种要求？
4. 试说明组织文化以何种方式对项目活动产生影响。
5. 项目办公室有哪些用途？
6. 请说明制度、标准和规则的定义，以及对项目及其管理的影响。
7. 什么叫“组织文化”，你所在组织的文化对你个人成长和项目管理影响如何？
8. 济全球化有哪些表现？向我国项目管理人员提出了哪些新挑战？

第四章 项目的选择

MODERN PROJECT MANAGEMENT

内容提要

- 项目选择应考虑的因素，指出好构思或好方案变成好项目的条件
- 选择需要付出代价，选择应当遵循一定原则，考虑多种因素
- 可行性研究在项目选择中的重要作用
- 成本效益分析是可行性研究的重要组成部分，可以从多种角度进行分析
- 成本和效益的识别和计算
- 举例说明净现值、内部收益率和成本效益比率的计算方法及其在项目选择中的应用

学习重点

- 可行性研究的内容、步骤和作用
- 成本效益分析
- 影子价格、外部成本和收益、沉没成本和机会成本
- 前后分析、有无分析和成本效果分析
- 利用线性规划对偶理论计算影子价格

第一节　影响项目选择的因素

公共项目和民间项目都应当满足社会上尚未满足的需要，克服抑制经济增长和社会发展的因素（材料、人力和制度安排），还应当着眼于保护自然资源，保护环境，有利于社会的可持续发展。

项目的选择就是对多种项目设想或方案进行比较，挑选出机会成本最小，能够为资源投入者和社会真正带来最大利益，并对成功可能性最大者继续进行研究，进而付诸实施的过程。

一、政策与项目

满足人们的需要有多种手段和方式，项目仅是其中一种。在许多情况下，人们的需要得不到满足，原因是政策有问题。遇到这种情况，只要调整政策就行了，不必上项目。很多时候，调整政策的代价要比上项目小得多。国际金融机构的经济学家有个口头禅："好项目不如好政策。"但是，也有些时候，调整政策的代价要比上项目大得多，这时便需要上项目。

二、直接制约因素

项目的来源和方案可能会多种多样。但是，在选择项目或项目方案时，会受到多种因素的限制。项目如何选得正确而又恰逢其时，是非常重要的。构思好或方案好不一定会变成好项目。

第二和第三章已经提到，制约和限制项目班子做出选择的因素多种多样，如地理、气候、自然资源、人文环境、政治体制、法律规定、产业政策、各种标准和规则、组织结构、规章制度、技术能力、人力资源、时间期限等。

绝大多数组织可利用的资源都是有限的。有限的资源制约了组织或个人对项目方案的选择。因此，选择项目时不但要看社会是否需要，而且还要看目前个人、组织或整个社会是否有能力投入足够的资源将其实现。简言之，要选择能够成功的项目。不管他人如何热衷，希望渺茫的项目无论如何也不能选。

如何根据有限的资源，在众多的可能性中选择适合的方案就必须考虑多种因素，进行多种权衡。

除了有限的资源，直接制约和限制组织或个人对项目或项目方案选择的主要因素还有外部竞争形势、组织内部的不同期望、组织内部对项目的态度，等等。

（一）竞争形势

对于有潜在收益的构思和想法，往往有多人、多个组织，甚至多个国家想到。因此，对于这种项目或项目方案，一定要同各竞争对手进行比较，弄清本组织在此项竞争中的地位，自己有何优势，劣势在哪里。如果不能保证本组织抢夺先机，稳操胜券，最好不要冒险。

进行竞争形势分析可利用"态势分析法（SWOT）"。通过态势分析，可以根据收集到的资料制定出组织的战略计划安排，加强本组织的强项，争取机会，使其达到最大，尽可能消除弱项和威胁，使其达到最小，组织就可以获得成功。这种方法可以用于项目的选择中。

（二）组织内部的不同期望

如果不能让人们真切地看到项目的收益并满足实际的需要，例如增加营业额或提高生产率，或者缩短产品或服务投放市场的时间，那么，在组织内提出任何一个项目都没有意义。如果项目是由组织之外的顾客提出的，那么，就必须对于能否满足其要求有十分的把握。没有十分把握，就应当进行正式的可行性研究，与顾客共同承担风险。

（三）组织内部对项目的态度

委托人、顾客，以及组织对本项目的需要越迫切，就越有可能取得人们的一致认同。项目的潜在收益是人们支持本项目的动力。组织内不可避免地存在不利于项目的因素，例如技术不成熟，设备和设施陈旧，缺乏具备必要技能的人，组织管理层实际支持不够，或者人们缺乏进取精神。

项目能否获得组织内的认同和支持，取决于有利和不利因素的较量。比较有利和不利因素时，可以进行所谓的"势力分析"。

势力分析法很简单，但很实用。其基本内容就是衡量与比较推动和妨碍项目的力量的大小。经过分析，就能看清项目处于怎样的局面之中，看清阻力来自何方，到底有多大。

进行势力分析时，可以使用图形。一边画推动力，另一边画阻力。这些力量都按重要性大小排列。如，+5 表示对项目的需要非常迫切，+1 则表示收益很小。负号表示阻力，-1 表示项目能够克服或忽略的阻力，-5 则表示难以克服的不利因素，极有可能妨碍满足项目要求或实现其目标。图 4-1 是势力分析示意图。

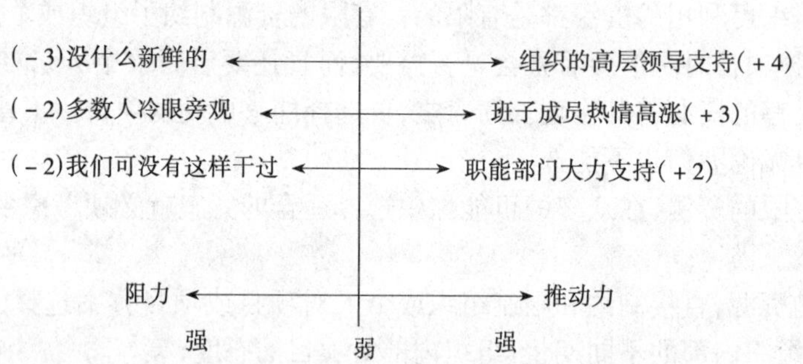

图 4-1 势力分析示意图

通过势力分析可以看出，委托人、顾客、供应商和其他利害关系者是否盼望项目成果早日投入使用，如果是，则巨大的市场压力就会促使组织实现它；还可以让本组织认识到，在新进入市场的竞争对手对本组织形成的威胁下，变革已经十分紧迫。势力分析也可以揭示出，本组织过去的顾客正在日益减少,本组织必须采取行动,挽留正在离去的顾客。另一方面,势力分析还能够暴露出本组织的弱点,例如保守,不思进取,厌恶变革,管理和技术人员的管理观念、专业知识和技能已经十分陈旧,等等。

总之,势力分析是重新认识项目管理环境的一次机会。

在识别有利和不利两类因素时,要面对现实,不能过分乐观。对于收益,要问一下自己,是否真有把握;对于不利因素,也不能悲观,要有变坏事为好事的气魄。要想一想某些因素是否可以消除,能否争取到有利于项目的局面。

所有这些,实际上是从另一种角度去初步研究项目的可行性。

三、项目选择的代价

项目选择面临的基本问题就是有限的资源与众多的备选方案间的矛盾。项目实施组织能够支配的资源永远满足不了本组织各种各样的用途。所以,组织只能有所为,有所不为。选择了某个项目或方案,就必须放弃另外一些项目或方案。这就是说,项目选择需要付出代价。

机会成本就是把有限的资源用于一种用途,而放弃仅次于此种用途的第二种用途的成本。如果选择了某一项目,就必须放弃另一个可能具有同样甚至更大价值的项目。

筛选有希望的项目和可行的备选方案时,应当遵循全面、系统而又有条理的步骤,尽可能少花费时间、人力和物力,选出最有希望的备选方案,在适当的仔细修改之后再进一步进行筛选。

项目备选方案的初选对于最终确定的项目的命运举足轻重。有些选择不可逆转,无法挽回;有些选择可能在很大程度上决定了项目的质量,及其对社会发展的影响。公共项目一般都要权衡新设施或制度和机构与现有设施或制度和机构间的优劣,以及各种技术方案、备选地址、设计标准、管理体制间的利弊。

第二节　可行性研究

为了让政府有关部门、上级机构或其他出资者正式承认和批准一项项目,投入人力、物力、财力和其他资源来实施该项目,必须以书面文件的形式说明项目的目的、必要性、可产生的效益、需要投入资源的种类和数量的估算等。

项目建议书和可行性研究报告都属于这种文件。项目建议书实际上是项目设想或构思的书面表达;而可行性研究报告则是在详细调查、周密研究、进行技术经济和环境分析、比较方案之后,做出项目是否可行的结论的书面报告,比项目建议书更为详细和具体。有些项目,提交了项目建议书,并得到批准后,就可以得到授权,开始项目的实施。而有些项目,例如,公共项目,则必须在项目建议书批准后再编写一份可行性研究报告,后者得到批准之后,才能得到授权,组织实施。

一、项目建议书

项目建议书的内容视项目的具体情况,繁简不一。我国目前使用财政拨款的建设项目建议书一般包括以下几个方面内容:①项目的必要性;②产品或服务的市场预测。包括国内外市场两方面现状和发展趋势预测、销量和价格分析等;③产品方案、项目规模和土地的使用设想;④建设必需的条件、已具备和尚不具备的条件分析;⑤投资估算和资金筹措的设想;⑥经济效果和投资效益的估计。

对于一般项目,除了以上几个方面外,还应根据项目的具体情况,补充说明下列事项:

(一)项目作了哪些假设

由于某些客观事物的属性相对稳定,以及人们的习惯、经验或者其他原因,人们经常将一些事物的某种特定状态视为理所当然,以为这种状态过去就是如此,将来也是如此,这就是假设。假设就是在未经实践检验之前对外部客观环境"姑且认为如此"的认识。外部环境往往是项目实施组织和项目管理人员无法控制的,但是对于项目的成败却影响极大。任何一个项目,都是在一定假设的基础上提出的,而提出者却往往不能意识到这些假设。若项目付诸实施后,实际情况与假设出入很大,则会使项目陷入非常不利的局面。

例如,某收费公路项目的可行性研究在进行财务分析时,假定车辆平均每天过往4 000次。在这一假设下,该项目能够在5年内收回投资。但当这条公路建成后,连续3年车辆流量每天2 000次都未达到。为什么呢? 因为在这条公路附近原来已有一条不收费的路。提出该项目的人在做财务分析时,忽略了一个假设,即该公路只有处于垄断地位时,才能保证车辆流量达到平均每天4 000次。

在识别项目所做的假设时,一般要提出和回答"哪些外部因素对项目可能有重要影响,但项目本身却无法施以影响?"一旦发现有这样的外部因素或条件,就应当认真分析并将其某些属性列为假设,提醒项目管理人员注意。如有可能,应对其施加适当而又必要的影响,使其尽可能向有利于项目实施的方向转化。

哪些假设应当引起项目管理人员的注意呢? 一般而言,应具备以下3个条件:①对项目的成败影响很大;②项目实施组织和管理人员无法施以影响;③发生变动的可能性很大。

具备上述3个条件的假设应视其为项目的假设,在制订项目计划时要给予认真而又仔细的考虑。由于项目管理人员无法施以影响,所以在项目因假设不成立而蒙受损失时,项目管理人员没有责任。然而,项目管理人员必须识别和监视项目重要假设的变化。因此,项目建议书和项目计划中都应当考虑重要的假设。

在编写项目建议书时,假设可以是对自然条件的说明,例如,北京每年7月下旬至8月上旬是雨季,日平均降雨量为××毫米;也可以是对社会条件的说明,例如,北京清洁卫生,医疗条件好,等等。民间商业性项目所做的假设多数是关于市场条件的,例如,消费者嗜好、市场结构、供求关系、竞争对手、价格变动、信贷条件、利率、汇率，等等。

（二）项目的内外影响

任何一个项目都要动用人力、财力和物力，因此，势必影响组织原来使用这些资源的活动。项目完成后，也将对外部环境产生影响。这些影响可能是有益的、无害的，也可能是有害的，所以，应实事求是地将这些影响写入项目建议书，以供参考。

（三）项目风险

同样，许多项目都会有风险。所谓风险，就是发起项目时拿不准的未知因素。在项目风险管理规划中，要对项目风险详细研究。项目建议书也应写入项目识别时初步意识到的风险。

（四）人力资源需求

如果需要从项目的支持者那里取得实施项目的人员，则应在项目建议书中指出，说明需要何种人、何时需要等。

（五）制约和限制条件

项目在实施时，是否会受到限制、受到什么样的限制、是否需要项目的支持者帮助解决等，这些情况也要写入项目建议书中。

公共建设项目建议书一般都要由政府计划和其他有关部门审查。其他项目的建议书内容和是否要由政府有关部门审查，则视情况而定。如，某公司开发新软件的项目建议书就不一定要由政府有关部门审查。制药厂研制新药品的项目建议书可能就需由国家医药管理部门审查批准。

有些项目根本不必编写项目建议书，如建筑设计院的住宅设计项目。现在，许多民营企业在法律许可的范围内搞项目，若不需他人出资或投入其他资源，也不需要由他人来批准，因而也可不写项目建议书。

二、可行性研究报告

可行性研究始于项目构思或项目识别，随着对项目以及制约和限制条件认识的深入而逐步完善。

可行性研究用于评价项目的技术、财务、组织、经济、环境和社会的各个方面。可行性研究必须具备以下几个条件：①完整、可靠的资料数据；②正确的方法；③有能力进行可行性研究的人才；④适当的工具；⑤足够的资金。

可行性研究一般分为以下几个步骤：①机会研究；②初步可行性研究；③可行性研究；④最后决策和评价报告。在许多情况下，同一个项目可能要进行多次可行性研究。具体由何人承担，则有多种情况。例如，可由项目识别者、项目识别者委托的他人、项目发起人、项目委托人等进行可行性研究。

(一)机会研究

机会研究实际上也就是项目设想或项目构思。在项目识别阶段,一般要进行机会研究。机会研究比较粗略,对投资额的估算精确度达到投资额的30%左右即可。

(二)初步可行性研究

初步可行性研究也叫做预可行性研究。其主要目的是:①判断项目的前景到底如何,是否可以在下一阶段的可行性研究中做出投资决定;②确定有无必要进行深入的市场调查、实验室试验、中间工厂试验、计算机模拟等功能研究或辅助性研究;③初步可行性研究对投资额的估算精确度要达到投资额的20%左右。

对有希望的项目应系统地推敲,在尽可能减少时间、人力和物力消耗的情况下,力求做到只留下最合适的项目。在推敲过程中,要随时取消某些备选方案而不再进一步考虑。推敲之后,应编写出初步可行性研究报告或初步投资研究报告。报告的内容应说明各备选方案的一般前提,以及做出选择或建议选择的理由。更周密的技术、工程、经济、财务及机构制度和社会分析,则留待以后进行。报告还应当说明有哪些方面值得特别注意。为了便于判断项目的价值,报告应当简要地说明如下一些问题:

1. 对劳务的需求或市场的规模和性质,以及设想或预期的受益人群或地区。

2. 可供选择的基本技术方案或一揽子解决办法,包括识别当地已在使用的技术和改进技术的可能性。

3. 主要生产要素的供应情况。

4. 投资和运营费用的大小。

5. 财务和经济收益的粗略估计。

6. 任何对拟议项目可能有明显重要影响的限制条件或其他一般因素,诸如准备和实施项目的组织机构,与项目有关的重要政府部门的政策和规章制度等。

7. 如果发现项目有一定价值,则应进一步收集重要的补充资料。如:详尽的市场研究;当地原材料潜在来源的调查;地理和环境勘查;项目所在地区人口的经济、社会或态度方面的特点;可以利用的技术和管理人才;或者从更大的范围来看,当地人员进行项目规划、实施和评价的现有能力和潜力;对该地区以前同类项目成果的总结评价研究,包括现有生产和供应能力的利用程度,过去在维护保养方面的情况,以及各个不同部门认识上的差距。

8. 有待于考察的任何其他主要问题或选择。

此外,人们越来越清楚地认识到,公共项目初步可行性研究需要考虑更为复杂的一些问题。诸如技术、组织和政府管理的相互关系;各自对项目效益的影响;人的因素对技术和管理体制选择的影响;让将来可能的受益者参与并为满足项目要求而作出贡献,以及项目发挥效益的方式。换句话说,除了重要的基础设施项目外,项目的设计从一开始就应从社会、文化以及经济等方面考虑项目受益者的利益。

（三）选择标准和初选

用来筛选或修改项目，以及随后设计备选方案的标准，在开始时往往很笼统，只能随着准备工作的深入而逐渐明确。

例如，如果项目属于如下情况，又没有切实可行的方案，或者没有合理的措施弥补其缺点，则应当机立断，加以取消：技术不可靠；风险太大；筹资困难；原材料、技术力量或其他资源不足；缺乏竞争优势；在生产可能性、管理能力、成本、销售和赢利能力等方面期望过高，包括由于缺乏持久的赞助来源而不能坚持；社会或环境代价过高；投资者或受益者不赞成。

上述标准中的许多事项很难在开始的时候就明确下来。但是，参与决策者对将要使用的标准及其含义应尽可能理解一致，并在使用过程中始终保持一致，积极主动地完善这些标准。同时，还要认识到，任何选中的项目都有内在的风险。

为此，对初步选定的项目应当进行"初选测试"，以判断其是否已经具备了如下条件：①值得更具体的准备；②主要的问题、选择余地和备选方案均已识别，且已做出初步决定；③已估算出费用；④具体的准备程序已经确定或者能够确定。

（四）可行性研究

可行性研究，又叫"最终可行性研究"或"技术经济可行性研究"。它要在技术和经济方面深入分析和比较各个方案，选出最佳的可行者，是可行性研究的关键环节。

通过"初选测试"的大型公共项目，例如基础设施项目就可以进行较大规模的可行性研究。可行性研究仔细研究项目的技术、经济、财务和组织机构及制度特征，能够达到的精确和肯定程度取决于初步可行性研究阶段的结论和决定。可行性研究应当仔细检查项目对分配（包括给设定的城乡受益者可能带来的效益）、社会问题、文化和环境方面的影响，应当识别保证项目实施、运营和维护成功的先决条件，以及重要的制约因素及缓解或者摆脱制约的方法（例如，修改项目的范围、内容、规模、阶段划分或位置）。此外，可行性研究还应当考虑与项目重置（为了继续取得原有项目的收益而重建、改造或修理固定资产）的可能性有关的问题（包括适当的成本回收措施），以及项目所在地人才培养和能力发展问题。

在这一阶段常常进行成本效益分析。成本效益分析首先估算项目各种不同方案的成本和效益。然后计算某些财务指标，例如投资回收期、净现值、效益成本比率、内部收益率等。最后，比较各方案的上述财务指标。通过比较，就能确定各项目方案的相对优劣。这一阶段的投资估算精度一般要达到投资额的10%左右。

除了成本效益分析，可行性研究还使用系统工程中运筹学等方法，以选择最好的项目方案。例如，使用线性规划、非线性规划、动态规划、整数规划和目标规划等方法。如果项目方案的优劣和可行性难以利用上述数学规划方法，可以请具有专门知识或经过特殊培训的个人或集体出主意，发表看法，以帮助做出判断。

项目评价报告，又称“可行性研究报告”，是对项目是否可行做出的评定。评价报告一般可归纳为5个方面内容：①技术可行性。②组织体制可行性。实践证明，项目实施组织和投产后的组织机构、人事制度、工资待遇、管理体制等对项目执行和今后的效益具有重大影响。③财务可行性。项目的财务可行性仅从项目能否收回投资、赢利并偿还贷款的角度考虑问题，没有考虑项目能否为整个国民经济带来利益。④经济可行性。经济可行性又叫国民经济可行性，它从国民经济和社会整体的角度衡量项目的价值，包括实施该项目所耗费的全部自然和环境资源，以及实施项目后对提高国民经济增长率和增加国民收入所起的作用。⑤社会可行性。社会可行性分析主要是考察项目收益的分配对社会不同阶层的影响，以及项目的收益是用于投资还是用于消费等。

可行性研究是决定项目命运的关键，一般由专业机构，如有名望的咨询公司、设计单位或研究机构等来承担。可行性研究的内容随项目的性质、特点和规模而有所区别。可行性研究小组中要有经济学家、市场分析人员、同项目性质有关的专业技术人员、工程师、财会专家和工业管理专家等人员参加。

可行性研究是有成本的。我国目前建设项目可行性研究的收费标准是：大型复杂项目约占项目总投资的0.2%～1%，小型项目约占总投资的1%～3%。项目发起者应该明白，为了长远利益，在可以承受的范围内，投入一笔数目不小的资金做这项工作是必要的，是值得的。千万不要为了减少开支而省略这个环节，更不能弄虚作假，把可行性研究搞成可批性研究。在市场经济中弄虚作假，吃亏的最终还是项目发起者自己。

不过，在进行可行性研究之前，也需要考虑费用。如果费用太高，超过了项目可能带来的效益，则应采取较为简单、花钱不多的办法来测试项目是否可行。

第三节　成本效益分析

无论公共项目还是民间项目，都要在可行性研究基础上做出抉择，成本效益分析是可行性研究的重要手段和内容。

一、单目标和多目标

本章第一节提到，项目的选择就是比较多种项目设想或方案，挑选出机会成本最小、收益最大者，或者净收益（收益与成本之差）最大者。我们将“净收益最大”叫做项目选择的“单目标”。

然而，第一节还提到，选择项目方案时，还应当着眼于保护自然资源和环境，有利于社会的可持续发展，还要研究目前个人、组织或社会是否有能力投入足够的资源将其实现，实现之后能否为资源投入者和社会真正带来利益。

绝大多数公共项目都把增加国民收入作为主要目标,但显然还有许多其他重要目标。如,其中最重要的目标之一是调整因市场或政府失灵造成的不合理的收入分配;此外,还有增加就业,减少失业;增加储蓄比例,以便有更多的资金用于投资,加速国民经济增长,并因此增加未来的收入。同时,公共项目还有范围更广而不是更狭窄的经济方面的考虑。例如:加强区域一体化,提高总体教育水平,改进农村医疗卫生状况,或保卫国家安全等目标。我们将对项目方案的这些多种要求叫做项目选择的"多目标"。显然,在可利用的资源有限的情况下,为实现这些目标的努力经常互相冲突。

项目的每个参与者都有多个目标。例如,参与某长江大桥修复项目的地方政府主要目标是提高该桥的安全可靠性并提高通过能力,但这只是其兴趣之一。政府负责人可能还会考虑改善自身形象、提高威信、积累更多的业绩等问题。

民间项目的主要目标就是取得最大的净收入,即利润。当然,除此之外,还有其他重要目标。例如,民间项目还可能希望为社会造福,给当地留下美好的形象。

目前,还没有一种简单的分析办法可以同时考虑项目参与者所有不同而且经常互相冲突的目标。一般的做法是,将取得最大的净收益作为标准和非常直观的目标,而在项目选择过程中,在其他地方以其他方式调整其他的目标。例如,对于急于摆脱贫困、解决温饱问题的多数发展中国家,增加收入是其各项经济活动的最主要的目标。增加国民收入是国民经济政策中最重要的目标。

至于其他目标,可以根据具体情况判断在几个备选项目或具体项目的几个备选方案中哪一个对国民收入有合理的贡献。在此基础上,就可以选定并向投资决策者推荐净收益大,且有利于实现其他社会目标并有重要贡献的项目。如,对于增加收入有相同贡献的几个项目,就应选择在收入分配上能产生最好效果或创造更多就业机会的项目,或者在其他方面最有吸引力的项目。

除了上述做法外,也有人在选定适当的价值单位的基础上,提出了将多目标转换为单目标的办法,本书这里不作介绍。本节介绍的成本效益分析只考虑单目标。

二、成本效益分析

成本效益分析,又叫"费用效益分析",是计算和比较各种备选项目及其成果的全部预期效益和代价的现值,并决定取舍的一种方法。公共和民间项目的成本效益分析考虑的因素有很大的不同。用于民间项目的成本效益分析叫"财务分析",而用于公共项目的成本效益分析叫做"国民经济分析",简称"经济分析"。但是,这两种项目的分析方法和步骤基本相同,这里一并加以介绍。

(一)成本

成本又叫"费用"或者"代价",民间项目指的是内部成本、私人成本或财务成本,而公共项目指的是国民经济为项目付出的代价,包括投入项目的以货币单位计量和表示的全部资源,即完全成本、社会成本或国民经济成本(简称“经济成本”)。

简单地说,成本是减少净收益目标值的各种事项。

(二)效益

效益又叫“收益”,民间项目指的是内部收益、私人收益或财务收益,而公共项目指的是由项目给国民经济带来的以货币单位计量和表示的全部效用,包括产品、服务、观赡和影响等,即完全效益、社会效益、社会福利或国民经济效益(简称“经济效益”)。简言之,收益是对净收益目标值有贡献的各种事项。

例如,某教育项目的效益不仅包括这个项目的外部效益,即该项目所在单位以外为国民经济带来的效益(接受教育的学生为国民经济多作出的贡献),而且还包括这个项目的内部效益,即为该项目所在单位内部带来的效益(该教育项目提高了所在单位的效率,从而节约了培养学生的费用,或者同样的经费可以多培养一些学生)。总之,二者都是国民经济资源使用上的“节约”,也可以说是“代价的减少”,从国民经济的角度来看,这也是一种效益。

(三)成本效益分析的局限性

项目的成本和效益,并非都是经济方面的,有一部分可能分别属于社会代价和社会效益的非经济代价和效益,不能以货币计量和表示,或者虽可计量但计量结果误差很大。正因为有非经济的或者不可计量的成本和效益,才使得成本效益分析有局限性。成本效益分析的作用大小,取决于可以货币计量和表示的成本和效益的重要程度,以及在全部成本和效益中所占比重的大小。可见,成本效益分析不可能也不应该是项目选择决策的唯一依据。

然而,只要与其他考虑结合起来,成本效益分析就能成为辅助决策的有效工具。多数项目的大部分代价和许多重要的效益是可以用货币计量和表示的。

既然项目的成本和效益并不都可以用货币衡量和表示,因此所谓“全部预期效益”和“全部预期代价”只是强调在事前估算项目的预期效益和预期代价时,应尽可能做到不遗留所有属于该项目的经济效益和经济代价,防止将不应归属于项目的经济效益和经济代价计算在内。不能计量的非经济效益和代价,也要与成本效益分析的结果结合起来加以考虑,以利于决策。非经济代价和效益对社会来说,有时可能非常重要。

成本效益分析的实质是将项目(或方案)的经济代价与其经济效益进行比较,从而判断该项目(或方案)是否合算。判断的标准,就是项目(或方案)产生的经济效益,至少应当与项目(或方案)耗费的各种资源(即经济代价)改作另一用途时所产生的经济效益(即项目的机会成本)同样大。

三、货币的时间价值

(一)折现和现值表

比较经济代价和经济效益,必须有相同的比较基础。项目的成本和效益不仅要用同一尺度(货币)计量,而且不同时间(年度)的发生者都应按相同的比率换算到同一时间点,然后才可比较。不同时间的以单位货币表示的成本或效益具有不同的价值。例如,今天的 P 元钱,按照年利率 i 来计算,一年后值 $P(1+i)$ 元(即本金 P 加上利息 P_i 之和);若按复利计算,则两年后就值 $P(1+i)^2$ 元。这是因为第一年底时的本息之和为 $P(1+i)$ 元,以此为本金,再算一年的利息,第二年底的本息之和是第一年底的 $P(1+i)$ 与其第二年的利息 $P(1+i)i$ 两者之和;依此类推,到第 n 年底将值 $P(1+i)^n$ 元。如果把这第 n 年底的 $P(1+i)^n$ 元称做 A,则有

$$P = A/(1+i)^n$$

上式的意思是:按年利率 i 复利计算,n 年底的 A 元钱的现值(即今天的价值)是 P 元。所以,要计算 n 年底 A 元钱的现值,只要乘以换算系数 $1/(1+i)^n$ 即可。换算成现值的这个过程叫做“折现”,折现时所用的利率,有时也叫“折现率”。

(二) 折现率

折现率的高低影响到成本和效益的现值,从而影响到比较评价的结论。

根据项目的成本和效益,可以倒推出能够反映项目内在的最高获利能力的折现率。这个折现率,叫做“内部收益率”,以 IRR 记之。各个项目(或方案)的获利能力,可以 IRR 比较高低,判断优劣,决定取舍。IRR 的算法和性质,详见本章第六节。

归纳以上所述,成本效益分析主要有如下两个步骤:

1. 分别确定项目的成本和效益;

2. 判断是否值得付出某个代价而取得某个效益,即是否值得进行某项目。下文将依次对这两点加以说明。

第四节　成本的识别和计量

我们已经知道,项目的成本(或代价)是项目所消耗的各种资源。公共项目的成本是预计项目执行过程中国民经济需花费的增支成本,与财务会计中的“成本”不同。后者指的是项目执行过程中为取得各种所需资源而实际支付的货币额,不仅包括增支成本,还包括过去已经发生而应摊归项目负担的沉没成本。

一、沉没成本

沉没成本就是过去已经付出,现在的决策者已无法改变的成本。沉没成本的机会成本等于零。因为对于现在的决策者来说,没有任何选择余地。沉没成本不影响需要现在做出的任何决策,因为不管现在的决策是什么,已经花出去的钱已无法收回。

沉没成本的概念是提醒决策者,只有关于将来结果的决策才是重要的。做出项目取舍决策时不应当考虑沉没成本。例如,某个项目实施两个月已经花了 30 几万元人民币之后,

根据可靠消息,市场对该项目的产品已经没有需求。这时候决策者若心疼已经花掉的30几万元人民币和两个多月的心血而舍不得果断停止该项目,那就是错误的。遇到这种情况,决策者应当自问:是否值得继续在这件事情上花时间?若把时间花在另一项目上能否获得更多的收益?有多大的可能性?应当根据现在的形势,只根据现在和将来选择最好的可能性,进而做出决定。靠牺牲企业将来潜在的整体利益纠正过去的错误本身就是一个错误。

二、公共项目成本

在财务会计上列为成本的,在进行公共项目成本效益分析时,未必都能列为成本。因此,在进行公共项目的成本效益分析时,首先必须从国民经济角度上识别属于该项目的那些增支成本,然后计算其数额,从而确定项目的成本总额。现在举例说明公共项目成本的几项内容:

(一)土地

如果项目需用土地,而该项目的主管机构又拥有可无偿使用的土地时,则在该项目的成本预算中,往往会不列入土地的任何代价。从财务会计的角度来看,这样计算无可非议。但从国民经济的角度来看,土地的使用体现了国民经济付出的真正代价,因此无论土地从何而来都应计做项目的经济代价。

一般而言,国民经济为土地付出的代价就像在其他方面付出的代价一样,可按土地在几种可供选择的用途上为国民经济提供的价值来衡量。也就是说,土地的代价就是土地的市场价值,即将土地出售以作别用时所得的价格(即机会成本)。

示例 4-1　杨柳湖大坝的两难选择

据中央电视台2003年7月22日晚“经济半小时”报道,四川省都江堰水利管理局于2000年在举世无双的千年水利工程都江堰鱼嘴上游开工兴建紫坪铺水利枢纽工程,投资78亿元人民币,其中从银行借了50亿元人民币。但是为了使紫坪铺水利枢纽工程能够像预期的那样发挥发电、调洪等作用,就必须再于紫坪铺水利枢纽工程下游兴修一条杨柳湖大坝。都江堰水利管理局将坝址选在了距离鱼嘴上游仅1 310米的地方。消息传出,舆论大哗。许多人都起来反对。如果该大坝不能按照该水利枢纽工程投资者原来的预想兴建,每年将损失5 000万元人民币。如果不顾社会的反对和2000年建设部、国家文物局和国家环境保护局有关文件中不准在鱼嘴上游修坝的规定而强行兴建杨柳湖大坝,其文物、环境和旅游业的损失将更大。在这两难的局面中,四川省都江堰水利管理局和其他投资者要做出正确的选择,首先就应将已经投入紫坪铺水利枢纽工程的资金视为沉没成本。

(二)税款

从财务会计的角度,税款是实际付出的金额,当然应计为成本。但从国民经济的角度来看,各种税款的支付,实际上消耗很少的资源(为收税而付出的代价可忽略不计),税款的绝大部分只是转账,即由项目主体转付给财政部门的一笔款项。如果政府豁免税款,并不会减少国民经济花费在项目上的代价,也不会腾出任何资源以供他用。所以,从国民经济的角度,税款不应计列为公共项目的成本,否则就会高估该项目的经济代价,从而降低该项目对社会的有利程度。但是对于民间项目,税款一定要列入成本。

应该注意的是,有些支出虽有"税款"的形式,而实际上并不是税款。例如,因使用水源灌溉而支付的水费、公路使用费、码头装卸使用费等,往往也像是税款,而实际上都是使用社会商品或服务而应支付的费用,应该计做项目的经济代价。

(三)补贴

有时政府为了奖励使用某种材料或物资(如化肥),常常采取"价格补贴"的形式,给使用者以价格上的优待。从使用者的财务会计角度来看,这是降低了成本,增加了收益。但是从整个国民经济角度来看,实际耗用在生产这种材料或物资上的各种资源(或从国外进口材料物资所费的资金)并没有因此而减少,整个国民收入也没有因此增加。所以,这种补贴实质上是与税款方向相反的一笔转账。在识别和计算公共项目的成本时,应将其计入,以免低估项目的经济代价。

(四)利息

信贷上的利息,在民间项目财务会计上列为费用。但是从国民经济角度来看,利息也属于资金转账,并不因此而增加或减少国民经济资源,故不应列做公共项目的代价。

(五)人工成本

要估算项目所耗费的人力资源,就要确定项目所需的人员及其工资。按现行就业者的工资标准估算项目的人工成本从财务上说是可行的,因为它可以反映出项目将来消耗的实付人工成本。但从国民经济角度上说,这样计算就可能夸大项目所需人力资源的代价。因为在失业和不充分就业情况时,需要由政府通过公共项目解决一部分人失业和半失业的问题。假设某公共项目招来工作的人,原来半失业,一年只有三个月充分就业,共得报酬1 800元,其余月份只当临时工,共收入2 700元,为 GDP 贡献的价值是4 500元。再假定他受雇于该公共项目时的全年工资为7 200元。从国民经济角度来看,雇用此人到公共项目来工作付出的代价应该是4 500元而不是7 200元。如果按目前充分就业工人的工资标准列入7 200元人工成本的话,就夸大了公共项目的人力资源代价。当然,如果上述项目是民间项目,则人工成本应为7 200元。

(六)外汇

政府在公共项目预算中计入的外汇,是按牌价或法定汇率计算的。但是,若国家实行外汇管制，牌价往往低于市价。在这种情况下，如果用牌价计算外汇，就会低估外汇的经济价值，从而使进口设备和材料的预算数额低于其经济代价。如果牌价汇率是1美元兑换6.82元人民币，而实际上美元的经济代价小于6.82元人民币所能购得的国民经济资源时，那就应该用较低的汇率，例如6.82元人民币来计价，否则就会高估1美元外汇能够为国民经济作出的贡献。这里，1美元兑换6.82元人民币的汇率，叫"影子外汇率"，也就是在没有政府的管制和干预的自由市场上成交的汇率。至于法定汇率与影子汇率之间的差额，实际上是属于一种价格补贴，所以应该把它加到按法定汇率计算的预算额中。

（七）不可预见费用

初始投资数额大的项目，项目费用一般是在初期假设基础上进行估算的。这种假设没有考虑在执行中由于一些难以避免的事件和未曾预料到的情况所造成的设计变更。例如，未预料到的突发事件、油价急骤上涨等不利的情况。在项目费用估算中，一般都假设国内和国际价格不会发生相对变化，执行期间不会发生通货膨胀。在这样的假设基础上作出的估算显然不现实。稳妥的费用估算应事先考虑可能的物质条件变化或造成初始投资数额增加的情况。因此，应在项目费用中列入不可预见费用。

示例 4-2　财务代价和经济代价

假定有两个备选公共项目所需各种资源的预计财务代价及其调整后的经济代价如表4-1所示。

从表4-1所示财务代价来看，项目甲似乎比项目乙可取，因为甲需要的拨款较少。但就经济代价而言，乙小于甲。这不仅是由于甲遗漏了使用土地的代价，又多用了许多进口设备，因而经济代价大于乙，而且从使用资源的方针上看，如果政府因缺乏外汇而须优先考虑"多用国内人力资源和少用或不用外汇"的公共项目时，则项目乙也比项目甲符合要求。当然，决策者最后如何抉择，尚需考虑其他许多因素，例如这两个项目的经济效益和获利能力，以及该项目的实施组织是否能多筹措630万元资金（即5 230−4 600）而选用项目乙这个方案，等等。如果项目乙的经济效益和获利能力较大，而该项目的主管机构又无法多筹630万元资金，却拥有巨额外汇可以使用时，决策者也可能会选择项目甲。可见，抉择虽然总是在既合算又合法的情况下做出，但也会受决策者的倾向性和职权范围的影响。

表 4-1 成本识别与计量 单位:万元

	需投入的资源	项目甲		项目乙	
		财务代价	经济代价	财务代价	经济代价
1	土地	0	100	100	100
2	地方材料	1 500	1 500	1 500	1 500
3	劳动力(实付工资/影子工资)=1/2)	1 000	500	3 000	1 5000
4	进口设备(法定汇率/影子汇率=2/5)	2 000	5 000	600	1 500
5	进口税	100	0	30	0
	合 计	4 600	7 100	5 230	4 600

第五节 效益的识别和计算

为了确定项目对经济增长和社会发展的贡献大小,必须识别和计算其效益。公共项目和民间项目的效益是不同的,应区别对待。

一、效益的识别

前已提及,从整个社会的角度看,项目的效益不仅有经济方面的,而且有非经济方面的。只有可用货币衡量和表示的效益,才能相互比较。

(一)外部效益

有形的产品和服务是多数项目最显著的外部效益,比较容易识别和计量。但是有些外部效益是无形的。例如,学生因接受某种程度的教育而增加的知识和提高的能力,从而能对国民经济作出更大贡献;又如,因某些项目而得到美化的自然风景、宁静环境,以及社会安全、优良风尚;等等。这些都是难以计量或者根本不可计量的。

除有形的与无形的直接效益外,还可能有各种间接或附带的外部效果。例如,由于建造了会议中心,附近随后开设了一些旅馆和商店。新开的旅馆和商店为整个社会增加的商品和服务,应当算作这个会议中心项目的外部效益。反之,如果新开的店铺只不过是营业地点的转移或服务行业的改变,并未真正为整个社会增加贡献,就不应该把新开店铺的净收益算做会议中心项目的外部效益。又如,在经济萧条时期,社会上有许多闲置的机器、厂房和劳动力,如果由于某一项目的兴建而带动一些企业利用这些闲置的设备和人力,那么社会就产生了一种不需付出额外经济代价(或者几乎没有经济代价)的外部效益。如果没有这个项目,闲置的设备和人力是得不到利用的,这种外部效益的机会成本等于零。

外部效果不一定都是项目的效益,也可能是一种反效益。如属后者,那就是项目的代价。例如,减少了某一飞机场的空运后可能为附近居民减少噪音,这是一种非经济的社会效益。但是由此而引起另一机场空运增加,致使其附近居民遭受更多的噪音污染,则是该项目的反效益,或者说是一种非经济的社会代价。

项目的外部效果是否应该算做项目的效益,还要看决策者是从什么地区范围着眼考虑问题。如果仅仅是从某一地区的角度出发,而不是从整个国民经济或全社会的角度来考虑项目的成本和效益,则从全国范围来看不能将其看做项目的附带效果,只能视之为地区的外部效益。

(二)内部效益

有些时候,公共项目的主要经济效益,就是由于该项目能降低其产品和服务的成本。由于项目而提高的项目实施组织的效率,从而降低的成本数额,就是项目的内部效益。例如,由政府建造的污染排放系统,一方面能使社会上的私人房东无须各自修筑化粪池和购置其他处理污染物的器具,而是愿意支付一定的代价使用该污染排放系统;另一方面,政府也可因此而节省大量的劳动力和收集垃圾、运送粪便的工具。前者是这个项目的外部节约,后者是这个项目的内部节约,两者都是由这个项目而增加的经济效益。

(三)防止将资金转移性质的私人效益作为公共项目的经济效益

应该注意的是:只有项目使社会上的商品和服务总值有所增加而得到的种种效果,才可看做是项目的经济效益,不可将表面上像是效益而实际上只是某种私人之间的资金转移的东西,当做项目的经济效益。例如,美国的"反垄断法"实行后,曾引起物价下降。对消费者来说,这固然是一种节约,但对垄断厂家来说,则是一项损失,两者相抵,对于整个国民经济中的社会商品和劳务总值,并无影响。它们只不过是由过去多收钱的垄断者以减价的方式还给消费者一笔钱而已,因此不能算做此项目的效益。又如,由于会议中心的兴建,可能带动周围旅馆和商品价格的上涨。对于该会议中心建设之前往来的旅客和消费者来说,这种涨价,也只是一种资金的转移(即多付给旅馆和商店主人的钱),并不影响社会商品和劳务的总值,因而也不应把它算到该会议中心项目的效益中去。

二、愿付价格的确定

在项目的所有各种效益均经识别之后,就应该分别确定受益者的"愿付价格"。所谓愿付价格,就是受益者和社会愿意为后来增加的单位产品或服务支付的价格。绝大多数情况下,愿付价格不同于产品或服务的市场价格或成交价格。如果愿付价高于产品或服务的市场价格或成交价格,则买方受益,所有买方因此而受益的总和叫做"消费者剩余"。如果愿付价低于产品或服务的市场价格或成交价格,则此种产品或服务就无法销售出去,因而创造该产品或服务的项目就不应该上。

确定受益者愿付价格的工作,常常是成本效益分析中最难完成的一步。它不仅要求分析者有眼光和洞察力,而且还要通晓政策和熟悉周围情况。

必须指出:为公共项目的产品或服务确定受益者或个人的愿付价格的目的是,比较受益者对于公共项目的一种产品或服务相对于另一种产品或服务的经济评价,或者公共项目产品或服务相对于民间企业产品或服务的经济评价。

在确定愿付价格时遇到的主要问题是:在多数情况下,受益者不一定直接对公共项目的产品或服务支付代价。例如,国防、治安、路灯、街道等公共产品。买者个人对于私人商品的边际愿付价格是与该商品的市场价格相等的。因此,分析者在为公共产品确定愿付价格时,目的就是要确定直接与民间部门产品或服务的价格相类似的价格尺度。实际上,公共产品的愿付价格,常常叫做影子价格。其含义是在公共产品得以生产并得以在市场出售时就会存在的那个价格。

许多成本效益分析常使用如下各种办法来确定愿付价格,并计量公共项目的经济效益。

(一)利用现行市场价格推定愿付价格

由于市场上早已有与公共项目的产品类同的民间企业的产品在买卖,而这种产品的现行市场价格也就是此类产品的愿付价格。例如,如果民营电厂的供电价格是每度 8 角,那么它的用户就不可能愿出高于每度 8 角的价格来改用政府电厂的电;另一方面,民营电厂的用户目前按每度 8 角支付的价格,至少是其愿付的价格。民营电厂用户的这种既不愿多付又并不少付的事实,就足以证明"用户供电的愿付价格,等于目前供电的市场价格"这一推断是成立的。

但是必须注意,将现行市场价格视为影子价格的办法,一般必须在政府产品推销对象的那个人已经准备去民营市场按照市场价格购买该类产品的情况下才能适用。如果这个人目前并不准备去市场购买这种商品,那么他的愿付价格就可能低于该商品的市场价格。例如,政府要在某地区办托儿所,按目前该地区民办托儿所的一般收费标准是每月1 500元,但这一市场价格并不是不愿把孩子送托儿所的那些人的愿付价格;对于这些人来说,每月1 500元的托儿费可能是过高一点。在这种情况下,就有必要运用别种类型的影子价格来衡量目前的某些不送孩子到托儿所的人的愿付价格。

如果要根据使用者的愿付价格推定未使用者的愿付价格,从而确定公共项目产品或服务的影子价格,就必须了解如下情况:当某种产品或服务在某地区已有市场,但在另一地区还没有上市的时候,就可以利用该产品或服务在这一地区的市价(使用者的愿付价格)推定其在另一地区的价格(未使用者的愿付价格)。

但是这种做法的前提是,对于尚无某种产品或服务销售的地区的居民来说,该产品或服务的潜在价值是与已有该产品或服务销售的地区里的居民所付的价格相等。该假定能否成立,需视这种产品或服务为何在这一地区销售而不在另一地区销售的确实原因而定。

假使某地区无销售的原因是由于该地区居民的需要和爱好有所不同,那么这两个地区居民的"愿付价格"很可能不相同。假使在某地区无销售的原因是由于该地区的特殊因素致使成本太高，那么，已有该商品或服务上市的那个地区的现行价格，可能就是另一地区的“愿付价格”的一个合适的标准。

当利用某种产品或服务在某一地区或对某一阶层人而言的现行价格衡量其经济价值时，另外一种可能的情况是：每一地区都可能有某些人愿以高于市场的价格购买该产品或服务。因此，在计算这种产品或服务的总价值时，就必须衡量消费者剩余，即市场价格低于消费者愿付价格的部分。

(二)根据替代商品价格估计愿付价格

如果公共项目的产品在任何市场上都未交易过，一般利用某种相近的替代商品的价格来推断这种产品的价值。例如，公办托儿所委托者的愿付价格可以按照当时一些临时代人照看婴孩的收费标准来估计；对于政府地铁服务的愿付价格，可根据公共汽车票价估计。但无论哪种公共项目的产品，购买者即使必须支付其价款，其愿付价格也不会超过该产品在民营部门提供的替代品的现行价格。

在把替代品价格当做公共项目产品的影子价格时，当然还须查明该产品的质量与其替代品确实相仿才行。公办托儿所为幼儿提供的环境，可能比临时替人看孩子者提供的环境要好得多，但也可能不及后者细心；公办地铁可能比公共汽车快，但是在服务方面可能不及公共汽车。只要在质量方面存在差别，就应对替代品的价格进行调整，以便使公共产品的影子价格能够反映出这种差别。

(三)根据内部节约额衡量经济效益

除了上述两种方法，还可以根据因公共项目而增加的外部生产力和提高的内部效率(即增加的内部节约额)衡量项目的经济效益。

例如，要衡量4年制大学教育为国民经济带来的效益，通常可以大学毕业生所能增加的收入来衡量。此法有这样两个假设：第一，个人收入是衡量个人对GDP所作贡献大小最有效的尺度；第二，受教育的多寡造成个人收入上的差别，至少有一部分是由于不同的教育造成的结果。也就是说，受教育越多，对GDP的贡献越大，因而收入也越高。这两个假设的正确性，早有人怀疑，但这是目前只能暂且采取的衡量措施之一。教育项目的外部效益衡量是尚待研究解决的难题。

另一方面，有些使用公共教育经费的计划或方案的经济效益可能表现为内部效率的提高，是以培养每个在校或毕业生的平均费用的降低额来衡量的。例如，为了容纳新增的学生，可以靠增加教职员，实行早晚两轮制的办法，也可以仍旧分别由原来实行单轮制的学校来接纳。就平均每个学生使用的经费来说，前一种方案要比后一种少一些。前一方案节约的总额，就是实行两轮制计划的经济效益。近年来，人们已经越来越重视花钱少而质量好的办教育方法。就上面的例子而言，要衡量某方案对教育质量的影响，就非常困难。当然不能说“花钱多就质量好，花钱少就质量差”。然而教育质量确实与办教育的方法有关系。所以在衡量教育项目的经济效益时,必须同时考虑对教育质量的影响,尽管这种影响难以衡量。

(四)无形效益的衡量

前面的例子表明,无形效益常常难以识别和衡量。其解决的办法,迄今尚未有很大进展。因此,当无法确定项目无形效益大小时,成本效益分析就只能定性说明项目预料可以产生的无形效益。决策者只好在适当权衡项目的有形效益的经济价值和该项目带来的无形效益之后做出判断。另一方面也应该看到,并不是所有的无形效益都是不可识别和衡量的。当社会成员愿意对某种无形效益支付一定的代价时,这种无形效益就体现出来了。比如,人们愿意买票到公园去休息,尽管门票收入不大,至少也部分地体现了公园为社会带来的无形效益。又如,有人愿意支付较高的学费,参加到哈佛大学举办的企业管理培训班,也多少体现了哈佛大学培训项目的无形效益。

三、有/无对比法

前面已经提到项目的经济效益,指的是由于该项目的实施而为社会增加的净效益。因此就得对该项目实施前后的效益情况,或者对有该项目和没有该项目时的情况作一对比。只有这样,才能确定究竟有多少效益是由于该项目的实施而产生的。比较前后的办法,叫做“前/后对比法”;对比有无的办法叫做“有/无对比法”。

这两种方法的适用范围不同。假如项目仅仅是为了改进现状,而且不实施这个项目就不能改变现状,那么前/后对比法和有/无对比法的效果相同。例如,某地区要兴建灌溉用抽水站,使干旱气候带的农民每年能种两熟水稻。要是不修此项工程,则大部分土地只好用来放牧,其余土地也仅能依靠小型抽水机和土壤中的墒种植烟草和其他经济作物,但由于可利用的水很少,产量也不可能提高。由此可见,该地区在此项工程兴建以前的生产现状固然停滞不前,在不修建此项工程情况下的未来产量也同样没有提高的希望,两者没有区别,因此用前/后对比法计量效益的结果与用有/无对比法相同。也就是说,都等于两熟水稻的价值减去其机会成本(即由于改种水稻而放弃原来在牧业和经济作物方面所得的价值)。

但是在另外一些情况下,前/后对比法就不适用。例如,某一灌溉工程受益区内的水稻产量,预计可以因该项目的兴建而有较大幅度的增长。而实际上,要是不兴建这个项目,未来的水稻产量也会有每年上升2%的可能。在这种情况下,如果只是用前/后对比法来确定该项目的效益,就会把今后在没有这个项目的条件下所能增长2%的产量都归功于这个项目,从而造成错误的判断。其实,可以归功于这个项目的效益,只能是今后产量增长超过2%的那一部分。这超出的部分就要用有/无对比法才能计算出来。也就是说,先要分别预计在有这个项目的条件下的未来产量和在没有这个项目的条件下的未来产量,然后对比两者的差距,才能算出所应归功于该项目的效益。所以在确定项目的效益时,一般应该采用有/无对比法,因为它考虑到了未来产量上的变化。

四、项目合理经济生命期

除了掌握项目效益的识别和计量方法之外,还要考虑项目的成果能发挥多少年效益的问题,即项目的合理经济生命期有多长。

要回答这个问题,首先要看实施这个项目的目的,是为了长期使用还是短期使用。如果是为了长期使用,则在设计这个项目时,就得考虑长的耐用年限,因而实施这个项目的成本势必高于耐用年限较短的项目。项目的成本高,也就是投资数额大,就要考虑这笔投资与其今后可取得的效益相比是否合算。如果今后能取得的效益经久不衰,并呈上升趋势,则在进行成本效益分析时,就可把效益的年限考虑得长一些;反之,则应考虑得短一些。决定长短的因素,主要是折现率的高低,也就是资金的机会成本大小问题。比如说,如果代表资金机会成本的折现率是8%(也就是此项资金如果用于另一种最好的投资方案上去可以获得8%的利息),那么20年或30年后的效益必须是现在支付的成本的5倍或10倍,这样才值得投资;如果折现率是16%,那么20年或30年后的效益,必须分别是现在支付的成本的20倍或100倍,如此才值得投资。例如,尽管办学是子孙万代都需要的事业,但在折现率为16%的情况下,也不值得花钱建造耐用年限长达二三十年的校舍设备的学校。因为如果把校舍设备的使用年限考虑得短一些,而把节省下来的资源,用到其他更重要的事业上去,经济效益就会更大。当然,这里指的只是经济效益,对于不易用经济尺度来衡量其效益的教育事业来说,在确定效益的年限时,还必须同时考虑教育的无形效益。

第六节 成本与效益的比较

在确定了项目的经济代价和效益之后,下一步就用同一个折现率将两者分别换算成现值,然后加以比较,以便确定该项目的有用程度。表示项目有用程度的指标一般是净现值、成本效益比率(简称 BCR)和内部收益率(IRR)。下面以表 4-2 和表 4-3 中的假定数据来说明这些指标的定义、算法和用途。

表4-2和表4-3前3栏内,成本额、效益额和净效益是同一项目的资料。表4-3与表4-4的折现率分别是13%和14%。从表4-2第4栏可以看到:如果折现率是13%,那么在项目实施第1年投入或收入的每元钱,现在(即实施的前一年)只值0.885元;第2年,每元钱现在只值0.783元;愈往后,每元钱的现值也愈小。表4-3的第4栏也说明同样的问题。可以看出,折现率愈高,则每年每元钱的现值愈小,反之亦然。正因为如此,同样的成本和效益额,按13%折现后的净现值是88万元,而按照14%折现后是-318万元,比前者少406万元。可见,折现率的大小对项目的净现值影响极大。因此,一般都用资金的机会成本,亦即另一种最佳投资的利率,作为计算净现值(或其他两种指标)的折现率,这样就更利于分析者根据净现值(或其他两种指标)的大小来评价项目的有利程度。

表 4－2　　单位:万元

年度	成本额 (1)	效益额 (2)	净效益 (3)=(2)－(1)	折现系数 (i=13%) (4)	成本现值 (5)=(1)×(4)	效益现值 (6)=(2)×(4)	净现值 (7)=(6)－(5)或 (3)×(4)
1	837	0	－837	0.885	741	0	－741
2	4 621	0	－4 621	0.783	3 618	0	－3 618
3	2 890	0	－2 890	0.693	2 003	0	－2 003
4	1 576	765	－811	0.613	966	469	－497
5	354	1 433	1 079	0.543	192	778	586
6	354	1 987	1 633	0.480	170	954	784
7	354	2 222	1 868	0.425	150	944	794
8～15	每年 354	每年 2 700	每年 2 346	(略)	共计 722	共计 5 505	共计 4 783
总计	13 818	28 007	14 189	—	8 562	8 650	88

表 4－3　　单位:万元

年度	成本额 (1)	效益额 (2)	净效益 (3)=(2)－(1)	折现系数 (i=14%) (4)	净现值 (5)=(3)×(4)
1	837	0	－837	0.877	－734
2	4 621	0	－4 621	0.769	－3 554
3	2 890	0	－2 890	0.675	－1 951
4	1 576	765	－811	0.592	－480
5	354	1 433	1 079	0.519	560
6	354	1 987	1 633	0.456	745
7	354	2 222	1 868	0.400	747
8～15	每年 354	每年 2 700	每年 2 346	(略)	共计 4 349
总计	13 818	28 007	14 189	—	－318

一、净现值(NPV 或 NPW)

项目的净现值就是该项目的效益现值总额减去其成本现值总额后的余额。例如,表

4－2中的成本效益资料，按13%折现率算得的净现值（总额）是88万元；表4－3根据同样的成本效益资料，按14%折现率算得的净现值（总额）是－318万元。这就是说，如果净现值大于零（例如表4－2所示的＋88），则说明此项投资折现率为13%的获利能力“及格”，不仅及格，还具有比14%折现率更高的获利能力。正的数额愈大，就说明投资的获利能力比13%折现率超出的程度愈大。反之，如果净现值小于零（例如表4－3所示的－318），则说明投资14%折现率的获利能力“不及格”。负的数额绝对值越大，说明此项投资的获利能力同14%折现率相比，获利能力越小。如果净现值刚刚等于零，也就是效益现值总额恰好等于成本现值总额时，则说明该项投资这个折现率的获利水平“刚好及格”，也就是说，此项投资的获利能力恰好达到折现率的水平。因此，如果折现率就是资金的机会成本，就可以根据净现值的大小来评定此项投资是否合算。在这种情况下，净现值愈大（这是相对于“投资额”或“成本现值总额”，或者相对于按同一折现率计算的另一种投资方案的净现值来说的），则此项投资愈有利。

二、成本效益比率（BCR）

项目的成本效益比率就是项目的效益现值总额（分子）与其成本现值总额（分母）之比。例如，根据表4－2所示的成本和效益资料，按照折现率13%计得的效益现值总额是8 650万元，而成本现值总额是8 562万元，前者与后者之比是1.01或101%，这就是该项目的成本效益比率。但是，如果根据同样的成本效益资料，改用14%的折现率来计算这一项目的成本效益比率，其结果必然小于1（因为表4－3所示的净现值是负数，说明效益现值总额小于成本现值总额）。这就是说，如果成本效益比率大于1，说明此项投资按所用13%折现率的获利能力“及格”；不仅及格，还具有比所用13%折现率更高的获利能力。比1愈大，说明此项投资的获利能力超出所用13%折现率的程度愈大。反之，如果成本效益比率小于1，说明此项投资按14%折现率的获利能力“不及格”；也就是说，此项投资的获利能力还赶不上14%折现率的水平。比1愈小，说明此项投资的获利能力低于14%折现率的程度愈大。如果成本效益比率刚好等于1，就说明该项目的效益现值总额恰好等于其成本现值总额，也就是说，该项目具有的获利能力，恰好达到14%折现率的水平。成本效益比率高于1的数额愈大，说明此项投资愈有利。

三、内部收益率（IRR）

内部收益率就是在计算项目成本现值总额和效益现值总额时，使两者恰好相等的折现率。换句话说，如果按IRR这样一个折现率来计算，则项目的NPV＝0，BCR＝1。

如何确定使NPV＝0的折现率IRR呢？有试算和内插两种办法。现在利用表4－2与表4－3所示资料，分别加以说明。

（一）试算法

第一次可用相当于资金机会成本的折现率 R_1 试算净现值 NPV_1 与 0 相差多少。如果 NPV_1 恰好是 0，那么这个 R_1 就是 IRR。如果 NPV_1 大于 0，就说明 IRR 必然高于 R_1；正数值愈大，则 IRR 高于 R_1 的程度也愈大。反之，如果 NPV_1 小于 0，就说明 IRR 必然低于 R_1；负数绝对值愈大，则 IRR 低于 R_1 的程度也愈大。然后，参照第一次试算的正差或负差，再适当选一个略高或略低于 R_1 的折现率 R_2，试算项目的净现值 NPV_2 与 0 相差多少。如果 NPV_2 恰好等于 0，那么 R_2 就是 IRR。如果 NPV_2 仍是大于或小于 0，那就说明 IRR 还应比 R_2 高些或低些。反之，如果 NPV_2 小于或大于 0，就说明 IRR 的位置一定在 R_1 与 R_2 之间，即 $R_1 < IRR < R_2$ 或 $R_1 > IRR > R_2$。然后再参照第二次试算所反映的误差情况，重复上面的步骤，选定第三、第四个……折现率 R_3，R_4…进行第三次、第四次……试算，直到算出一个等于 0（或接近于 0）的净现值为止，而这个能使净现值等于 0 的折现率，就是项目的内部收益率。

如果经过两次试算，一次用 R_1 试算所得 NPV_1 是正数，而另一次用 R_2 试算所得 NPV_2 是负数，那么可改用“内插法”确定 IRR 的值。

（二）内插法

在使用两个不同的折现率试算净现值而得到符号相反的结果时，才能用内插法推算出 IRR。在使用内插法以前，要经过一个“试差”过程。现在仍以表 4－3 和表 4－4 的资料说明如何用内插法确定 IRR。

从表 4－2 已知，用 $R_1 = 13\%$ 计算的 $NPV_1 = 88$ 万元

从表 4－3 已知，用 $R_2 = 14\%$ 计算的 $NPV_2 = -318$ 万元

两个折现率之差 $= R_2 - R_1 = 1\%$，

两个净现值之差 $= NPV_1 - NPV_2 = 406$ 万元。

按定义，用 IRR 算得的 NPV＝0，可见 $R_1 < IRR < R_2$。所以，IRR 与低折现率之差 $= IRR - R_1 = IRR - 13\%$，NPV_1 与 NPV 之差 $= 88 - 0 = 88$ 万元

内插法的依据是：IRR 与低折现率 R_1 之差与高低两个折现率之差之比，等于较大的（即正数）净现值与 NPV＝0 之差与大小两个净现值之差之比。即

$$(IRR - R_1)/(R_2 - R_1) = (NPV_1 - NPV)/(NPV_1 - NPV_2)$$

所以：

$$IRR = R_1 + (R_2 - R_1)(NPV_1 - NPV)/(NPV_1 - NPV_2)$$

$$= 0.13 + 0.01 \times 88/406 = 0.132 = 13.2\%$$

用内插法算得的 IRR 不太准确，但不像试算法那样麻烦。实际上，在评价项目是否值得投资时，有一个近似的 IRR 就够了。

现在利用表 4－2 所示各年度的成本和效益资料，按照 IRR＝13.2% 的水平，计算该项目产生的效益是如何逐年抵偿投入该项目的成本及其应计利息的。参见表 4－4。

表 4－4

单位:万元

年度	年初投资余额（未偿还数）(1)	当年投资额（或经济代价）(2)	当年净收益（效益－经营费）(3)	当年应付利息（IRR＝13.2%）(4)＝(1)×IRR	当年净收益抵付利息后的还本数 (5)＝(3)－(4)	年底投资结余（未偿还数）(6)＝(1)＋(2)－(5)
1	—	837	—	—	—	837
2	837	4 621	—	110	－110*	5 568
3	5 568	2 890	—	735	－735	9 193
4	9 193	1 222	411	1 213	－802	11 217
5	11 217	—	1 079	1 481	－402	11 619
6	11 619	—	1 633	1 534	99	11 520
7	11 520	—	1 868	1 521	347	11 173
8	11 173	—	2 346	1 475	871	10 302
9	10 302	—	2 346	1 360	986	9 316
10	9 316	—	2 346	1 230	1 116	8 200
11	8 200	—	2 346	1 082	1 264	6 936
12	6 936	—	2 346	916	1 430	5 506
13	5 506	—	2 346	727	1 619	3 887
14	3 887	—	2 346	513	1 833	2 054
15	2 054	—	2 346	271	2 075	－21**
总计	—	9 570	23 759	14 168	9 591	
					－21	
					9 570	

* －110 代表赤字，即不仅未还本，反而增加了应偿还的投资余额。

** －21 亦系赤字，即该项目的净收益最后还本付息而有微余，说明 IRR 的确数应略高于 13.2%。

表 4－2 所列成本额中，自第 4 年起至第 15 年止，每年经营费用为 354 万元（注意，第 4 年末另行记入 354 万元的经营费用），在表 4－4 中改由当年效益中冲掉，因此表4－5所列各年投资额的总数为9 570万元（即从表 4－2 的成本总额 13 818 万元中减去各年经营费用 354 × 12 ＝ 4 248 万元后的余额），各年净收益的总数为 23 759 万元（即从表 4－2 的效益总额 28 007 万元中减去各年经营费用 4 248 万元后的余额）。从表 4－4 的第 4,5 两栏可以

看出:在第3年以前,由于每年只有投资而没有收益,故每年应付的投资利息,都得转入投资额中以待来年补偿;在第4、第5两年,虽有收益但不足以偿还当年应付利息,因此付息不足部分也需转入投资额中以待来年补偿;自第6年起,收益额逐年增多,除支付当年利息外,其余可以还本,这才使各年底结余的待偿投资额得以逐年减少;直到最后一年,当年收益除抵付当年利息外,其余足够偿清投资额而微余(即赤字21万元),这是因为通过内插法算得的IRR(13.2%)只是个近似值。如果IRR算得精确些,则最后一年的当年收益应该恰好够偿清本息而无余。如果按照低于IRR的折现率13%来计算,则最后一年的收益偿清本息后的余额(即赤字投资额)将会更大;反之,如果按照高于IRR的折现率14%来计算,则最后一年的第6栏中就不会出现赤字未偿额,而是尚有若干投资余额得不到补偿。这就足以证明:内部收益率IRR体现了存在于该项目的成本和效益之间的最高获利能力。当然,以上3个指标,都没有涉及项目本身的组织机构、经营管理和其他非经济方面的因素,也没有涉及将来该项目实际所需资金的数额及其筹措问题,因此它们都具有一定的局限性,不能单独据以决定取舍,必须与其他因素结合考虑才能最后做出决定。

第七节　成本效果分析

以上各节介绍了成本效益分析的一些基本内容,可以看出这种分析在应用中存在一些困难和局限性。

首先,由于这种分析的对象只能是一个项目的经济代价和效益。如果所有部门进行的各种项目重要的成本和效益都是经济性的,因而都可以用货币尺度来衡量的话,成本效益分析应用上的困难和局限性当然会小得多。但实际上,有些项目的成本和效益,特别是效益常常是非经济性的,根本不可能用货币尺度来衡量,因而成本效益分析就很难在这些项目的评价上起作用。就成本来说,不需要消耗经济资源的项目是罕见的,即使有些项目可能发生非经济的反效益(也就是非经济的社会代价,例如各种厂矿工程项目所造成的污染,对外开放项目给社会带来的消极影响等等),甚至值得十分重视并需在决策时慎重考虑的反效益,也还不至于过分影响这种分析的应用价值。可是从效益方面来看,不可衡量的非经济效益往往可能是项目的主要效益(例如文教项目在文明教养方面的外部效益,消除各种污染项目的外部效益,以及提高社会道德风尚项目的外部效益等等),尽管这些项目耗费的经济资源可以计量,却很难应用成本效益分析来评价项目的价值。

其次,由于都是未来的成本和效益,因此其中有许多因素都具有易变性和不确定性,很难估计。特别是有些无形效益,虽然也可以设法加以衡量,但只能用简捷的估量办法(如利用房租的差别来衡量风景区项目的无形效益,利用学生受教育后增加的收入来衡量教育项目的外部效益等等),而这样得到的效益,究竟是否为效益的全部,或者是否都可归功于那个项目,很难确定和分清。诸如这些关于识别和衡量方面出现的困难,也使得成本效益分析在应用上受到限制。

总的说来，成本与效益相比，前者比较容易确定。任何项目，总得消耗一定可以设法估算和衡量的资源。另一方面，既然有些项目的主要效益很难或根本不可以计量，我们不妨设法避开这一不利条件，而另想一种变通办法来评价项目（方案或计划）的价值。这种变通办法，就是美国在1961年开始采用的成本/效果分析。这个分析法，可以用来从具有同一既定目的的若干备选项目（方案或计划）中选出一个能以最低的成本达到这个目的的项目（方案或计划）。下面先举一个假设的例子来加以说明：

假定目的是减少由于烟雾污染而死亡的人数。而达到这个目的的方案（途径、计划或可以举办的项目）有5种，经过成本效果分析得出如下结论：①如果发展燃烧充分的燃料，则平均每花9万元钱，就可以少死1人；②如果在锅炉和发动机上均安装过滤装置，则平均每花6万元钱，就可以少死1人；③如果改进医疗条件，则平均每花4.5万元钱，就可以少死1人；④如果大力执行消除烟雾的现行法令，则平均每花1.8万元钱，就可以少死1人；⑤如果为全体公民生产特种防毒面具和通风装置，则平均每花150元钱，就可以少死1人。

以上5种备选方案，假设需要考虑的唯一因素就是成本的话，那么最后一个方案应该当选，因为它能以最低的成本来达到这一既定目的。

从上例可以看到，成本效果分析与成本效益分析的区别在于：

第一，各种方案必须有共同的目的，才能采用成本效果分析，对于目的不同的各种活动之间的对比选择，此法尚未能表明其适用性。比如说，如果要解决的问题是：有限数额的一笔资金用于消除污染，究竟用于烟雾控制，还是用于水域净化或者垃圾处理？就不能用成本效果分析法解决，而只能用成本效益分析法解决，因为这些活动的目的不一致。

第二，成本效益分析不仅要确定用来达到每种可能达到的社会目标的手段（亦即确定取得各种效益需要付出的代价），而且要选出确实值得追求的目标（亦即确定对付出的代价来说，获利最大的各种效益）。而成本效果分析则主要是做前一部分工作，避免了后一半工作。所以，当某些活动对于社会的好处已经不成问题，可是这些好处又很难或不可能以货币来衡量时，就可以成本效果分析为手段选择可以取得某种好处（即达到一定目的）的最佳方案。因为采用成本效果分析时，目的是事先既定的，无须再考虑如何确定效益的问题。例如，有关国防、公共教育、保护自然资源和公路保养等项目，都可以成本效果分析法评价它们的最佳方案。所以，政府工作人员都对这个方法感兴趣，因为他们所关心的是如何更好地完成某项既定的任务，而不是用对比效益和成本的办法去确定此项任务。

当然，成本效果分析在应用上也同样有困难之处，例如各种方案要达到的共同目标必须可以具体数据来表示；同时每个方案所列各项成本，都必须与其所要达到的目标挂钩。

总之，成本效益分析与成本效果分析各有适用范围，两者都还在发展之中，应用这些方法为决策提供参考，总比个人主观臆测或“拍脑袋”要好得多。尽管这两种方法在应用上还有不少困难，但是随着研究工作不断取得进展，这些困难是有希望得到解决的。

思考题

1. 什么叫做“机会成本”和“沉没成本”？这两个概念在项目或项目方案选择中起什么作用？

2. 项目建议书的用途是什么？有哪些主要内容？在什么情况下要写项目建议书？

3. 什么叫“假设”？请举几个假设的例子。假设对于项目选择有哪些影响？

4. 试说明在选择项目或项目方案时应遵循的原则、考虑的因素和使用的方法。

5. 为何要对项目或方案进行筛选和测试？筛选的准则和标准如何确定？测试哪些方面？

6. 试说明项目成本和收益，以及“成本效益分析”的含义、步骤、目的和局限性。

7. 民间项目和公共项目的成本效益分析有何不同，各自要考虑哪些因素？

8. 试说明可行性研究的内容、步骤和各自的目的。

9. “前/后对比法”和“有/无对比法”各适用于何种情况？

10. 试说明现金流、折现、现值、净现值、内部收益率的定义、用途和计算方法。

练习题

1. 某项目现金流入如表 4－5。其中有两种方案，分别计算两个方案的净现值（折现率取15%）。

表 4－5　　单位：万元

年	方案1		方案2	
	现金流入	现值	现金流入	现值
1	1 200		0	
2	1 200		0	
3	1 200		0	
4	1 500		0	
5	1 500		0	
6	0		1 200	
7	0		1 200	
8	0		1 200	
9	0		1 500	
10	0		1 500	
净现值				

2. 某项目现金流如表4－6。其中有两种方案，分别计算两个方案的IRR（折现率取15%）。

表4－6 单位：万元

年	方案1			方案2		
	现金流出	现金流入	净流量	现金流出	现金流入	净流量
1	－70.00	0.00		－20.00	0.00	
2	－50.00	0.00		－40.00	0.00	
3	－30.00	20.00		－50.00	20.00	
4	0.00	90.00		－55.00	90.00	
5	0.00	120.00		－12.95	120.00	
净现值						

4. 某项目现金流如表4－7。其中有3种方案，分别计算3个方案的BCR和IRR（折现率取8%）。然后比较这3个方案的优劣。

表4－7 单位：万元

年	方案1			方案2			方案3		
	费用	收益	净值	费用	收益	净值	费用	收益	净值
1	700	0		200	50		250	50	
2	250	100		200	100		250	100	
3	50	280		1 000	200		250	300	
4	5	800		0	900		250	950	
5	5	1 200		0	1 300		250	1 150	
合计									
PV									
BCR									
IRR									

第五章 项目启动和项目班子

MODERN PROJECT MANAGEMENT

内容提要

- 项目启动的过程，以及有关的程序和步骤
- 项目经理在项目管理中的地位、职责、任务、权力和选聘，以及项目班子的组建、成长阶段和面临的挑战
- 在权力的多种成分中，经常起作用的是当权者的品质、知识、能力、人格和表现
- 在项目管理中有多种委托代理关系，分析这类关系对项目管理人员工作态度和成果的影响，介绍激励机制在避免代理风险中的作用

学习重点

- 项目启动过程的依据以及成果
- 项目经理的职责、任务、作用和必备条件
- 项目经理权力的构成因素
- 项目管理中的委托代理关系、机会主义、“道德灾难”、激励机制和代理风险防范

第一节 项目启动

一、项目核准

有些项目,在选定之后还须经过核准。项目核准即由项目实施组织决策者正式承认项目的必要性,把完成项目所需的全部权力交给项目经理和项目班子的过程。也有些项目,例如一些小项目,由选定项目的个人或组织自己实施,无须由他人核准。

由政府投入资金的公共项目,必须按照法律、法规的规定,经过必要的程序,取得政府有关部门的批准。例如,药品研制项目要遵循国家医药食品管理程序。对环境产生不利影响的项目则要经过环境保护部门的审查批准,等等。

二、项目启动

现代的一些项目,特别是一些新技术项目,技术复杂,项目时间长,需要巨额的资金、大量的人力和物力,单靠发起者个人或组织一家之力无法完成。项目发起者必须宣传、说服和动员社会上的有关力量,包括政府,给予其支持。

许多项目在核准之后,项目发起者自己并不实施项目,而是将其委托给项目经理和项目班子。这时候,项目发起者就是"项目委托人"。项目委托人可以来自项目实施组织的内部,也可以来自外部。

项目经理和项目班子接受委托,正式着手工作之前有一个启动过程。启动是让项目的参与者正式承认新项目或项目应当进入下一阶段的过程。项目或项目阶段启动后,项目班子就要开始项目或项目阶段的规划、项目计划的执行和控制过程。

小项目,特别是民间项目,只要合法,不必请求他人批准,启动过程很简单。如,民营企业由自己的职工组成的项目班子搞一个新产品,无须再来一个申请和批准的过程。

只有在可行性研究结果表明,项目可行或项目阶段必备的条件成熟或已经具备的时候,才可以启动项目。在不清楚项目是否可行,或项目阶段的必备条件尚未成熟之前,启动是不可取的。没有这样一个启动过程,项目参与者就不会行动起来,就不会根据自己的义务投入人力、物力、财力、信息或精力。

正式的启动过程应使项目实施组织所有有关成员认识到新项目或项目新阶段同自己手头上的工作之间有何种联系,认识到新项目或项目新阶段在本组织发展中的地位和作用,认识到自己对项目应承担的义务和责任,因而能够给予项目经理和项目班子应有的支持。

项目启动可以召开一个正式启动会,让所有的利害关系者参加。如,我国一些重大工程的开工典礼实际上就是项目启动过程的一部分。

项目启动过程完成的实质性标志有两个。一是任命项目经理,建立项目班子;二是签发项目章程。一般说来，应当尽可能早地选定项目经理，并将其委派到项目上去。项目经理无论如何要在项目计划执行之前到岗。

三、项目章程或项目委托书

项目章程，或称“项目许可证书”、“项目委托书”、“项目使命说明书”等，是正式承认（批准、认可、同意）项目的文件。该文件要说明项目的目的（包括：要解决的问题，应利用的机会，应当满足的客户需要，组织发展战略需要，等等）、应当取得的成果，以及对该成果的要求。为了达到项目的目的，项目经理和项目班子必须为项目委托人完成的任务，就是项目的使命。项目章程通常由项目委托人、项目实施组织的高层管理者或者项目的主管部门颁发给项目经理和项目班子。项目章程颁发者的地位视项目的具体情况而定。项目章程赋予了项目经理或项目班子将资源用于项目活动的权力。

如果项目经理和项目班子是接受他人的委托，对已经由委托人选定的项目进行管理，则项目经理在接受委托时，至少要同委托人明确 4 件事，即资金、权限、要求和时间。资金，就是要明确委托人有无足够的资金用于项目，及支付项目经理和项目班子成员工资；权限，就是查明委托人有无足够的权限保证项目的顺利进行；要求，就是委托人对项目以及项目经理和项目班子成员是否有明确的要求；时间，就是项目何时启动，何时完成。如果项目委托人不能肯定地回答，则不要急于接受委托。一般情况下，项目经理和项目委托人之间相互明确并取得一致意见的事项也要写入项目章程。

在绝大多数情况下，委托人和接受委托者之间要签订合同。这时候，合同就是项目委托书。如果项目是项目经理和项目班子自己选定和发起的，项目经理也应明确和落实资金、权限、要求和时间。

示例 5-1　项目委托书——技术援助和项目管理培训需求评价

1. 背景

政府已经认识到某流域遭到了严重污染，决定将此流域的治理和恢复列为头等大事。现在决定以 ABC 项目，将制订治理政策和投入资金两种手段结合起来达到这一目的。ABC 项目的目的是规划和实施治理政策的具体制订、投入资金的具体行动，以及必须进行的管理体制改革，最终为该流域长远可持续发展创造稳定的制度和自然环境。该项目具体内容可能包括城市污水收集管网系统、污水处理厂、供水管网的改造和扩建、生活垃圾和工业固体废物管理设施、机构和制度的建设和培训。本项委托的任务就是对 ABC 项目受益区的“机构和制度的建设和培训”的需求进行评价，编写并提交一篇评价报告，为受益区政府决策提供依据。

2. 要求

本项委托的具体要求是：

(1)评价受益区政府各有关机构和项目各实施单位对“机构和制度的建设和培训”的需求；(2)通过系统的培训让上述单位熟悉某国际金融机构的项目管理做法、程序和具体要求。

评价结果将交给接受培训者作为设计和建立实现 ABC 项目要求的新体制的依据。培训工作要提高受益区政府各有关机构以及项目各实施单位准备和实施 ABC 项目的能力。

3. 工作范围

接受本委托的咨询人员在工作中应接受某国际金融机构的指导，其具体任务如下：

(1)设计“机构和制度的建设和培训”课程。咨询人员应首先评价受益区政府各有关机构和各实施单位目前准备和实施 ABC 项目的能力。评价的具体内容有：每一个单位的组织机构、职能、人员和其他设施，目的是了解它们在这些方面同 ABC 项目的要求相比存在哪些差距。

(2)项目管理培训课程。咨询人员应为受益区政府各有关机构和各实施单位的工作人员上两门课。这两门课应讲的内容是：项目规划、财务管理、项目财务和国民经济分析，以及采购程序和费用估算。讲课中应尽可能插入案例。咨询人员可以邀请某国际金融机构在华的有关人员讲授案例。

4. 评价报告

咨询人员应向某国际金融机构提交报告，一共提交 4 份，即需求评价报告的初稿和终稿，以及培训课程报告和培训总结报告。培训课程报告应说明上述两门培训课程的目的和内容安排，而培训总结报告应当有接受培训者对培训课程的评价。四份报告均应有中文和英文两种版本。某国际金融机构和受益区政府项目办公室中文和英文两种版本各要两份。

5. 时间进度

本项委托开始时间 2005 年 8 月

培训课程报告 2005 年 8 月

培训总结报告 2005 年 10 月

需求评价报告的初稿 2005 年 9 月

需求评价报告的终稿 2006 年 2 月

本项委托结束时间 2006 年 2 月

6. 酬金支付

本项委托的预算是×××××元，包括咨询人员酬金、差旅费等。

支付时间如下：

签约时支付　25%

收到培训课程报告和培训总结报告时支付　25%

收到需求评价报告的初稿时支付　25%

收到需求评价报告的终稿时支付　25%

示例 5－2　信息技术更新项目章程

1.项目名称：信息技术更新

2.项目启动时间：2005 年 3 月 4 日　计划完成时间：2005 年 12 月 4 日

3.项目经理：许小源　　联系方法：6910××××，xuxiaoyuan@263.net

4.项目目标：按公司新标准，在 9 个月内为公司所有员工（约 2 000 人）更换软硬件。新标准请见附件。更新工作影响服务器、中型机以及网络的软硬设施。软硬件购置预算为 8 000 000 元，人工费预算为 4 000 000 元。

5.方法

(1)更新信息技术现有设备的数据库信息，确定更新要求；

(2)对项目费用进行详细的估算，并向公司信息负责人汇报；

(3)软硬件询价；

(4)尽量使用本公司职工制订、分析和实施项目计划。

6.角色与职责

姓名	角色	职责
曹刚毅	项目发起人	监督
李里力	公司信息负责人	监督、人员调配
许小源	项目经理	项目规划与实施
齐火川	信息技术主任	项目经理顾问
雷南宁	人力资源副总	人员调配、记录项目成员工作情况
麦　田	采购部主任	采购项目物资

签名：（上述所有人员签字）

7.说明

该项目最晚在10个月之内完成。公司信息负责人李里力(签字)

我们保证有足够的人员,一定全力以赴支持这一项目。项目的工作必须在正常上班时间之外进行,避免打断正常的工作,因此需要加班。

写项目章程并不难,难的是让那些了解一定情况并具有一定权力的人参与,并在项目章程上签字。即使上级领导已经口头同意了项目,但形成正式的书面章程,以便明确角色和期望还是非常必要的。很多人认为,必须由项目委托人起草项目章程,但也不尽然。在许多情况下,项目经理或项目班子成员自己先写一个,然后拿给委托人过目、审查和签字。这样做有很多好处。一是项目经理和项目班子可以进一步弄清项目的使命和委托人的意图和要求;二是让委托人签字,承担责任。

项目经理接受项目章程之后,一定要将项目的使命向项目班子全体成员宣传、解释和交代清楚,不能仅仅分派他们的角色、规定他们的职责、向他们交代任务。这样做至少有两个好处。一是将项目班子成员的努力统一到满足项目要求,达到项目目的,实现项目目标的方向上来;二是发挥项目班子成员的智慧,动员他们提出完成使命的更好办法。

四、立项

有些项目,特别是重要的科学研究项目、大中型建设项目、环境保护项目等,还要列入政府的社会和经济发展计划。项目经过项目实施组织决策者和政府有关部门的批准,并列入项目实施组织或者政府计划的过程,叫做“立项”。只有列入计划的项目,才能得到有关部门的承认,才能得到必要的资金、人力、设备、设施和其他物资,以及其他个人和组织的支持。

五、明确项目要求与初步范围说明书

项目有多个方面,范围、费用、时间、质量、风险、人力资源、沟通、采购等等。可以把这些不同的方面叫做“项目变数”、“项目变量”或“项目参数”。接受项目管理委托者在具体展开项目的规划、执行和控制之前,务必要全面了解项目的要求。项目的要求一般反映在如下一些文件中:

第一,成果说明书。成果说明书就是用文字记载项目要创造的产品或服务特性的文件。读者最容易理解的成果说明书恐怕就是建筑工程的设计文件,包括图纸、设计说明书、模型和设计预算书等。成果说明书一般在项目的早期阶段具体细节不多,只能随着成果的特性逐渐明了而变得详细、具体,越到后期阶段,细节就会越多。

成果说明书还应当记载待创造的产品或服务与项目委托人的经营需要，或者其他引发项目的根源因素之间的关系。成果说明书的形式和内容虽然各不相同，但是任何时候都必须写得足够详细，以满足以后规划的需要。

许多项目都涉及一个组织（卖方）按照合同为另一个组织（买方）工作，这时，一般由买方提供初步的成果说明书。

第二，战略计划。前面已经多次说明，项目是实现项目实施组织发展战略的手段，是面对问题、机会或组织经营要求时采取的应对行动。因此，接受项目管理委托者应当把实施组织的战略计划看做了解项目要求的一个重要方面。

第三，项目选择标准。一般在接受项目管理委托时，项目已经选定。项目选择使用过的标准一般是根据项目成果的属性确定的，会涉及实施组织所关心的所有方面（财务收益、市场份额、公众看法等等）。因此，项目选择标准同样也是了解项目要求的重要依据。

第四，历史资料。项目管理人员应当收集对于以前的项目所做的选择决策，以及以前项目执行的所有结果，并应尽可能地对这些资料加以考虑。项目以前各阶段的信息，对于是否应当启动项目的下一阶段，在大多数情况下都是很重要的决策依据。

项目经理在接受委托之后，必须弄清项目委托人对各项目变数的要求。项目发起人或委托人对项目的许多方面往往并不清楚，比如，要达到什么目标、需要投入多少资源、什么时候完成、达到什么样的质量，等等。他们一般只有一个模糊的概念。如果项目发起人或委托人由多人或多个组织构成，问题可能更严重。他们对于项目的目的、内容、范围和行动方案的认识在大多数情况下并不一致，各有各的想法和期望，彼此冲突，相互矛盾。因此，项目经理就应统一他们的认识。若不弄清楚或让他们各执己见，项目就无法启动。如勉强启动，很可能会带来不好的后果。要为项目以后的进展铺平道路，一定要进行下面的工作。

其一，项目经理和项目班子必须花费足够的时间对项目进行研究、讨论和分析。必要时，还要研究以前类似的项目是怎样组织的，采取了什么样的做法；也要研究本身过去的哪些经验可以用来进行本项目的规划。对项目进行研究、讨论和分析的目的就是保证项目沿着正确的方向前进，避免走弯路。

其二，如果在研究、讨论和分析项目之后，认为已经明确了项目大局，则应编制一份“项目初步范围说明书”，初步明确项目的内容和范围。这份项目初步范围说明书可以在项目以后的进展过程中随着对项目认识的深入、获得越来越多的资料数据和经验进行补充和修改。详细的项目范围说明书一般在项目的范围规划时进行。

其三，明确项目的内容和初步范围之后说明项目要取得什么样的最终结果，达到什么样的目的。

其四，将项目的最终结果分类，明确哪些必须取得，哪些最好能够取得。只有取得了必须取得的成果，项目才能算成功。最好能够取得的成果未取得，不会影响项目的成功；如果取得了，则是锦上添花。

其五，目的确定之后，就要提出实现目的的手段和行动路线或策略。一定要针对项目的具体情况提出实现目的的策略。制定策略，也要调动项目班子全体成员以及其他有关人员的积极性，充分利用他们的智慧。在这方面，也可以使用前面介绍过的“头脑风暴法”。

其六，策略提出之后，要经过评价。评价项目策略的准则应当是现实、可行，反映出项目的终极目的。通过评价，选取最优或满意的行动路线，即确定项目策略。

第二节 项目班子和项目经理

组织管理层主管项目的负责人最终要对项目的成败负责。他可以把某些职责委托给适合于负责具体项目的人，可称之为“项目经理”，也可把一些业务委托给职能部门或分部的经理。主管人员必须认识到，项目经理应自行掌握自己的职责，必须规划自己的工作日程。项目经理也可把自己的一些工作委托给副手，以减轻负担。

项目主管有时出于以下原因，不愿意将某些职责委托给项目经理，比如：不完全理解项目经理的职责；不信任项目经理，认为刚来，还是新手；想掌握项目的每个细节；认为项目提出的问题难以对付，从内心深处希望亲自管理项目；等等。

上述情况都会损害组织的运转和项目本身。主管项目的负责人实际上成了项目经理，但又没有足够的时间投入到项目之中。

项目班子和组织中其他部门之间有一个重要问题必须注意。在项目逐步完善的过程中应当吸收各职能部门参加。在项目是某个系统的一部分，并为该系统中操作人员所接受时，项目能否取得成功，要看项目同组织的其余部分的配合程度，以及项目为整个组织带来的效益。如果项目包括某些新的操作技术和方法，但全体操作人员还相当陌生时，有可能出现一些问题。

项目班子必须确保一线操作人员不对本项目进行公开和暗中的抵制。解决这个问题的最妥善办法是在项目的早期阶段，就吸收一些职能部门参加，并认真考虑它们提出的任何建议。

项目能否成功，极大地取决于项目班子内外的利害关系者的行为。

一、项目经理

项目经理又叫“项目负责人”、“项目主持人”、“总指挥”、“课题组长”或者别的什么名称。项目经理是项目管理的主角，是决定项目成功与失败的关键人物。项目经理必须明确自己在项目管理中的地位、作用、职责和权限。

项目必须让与项目有关的人员及早参加管理工作，让他们掌握项目管理方法。但项目经理又往往无权直接向他们发号施令。他必须设法取得这些人的支持，这些人在某些时候所作的贡献，对项目的成功很重要。

项目各方面利害关系者在努力实现自己的目的时，会发生利害冲突，偏离目标，甚至妨碍其实现。项目经理对于这些冲突应具有敏感的洞察力，对产生冲突的原因应具有高超的分析能力，善于调和分歧，将各方的努力统一在满足项目要求的方向上。

项目经理必须善于分析为实现项目目标而使用的各种方法的利弊，引导项目以最好的方式达到目的，同时尽可能满足为项目出力的各方的合理需要。这就要求项目经理对项目的目的持有明确的看法，理解他人的需要，并在符合项目整体利益的条件下能够做出适当的妥协。

（一）项目经理的地位

项目经理是项目委托人的代表，是项目启动后整个过程全面管理的核心，是项目班子的领导，是项日有关各方协调配合的桥梁和纽带。有关各方参与项目的动机和目的不同，关心的重点不同，对项目的期望和投入也不同，在项目进展过程中，很难做到步调一致。因此，项目经理必须在完成项目的过程中充当几种角色，其中有：

1. 整体协调者。项目经理是唯一能够同时见到项目和项目在实现组织发展战略中的作用的人。因此，项目经理应当协调项目和项目实现组织之间的关系。

2. 沟通者。如果项目经理不能及时解释和传递相应的信息，就会妨碍项目的顺利进行。

3. 项目班子的领导者。项目经理必须能够在遇到问题时予以解决，能够指导来自不同职能部门的人，并在协调项目过程中显示其领导能力。

4. 决策者。项目经理必须能够做出决定，包括资源分配、实施效果、进度和费用的权衡，以及变更事项的范围、方向或性质。

5. 氛围营造者。项目经理应当努力营造有利于项目成功的氛围，以便项目班子成员能够共同工作，不互相排斥。

总之，在项目实施的过程中，矛盾和冲突是不可避免的，项目经理要负责沟通项目的各有关方面，协调和解决这些矛盾和冲突。

（二）项目经理的职责

一般来说，项目经理具有以下职责：

1. 保证顾客、委托人和其他各方面满意。如果项目在原定目标、时间进度、预算以及其他各方面都满足了项目的原定要求，但顾客和委托人或其他方面不满意，那么，就不能说这个项目完全成功。

项目经理应当在项目进行过程中指导项目班子同顾客、委托人或其他方面保持密切联系，了解他们对项目的要求和期望变化情况。

2. 指导和控制项目的日常工作。项目经理虽然可以把具体的指导和控制工作委托给他人，但委托不当，出了问题，其后果要由项目经理自己负责。项目经理在安排工作时，要给项目班子成员留有余地，准备适当的后备措施。当项目利害关系者企图直接干预项目的工作时,项目经理应该虚心倾听他们的意见和建议,但是不能让他们直接指导和指挥项目班子成员。否则,就会严重干扰项目的进行。项目经理必须善于安排时间,防止陷入日常琐碎、费时的工作中去,要给自己留出足够的时间考虑和照顾项目的整体和大局。

3. 善于应变。项目在进行过程中经常遇到困难、矛盾、冲突和意料之外的事情。各有关方面常常会反对项目班子的计划或行动。遇到这种情况,项目经理应当沉着冷静。如果遇到了从未遇到过的问题,缺乏经验,应该设法向他人请教,不应慌张,以免动摇"军心"。项目经理面对问题时不能消极退缩,应当采取主动行动,迅速扭转局面。

4. 如实反映情况。如果项目班子无力接受项目管理的委托,项目经理就应如实相告。在同外界协商时,要尽量减小对自己的限制和约束,为接受委托后项目的实施创造有利条件。

5. 及时收回所有应当收进的款项。没有资金的支持项目是无法进行下去的。当然,收回款项的具体工作可由项目班子的某个成员来承担,但是项目经理必须对这件事给予足够关照。

以上几个方面的职责可由项目经理亲自履行,也可以在其监督下由他人履行。

(三)项目经理的任务

任何管理人员都有规划、组织、领导、控制和协调5项基本职能或活动,项目经理也不例外。项目经理必须将精力集中在管理方面,其主要任务如下:

1. 规划。项目经理在接受项目管理委托后应当着手做的第一步工作就是制订项目计划。

2. 组织。项目经理在接受项目管理委托后应当把项目和项目管理所需要的人员集合在一起,让他们共同完成该项目的各项工作。他必须将人力、资金和实体资源精心地搭配起来,才能成功地完成项目。

3. 领导。项目经理是否具备领导的能力是完成项目的关键。我国目前尚缺乏大量的具有卓越领导能力、方法和艺术的项目领导者。

4. 控制。项目经理应要求班子成员依照项目委托书和项目启动后制订的项目计划行事,并随时了解项目的进展状况,评价项目各项工作是否符合要求。在发现任何偏离计划的情况时,要及时采取措施使项目回归到正确的轨道上来。

5. 界面与协调。项目经理的协调职能主要是识别、记载、安排、沟通和监视与项目成果和项目有关的界面。项目经理应当了解的界面有:

(1)人际界面。每当两个人做同一个项目时,就有可能发生人际关系问题或存在冲突。项目经理必须能够处理所有涉及项目中人或与项目有关的人际间的冲突。

(2)组织界面。项目班子与实施组织高层领导和各部门、项目班子与实施组织以外的各有利害关系的组织之间在项目目标和管理风格上均存有差异。项目经理主要是处理影响本项目的行动、决定或批准等方面的界面。

(3)规章制度界面。这是指处理项目成果、设施、建设、资源或规章制度自身内的或因本项目而出现的其他类型的非人际界面。

（四）项目经理的权力

项目经理没有足够的权力就不能调动项目实施所需要的各种资源，就不能建立同外界的有效联系，就难以取得外界的支持。项目委托人在项目经理授权时应充分考虑这些问题，做到选人要慎重，用人要信任。所谓“疑人不用，用人不疑”。

一定的权力是确保项目经理承担相应责任的先决条件，也是项目管理取得成功的保证。项目经理的权力来源于 3 个方面：权限、感化影响力和对情况的了解。权力的这 3 个组成部分的关系表示在图 5－1 中。

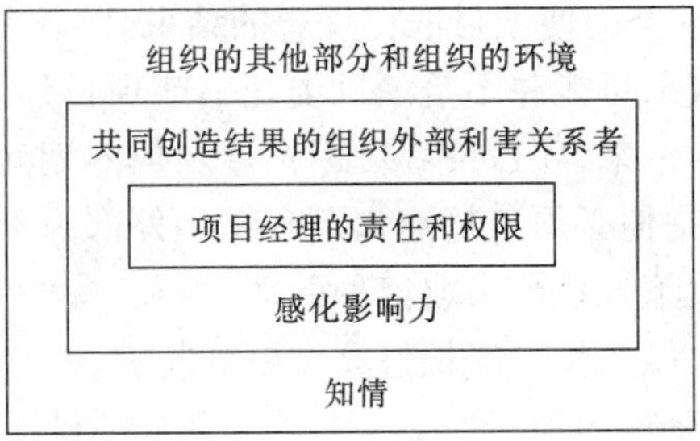

图 5–1　项目经理的责任、利害关系者和权力

1. 权限。权限一般是由项目委托人正式授予的权力，包括正式的奖励和处罚权。由于项目经理拥有的权限和地位，项目班子成员中的下属承认他有权指导自己的某些行动和行为。但这种权力使他人认可和服从的效力有限，因而对他人行为的影响一般也不大。

（1）处罚权。这种权力产生效力是由于下属害怕因不遵守项目经理的指示或旨意而失去某些宝贵的东西。

（2）奖赏权。这种权力产生效力是由于下属为了获得奖赏而服从项目经理。奖赏权可以巩固项目经理希望的行为。

2. 感化影响力。它包括说服力，是由于项目经理个人的知识、经验、人格、气质、社会关系等而产生的权力。项目经理的感化影响力可以让项目班子和其他利害关系者共同努力，创造出项目经理希望得到的结果。感化影响力可以由项目经理以其希望的方式影响项目结果，可以让不直接由项目经理控制的人创造出结果。当然，结果可能不完全是项目经理所想要的。

3. 知情。知情对于项目经理来说就是对既无法控制，也无法影响的结果的创造过程所具有的知晓、了解、理解和评价的能力。知情使项目经理能够对上述结果主动预先规划和做出反应，或者在长时期内逐渐建立起影响。

项目经理应尽量避免动用惩罚权。奖赏权和感化影响力是创造良好氛围和有效地影响项目利害关系者行为的最理想的权力。正式授予的权限应尽可能地与感化影响力和奖赏权结合起来使用。为了减轻冲突的破坏性影响,有两个因素可提高项目经理的影响力:高度的信任和开诚布公、灵活和有效的沟通。

(五)项目经理的机动处置能力

要管好项目,项目经理必须做到以下几点:

1. 了解项目,知道其目的和要求,知道它们是如何提出的,是否合理;
2. 知道该项目为何人服务;
3. 知道如何利用这个项目达到目的和满足要求;
4. 懂得项目管理的系统方法;
5. 懂得如何通过众人的努力使项目取得理想的结果。

组织真正需要的项目成果可能并不是项目委托书或项目计划中规定的那一个,而是能提供最佳成果的项目。这样一来,项目及其目标在逐步成熟期间可能需要修改。项目经理虽然无权修改项目目标,但是他必须清楚地知道有哪些外部因素在影响以及如何影响项目目标,只有这样,他才能向决策者建议采取何种行动。

这里可以将项目经理比做船长。船长打算在甲港装货,在乙港卖掉货物,开始时这样考虑,是因为当时认为这样做获得的利润最多。为了实现这一目标,发给船长的指示可能有两种:①把船开到乙港,卸货出售;②在公司能获得最大利润时卖掉货物。

第一个指示简单,只要奉命行事就行。第二个指示则灵活得多,而且船长有更大的责任和处置权。把船从甲港开往乙港只不过是达到目的的许多办法之一。船起锚之后,他除了指导船只按路线航行以外,还要时时观察所载货物的市场行情。如果发现乙港的市场对船上的货物不再具有吸引力,就可改变方向,开向丙港。这样,他实际是在帮助公司实现利润最大化目标。

项目经理同样也不应只是"按规定的去办",而应设法在完成项目时使他所服务的公司或者社区,甚至整个国民经济取得最佳的利益。

(六)项目经理的选聘

项目经理可以从项目实施组织外部招聘,也可以在内部挑选。内部选拔的对象可以是高级职能经理和一线经理,也可以是在项目班子成员中提拔。

(七)项目经理的管理技能

1.项目经理应具备的基本管理知识和技能。在项目日益复杂、规模日益庞大的今天,对于项目经理的要求越来越高。但是,无论项目大小,简单与复杂,项目经理至少应当具备如下的管理知识和技能:

(1)掌握财务和会计、销售和营销、研究和开发、制造和分销等方面的知识。

(2)具有制订战略规划、战术规划和经营规划的能力。

(3)具有有关组织结构、组织行为、人事管理、补偿、福利和终身职业培养等方面的知识和能力。

(4)掌握工作关系管理技能,例如,激励、委托、监督、班子建设、冲突管理和其他技术。

(5)掌握自我管理技能,例如,工作压力管理、个人时间管理和其他技术。

上述知识和管理技能对于企业和其他组织的日常业务管理是必不可少的,掌握它们就为项目管理奠定了坚实的基础。这些知识和技能对于项目经理来说都是非常重要的。在任何具体的项目上,或多或少都要用到上述管理技能。

2. 项目经理应具备的主要管理技能。对于多数项目来说,项目经理应具备的影响最大的是如下几个主要管理技能。这些技能在一般的管理文献中都已经有了很好的阐述,基本上可以原封不动地应用到项目上。

(1) 领导技能。领导技能不同于管理技能。管理技能主要体现在"持续不断地为利害关系者创造出他们预期的重要成果"。而领导技能则主要体现在:①确定方向。提出将来的远景和为实现这一远景而必须进行变革的策略。②动员,统一人们的意志。通过自己的言辞和行动把远景告诉必不可少的合作者,使其为实现这一远景而共同努力。③激励和鼓舞。帮助人们将其智慧和身心全部用来克服在变革中遇到的制度、思想、价值观和资源方面的种种障碍。

项目,特别是大项目,一般都希望得到项目经理的正确领导。但是,领导作用不仅由项目经理发挥,也可在不同时候在不同的人身上表现出来。领导作用还必须在项目的所有层次上表现出来(项目领导作用、技术领导作用和班子领导作用)。这就是参与式的管理,即让项目班子分担领导角色。项目经理应当知道分担领导角色不但可以减轻自己肩上的担子,而且还能让项目班子产生主人翁感,真正承担起各自的责任。

不过,项目经理的领导作用会时时受到挑战,特别是项目刚开始时。例如,水平高的技术专家可能不相信项目经理,会在自认为是纯技术问题上领导项目经理。这种情况会妨碍班子建设。遇到这样的挑战时,人们会密切注意项目经理的表现,如果处理不当,项目经理的作用就会受到严重削弱。

(2)沟通技能。沟通就是交换信息。信息发出者应保证信息清楚、完整、不含混,以便使接收者正确无误地接收到。接收者应负责该信息丝毫不差地收到,并能准确地理解之。

沟通技能涉及的知识面很广,并非限于项目管理。项目沟通管理就是把这些一般概念应用到一个项目的具体需要上去,例如,确定如何、何时、以何种形式以及向谁报告工作进展情况。

项目经理的一个重要工作是与顾客和项目委托人沟通,因此,项目经理必须善于宣传,让客户和项目委托人随时了解项目的技术、预算和进度等情况。项目经理要代表组织的高层管理,尽力与顾客建立友好和开诚布公的关系。

(3)谈判技能。谈判就是达成使所有当事人都积极支持的一致意见的过程。为取得一致意见可以直接或求助于外界进行谈判。借助外界的谈判形式有调停和仲裁两种。

许多时候,在项目的许多层次上都可能需要以谈判方式来解决问题。在典型的项目进展过程中,项目班子人员都可能为下列一些事情进行谈判:①范围、费用和时间进度目标;

②范围、费用和时间变更;③合同条款和条件;④岗位的分派;⑤资源的分配和动用。

(4)解决问题的技能。解决问题就是明确问题,做出决定。为了明确问题,就必须将问题产生的原因和表象区别开来。问题可能出现在项目内部,例如某个重要的班子成员被调到其他项目上去;或者出现在项目外部,如未按时发放研究项目需要的资金。

项目和项目管理遇到的问题很多,但是可以归纳为如下几种类型:①技术问题。例如,人们对于产品如何设计才是最好的有不同意见。②管理问题。例如,某个职能组未能按计划生产。③人际关系问题。例如,由于人员的性格或作风不同而产生的摩擦。

要解决问题,就必须对该问题进行分析,找出可行的解决方案,然后选定一个,作出决定。决策可以自己做出,也可以从别处(从顾客、管理班子,或从职能部门经理处)征得。决策还受时间因素的影响——"正确的"决策如果做得太早或太晚就可能不是"最好的"决策。

(5)对组织施加影响的技能。对组织施加影响就是"把事情办成"的能力。它要求项目经理对所有的有关组织(实施组织、顾客、合作伙伴、分包商和许许多多的其他有关者)的正式和非正式结构有透彻的了解,对组织施加影响还要求对权力和策略的运行机制有所了解。

在这里,权力和策略的含义都要从积极的方面理解。有人把权力定义为"对行为施加影响,改变事件进程,克服阻力,让人们去干他原来不想干的事情的能力"。还有人说,"策略就是让可能有不同利益的一组人采取集体行动的一门学问。它是有意创造性地利用冲突和混乱的一门艺术。当然,这里也会产生消极的一面,它使这些利益冲突得到协调的种种企图造成了权力争斗和组织手腕的要弄,这些不良行为有时竟要使他们的一生虚度而无任何成就"。

相关知识

影响项目经理工作成效的几个重要原因

工作有成效	工作无成效
表率作用好	表率作用差
洞察力强	缺乏自信
技术过硬	缺乏专业技能和经验
多谋善断	不善沟通
善于沟通	不会调动他人积极性
善于调动他人积极性	
必要时能够支持上级领导	
支持班子成员	
鼓励新观念新想法	

二、项目班子

(一)项目班子

项目经理要组建一支队伍,负责项目各阶段的工作,这支队伍叫做“项目班子”。

有些项目,其具体技术性工作和管理职能均由参加该项目的成员承担,例如有些软件开发项目和建筑设计项目,参与的人不多,没有必要单独设立仅履行管理职能的班子。这些项目的负责人除了管理之外,也承担具体的设计或编程工作。这时候,可以称该执行机构为项目班子。而有些项目管理工作量很大,或者执行机构的人员不懂具体的技术性工作,或者精力有限,执行机构仅履行管理职能,具体的技术性工作由他人或组织去完成。例如,某市的环境保护项目,具体的研究、设计、施工、设备制造和材料供应均交给项目实施组织以外的单位去做,而执行机构仅履行管理职能,这时候,可以称其为项目管理班子,突出其管理职能。

一般说来,项目发起之后才建立项目班子。不过,项目班子的一部分,甚至大部分成员在项目选定阶段就已经介入到项目中来了。

项目班子的具体职责、组织结构、人员构成和人员配备多少等因项目性质、复杂程度、规模大小和持续时间长短而存在差异。

项目班子可以是项目实施组织的下属单位或机构,也可以是独立的组织。

有些小的项目,例如软件开发项目,项目班子有几个人就行了。而像长江三峡水利枢纽工程这样举世无双的巨型项目,其管理班子人数最多时达到四五百人。

大多数的项目班子都有一些共同之点。

首先,项目班子的一般职责是对项目进行规划、组织、指挥、控制和协调。要对项目的范围、费用、时间、质量、风险、人力资源、沟通和采购等多个方面进行管理。

其次,项目班子一般都是临时性组织,项目完成之后就解散。有些项目班子虽然不解散,而是原班人马或者稍加调整继续承接新的项目,或者将完成的项目投入使用,对其进行日常运营管理。但是从项目管理的角度来看,它已不再是原来项目的管理班子。

再次,项目班子要以一定的结构形式组织起来。项目班子根据项目的具体情况可以采用职能式、矩阵式或者项目单列式。

如何招收项目班子成员呢?在选择项目班子成员时,必须考虑待选人员的特点。要考虑的问题主要包括以下几方面:①从前的经验。他们以前是否干过类似的或有关的工作?干得如何?②个人兴趣。他们对本项目的工作是否有兴趣,在一起能工作得好吗?③招募的可能性。希望来本项目的适合人选能够及时调来吗?

要把已有其他工作的人员调到本项目上来,办法主要有:

第一,内部调配。与有关的职能部门经理和本组织的其他项目管理班子商谈,把稀缺或有专门技术的人员进行适当分派,以保证项目在必要的时候得到适当的专业人员。在商谈人员调配时,项目经理和管理班子成员的说服力十分重要。

第二,外请。当项目实施组织内部缺乏项目所需要的人员时,就需要从项目实施组织外部聘请。

(二)项目班子成长阶段

项目班子成员一般都来自不同的组织。项目班子从组建到形成有效的管理能力,充分发挥作用,中间要有一个熟悉、适应情况和相互磨合的过程。这个过程一般经历组建、磨合、规范和进入正规4个阶段。

磨合指来自不同单位的项目班子成员,不了解彼此的习惯、性格、作风、想法和工作方式,刚刚凑在一起,互相不适应,难免产生摩擦,出现一些不愉快的事情。规范则是说,经过一段时间,班子成员彼此有了了解,熟悉起来,都相应地调整了自己的行为举止和工作方式,使相互之间的关系较开始时顺畅多了。进入正规,就是指大多数人能够相互配合、协调一致地完成项目管理的各项任务。认识项目班子的成长规律对于搞好项目管理十分重要。

(三)时代对项目班子提出的新要求

项目能否有效地实施,实现项目的目标,关键在于项目班子是否具备应有的眼光、意志和能力。仅考虑费用、时间和质量的项目管理,早在20年前就开始被考虑范围、费用、时间、质量、采购、人力资源、沟通和风险等的现代项目管理所取代。

当前,项目管理已经职业化、专业化。许多项目的业主已经将项目管理的具体工作委托给职业项目管理人员(公司),不再使用自己的雇员。

在新世纪,项目管理的重点发生了新的变化,对项目管理人员(管理机构)再次提出了新要求:

1. 项目主要管理人员必须具备卓越的领导能力,因为当今的项目规模大、技术复杂,需要有各种专业人员参加,组织、协调、指导和控制的责任比以往更重。

2. 必须对项目管理环境有清楚的认识,必须敏感地察觉其中的变化。

3. 项目发起人和主要管理人员应当把注意力集中在项目的规划、人力资源和沟通管理上。他们本人要具备高超的沟通和人际关系处理能力。

4. 要具备很强的融资能力。由于项目管理专业人员市场的激烈竞争,越来越多的项目发起人或委托人要求项目管理人员为他们的项目筹集资金。不会融资的项目管理人员(机构)的竞争力将日益降低。至于具体的项目管理任务、技术和人员,可以在已经非常发达的专业市场上随时购买到,其效率和花费远比使用自己的雇员要好。而且,许多项目管理的技术已经有了计算机软件。

第三节 委托—代理问题

在项目管理中有多种委托代理关系。由于信息不对称,许多项目经理和班子成员不能按照顾客和委托人的要求管理项目，造成“道德灾难”，因此，要建立有效的激励机制，防范代理风险。

一、委托—代理关系与“理性人”

（一）委托—代理关系

组织（企业）所有者一般都将组织（企业）交给管理人员管理，管理人员将具体生产操作交给工人完成；项目委托人将项目交给项目经理，等等。

在上述例子中，委托任务者叫做“委托人”，接受任务者叫“代理人”。对于项目来说，委托代理关系也普遍存在，存在于上从项目委托人下到一线作业人员的每一个环节。组织管理层次结构中处于上一个层次的人是委托人，而下一个层次的人是代理人。在实践中，许多人同时为委托人和代理人。在市场经济中，委托—代理关系是市场交易关系，是以各种形式的合同所明确的。

（二）理性人

新古典微观经济学假设参与市场交易的经济主体是“理性人”，即总是追求最大的效用或利润的人。这种假设并不符合现实。首先，“经济主体”由所有者、管理人员和一线作业人员组成。该假设并没有指明追求最大效用或利润的究竟是谁，是所有者、管理人员，还是一线作业人员。

当组织的所有者直接管理日常业务或项目时，上述假设可能最接近现实。但是，当组织由很多股东共同所有时，他们所委托的管理人员可能会置股东们的利益于不顾，而去追求自己的目标。例如，追逐特权、提高自己的薪水以及从组织身上揩油等。所以，除了效用或利润最大化之外，组织还会有其他行为。管理人员的努力完全可能是为了谋取他们自己的最大个人效用，而不是所有者的最大效用或利润。

他们之所以敢于这样做，其中的基本原因就在于在组织内部、项目班子内部存在着信息不对称现象，影响了组织和项目班子的工作效率，妨碍了组织和项目班子实现最大效用或利润。一旦偏离了组织的最大效用或利润目标，组织进而社会的资源就不可能得到有效的利用。

二、完全信息与信息不对称

（一）完全信息

新古典经济学认为，“理性人”对于市场了解透彻，对于市场当前和未来的情况具有完整的知识、能力和预见。根据这种见解，项目的所有参与者都是“理性人”。项目委托人知道可以将项目的管理委托给哪些人，知道他们的期望、态度和能力；项目经理也知道应当雇用何人组成项目班子，知道他们的期望、态度和能力，等等。

新古典经济学还假设获得信息不需支付任何代价,信息无成本。关于信息的上述假设,就是所谓的“完全信息”。任何不与上述状况符合的其他情况,都叫“不完全信息”。显然,完全信息的假设不符合实际。项目主体实际上掌握的都是有限的不完全信息。

(二)信息不对称

对于同一交易,交易双方了解和掌握的信息不同。交易双方都拥有一些对方不知道的信息。某经济主体拥有、其他经济主体没有或无法验证的知识或信息称为“私有信息”或“非对称信息”。一般而言,拥有较多信息的一方在交易中处于有利的地位,可在交易中利用这种差异为自己谋利,这种现象叫做“信息不对称”。不完全信息主要指不对称信息。信息不对称也存在于项目活动之中。

此外,信息实际上是有成本的,有时甚至非常高昂。项目主体有时为了获得有用的信息不得不付出极高的代价。

就项目委托人和项目经理之间而言,双方掌握的信息就不对称。多数项目委托人很难知道项目应当使用哪些和多少资源,不知道项目的成果是否符合要求,而项目经理要比委托人清楚得多。同样,项目经理对项目所需资源掌握的信息远不如资源的提供者清楚。就项目班子成员的招聘而言,应聘者的实际知识、能力、经验、品德和毅力到底如何,项目经理只能从简历、面谈、应聘者原来的接触者的介绍中了解有限的信息。招聘者与应聘者两者之间,应聘者更了解自己的情况。

再看关于项目委托人和项目经理自身的信息。委托人不可能真正了解项目经理实际的技术和管理能力。尽管可以事先调查,但调查结果只能表明项目经理过去在其他项目上的表现,而项目经理对自己的实际能力显然要比委托人清楚得多。

同样,项目经理也不可能真正了解委托人是否有足够的资金保证项目的需要,不知道委托人能否及时向自己支付酬金,对此,委托人又要比项目经理清楚得多。

多数项目班子都将项目工作分割之后发包给分包商,希望他们按照分包合同完成之。但是,项目班子对于分包商是否真有能力完成,并不十分有把握。因为他们并不真正了解后者。

在项目班子内部也存在着信息不对称。当项目经理将工作交给班子成员时,前者并不能真正了解后者有多大的能力,也不知道他们是否会努力完成工作。班子成员各自有自己的打算,有自己的追求。项目经理由于种种原因,不可能了解项目管理人员和一线作业人员是否合理地使用了项目班子拥有的资源。同样,下层人员更不知道上层人员每天花多少时间考虑项目的大问题,不知道上层人员对自己的承诺能否兑现。

委托人和代理人关系可以推广为掌握另一方不掌握的信息者叫做代理人,而把掌握信息较少者叫做委托人。

三、信息不对称的损害

信息不对称对于项目的决策、实施和成果影响很大，经常妨碍可供项目使用的资源得到最好的利用。经济学家努力挖掘造成信息不对称的根源，企图找到消除信息不对称的机制或制度。

信息不对称降低了市场机制配置社会资源的效率，损害了全社会。主要原因就是由于信息不对称，消费者和生产者都不能做出最优决策。如果私有信息无法验证，私有信息拥有者就可能隐瞒、谎报情况或欺骗他人。信息不对称造成的损害有多种形式，主要表现为“逆向选择”和“道德灾难”（“出工不出力”、“偷懒”、“谋私利”）。

由于信息不对称，质量差的商品和服务连同其提供者总是把质量好的商品和服务连同其提供者驱逐出市场的现象，叫做“逆向选择”。

信息不对称并不一定都造成逆向选择，可以根据具体情况通过制度安排或采取其他措施来避免或消除逆向选择。

四、道德灾难

当前，我国国有企业管理人员追求个人效用的现象较多，挥霍、出卖企业利益、贪污、渎职等行为时有发生。其结果导致了种种“穷庙富方丈”的现象。经济主体只要有机会就不惜损人利己的行为叫做“机会主义”。机会主义的种种表现可分为两大类型：一是代理人以损害委托人利益为代价谋取自己的个人利益；二是代理人不尽力为委托人谋求最大利益。

如果代理人无机会主义行动，而且他们追求最大个人效用的行动结果有利于实现委托人最大利润或其他效益的目标，那么，问题也就不存在了。实际上，委托人和代理人两者的目标常常背道而驰。

另一方面，如果管理人员和一线作业人员的努力程度可以观测和监督，则企业所有者就可以在其不努力时加以制裁。但是，这一点难以做到。如果派出监督人员，监督成本就会很高。一般说来，假装无能，要比假装有能力容易得多。

正是由于委托人和代理人的追求不同，代理人的“机会主义”行为以及由于信息不对称而使委托人无法有效地监督代理人，就产生了市场机制无法解决的所谓“道德灾难”、“道德风险”或称“代理风险”问题，进而产生了委托人为防范和克服代理风险而设立激励机制的问题。

第四节　激励机制

在既定的产权和法律制度下，政府干预解决不了委托—代理关系中信息不对称造成的效率损失。项目委托人无法观察和监督项目经理,项目经理也无法观察和监督项目班子成员的行为。但是,这并不是说,委托—代理关系一定会使委托人蒙受损失。委托人可以通过激励机制设计来减少或避免这种损失。

一、激励机制

(一) 激励

激励是委托人设法使具有私人信息的代理人从自身利益出发做出的行动符合委托人的利益。激励也可以视为让代理人公布(或表现)其私人信息的手段。激励可以采取多种形式。例如,实行有利于提高代理人工作积极性的收入分配制度;建立和培养良好的企业文化等。

(二) 激励机制设计

激励机制或激励机制设计实际上是我们大多数人非常熟悉的问题。例如,在1980年以前,我国农村实行人民公社制度。在那种制度下,农民的生产积极性受到了限制,但是,在农民实行联产承包责任制后,仅仅几年,农业生产就发生了巨大变化。联产承包责任制就是一种机制,是激发农民生产积极性的激励机制。提出联产承包责任制就叫做激励机制设计。

激励机制设计的中心问题是如何调动代理人内在的积极性,使其主动为实现委托人的最大利益而努力。为了做到这一点,委托人必须让代理人从他们努力工作的成果中得到合理的部分。

(三) 最优激励

委托人可以直接要求代理人报告自己的能力、动机、目标等等,但是,除非委托人向代理人提供足够的激励,否则代理人很可能不会说实话。由于提供激励要付出代价,所以委托人就必须在代价与收益之间进行权衡:如果不提供激励或激励不足,则会遭受信息不准确而带来的损失;如果激励过度,则会以过高的代价获得价值不够高的信息。这两种损失均有可能发生,委托人的理智选择应是在其中寻找最佳平衡点。

(四) 风险分担

经济学家多年的研究表明,要解决委托—代理关系中的代理风险问题,即为了使代理人有足够的积极性自动选择有利于委托人的行动,就必须在合同的设计上让代理人也承担部分不确定性风险,并从这种风险承担中获得相应的补偿。不让代理人承担风险,代理人就只顾自己的利益,而将委托人的利益置于一边。只有分担一部分风险,代理人才能约束自己的行为。例如,在工程施工承包合同中,业主(委托人)要求承包商(代理人)提交履约保证,为施工期间的工程投保等等。一旦工程蒙受了损失,承包商也要承担一部分损失。

二、代理风险的防范

项目委托人有多种措施来防范代理风险。主要有以下几种：

（一）资格预审

所谓“资格预审”，就是请代理人在接受正式委托之前，提供能够证明其经验、能力、资源和信誉的资料，供委托人参考。了解了以上情况，委托人就能较好地克服信息不对称带来的问题。

（二）签订有利于自己的合同

签订有利于自己的合同是防范代理人隐藏行动而带来风险的办法。合同是一份约束双方的协议，规定代理人提供指定的产品或服务，而委托人支付指定产品或服务的款项。有多种形式的合同可以用来明确项目管理的委托—代理关系。

1. 总额合同。总额合同又叫“固定价合同”或“总价合同”。这种类型的合同就是把有详细说明的项目管理服务总价固定下来。如果项目管理服务没有详细说明，则买主和卖主双方都会有风险，即买主可能得不到希望的服务，或者卖主要支付额外的费用才能提供完整的服务。固定价合同还可以加入鼓励条文，鼓励达到或超过预先选定的目标，例如进度目标。

一般说来，总额合同中代理人要承担较大风险。为了激励代理人，应当允许代理人在必要时提出调整合同价格的要求。

2. 成本加酬金合同。成本加酬金合同又叫“成本报销合同”。这种类型的合同就是向代理人支付（报销）项目的实际成本。成本一般分为直接费用（项目直接开支的费用，例如项目人员的薪水）和间接费用（由项目执行组织分摊到该项目上作为经营管理费用的部分，例如公司行政人员的工资）。间接费用一般按照直接费用的某个百分比计算。成本报销合同经常加入鼓励条文，鼓励达到或超过预先选定的项目目标，例如进度目标或总费用。成本加酬金合同一般包括 4 种：①成本加百分比酬金合同；②成本加固定酬金合同；③成本加变动酬金合同；④目标造价合同。

一般来说，在这种合同中委托人要承担很大风险，但是适当地选择上述各种形式的成本加酬金合同就能够避免代理人不努力工作的风险。

3. 计量合同。这类合同中付给代理人的报酬按事先规定的单位金额计算，即按代理人实际完成的工作量和代理人投标时所报的单价计算支付给代理人的款项。

这种合同从风险分担的角度看较为合理，既可以鼓励代理人努力工作，又让代理人承担一定风险。

思考题

1. 项目班子与委托人或客户根据什么文件确定项目目标及应交付成果,进而达成协议?

2. 项目启动过程完成的实质性标志是什么?

3. 项目章程的主要内容和作用是什么,哪些文件可以充当项目章程?

4. 成果说明书的主要内容和作用是什么,什么东西可以充当成果说明书?

5. 项目经理和项目班子应当从哪里了解项目的要求?

6. 如何理解权力在项目管理中的重要作用,其中哪一部分最重要?

7. 项目经理的职责、作用、权力、任务是什么?

8. "信息不对称"在项目管理中有哪些表现,危害是什么?

9. 委托—代理关系中为什么会发生"道德灾难",如何加以避免?

10. 为什么说委托人让代理人分担某些风险,有助于克服"道德灾难"?

第六章 项目规划

MODERN PROJECT MANAGEMENT

内容提要

- 项目计划是项目规划一系列子过程的结果，是项目参与者思想的具体化，是对未来行动的说明，项目计划在项目管理中起基础作用
- 项目规划是项目管理的核心过程，是构思前景、预测未来、确定欲达到的目的和取得成果的过程
- 项目规划的内容、步骤、依据、工具和技术以及成果
- 项目计划要根据项目进展情况及时修改、补充和完善，项目规划是反复多次的过程
- 制订项目计划时应发挥集体智慧，项目实际参与者必须参与规划
- 提醒项目经理，项目规划是其一项职责，是项目管理的核心

学习重点

- 项目计划的内容、用途和作用，以及根据项目进展情况，及时修改、补充和完善项目计划的必要性
- 项目规划的原则、步骤、依据、工具和技术以及应交付的成果
- 滚动式规划

第一节 项目计划

一、规划和计划

“凡事预则立,不预则废。”我们的祖先深知此理。项目管理欲获得成功,亦应事先编制计划。本书将规划当做动词使用,指制订计划并将其书以文字、绘成图表、示以形象的过程,而将规划的成果称为计划。计划是工作或行动前预先拟定的具体内容、目的、方针、办法、标准、规则、步骤、程序、过程等。

项目计划是项目规划一系列子过程的结果,是项目经理和项目班子思想的具体化,体现了他们准备做什么,什么时候做,由谁去做以及如何做,即对未来行动方案的一种说明。

项目规划是构思前景、预测未来、确定欲达到的目的和取得的成果,估计可能会碰到的问题,并提出实现目的、解决问题的有效方案、方针、措施、手段、行动和程序,估算需要投入的资源和花费的时间,考察制约项目和决定项目成败的内外因素与形势的过程。项目规划又是从现实出发的思考、想象和谋划,进而确定、决定和安排达到目的和满足要求所必需的各种活动和工作成果。项目规划还应考虑如何经济地使用项目班子的时间和资源。项目规划还是调查、预测、预见、谋划和预言的过程。

项目规划不但要制订项目计划,还要根据项目的进展情况,及时修改、补充和完善这些计划。项目规划是反复多次修改、补充和完善计划的过程。正是在多次反复中,项目才逐步完善起来,才能从迷途中回到正确的轨道,才能在发现原定目的无法达到、要求无法满足时果断地终止项目的实施。

制订项目计划有若干基本原则。第一,项目经理必须参加和主持;第二,走“群众路线”,发挥项目班子的集体智慧,鼓励大家参与;第三,实际参与项目活动、承担项目工作的人必须参与该项活动和工作计划的制定,只有这样才能做到“亲知亲为”。

凡是项目,均是从未做过之事。不进行规划,拿不出计划,就无从着手。即便匆忙动手,也无从判断其正误,无法知晓项目的目的是否已经达到,要求是否已经满足。

规划过程以项目启动时可供项目班子使用的信息、资料和文件为加工对象。所以,项目经理和项目班子应完成的规划工作量取决于项目的范围、规模与大小以及加工对象的多少、质量和复杂程度。

二、项目计划的用途

项目计划是用来指导、组织、实施、协调和控制项目和项目管理过程的文件,也是处理项目不确定性的武器,还是避免浪费、提高效率的手段。没有计划,项目班子就会像失去方向的航船,在汹涌的波涛吹打下飘摇无定,久而久之便会失去信心,使项目归于失败。

项目建议书或可行性研究报告是否可以用于这个目的呢？诚然，这两个文件的内容包括了项目的主要方面。但是，就项目管理而言，它们一则太简略，二则侧重点放在项目目标和完成后带来的结果方面。而用于管理项目过程的项目计划则必须考虑项目进行过程中的每一细节。项目计划不但要确定目标，也要考虑取得成果，实现目标，达到目的的办法、方针、行动路线、具体行动、程序和措施，还要考虑意外事件发生时应采取的应对措施。项目计划有多种用途，其中重要的用途表现在以下几方面：①指导项目的具体行动；②书面记载项目计划的假设、前提与制约因素；③书面记载选择并最终确定项目方案的决策过程；④帮助项目利害关系者之间进行沟通，有助于统一各方面的认识；⑤安排若干次有项目实施组织高层管理人员参加的会议，审查项目的内容、范围、费用、时间进度、质量标准和风险等重大问题；⑥确定测量项目进展，对项目进行控制和考核工作业绩的基准。

项目计划可以是阶段性计划，也可以是全过程计划。

项目阶段性计划不但要详细地说明当前阶段需要完成的工作、工序或活动的细节，而且要大致说明下一阶段和其他后续阶段应当完成的工作、工序或活动。

值得注意的是，为了使项目班子富有成效地开展工作，项目计划应该尽可能地稳定。但是，项目计划像任何其他计划一样，又不可能一成不变。一般而言，“计划跟不上变化”，项目或项目的环境总是会变化的，其将来进行过程中的情况肯定不会在项目规划时都能准确地预料到。特殊而言，由于项目固有的一次性特点，不但项目班子在项目规划时不可能预料到所有的情况，就连项目的委托人或其他利害关系者对项目的要求，对项目的真正期望也常常说不清楚。但是，随着项目的开展，他们的要求和期望却会越来越具体，越来越苛刻，甚至会发生颠覆性的变化。所以，当情况发生变化时，就要适时地对项目计划进行修改。由此看来，项目计划要反复多次进行，不可能一劳永逸。

第二节 项目规划

一、项目规划的子过程

项目规划涉及项目及其管理的各个方面，故有多个子过程。图6－1列出了规划各子过程及其相互之间的联系。这些子过程往往要反复多次进行才能制定出项目计划。另外，项目规划不是数学演算，无标准的公式可循。同一个项目，不同的人就会做出不同的项目计划来。

项目规划的某些子过程，彼此之间存在因果关系，相互依赖，没有前一过程，后一过程就没有加工对象，就无从开始。例如，在安排项目活动的时间，估算其费用之前，必须首先明确其内容、性质和范围。这类子过程可称为“依赖性过程”，如图6－1上面的子

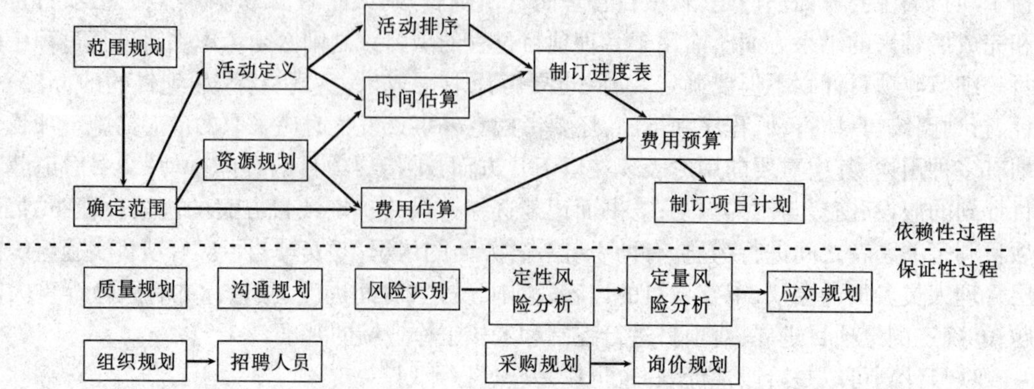

图 6-1 项目规划过程各子过程及其相互之间的联系

过程。

项目规划过程还有些子过程之间的关系要视项目的具体性质而定,可称为"保证性过程",如图 6-1 下面的子过程。

二、项目规划的内容和步骤

(一)项目规划的内容

项目规划过程一般包括 4 个方面的工作:

1. 收集资料,即明确和收集制订项目计划的资料、数据。古今中外,任何计划都不能凭空想象,必须建立在事实的基础上。

2. 了解项目实施组织或项目委托人的方针和项目的假设、前提与制约因素。"巧妇难为无米之炊",项目要创造的成果在很大程度上取决于可供项目班子使用的资源。

3. 学习和利用制订项目计划的方法、工具、技术、知识和经验。这些方法、工具、技术、知识和经验统称为"工具和技术"。如今的项目,必须精打细算。没有必要的工具和技术,单纯靠"拍脑袋"是行不通的。

4. 写出项目计划书和有关辅助文件。

(二)项目规划的步骤

项目规划一般可按以下 7 个步骤进行:①明确项目的目的,即欲实现的组织战略意图和欲达到的目标。②明确假设前提和依据。③挖掘实现项目目的和目标的各种可行方案。④对各方案进行评价。⑤选定方案。⑥写出项目计划书。⑦将项目计划交给主要的项目利害关系者，请其对项目计划的可行性和其他方面发表意见，如果同意则签字表示批准或认可。若不同意，则应与之讨论并修改，直至取得一致意见为止。

上述7个步骤不一定个个走完，也不一定按上述顺序进行。

项目的使命和目标一般已经在项目建议书、可行性研究报告或项目委托书（项目章程）中初步确定。但是，在项目计划中一定要详细说明项目的使命。这项工作最好让主要的利害关系者参加，或者让他们一致同意写入项目计划之中的使命。至于项目具体方面的规划，其步骤一般都体现在工具和技术之中。

三、项目规划的依据和前提

（一）项目规划的依据

为了使项目规划切实可行，制订项目计划必须首先弄清以下情况：①项目班子拥有或者可以支配的资源；②项目班子目前已经完成的工作；③项目目前的状况；④将来的努力目标。

（二）项目规划的前提

在制订项目计划时，项目班子必须完成、收集或者查明以下各事项：

1. 项目各方面的具体计划。项目各方面的具体计划包括范围计划、费用计划、进度计划、质量计划、人力资源和组织计划、沟通计划、采购计划和风险管理计划。项目规划就是综合上述各具体计划的结果。

2. 历史资料。历史资料就是组织以往的业务和项目的资料，例如估算资源使用量、费用和活动时间所使用的原始数据，估算过程和结果；以往其他项目实际执行情况，例如项目计划变更的记录等。

3. 组织方针。任何参与本项目的组织都有自己某种形式的方针，在编制项目计划时必须给予考虑。需要考虑的方针包括（但不限于）：质量管理方针、人事管理方针和财务管理方针等。质量管理方针涉及对技术和管理过程的审计、对成果和管理过程质量的改进目标和要求，以及质量标准的采用等等；人事管理方针牵涉人员的雇用、业绩评价、提拔和解雇等等；而财务管理方针则关系到资金来源和用途、开支申请、使用数额限制、报销手续、审批权限、会计准则、会计科目等等。需要注意的是，许多组织实际执行的方针与书面上的不同。因此，一定不要以知晓了书面上的东西为满足。

4. 制约因素。制约因素是限制项目班子选择的各种因素。本书第二章“项目管理环境”中考察过的各个方面都可能成为制订项目计划的制约因素。例如，某项目经理打算通过加班来缩短项目时间。但是，项目班子有一半以上的成员都必须晚间留在家里帮助孩子准备高考。这样，教育制度就是一种制约条件。一般说来，项目实施组织或项目委托人为项目事先确定的预算在大多数情况下是直接的制约因素。数目有限的预算限制了项目班子在项目范围、人员配备和进度安排方面的选择。同样,某些有权势的项目利害关系者强行规定的里程碑,也会限制项目班子的方案选择范围。不健康的社会风气,也会使项目班子缩手缩脚或者曲意迎合,不能制定出合理的项目计划。

如果项目班子与委托人签订了合同,则合同条款中的许多要求都会成为制约条件。项目委托书(项目章程)中的某些要求也会制约项目班子的选择。

5. 假设。假设指对于编制项目计划时无法确定或者以后极有可能变化的因素做出的某些假设。假设影响到项目规划的所有方面,一旦随着项目的进展发现某个或某些假设不成立,即不符合事实,就要对项目计划中以该假设为前提的部分进行修改,这种情况是项目必须逐步完善的又一种表现。因此,项目班子应当随时识别、记载和验证假设,将其作为项目规划不可缺少的一部分。

例如,在编制项目费用计划时,项目经理和项目班子所有成员都无法确定进口部件的当时价格,于是就将前一年的价格乘上通货膨胀系数,用通货膨胀率代替进口部件的价格上涨幅度,这也是一种假设。

在制订项目计划时,假设是不可避免的。但是,项目计划制订人员必须尽可能了解和利用一切能够利用的数据、资料和项目的要求,尽可能少做假设。

四、项目规划的工具和技术

(一)项目规划方法

项目经理和项目班子成员在制订项目计划时可以利用某些现成的方法。例如,确定项目工作内容即项目范围的工作分解技术、制订费用基准的S曲线、识别项目风险的核对表,等等。这些方法有的很简单,例如填写某些标准的表格;有的则较为复杂,例如编制项目进度计划的网络技术和分析项目进度风险的蒙特卡洛模拟技术。这两种技术现在已经编成了电脑软件,要熟练地使用,需要花点时间。除了这种有形的"硬"技术和工具外,必要时也可以请人帮助出主意,发表看法,给予评价等等。这种动脑和动嘴的"软"办法也属于项目规划办法。

(二)项目利害关系者的技能和知识

项目经理虽然必须亲自或主持编制项目计划,但也要善于利用项目利害关系者的知识、技能和经验,使其发挥作用,作出贡献。项目经理应当创造一个良好的环境和气氛,使项目班子中的每一个成员都能发挥自己的才能、专长和社会关系,让他们"八仙过海,各显神通"。

示例 6-1　　预应力混凝土装置性能试验费用和进度计划制订

某预应力混凝土装置性能试验项目班子由 23 人组成。其中大约一半是该装置用途专业毕业的技术人员,项目负责人是其中之一。了解预应力混凝土装置建造技术的只有从建筑工程系毕业的两个青年人。该项目启动后第一件事是制订工作进度表，编制费用预算。项目负责人对此一点主意也没有,于是,就请建筑工程系毕业的青年人出主意。这两个青年人也从来没有干过这种工作,但是他们知道混凝土的制备、浇筑和养护等专业知识,另外还知道建筑工程系的哪些教授懂行。于是,他们很快就估算出了预应力混凝土部分的造价和需要的时间。

而该装置建成后性能试验需要的技术、元件、设备、仪器和布置等费用预算由项目班子里的那位电子工程师圆满完成了，其他一些费用和需要的人力、物力和时间也都由他人解决了。同样,该装置的设计也发挥各人的专长而很快地完成了。

(三)项目管理信息系统

如果项目实施组织已经有项目管理信息系统可供项目班子使用,则一定要对该系统充分加以利用。项目管理信息系统是收集、分类、综合和保存数据、资料、文件和项目各项活动结果的工具、技术、设备和人员的全体。该系统要从项目的启动开始,直到项目收尾结束,支持项目所有方面的各项活动。

(四)S 曲线和实现价值管理

S 曲线和实现价值管理是将项目的范围、进度和费用综合起来,进行测量、比较和报告的一种技术。这种技术将在本书项目监视与控制部分详细介绍。

五、项目规划的成果

项目计划编制结束时至少要有 3 个书面成果,即项目计划书、项目具体领域计划(即范围、时间、费用、质量、人力资源、沟通、风险和采购管理计划)和辅助资料。

(一)项目计划书

项目计划书可以采用多种形式,一般包括如下内容:

1. 项目的使命和项目章程中的其他要点。在项目计划书中再次重复项目使命有许多好处。例如,由于项目是逐步完善的,在项目规划完成时,项目委托人或其他主要利害关系者可能有了新想法,项目计划书是他们修改项目目的或目标的机会;再如,将项目的使命再次经项目经理和项目班子全体成员讨论后以文字形式写入项目计划书,有利于他们更清楚、更真切地认识到自己的责任,有利于大家统一认识。

2. 拟采取的项目管理方法。这部分内容可以取自项目各具体领域的计划摘要,即范围、费用、进度、质量、人力资源和组织、沟通、采购和风险管理计划。

3. 项目范围说明,包括项目目标和主要的应交付成果。

4. 项目工作分解结构。分解的详细程度视具体项目而定,但必须保证能够用来进行项目控制。

5. 项目费用估算。

6. 计划开始的日期以及责任的分派,其详细程度必须保证能够用来进行项目控制。

7. 测量和控制时间进度以及费用开支的基准。

8. 项目进展的主要里程碑。

9. 人员安排计划。

10. 业绩考核和评价制度。

11. 项目的主要风险,包括制约因素和假设前提,以及各种风险的应对措施。

12. 未解决的问题和尚不能作出的决策。

以上各点的细节可在项目各具体领域计划中说明,在项目计划书中只写出其摘要即可。如果需要,可将项目某些具体领域的计划列入项目计划书之中。例如,在大项目的计划书中可以列入人力资源和组织计划中的项目组织图。

(二)辅助资料

项目计划的辅助资料应当包括以下内容:

1. 项目各具体计划未考虑的事项。

2. 项目规划期间新增的文件或资料。例如,项目规划开始时尚不知道的制约因素和假设。

3. 技术文件。例如,项目业主的要求、技术要求说明书和设计文件。

项目计划的辅助资料在编排方式和顺序以及保管方面应便于在项目实施期间查阅和使用。

(三)项目具体领域计划

项目具体领域计划将从第七章开始详细介绍,这里不再说明。

示例 6-2　预应力混凝土装置性能试验计划

目　录

第一部分　引言

某工程是我国能源部门的重要项目，该工程的完成将开辟一种清洁的新能源。在我国缺乏水利资源或煤炭的广大地区有广泛的应用前景。

预应力混凝土装置是该工程的重要组成部分。工程领导小组经过初步调查和论证，认为预应力混凝土装置在技术和经济上是可行的。但是，其具体力学、热工、物理性能，以及实际建造中可能会遇到的材料、设备、技术、人员、费用和组织方面的问题需要进一步明确，并提出解决办法。工程领导小组于 1995 年 8 月 5 日工程进展审查会上决定成立“预应力混凝土装置研制组”（以下简称“研制组”），具体承担上述任务。研制组由郭川河同志担任组长，负责组建研制组，并尽快制定出研制计划。

第二部分　研制组任务

郭川河同志与研制组核心成员讨论之后认为，为了实现工程领导小组的上述意图，研制组必须完成如下任务：

一、收集资料

1. 国外同类装置的资料

(1) 已经建成并投入使用者；

(2) 正在研制者。

2. 国内同此类装置的建造有关的设计和建造技术与能力

上述资料不但要有设计和建造的理论、方法和技术，还要有有关建造材料和设备的资料，在建造和使用过程中遇到的问题，解决的办法和过程，特别是失败的教训。

3. 工程对该装置的要求。

二、设计

1. 选择试验场地。尽量选择便于建造、布置测量系统和保卫的地点，以免试验受到不必要的干扰。

2. 装置的设计中一定要反映工程将来设备安装、投入使用后的真实运行和检修条件，例如管道穿越、构件预埋、应力集中、器件折换等等。

3. 力学分析。利用有限元理论和计算机计算装置在各种可能工况下的内力、应力、变形和应变，为确定装置的尺寸、形状和材料提供依据。

4. 确定试验技术、设备、仪器、元件、仪表、巡回检测装置的构成和布置。

5. 选择和设计本装置的预应力系统，计算张拉荷载和预应力损失，并做必要的试验。

6. 设计模拟工程实际运行时装置内产生的压力的加载系统。

7. 绘制土建和设备图纸。设计中一定要考虑试验过程可能发生的地震影响。

8. 研制高性能混凝土。

三、建造

1. 在选定的试验场地，按照设计图纸，由本工程实施组织的修建队在研制组的指导下建造起来。

2. 制造加载系统，并将其置入装置内。

3. 制备测量元件，并将其置入装置内。

4. 在混凝土达到标准强度时，引入预应力系统并张拉预应力索、锚固。

5. 安装试验测量装置，并连接巡回检测装置线路。

四、加载试验准备

1. 编制加载试验计划，包括程序、日程安排和注意事项。

2. 确定参试人员名单，包括现场医务人员，分配各自的责任、任务和位置。

3. 准备加载试验使用的物品，包括参试人员的身份标志。

4. 预演。确定参试人员观测位置，在施加实际运行时的设计压力水平之前，按30%水平反复加载5次，目的是检查装置是否泄漏，加载装置是否有效，巡回检测装置是否工作正常，让参试人员熟悉观测位置、观测手段、试验设备、仪器、仪表和程序等。

5. 准备观摩场地，包括试验结果的显示手段、参试人员联系的手段。确定参加观摩人员名单，包括新闻界，例如中央新闻电影制片厂。

6. 准备应急手段和措施，包括后备设备和替代人员、急救包、救护车。

五、加载试验

在首长、新闻界和其他观摩人员到场后，按照加载试验计划进行加载试验。

六、整理和分析数据

1. 将巡回检测装置有关应力、应变的记录整理出来，根据一定的规则换算成实际应力和应变。

2. 将现场观测到的装置外表面不同部位在装置内压力作用下出现的裂纹发展过程绘制出来。

3. 将试验结果与有限元方法的理论计算结果进行比较，以便发现理论模型的问题，并加以改进。

七、研制组总结

对研制过程进行总结，根据试验结果和与有限元方法的理论计算比较的结果，写出试验报告和总结报告，回答工程领导小组在项目章程中提出的问题，为将来实际工程的建造提出建议。

八、费用估算

1. 试验费用的估算。

2. 实际工程费用的估算。

第三部分 人员组成和责任分派

一、人员组成

本研制组共23人，分成7组。

1. 理论组(3人)

任务：建立装置力学模型，划分结构单元，编制计算机程序，联系科学院计算中心，上机计算，分析计算结果，将其与试验结果进行比较，修正力学模型。

2. 预应力组(3人)

任务：选择和设计本装置的预应力系统，计算张拉荷载和预应力损失，并做必要的试验。

3. 高性能混凝土组(2人)

任务：研制适合本装置使用的高性能混凝土配比和施工方法。

4. 加载组(2人)

任务：设计、制造和安装加载系统。

5. 测量组(4人)

任务：确定试验技术、设备、仪器、元件、仪表、巡回检测装置的构成和布置。

6. 巡回检测组(6人)

任务:设计、研制、安装和操作巡回检测装置。

7. 后勤组(2人)

任务:研制组的杂务、某些物资的采购、对外关系等。

二、对研制组成员的要求

团结合作,一专多能。在本职工作空闲时,积极支援其他组工作。

第四部分 进度计划

本项目从工程领导小组于1995年8月5日决定成立“研制组”后即开始启动。截至1995年8月12日,“研制组”已有7个成员。经过讨论,研制工作时间初步安排如下:

1. 1995年8月12日~1995年8月21日

收集资料,确定研制组必须设的角色,并在本单位各部门物色合适的人选,将名单报送本单位领导和工程领导小组,请其出面将人选调入本研制组。

2. 1995年8月22日

召开研制组成立会,欢迎新成员,并进行动员。向研制组全体人员解释本项目的目的和必须取得的成果,并宣布各人的任务、责任和工作纪律。本单位和工程领导小组主要负责人出席。用两个小时。

3. 1995年8月23日~1995年9月14日(3周)

核心技术人员查阅国外杂志和其他文献,了解世界该领域最新动态,收集资料。其他人学习本工程工艺流程和原理,以便更好地理解本项目的意义、地位和应当达到的要求。

4. 1995年9月7日

召开核心成员会,制订较详细的计划。

5. 1995年9月9日

向研制组全体成员宣布计划,征求意见。

6. 1995年9月10日

向研制组全体成员宣布修改后的计划。

7. 1995年9月16日~1995年9月21日(1周)

编写装置设计任务书。核心技术人员根据分工,写出本专业对其他专业的设计要求,然后汇总、讨论、修改,最终编制完成整个装置的设计任务书初稿,将其提交工程领导小组审查。高性能混凝土研制小组开始研究减水剂和混凝土配比。预应力组开始选择和设计本装置的预应力系统,计算张拉荷载和预应力损失,并做必要的试验。

8. 1995年10月4日~1995年10月26日(3周,国庆节休息3天)

根据批准的设计任务书,进行设计。提交的成果有图纸、设计说明书、计算书、费用估算和装置模型,并送交工程领导小组审查。同时着手施工准备。预应力组开始选择和设计本装置的预应力系统,计算张拉荷载和预应力损失,并做必要的试验。

9. 1995年11月4日

根据批准的设计文件,开始机械加工、元件制备、采购材料和土建施工。

10. 1995年11月18日

浇筑高性能混凝土,并开始养护。

11. 1995年12月16日

开始安装预应力系统,进行张拉和锚固。

12. 1996年1月3日~1996年1月18日(2周)

安装试验测量装置,连接巡回检测装置线路。

13. 1996年1月20日~1996年2月1日(1周)

加载试验准备。

14. 1996年2月3日

加载试验。

15. 1996年2月4日~1996年2月28日(3周)

整理和分析试验数据,与理论计算结果比较。清理试验现场。

16. 1996年3月3日~1996年3月22日(3周)

编写试验报告,并提交工程领导小组。继续清理试验现场,处置财产。

17. 1996年3月22日~1996年4月5日(2周)

研制组总结。写出总结报告,整理所有资料,归档。研制组开会、解散。

第五部分 费用估算

一、试验费用的估算

共计人民币××万元,其中。

1. 材料费:××万元,占××%。
2. 设备购置费:××万元,占××%。
3. 设备租赁费:××万元,占××%。
4. 人工费(加班费):××万元,占××%。
5. 管理费:××万元,占××%。

具体细节详见本计划附件。

二、实际工程费用的估算

目前尚不能做出。

第六部分 质量标准

本装置采用的技术标准如下：

1. 美国国家标准ASME锅炉和压力容器规范
2. 中华人民共和国国家标准《预应力混凝土结构设计与施工规范》
3. 中华人民共和国国家标准《混凝土结构设计规范》

（下略）

第七部分 存在的问题

本装置国内从未建造过，特别是预应力系统复杂、独特。另外，在理论计算方面我国还没有适合于本装置应力集中分析的程序，需要由科学院计算中心给予协助。因此，希望工程领导小组通过有关首长出面疏通，请建筑科学研究院预应力所等单位给予协作。

由于研制组成员都没有这方面的经验，均需要重新学习。因此，研制过程中难免走弯路，延误时间。所以，本计划中的进度仅供参考。但本组相信，随着文献阅读和调查工作的开展，以及各个方面的大力支持，一定会很快熟悉和掌握必要的知识、技术和技能。

第八部分 附件

本项目各具体领域的计划，即范围、费用、进度、质量、人力资源和组织、沟通、采购和风险管理计划，均附于后。

（略）

思考题

1. 项目计划应于何时制订，其主要内容和用途是什么？
2. 项目的逐步完善特点和规划有什么关系？
3. 制订项目计划应遵循哪些基本原则？
4. 项目经理参加项目规划有什么好处？
5. 项目建议书和可行性研究报告可以代替项目计划吗，为什么？
6. 项目规划有哪些子过程，哪些是依赖性过程，哪些是保证性过程？
7. 项目规划的依据、工具和技术，以及成果是什么？
8. 何谓项目管理信息系统？

第七章 项目范围规划

MODERN PROJECT MANAGEMENT

内容提要

- 项目范围的定义，将项目范围分为项目成果的范围和项目的范围
- 范围规划和范围定义的依据、工具和技术以及成果
- 范围规划和范围定义前后衔接，逐步明确项目的范围，只有在明确了项目的范围之后，才能展开项目规划的其他子过程
- 范围规划和范围定义的难点在于难以弄清顾客和委托人的需要和要求
- 顾客和委托人要求管理是范围管理的重要过程
- 目标是为了判断项目是否成功和便于进行控制而设定的，必须弄清目标在项目管理中可能起到的作用和产生的后果

学习重点

- 成果和项目范围的联系与区别
- 范围规划和范围定义的依据、工具和技术以及成果
- 工作分解和工作分解结构
- 顾客和委托人要求管理和快速样品法
- 成果目标和约束目标及其彼此之间的冲突

第一节 项目范围和范围规划

一、范围

“范围”有“周围界限”和“限制”之意。项目班子资源有限,经常有时间限制,必须有所为,有所不为。项目经理及其班子制订项目计划时,不但必须明确自己应做哪些工作,交付哪些成果,还要明确哪些工作不属于自己的责任。为此,必须明确项目成果和项目本身的范围。

以炼油厂建设项目为例,业主将炼油厂的设计委托给设计院。设计院请业主说明油码头到炼油厂的输油管线是否要由本院设计。设计院和业主就这个问题的讯问和回答实际上就是澄清设计项目的范围。

就项目而言,“范围”有两种含义,即项目成果的范围和项目及项目管理的范围:

第一,项目成果的范围。这是指准备让项目创造的产品或服务具备的性能和功能。

第二,项目的范围。这是指为了提交具备规定性能和功能的产品或服务或为了完成规定的任务而必须做的工作。

示例 7-1　成果范围和项目范围的区别

粉刷住宅是个项目。住户原来想将室内墙壁刷成绿色,但他后来改变了主意,想改成米黄色。显然,粉刷住宅项目的成果范围变了。但是,项目范围是否也变了?这取决于时间因素。如果颜料已买了,或者墙壁已经刷成绿色,则项目的工作,即项目范围也变了;如果尚未购买,则项目的工作,即项目范围也未变。

在处理范围变更时,区分产品和项目范围非常重要。如果项目利害关系者不懂行,就非常有可能提出表面上看起来类似于产品范围变更(例如,改变房间颜色)的项目范围变更(例如,有的房间已刷了,而另外几个还未刷)。

炼油厂建成后的设备和设施、配备的各种电脑软件、新制订的规章制度、新招募的技术和管理人员与操作人员,等等,都是该建设项目的成果;炼油厂建成后是否应当有从油码头到炼油厂的输油管线,也属于成果的范围问题。

设计院是否要设计这条输油管线则属于设计院的项目范围问题。

项目成果一般都由若干部分组成,各组成部分都有自己单独的范围,并且以某种有形或无形的界面联系起来。例如,黄河小浪底水利枢纽工程由拦河坝、发电厂房和泄洪隧洞三大部分组成,三者结合起来发挥调洪、发电、蓄水等功能。这三大部分都是黄河小浪底水利枢纽项目的成果,是由三个承包联合体分别承包的。这就是说,一个成果可以通过多个项目来完成。

另一方面,项目成果可能是另外一个功能和目的更广泛的更大产品、服务或任务的一个组成部分。例如,某机制加强和培训需求研究项目的成果是某城市环境项目评估报告的一部分。

项目管理人员一定要明白成果范围和项目范围的不同和它们之间的关系。一般说来,必须首先弄清项目成果的范围,然后才能明白项目的范围和项目班子在创造成果中的地位、作用和责任,才能知道应如何同参与创造该成果的其他人沟通、联系、协作或取得他们的协助。明白了成果和项目两个范围的不同和相互之间的关系,有助于项目范围管理的其他过程,例如范围变更的测量和控制。

成果范围是否完备应当根据成果最终使用者提出的要求来衡量,而项目范围是否完备则须对照项目计划来检查。两种范围的管理必须很好地结合为一个整体,确保项目的工作最终能够交出规定的成果,满足项目要求。

二、项目范围规划

项目范围规划就是逐步细化为创造项目成果而必须完成哪些工作,并编写说明书的过程。项目必须完成的工作的全体即为项目范围。项目范围说明书说明做这个项目的理由、原因和目的,明确项目的目标和应交付的主要成果。该说明书是制订项目计划其他部分,例如进度表、费用基准等,以及执行项目计划的重要基础。项目和子项目都要编写范围说明书。

上述炼油厂项目业主与设计院澄清并一致同意设计项目的范围后,应将其写成设计任务书,即范围说明书。设计任务书是业主和设计院签订设计委托合同的基础。

范围说明书中特别要列出用以判断项目或项目阶段是否已经圆满完成的标准。一般而言,可以将项目和项目阶段的目标当做这种标准。

当然,炼油厂项目的范围说明书(设计任务书)是由业主,还是由设计院来写,则视情况而定。事实上两者都可以。一般来说,项目范围说明书要由项目班子来写,要写出适合于项目工作分解结构各个层次要求的多个范围说明书。项目范围说明书是项目班子和项目委托人之间签订协议的基础。

有些时候,在做范围规划时,范围说明书要求的资料大多已经齐备。因此,范围规划工作量并不大,也不难做。例如,编写项目建议书时就已经知道了项目班子应当交付哪些成果,而项目章程就已经写入了项目目的和目标。这时,把范围说明书的具体要求写出即可,附加工作量不大。

项目范围规划从成果说明书、项目章程，以及制约因素和假设开始，将其作为初步依据。范围规划的成果是范围说明书、范围管理计划，以及详细辅助资料。

本章重点介绍项目范围规划的过程、工具和技术。

相关知识

确定设计项目服务范围

为了避免对服务范围产生误解，设计人员最好和顾客充分交换意见，了解彼此的期望和假设。顾客如果预先认可了设计人员提供的服务，以后就会减少许多麻烦。

设计公司一定要同顾客一起确定详细而又具体的服务范围：哪些服务是基本服务，要由设计公司提供；哪些属于额外服务，其中有些服务本公司能够提供，而另外一些不能提供；设计公司要让客户明白哪些服务必须由其他人提供。

须由他人提供的服务，应通知顾客。如果没有通知，顾客以后就可能因为设计公司没有提供这些服务而让设计公司承担责任。务必要同顾客一起讨论顾客已决定不需要本公司提供的服务，并就由谁提供这些服务达成明确的协议。这种讨论除了能更好地预防损失之外，通常还可以向顾客介绍本公司能够提供，但顾客却不知道的其他服务。

第二节 范围规划的依据

编写项目范围说明书时必须了解以下情况，作为范围规划的依据。

一、成果说明书

显然，项目委托人在将项目委托给项目班子的时候都会提出对成果和成果创造过程的多种多样的要求，记载这些要求的文件就是成果说明书。需要注意，成果说明书之中应当包括反映项目委托人对成果提出并经过项目班子一致同意的要求和满足这些要求的成果设计，以及对成果创造过程的特殊要求。在炼油厂设计项目中，设计任务书就是一种成果说明书。其中说明了对炼油工艺流程的特殊要求（设计人员已经知道的一般要求不必重复），应当有哪些设备和设施；每种设备的功能、规格、材料和性能要求；每一个设施的结构形式、材料、平面形状、面积、高度、平面和空间布局等。再比如，在炼油厂的设计完成后，业主以招标形式选定了施工承包商，则施工承包商在确定该施工项目的范围时，就要以设计院完成并列入招标文件中的全部土建施工图纸、需要订货的设备清单以及其他文件为依据。这些文件就是施工项目要利用的成果说明书。成果说明书是确定项目成果范围的主要依据。当然，成果说明书可能会不完善，甚至有错误，一旦发现即应更正。

二、项目章程与初步范围说明书

前已提及，项目章程中包含关于项目使命的记载。项目章程是确定项目范围，也就是确定为了提交成果而必须完成的所有工作的主要依据。炼油厂设计项目中业主的设计任务书既是一种成果说明书，也是一种项目章程，其中规定了设计院应当完成的任务。项目初步范围说明书已经大致确定了项目范围，因而在细化项目范围时必须利用。

三、制约因素

在编写范围说明书时，项目班子需要考虑有哪些因素限制自己的行动。例如，自己准备采取的行动是否可能违背本组织的既定方针。再如，自己是否有足够的资源完成项目章程中规定的任务。

四、假设

在编制范围说明书时若将许多工作视为现成的条件，而实际上却须由项目班子自己承担的，那么，一旦开始执行项目计划，就会遇到许多麻烦。例如，制备混凝土用的水，在我国绝大部分地区都可以在施工现场附近取得，大家对此已经习惯。于是，“就地取水”就成了很多人的一种假设。但是，这种假设在世界上许多地方不成立。例如，我国一家公司，承担某海外公路工程项目，在编制范围说明书时，根本就没有想到现场附近找不到沙石料和水源，因此没有在报价中填报沙石料和水的运输费用。签订施工承包合同后，到现场一看，才发现现场附近找不到满足合同要求的沙石料和水。没有办法，只好从极远的地方运来，而且运距越来越长，路况极差，运输成本很高。结果工期严重延误，费用直线上升。因此，在编制范围说明书时，千万不能想当然，不能心存侥幸，而应多打问号，多多思考。

第三节　范围规划工具和技术

进行范围规划，可以使用的工具和技术包括成果分析、成本效益分析、项目方案识别技术和请专家评价。

一、成果分析

项目班子做成果分析可以加深对项目成果的用途、组成（构造）、功能、机理、性能、材料、使用和维护的理解。只有这样,才能弄清为了创造这个成果需要做哪些工作,哪些工作能做,哪些不能做。例如,新起重设备的研制,必须要懂得这种起重设备的用途、构造、原理、起重力矩、材料等等。只有如此,才能知道应当绘制哪些图纸、制作哪些零件和部件、采购哪些材料、做哪些工作等等。

再如,矿难救助行动的成果是将受难者从困境中救出,将伤亡者送往医院,恢复受损的采掘设施等。将受难者从塌落岩体和矿井或巷道中分离出来就是成果。唯有认真分析"分离"这个成果,方能知道采取何种具体步骤,使用何种手段和工具才能取得"分离"的成果。

成果分析还可以使项目班子认识到该成果对于解决组织遇到的问题、利用出现的机会、要满足的经营需要和欲实现的发展战略是否必须或多余,以及是否值得。可供使用的技术有成果分解分析、系统工程、价值工程、价值分析、功能分析和质量功能部署等技术。

二、成本效益分析

成本效益分析就是估算各种项目和成果方案的有形和无形成本(开销)和效益(收益),然后利用财务指标,例如利用投资收益率来估计各种已识别项目方案的相对优劣。成本效益分析的详细介绍可见第四章第 3 ~7 节。

三、项目方案识别技术

项目方案指实现项目目的和目标的行动路线、方法和手段。项目方案识别技术泛指提出取得项目成果方案的所有技术。在这方面,管理学已经提出了许多现成的技术,可供识别项目方案时使用。例如,头脑风暴法(详见第二章第二节)、横向思维法(或称"侧面思考法")和逆向思维法。

(一)横向思维法

所谓横向思维,就是为求解综合性问题的各个方面而使用的貌似悖理的非常规思考方法。所谓横向,就是离开大多数人习惯的因果关系演绎推理方向,换一个思路。权威、习惯、传统、正统、秩序等,将我们束缚得紧紧的,偏见和固执堵死了思路,横向思维可以帮助我们打开一条通往广阔天地的大门。

(二)逆向思维法

逆向思维的道理与横向思维一样。在当今变化迅速时代成长起来的一代,许多人思想活跃,不拘泥于解决问题本身,喜欢刨根问底。他们喜欢"逆向思维",如他人认为是有威胁的,这些人却视为机会。他们不满足于现状,喜欢求新。对于这些人千万不能视为怪异,而应看做新思路的来源。

以上两种思维方法,实际只是遵循了一条简单的规律:即目的可以用多种手段和途径来达到,要求可以用多种方法来满足。目标仅仅是衡量目的是否已经达到的手段。手段和目的,原因和结果,其关系实际上不是单向的链条,而是错综复杂编织在一起的多向的网。

示例 7－2　不但不要传送带,还要卖掉仓库

某家公司从事批发业务,卖给零售商的货物经常破损,零售商很有意见。于是,公司请了一位专家调查原因,并希望其提出减少破损的办法。这位专家就循着如何减少破损的思路想办法,最后设计出了一种电脑控制的传送带,代替野蛮装卸的工人向卡车上装货。若每个仓库装一台,则需投资 60 000 美元/台 × 24 台 = 144 万美元。

公司负责此事的副总裁准备采纳此方案,但同时指示公司设计组提出第二种方案。任务到了一位刚毕业的大学生手里。这位新手了解了此事的来龙去脉,他撇开了如何减少破损的思路,而这样问:"这么干是想达到什么目的呢?"他自己的回答是:"我们真正需要的是销售产品的最优办法。"

这位大学生就循着自问自答的思路研究了一番,最后向公司领导建议:卖掉大部分仓库,只保留几个直接从公司所属工厂空运产品的地区仓库。公司采纳其建议后,减少了许多不必要的转运,不但破损减少了,而且大大减少了存储保管费用。

示例 7－3　节水灌溉代替杨柳湖大坝

搜狐新闻网 2003 年 8 月 6 日援引四川在线的报道说,都江堰鱼嘴上游建大坝的消息引起社会各界强烈反响。某水利勘察设计院一位不愿公开姓名的水利专家说,发展不能以牺牲环境及可持续发展为代价。杨柳湖大坝一旦上马,都江堰的世界文化遗产称号就保不住了,由此产生的损失不是一两个发电站所能弥补的。他认为,成都目前还没有出现必须修建杨柳湖大坝的水荒,何况还有更好的取代杨柳湖大坝的选择方案。

这位专家说,成都平原上的灌溉至今沿用极其原始的漫灌法,水资源浪费严重。都江堰管理局与其花巨额资金、冒着彻底破坏世界文化遗产的风险修大坝,何不转变思路,转而攻关并建设维修和更换相对容易的高技术节水灌溉系统呢?如果都江堰水利利用率能达到西方发达国家水平,成都平原的灌溉面积至少将扩大 1 倍。他认为,对先进技术的作用视而不见,一味上马杨柳湖大坝,不是可取的态度。

这里值得一提的是,项目范围规划是在项目方案已经决定之后才进行的,但是在项目范围规划时,很容易再次触及为什么要做这个项目,即项目的目的是什么的问题。一旦触及,就会想到,实现目的的方案、途径、手段和方法多种多样,不一定要按照项目委托人的要求将该项目做下去。在范围规划中提出的“目的和手段”问题经常会推翻项目启动时由他人先前提出的项目方案。

上面例子说明,明确了目的,就可以提出解决问题的办法和手段。如何提出问题,对于提出解决问题的办法和手段影响很大。所以,在范围规划时,务必不要将思路局限于委托人提出的项目或项目方案上,而应当展开横向思维,广开思路。

四、专家评价

由于项目要创造的产品、服务或完成的任务都是独特的,经常是从来没有做过的。对于项目的组成、功能、机理和材料等,项目班子知道的很少,甚至一无所知。在这种情况下,可以请项目所在领域的专家对项目的各种方案进行评价,做出判断。任何经过专门训练或具有专门知识的集体或个人均可视为领域专家。

第四节 范围规划成果

范围规划结束时应当有范围说明书、范围管理计划和其他资料等成果。

一、范围说明书

项目的范围可以多种方式明确。人们最能接受的,就是以文字形式表达的范围说明书。当然,可行性研究报告、范围研究,或者项目建议书,同样可以充当范围说明书或者指导项目计划执行的大纲。将范围说明书视为项目委托人和项目班子之间的协议书或合同,很有好处,该协议书或合同确定了应当由项目班子完成的工作范围。范围说明书可由任何一方先提出,然后,再由双方讨论、修改、补充和完善。范围说明书中涉及的活动与随后做的改动都需经由双方同意。

范围说明书可由项目经理一人编写,也可以由项目经理与项目班子少数核心成员共同编写。范围说明书在不同的行业有不同的名称。例如,设计任务书、工作大纲、技术要求说明书等。

范围说明书为将来执行项目计划提供了基础。范围说明书也是统一项目利害关系者对项目范围的认识的一种依据。随着项目的进展,需要对范围说明书进行修改和细化,以反映项目和外部环境的变化。范围说明书的内容至少应当包括以下几点:

第一,项目合理性说明。它解释项目的必要性和可能性,即回答为何要做这一项目的问题。它可以说明本项目要解决什么问题、利用什么机会,或说明满足本组织的哪种经营需要。唯有如此,组织高层管理者和项目班子在以后权衡各种利弊时才有依据。

第二,对项目成果的说明。可从在成果说明书中选择要点摘录在范围说明书上。

第三,应交付成果清单。应交付成果就是为了交付项目成果而在项目各阶段结束时交付的中间成果。项目计划及其组成部分,包括范围说明书本身都是应交付成果。列入清单中的事项一旦圆满地完成,并交付给使用者/中间用户或最终用户,就标志着项目阶段或项目的完成。例如,某软件开发项目的主要应交付成果有能运行的电脑程序、用户手册和帮助用户掌握该电脑软件的交互式教学程序。建设工程的设计项目的初步设计图、设计概算、设计说明等都是应交付成果。

第四,项目目标。当项目顺利完成时,如何才能得到他人承认,也就是说他人以何种标准判断项目是否已经达到原定的目的呢? 为此,项目班子必须向他们表明,项目事先设立的目标均已达到。至少要让他们看到,原定的费用、进度和质量目标均已达到。设立的目标要能够量化。目标不能量化或未量化,例如,设立"让业主满意"这种目标,就要承担很大的风险。另外,项目目标要设计得"巧妙(SMART)",即具体(Specific)、量化(Measurable)、切实可行(Achievable)、要有结果(Results-oriented)和有时间限制(Time-bound)。

此外,范围说明书还可以列入项目委托人、顾客或其他利害关系者准备投入的资金数额、项目的阶段划分,以及打算实现的里程碑或者其他关键性的中间时点。项目范围说明书具体可按表 7－1 格式编写。

表 7－1　范围说明书编写示例

项目名称:某市住房制度改革和住房现状调查	
项目委托人	某国际金融组织
顾　客	同上
目的、使命和远景说明	根据调查结果决定是否给予贷款
目　标	在 3 个月内,取得委托人要求的各种数据,并写出报告
制约因素	熟悉该领域的人员不足,当地政府和居民不愿意配合
预　算	人民币 25 000 元
要求使用的资源	某高校师生 4 名,市房改办工作人员 1 名
应交付成果	调查报告,简要介绍国民经济、社会、人口的概貌;近 10 年的改革过程,遇到的问题,产生这些问题的原因;列出调查对象的家庭构成、收入、现有住房面积、改善居住条件的愿望和能力、对政府的期望等
项目阶段和里程碑	第一阶段(2004 年 4 月 1 日 ~4 月 14 日):准备,包括访问负责机构及其官员,查阅有关资料,设计调查提纲,分配任务 第二阶段(2004 年 4 月 15 日 ~5 月 15 日):现场调查 第三阶段(2004 年 5 月 15 日 ~6 月 7 日):整理调查结果,撰写中文和英文报告初稿 第四阶段(2004 年 6 月 8 日 ~6 月 15 日):由委托人审查,提出修改意见 第五阶段(2004 年 6 月 16 日 ~6 月 30 日):根据审查结果补充调查,撰写中文和英文最终报告

续表

项目风险	该市资料可能不齐全,可能难以取得当地政府和居民的支持
项目人员配备:角色和责任	某教授任组长,制订项目计划,收集现有资料,审查和修改报告;3名研究生负责登门拜访,整理调查结果,撰写报告;市房改办工作人员负责各方面协调,参与报告初稿的讨论

二、范围管理计划

范围管理计划说明如何管理项目范围(成果和项目工作的范围),以及如何将变更纳入到项目的范围之内。该计划也要对项目范围的稳定性进行评价,即项目范围变化的可能性大小,变化频率和幅度。范围管理计划还应当说明如何识别范围变更以及如何将其分类。范围管理计划是项目计划书的一部分(详见第六章第二节)。

显然,范围管理计划的繁简和篇幅应视项目的大小、性质和需要而定。由于项目是逐步完善的,一般在项目刚刚启动时,项目成果的具体特性仍在推敲过程之中,因此,很难写出详细而又具体的范围说明书。

三、其他资料

为了便于项目利害关系者阅读、记忆和掌握项目情况,范围说明书一般不宜写得过于繁琐,某些具体细节可作为辅助材料提交。详细的辅助材料的编排在必要时应当便于其他项目管理过程使用。详细辅助材料任何时候都要包括所有已识别的假设和制约因素。详细辅助材料的多少因应用领域而存在差异。

第五节　顾客和委托人要求管理

项目的范围是根据顾客、项目委托人,以及其他利害关系者的需要和对项目的要求而确定的。范围规划必须查明顾客和项目委托人的需要和要求。但是,在许多情况下,这是一项非常困难的任务。不但如此,在项目进行过程中,上述需要和要求经常改变,其结果就是打乱了项目的计划和步伐、增加了费用、延长了时间、损害了项目质量、挫伤了项目班子的积极性。许多项目就是因为这些原因而惨遭失败的。由此人们认识到,必须对顾客、项目委托人以及其他利害关系者的需要和要求加以管理,消除因其不明确和经常改变而对项目造成的破坏性干扰。许多行业在项目管理中提出和实施了顾客和委托人要求管理。有些文献将这种管理叫做“需求管理”。

下面分别讨论在哪些情况下,未弄清或难以弄清顾客、委托人或其他利害关系者的需要和要求。

一、顾客和委托人的要求

（一）不明确的要求

1. 需要不明确。由于没有弄清楚顾客和项目委托人的需要，许多范围说明书存在如下问题：

(1)记载的是顾客或项目委托人不合理的需要。

(2)反映了提出要求者的偏见。

(3)编写范围说明书者说明自己未弄清楚的需要的方式不恰当。

(4)在了解顾客或项目委托人的需要和要求时，双方使用了容易使人误解的语言；在编写范围说明书时，使用的文字不恰当。

示例7-4 软件开发项目的需求管理

调查和研究结果表明，软件项目失败的主要原因有：未弄清楚用户或其他委托人对软件的要求(以下简称“需求定义不明确”)；软件开发过程不理想；没有建立统一领导的产品研发小组；分包合同管理不严；未注意及时改善软件过程；不重视软件系统结构；等等。

调查和研究还发现，软件项目出的问题40%～60%都是因为对用户或其他委托人的要求分析(简称“需求分析”)未做好。到了实施阶段，用户或其他委托人，甚至软件开发人员经常会提出新要求，或改变原来的要求(简称“需求变更”)。正是频繁的需求变更，造成了返工、产品质量难以保证、超支、进度拖延等问题，甚至导致项目失败。

人们发现，在软件交付使用后因改正由于需求方面的缺陷(“需求定义不明确”、“需求分析”、“需求变更”)而多花的钱，是在需求分析阶段改正的68倍。近来的很多研究表明，多花的钱实际上可高达200倍。

需求分析是软件开发最难把握的环节，是项目成败的关键。整个软件生命期，需求分析阶段是基础。做好需求管理，即“需求定义”、“需求分析”、“需求变更控制”等，可以减少软件中的错误，减少因修改错误而多花的钱，可大大缩短软件开发时间，降低软件开发成本，进而提高软件开发效率。

2. 需要和要求不准确。顾客和项目委托人的需要和要求虽然明确，但是表述不准确，其原因如下：

(1)与使用的语言有关。

(2)有些需要和要求本来就难以表达清楚。

(3)顾客或项目委托人和项目班子见解不同。

(4)信息技术项目的需要和要求先天模糊。

(5)顾客缺乏专门知识,不能准确地表达自己的需要和要求。

(6)由编写范围说明书者的疏忽所致。

(二)常变的要求

对项目的要求经常改变,主要原因如下:

1. 项目计划的编制质量差,因而不得不经常改变项目活动的内容、时间、用人、预算,等等。
2. 顾客和委托人变化无常。
3. 项目本身的动态特性使然。

示例 7-5　要求的改变:买主的懊悔

奚月容大夫是马尔文医院的负责人。医院长期以来人满为患,常常一间病房挤3个病人。奚大夫和工作人员都梦想着建一座新楼,缓和目前医院拥挤不堪的状况。当银行抵押贷款利率跌了3个百分点的时候,奚大夫抓住了机会,与一家建筑公司签订了新楼建造合同。新楼设120个床位,可大大提高医院的接待能力。

合同签订后,奚大夫在当地的报纸上读到了关于本地区逐渐流行廉价看护设施的系列文章。于是,奚大夫就开始犹豫,怀疑自己的新楼是不是太大了。而在这个时候,工程已进行了5个月,基础已浇筑完毕,框架也拔地而起。奚大夫犹豫再三,还是找到了建筑公司,商量修改图纸,改为60个床位(改变项目范围)。当建筑公司说,减少50%的床位仅仅能节省15%的建筑费用时,奚大夫十分震惊。

奚大夫的例子在房地产和汽车销售行业并不罕见,房地产经纪人和汽车经销商对此很熟悉,并将此现象叫做"买主的懊悔"。"买主的懊悔"也是项目管理中常见之事,特别是有争议或风险大的项目。遇到这种情况,项目经理必须清楚地告诉顾客和委托人:改变计划是要付出高昂代价的。

示例 7-6　要求的改变:想象力过强

吴戴维和他的设计组正在为用具大王公司研制一种新型面包烤具。他们花了两个星期与该公司新产品开发部的副总裁常有礼先生密切合作。常有礼先生极具创造力,是典型的"点子大王"。他为这种新型面包烤具应具备的性能提出了不少新颖的主意。吴戴维听而从之，开始制作样机。

两个月后，常有礼来设计室了解进展情况。当他看到几乎就要完成的样品时，激动了起来，“我又有了灵感，咱们应该再加个语音芯片，让它能与用户‘对话’”。

设计组人员闻声失色，立刻意识到，要对产品设计动大手术了。他们不约而同地将目光移向吴戴维，看他如何对常有礼的主意作答。

“我们能干。”吴戴维说道，设计组的人员闻声默然。

3个月后，常有礼又来了，检查将要完成的语音面包机。成功的演示让他高兴得跳了起来。“太棒了，这简直是奇迹！我们应进一步改进，我们生产的不仅仅是面包机，应该是一个信息中心，是所有厨房设备的大脑。老吴，你看呢？”

吴戴维一边点头表示赞同，一边在脑子中飞速地盘算着。刚才的要求将会使项目延期至少9个月，且需成倍增加设计人员。

常有礼关于面包机各种可能性的认识是随着面包机的成形而不断发展的。当面包机有了具体轮廓时，就激发了常有礼关于面包机各种新的可能性的想象。这种现象在项目中非常普遍。尽管新主意和新要求最终能创造出更优良的产品，但给项目经理带来了一系列的问题。需求的改变更不是无代价的。进度延期，费用增加，计划中的其他项目不得不推迟或取消。如果任凭顾客和委托人不断地提出变更要求，项目就永远不能完成。

示例7-7　要求的改变：抓住机遇

王戴维、李南希夫妻俩买了幢废弃的房子，想整修后再租出去。他们雇了个承包商装修。房子结构良好，承包商的主要工作是剥去旧漆、换掉墙纸、用胶填补墙和天花板的裂缝、重做硬木地板。在剥离起居室壁炉架上的油漆时，承包商发现旧漆下面的木头是漂亮的手工雕刻栗木，接着发现楼梯的扶栏也是。窗框和屋架上的油漆剥离后，承包商发现，王戴维和李南希夫妻俩买的是幢很有价值的房子。于是，承包商与王李二人进行协商，决定改变原来的计划，对房子进行重大的改造。这样一来，费用要远远高于原来的计划，工作量也要大大增加。他们预计投入25万元人民币进行大改，但能使房子增值14万元。

这个例子与前面的例子有很多相似之处。前面的例子中的常有礼先生一定以为自己抓住了呈现在面前的机会。漫无边际的想象与抓住机会仅有一步之遥。然而,两者的结果差别很大。漫无边际的想象是典型的任凭冲动改变要求,根本不考虑成本、进度和资源结果。实际上,他们的项目管理是看一步走一步,对项目进度和预算会造成毁灭性的影响。

与此相反,抓住机会是对预料之外的发展的一种谨慎的反应。在出现意外的机会时,一定要及时、果断地抓住和利用。当然,在采取行动之前,必须保证要求的改变所带来的利益超过代价。

示例7-5到示例7-7都说明了需要和要求的改变是何等的自然和容易。有时,改变是有利的,能够得到更好的项目成果或收益。有时,改变是破坏性的,其结果是提高了代价和拖延了进度。项目经理和班子成员要善于利用这种改变,善于在改变发生时识别它们,并做出正确的反应。

(三)过于具体的要求

不明确和不准确的需要和要求会给项目带来不良后果,但是,对项目的需要和要求过于具体也会带来问题。这些问题表现在:

1. 在确定项目成果和项目的范围时,顾客、项目委托人,以及项目班子能够掌握的信息往往不完全,因此不可能详细而具体地说清所有的需要和要求。如果在范围说明书中将其写得过于具体,反而会限制以后的选择和行动。

2. 提出过于具体的需要和要求会妨碍班子成员的想象力和创造力。

3. 过于详细的需要和要求往往会因为无法满足而被弃置一边,无人理睬。

4. 过于具体的需要和要求剥夺了项目班子成员的灵活性。

5. 过于具体的需要和要求容易拖延时间和增加费用。

(四)过于灵活的要求

当需要和要求过于灵活时,项目班子成员往往会不知所从,失去努力方向,也不会感受到压力,容易失去进取精神,助长敷衍了事的工作态度,其结果是:①应交付的成果胡拼乱凑。②规划过程混乱不堪,制订的项目计划考虑不周,漏洞百出。③不能按时完成任务,延误进度,工作效率低,费用超支。

二、查明要求的方法

需要和要求能否明确,取决于顾客和项目委托人。但是,从上面的示例和介绍中可以知道,顾客和项目委托人方面的情况十分复杂,他们往往不能以项目班子希望的方式,主动地将其需要和对项目的要求说得明明白白。这就好像病人和大夫之间的关系。病人生病,十分难受和痛苦,但就是说不清楚自己哪儿难受,感觉是什么。遇到这种情况,项目班子不能急,不能代替他们确定,更不能因为急躁而强迫他们草率行事。然而,项目班子也不能听凭这种状态胶着或继续下去,应当想办法,帮助顾客和委托人将其需要和要求原原本本地和盘托出。在许多情况下,项目班子可采用某种"极端"办法,启发和引导顾客和委托人逐步将其真正的需要和要求和盘托出。下面介绍的配置管理和快速样品法就是其中的两种方法:

(一)配置管理

配置管理又称"技术状态管理"。这种方法是20世纪50年代在美国从事国防工业的人首先提出来的。当时,武器已经变得十分复杂,该行业的人认识到,武器实际上已经成为复杂的系统,任何变更都必须按照严格的程序记载下来,以便事后追踪研制过程的来龙去脉。不如此,日后就无法对武器进行维护和改进。然而,过去用过的一些办法已经不能做到这一点。配置管理正是在这种背景下提出来的。从50年代中期开始,美国国防部要求所有的军火制造商在其所有的大型项目中采用配置管理方法。

现在,这种方法已经推广到其他复杂系统的研制项目上,不但有硬件,也有软件。在软件研制中叫做"版本控制"。配置管理是复杂系统项目在范围规划开始时明确顾客和委托人的需要和对项目的要求,确保他们正确、完整地说明项目成果的各个方面,并控制其变更的一种方法。

配置管理是用来对下列过程实施技术和行政指导与监督的所有有案可查的程序:①识别并记载事项或系统的功能和物理特征。②控制上述特征的所有变更。③记录和报告此种变更及其实施状态。④审计上述事项和系统,核实是否符合要求。

配置管理主要用于技术管理,确认产品的功能、特性、外观、式样和用来记载的文件。

这里先介绍配置管理方法在确定某种硬件或软件系统成果范围方面的用途,其控制功能将在本书项目控制部分介绍。其基本步骤如下:

1. 编写一份系统性能要求说明书,详细说明对系统即项目成果的技术要求,在顾客和项目委托人确认之后不再更改。

2. 进行总体设计

(1)根据成果性能要求说明书进行系统(即项目成果)的总体设计(成果性能要求说明书是总体设计的基准)。

(2)确保成果性能要求说明书中说明的事项与总体设计中的事项一一对应。

(3)核对成果性能要求说明书与总体设计,确保两者之间的一致。

3. 进行详细设计

(1)重复总体设计的上述过程,但以总体设计为详细设计的基准。

(2)仔细检查详细设计与总体设计是否一致。

4. 实际制作或建立系统,并对系统性能和功能进行测试

(1)以详细设计为指导,建立系统。

(2)严格控制设计的更改(将在本书项目控制部分详细介绍)。

因为系统性能要求说明书是惟一经顾客和委托人同意的详细说明系统应当具备的性能和功能的文件，所以在测试过程中，应当将系统性能与最初的（或遵循变更控制程序经过修改的）系统性能要求说明书中详细说明的性能作比较。如果发现有任何不一致之处，就应纠正。这样做，可以保证顾客和委托人的需要和要求不发生大的变动。

（二）快速样品法

1. 快速样品法提出的背景。也有人称这种方法为“应用样品法”或“快速原型法”。这一方法是在与顾客紧密合作的基础上建立和修改反映顾客需要和要求的样品，在样品的启发下，顾客原来没有想到或无法表达清楚的需要和要求能随着样品的改进而不断明确。该法主要应用在软件业，用于启发和引导顾客思考、挖掘、表达其内心真正的需要和要求。快速样品法之所以有人提出，是因为软件开发项目的顾客或委托人因各种原因不能全面、准确和正确地表达自己的需要、意图和要求，而软件开发人员往往误认为他们在这种条件下提出来的要求就是顾客或委托人的真正需要和要求。不但如此，软件开发人员还常常先入为主地以自己的想法代替顾客或委托人的需要和要求。结果，最后开发出来的软件的许多功能因顾客不会使用或干脆不用而成为多余之物，有些功能还被误用。快速样品法就是为克服上述问题而提出的。

施工企业在建筑物所有房间全面装修之前做若干个“样板间”，让业主、将来的住户或使用者挑选和提出改进意见，实际上也是利用样品法弄清住户和使用者的真正需要和要求。

在日常工作和生活中，不乏利用样品法帮助人们说清其内心深处真正需要和要求的例子，只要留心，处处可见。

要真正弄清顾客和项目委托人的需要和要求的关键，是让他们积极地参与到这一过程中来。然而，如果没有正确的方法和手段，他们即使参与进来，也很少知道他们心目中需要的到底是什么，更不用说将其表达清楚了。样品成了项目经理和项目班子同顾客和委托人进行沟通的辅助手段。快速样品法能够调动顾客和委托人参与的积极性，启发和引导他们思考、挖掘、表达其内心真正的需要和要求。利用这种方法，顾客和委托人原来觉得捉摸不定的、抽象的、无法表达的需要和要求就因此而能够全面、准确地传达到项目经理和项目班子头脑之中。

2. 快速样品法的特点。快速样品法有如下特点：

（1）可降低项目生命期成本、缩短项目时间；

（2）因对顾客采取的是启发式方法，弄错顾客和委托人需要和要求的可能性小。

3. 快速样品法的适用范围。快速样品法适用于如下场合：

（1）顾客和委托人的需要和要求难以预先详细说明；

（2）顾客和委托人与项目班子之间因专业知识、经验、见解等方面存在沟通障碍；

（3）顾客和委托人的需要和要求必须反复多次才能弄清楚，反复多次不但是双方希望的，而且是不可避免的；

(4)项目需要一个模型,以统一和加深各方面对项目成果和项目范围的认识与理解;

(5)一旦明确了顾客和委托人的需要和要求,就必须严格满足这些要求。

4. 快速样品法生命期及其流程,如图 7－1 所示。

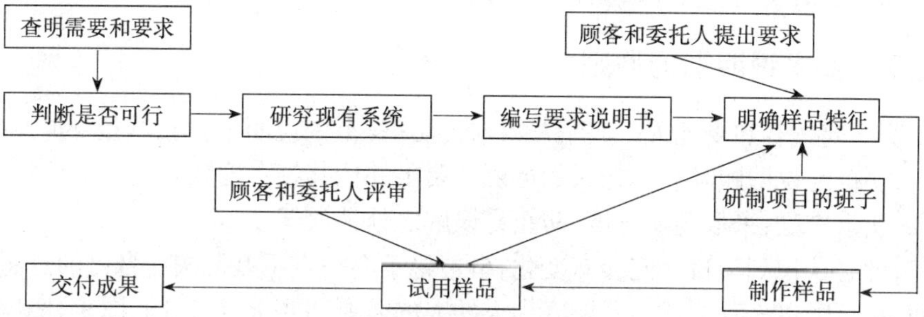

图 7－1　快速样品法生命期和流程

(1)查明需要和要求:① 明确为什么要建立这一系统,即为了满足顾客的需要和委托人的要求;② 对需要和要求进行彻底的分析。

(2)判断是否可行:① 该项目适合于使用样品法吗?如果事先已经编写了详细的要求说明书,样品法就不适用。② 能够找到制作样品的人员吗?

(3)研究现有系统:① 在系统研制中都要遵循这一步骤;② 要替换或扩展的系统外观如何?

(4)明确样品特征。项目班子与顾客共同制作或建立一个粗略的"纸"(假)样品。

(5)制作样品:① 项目班子尽快制作出一个样品;② 基本目标是制作一个能够让顾客身临其境般真切而又清楚地感觉到项目最终成果的各个方面的样品。显然,样品不是能够实际使用的完整系统。

(6)试用样品:① 顾客通过使用测试样品的性能。② 设法将样品置于其最终的实际使用环境之中。③ 在试用中发现应修改和改进之处。提出的修改和改进建议要进一步细化要求说明书,并对不断改善的系统再做修改。④ 回答决定项目命运的问题:顾客和委托人能接受这一系统吗?

(7)交付成果:① 样品在最终改进为完整并得到顾客认可的系统之后,移交给顾客或项目委托人;② 移交过程必须将旧系统换掉,在真实的运行环境下测试新系统,并对顾客进行系统的使用培训。

5. 使用快速样品法时应注意的问题。应注意的问题主要涉及以下几个方面:

(1)对顾客的要求:① 顾客必须为其在反复改进样品的全过程中提出的各种变更请求支付费用。② 顾客必须根据费用决定是否增加系统性能。

(2)变更控制：① 必须实行变更请求处理程序。例如，可以建立由几个人组成的变更控制委员会。② 委员会成员参与样品试用过程，以便熟悉样品的能力和不足之处。

(3)签字确认：① 顾客必须签字确认最终批准的系统。② 每修改和改进一次样品，顾客都应在其变更请求书上签字确认。

三、编写要求说明书的原则

项目班子同顾客和委托人一起编写要求说明书(范围说明书)时，其指导原则如下：

第一，明确地说明顾客和委托人的需要和要求并让其签字确认。

第二，实事求是，采取现实态度，防止易误解之处被误解。

第三，务必认识到项目一定会有变化，事情绝不会一点不差地按照自己的意愿进展。

第四，尽可能以多种形式表示顾客和委托人的需要和要求，包括图、图表、实体模型和其他语言难以替代的形式。

第五，建立一套制度，严密监视对要求说明书所做的所有改变、修改和变更。它包括：①变更请求提出的时间；②请求变更者的姓名；③变更的内容；④关于变更对项目产生影响的说明；⑤列出受变更影响的任务和人员清单；⑥对变更代价的估算；⑦变更请求者个人签名，证明此人已注意到此项变更对费用和项目业绩的影响。

第六，将编写要求说明书时容易发生的问题和应注意的事项向项目班子成员和顾客交代清楚。

第六节 项目目标

一、目的和目标

目标与目的不同。目的是想要达到的地点或境地或想得到的结果。而目标是行动对象或欲使其达到的境地或标准。

目标的用途之一是衡量目的是否已经达到，结果是否符合事先说明的需要和要求。从数目上讲，目的可能只有一个，而目标可以有多个。在许多情况下，尽管所有的目标都已实现，但目的却不一定达到。然而，人们经常将两者混淆，误将目标认作目的，将目标的实现和个人利益不恰当地联系起来，将精力用于追求个人目标而非项目的目的。这种行为的后果有时非常严重。

项目要创造独特的产品或服务，或完成独特的任务。而创造独特的产品或服务，或完成独特的任务的目的又是什么呢？是为了解决组织遇到的问题、利用出现的机会或者满足组织的发展需要。

如何判断组织遇到的问题、应当利用的机会或组织的发展需要是否已经解决，或是否得到满足呢？若回答是肯定的，接下来的问题就是：问题解决、机会利用或需要和要求满足的程度又如何呢？

对于上述的“是否”和“程度”，可以使用若干个指标的大小来加以衡量。

假设某项目应取得的成果是一部反映城镇住房制度改革的电视节目。那么，对于这一项目就可以用如下指标或标准回答“是否反映”和“反映得如何”这两个问题：

(1)内容是否客观、完整，是否如实介绍了改革的缘由、发起、过程、重大事件、重要角色，以及改革的结果。

(2)观点是否正确，即是否宣传了城镇住房制度改革的本来用意；是否告诉了观众，城镇住房制度改革实际上是国民收入分配制度的改革；观众是否因此建立了信心，坚信通过这样的改革，一定能够通过自己辛勤的劳动圆满解决自己家庭的居住问题。

(3)该节目的制作费用是否超过了预算，超过了多少。

(4)该节目的制作是否按期完成，如果未能按期完成，则延误了多长时间。

(5)摄制组人员是否健康、安全，是否发生过事故。如发生事故，情况严重吗？

(6)节目质量如何，画面、色彩、亮度、解说词和人物对白、音调、音乐等等是否均达到了要求。

(7)……

项目的目标要指明属于项目的费用、时间、性能指标、材料用量等变数之中的哪一个，还要有计量单位，例如元、天、错误率、公斤/立方米等。

一般来说，目标必须要量化。但有些时候，不得不使用一些无法量化的目标，例如班子建设指标。有多种指标可用来衡量班子建设的好坏，例如人际关系、凝聚力、积极性、技能的提高等等。显然，这些指标难以量化。这时候，可以用标志和序数标度加以衡量。标志和序数标度可见本书第十二章风险规划部分。

二、成果目标和约束目标

以上列出来的6个指标，指标1,2和6是有关项目成果的，可称为“成果指标”；而指标3,4和5是有关制约节目制作组的，可称为“制约条件指标”或“管理指标”。此外，指标3和4明显可以用具体的数量来回答，而指标1,2,5和6就不能。指标2不但不能以数量衡量，即使用话也说不清楚，因为直到现在，人们也没有就城镇住房制度改革的本来用意和本质达成一致意见。

如果将这些指标当做鼓励或劝阻人们行动的因素，则它们就成了人们追求或力图避免的目标：成果指标变成了成果目标；而制约条件指标或管理指标变成了约束(条件)目标或管理目标。

成果目标和约束目标之间经常发生矛盾，甚至发生冲突。如果电视节目制作项目的经费多一些，摄制组就可以多访问一些改革当事人、多买些住房制度改革的文件和研究成果；

期限若宽松一些,就可以在后期制作时多加推敲、加工、润色等等。反过来,若将开支严格限制在预算内,而且期限绝对不能超过,则节目内容和艺术效果就可能达不到要求。俗话说,"又要马儿跑得快,又要马儿不吃草",这是很难做到的。

项目班子一定要分清成果目标和约束目标的轻重缓急,一般说来,约束目标应让位于成果目标。不但如此,多个成果目标和多个约束目标中间,也要分清各自的主次。例如,在竞争日趋激烈的今天,就民间替代产品研制项目的预算目标与时间目标这两个约束目标之间而言,一般是时间目标的重要性高于预算和费用目标。多个目标的轻重缓急或优先顺序,可以根据项目委托人、项目班子和其他利害关系者的要求、经验、常识、判断等,使用层次分析法(AHP)或其他定性和定量方法来确定。

三、项目目标的用途

项目目标要量化。可以量化的目标,例如,时间目标和成本(费用)目标应当有一个允许变动的范围。只有这样,才便于测量项目的进展,及时发现问题;便于在不同的目标发生冲突时做出权衡;便于判定项目的目标是否能够实现;便于在必要时改变项目的方向或及时果断地中断项目。实际上,达到的目标可用来决定项目的开始、暂停、结束或取消。

含混不清的目标难以测定,难以判断项目的目的是否已经达到,无法激励人们制订实现项目目的的战略。

四、目标的选择和确定

在项目和项目成果的各种变数中,应当选择哪些作为项目的目标呢?当然,最好选择不用量化就可以判断项目是否达到了目的、满足了要求的变数。但这种情况很少见。如果项目成果的某个"性",例如"可靠性"、"适应性"、"互换性"等等,有两个以上的行动路线可实现,这个"性"即可选为目标。如果"性"是项目或项目成果的属性且可量化、可测量,则可列为目标。

有些时候,目标、战略、战术和手段这几个概念难以分清。将目标和战略混淆起来的情况司空见惯。战略是保证达到项目目的或实现项目目标的方针、步骤或方法,决定了项目的行动方向。例如,市政府要上一个自来水项目,以便提高自来水的供应能力。但是,对于如何筹集建设资金,具体由谁去实施,就至少有两种战略。一种是,按常规由市政府从政府预算拨款,具体由市政工程局实施;另一种是,向社会公开招标,由社会上有实力、信誉好的投资者按市政府的要求建设这个项目。

战略的实现要靠它的实施部分,即战术。战术决定了在给定的条件下如何最终实现项目的目标,达到项目的目的。具体的战术要根据可用的手段和资源情况确定。项目可用资源的质和量决定了选用何种战术。

对于项目而言,预算资金和时间一方面是主要的手段和资源,另一方面又是主要的制约因素。彻底弄清项目有多少可以动用的资源,对于实施战术进而实现项目目标,达到项目的目的是非常重要的。

项目管理的效率不是目标,不是战略,而是降低成本、加快进度战略的副产品。效率不高也能实现目标。以效率、“降低成本”或“按时”为目标很危险。利润也是收益和成本目标的副产品。

项目通常有多个目标,目标的多少取决于项目范围和考虑的层次。目标还可以划分为若干层次。例如,农村开发项目的目的可能是引进良种、改进耕作、提高产量、增加收入。这些目的也可能就是目标。其中增加收入是最终目的,属于最高的目标;而引进良种和改进耕作是底层目标。

由于每一个目标都与其他目标相关联,都是手段—目的链上的一环,处于目标层次结构上的不同水平。目标要有实现的手段,而这些手段又是下一层次的目标……

因此,可以使用“手段—目的”测试法区分目的、目标、战略和副产品。手段—目的测试法也叫做“为什么和如何做”分析法。“为什么”是目的或目标,“如何做”是手段或战略。

五、项目管理成败的评价方法

很多人把“在既定时间内”、“按既定的预算”当做项目管理的目标,进而用以判断项目管理的成败。这种做法忽略了几个要点。

首先,在制订项目计划时,项目的时间与费用都是在根据当时的情况所做的假设基础上估算出来的。项目实际的进度和发生的费用常常与估算相去甚远。很多时候,指望项目按计划圆满完成是不现实的。项目的时间、费用、规模以及其他目标可能会频繁变动。例如,有人依靠降低项目质量标准和缩小项目规模而缩短项目的时间,减少费用支出;有人靠增加费用支出缩短时间,也有人以延长时间为代价减少费用支出。这些情况在实践中司空见惯。

如此一来,就很难用项目的完成时间、费用和质量来衡量项目管理的效率。那么,究竟应如何评价项目和项目管理的成败呢?为了评价项目及其管理的成败,必须考察项目的发展过程,查明管理人员能否及时发现有哪些情况使项目偏离了原来的计划,以及能否提出扭转局面力争好结果的办法。此外,还要设法查明是否需要在项目外部环境发生变化时改变项目的目标,以及管理人员是否对上述变化迅速而又明智地做出了反应。经过这样的思考,就可以认识到,健全的项目管理需要敏锐地觉察未知因素,要能够找到妥善的办法解决已经发生的问题,并根据改变了的情况重新制订计划。

其次,上面所谈,仅仅是程序、技术问题及其解决办法。然而,投入到项目中的人的问题比技术问题更难办。项目利害关系者若无积极性,则不管制订多少目标,任何一个项目都不可能成功。所以,项目管理者必须能够认清和了解项目所有利害关系者的动机和行为,以及他们各种经常相互冲突的需要,进而将项目引导到正确的方向上。

有了上面的一般性说明,就可以更明确地概括项目管理应当做的工作,可为项目管理再下一个定义:项目管理就是规划、组织、指导和控制项目的逐步发展和逐步完善,使其能够以可能最优的方式,取得最优的结果而实现项目的要求和预期目的。

六、正确对待目标

PMBOK 指南很少使用“目标”这个词。项目管理在 PMBOK 指南 2000 年版中的定义是“就是把各种知识、技能、手段和技术应用于项目之中,以满足项目的要求”。项目管理是通过如下过程进行的:如启动、规划、执行、控制和结尾。项目班子管理项目的工作,项目的这些工作一般涉及:

- 对于范围、时间、费用、风险和质量方面提出的互相冲突的要求。
- 需求和期望不同的利害关系者。
- 已明确的要求。

PMBOK 指南关于项目管理的定义强调项目管理的目的或使命是“满足要求”,而不是“实现目标”。PMBOK 指南为什么如此定义呢?

实践表明,大多数项目都没有也不会实现事先设立的范围、时间、费用,以及其他项目目标。读者将在本书第八章时间和费用规划中看到,时间和费用目标是约束目标,其用途只不过是判断项目的目的是否已经达到而已。

鉴于这样的事实,不但制订一些无法实现的目标没有意义,而且项目和项目管理的定义应当突出项目管理的目的,让项目管理人员将注意力集中在创造使项目利害关系者满意的产品或服务上,而不是撇开这一主要目的,将精力分散到实现各种“目标”上。

另外,项目的独特性、一次性,以及需要逐步完善的性质决定了其范围、时间、费用、风险和质量方面往往不能作为确定的目标而提出。固然许多项目,例如按照合同进行的施工项目,在上述方面可以制定出某种基准作为项目控制的依据,但是这些基准也要根据项目的实际进展进行修改。既然如此,就不宜将其作为目标提出。

当然,不同的应用领域或行业,不同的项目,目标的重要性、可行性和效果有很大的不同。因此,是否将目标作为项目管理的手段要视项目的成果、项目管理的环境、项目参与者的思想境界和能力等等的具体情况而定。

如果一定要制订一些目标来衡量项目管理的优劣或效率,或者将其作为激励项目班子成员的手段,则一定要注意以下几点:

第一,将成果目标和约束目标区分开来;

第二,将目的和手段区别开来;

第三,不制订无法量化或无法实现的目标;

第四,不转移项目管理人员的努力方向。

七、不可能原理

就项目管理而言,目标不能设得太多。这是因为目标太多会增加引发目标之间冲突的可能性。例如,如果同时为项目班子提出质量、成本、时间和范围目标,就会出现冲突,就会陷入“又要马儿跑得快,又要马儿不吃草”的困境中。

质量、成本、时间和范围 4 个或更多个目标之间存在着此消彼长的依赖关系,不可能同时实现“最好”,我们将其称为“不可能原理”。在为项目设定目标时,最多只能同时限定上述质量、成本、时间和范围 4 个目标中的 3 个,必须留下一个,给项目班子灵活掌握的余地。

可以说,“不可能原理”是普遍规律。在量子力学中有“测不准”原理,说的是有两个物理量不能同时测到。在国民经济管理中同样有这种现象。政府为了纠正市场失灵,以经济政策、产业政策、项目、计划等为手段出面干预经济目标是想促进经济增长、稳定物价、充分就业和保持国际收支平衡。但是,经济学家、政府官员、政治家和其他有识之士很快认识到,这 4 个目标不可能同时达到,只能根据本国现时的情况,选择其中之一二努力加以实现。因此项目委托人、实施组织的高层领导和项目管理人员必须牢记“不可能原理”,不能一味求全责备,面面俱到的追求很可能得到的是面面不到的结果。

第七节　范围定义和项目工作分解

一、范围定义及其依据

范围规划的结果范围说明书仅仅确定了项目成果和项目班子工作的范围,并没有具体说明如何分配和管理其工作范围。范围定义(或者叫做“确定范围”)就是把已经在范围说明书中识别的项目应取得的主要成果分解为较小、易于管理的组成部分。

例如,将某新药品研制项目分解成寻找药物来源、对药物来源进行筛选、实验室试验、动物试验、确定制剂、编写新药研制申请书等。而上述各个部分又可进一步划分。

范围定义是非常重要的工作,它将在很大程度上决定项目能否成功。如果做得不好,以后就会频繁变更,打乱项目的节奏,造成返工,不仅延误时间,挫伤人们的积极性和干劲,而且降低生产率,增加费用。

范围定义是在确定了项目的范围之后进行的,项目范围说明书是范围定义的直接依据,而项目其他具体领域的规划结果可作为间接依据。项目班子应当检查其他知识领域的规划过程,例如费用规划、时间规划、组织规划、沟通规划、风险管理规划的成果,看一看它们是否会影响到范围的定义和项目的分解。例如,如果在作风险管理规划时发现有必要采取风险回避行动,那么就应当明确这种行动的主要应交付成果是什么。

当然,范围定义和项目分解也必须考虑制约因素和各种假设。若根据合同做项目,则必须考虑合同规定中明确的制约因素。

在范围定义过程中应当考虑以前进行过的项目,以前出现过的错误和疏忽对本项目特别有用。

二、项目工作分解结构

范围定义是通过分解项目和制作项目工作分解结构(PWBS)来完成的。PWBS是工作分解结构(WBS)的一种,项目工作分解结构可以这样来定义:

"项目工作分解结构将项目划分为可管理的工作单元,使得这些工作单元的费用、时间和其他方面较项目整体容易确定。

项目工作分解结构若编制得好,可以满足项目实施组织高层管理者、项目委托人、项目经理和项目班子的要求。编制时要考虑项目的组织结构,使两者紧密结合起来,以便项目经理将各工作单元分派给项目班子成员。

项目工作分解结构的编码系统为项目进展的阶段性跟踪提供了便利。建立项目工作分解结构的树状结构时,应将项目目标逐层向下划分或分解成一些更小的工作单元,直至达到便于控制的最低层为止。

这一树状结构将项目实施中各阶段工作分解为便于管理的独立单元,并将各独立的工作单元分派给项目班子内外的具体人或组织负责,从而在应完成的工作和项目班子可支配的资源之间建立起合理的联系。"

项目工作分解结构可以用图来表示。图中把项目或其主要应交付成果各组成部分分为若干层次表示出来。整体在最上层,整体分解后的各部分在第二层,各部分的组成部分在第三层,依此类推。不能或不需进一步分解的基本单元在最下层,叫做"工作包"。

某公司的主要业务是承揽外部委托的项目。多年以来,成功的项目不少,但也留下不少遗憾。公司很多人认为,若根据项目管理学的理论与原则从本公司过去项目管理的经验与教训中提炼出某些规律,一定有助于公司今后取得更大成功。于是,董事会委托公司副经理郑桂泽制定本公司内部使用的"项目管理指南"。郑桂泽认为,要完成这一任务,需做如下工作:

(1)让本公司职工认识到制定"项目管理指南"的必要性与可能性,以取得大家的支持(可行性研究A);

(2)制订行动计划,取得公司董事会认可(审批B);

(3)请在项目管理理论与实践方面有经验、有见解者给予指导(咨询C);

(4)在公司各部门物色人员,将其安排在项目组工作;

(5)研究公司ISO 9000、ISO 14000与OHASAS 18000体系的实施结果,将其融合在"项目管理指南"中(三体系G);

(6)研究海外项目所在地法律(适用法E);

(7)研究海外项目"业务流程",将其与《项目管理知识体系指南》44个管理过程结合起来，写出大纲（海外大纲 D）；

（8）将海外大纲与海外项目所在地法律结合起来（海外指南 I）；

（9）研究国内项目“业务流程”，将其与《项目管理知识体系指南》44 个管理过程结合起来，写出大纲（国内大纲 F）；

（10）将国内大纲与三体系结合起来（国内指南 J）；

（11）设计项目管理信息系统（系统设计 H）；

（12）建立项目管理信息系统（系统建设 K）；

（13）测试项目管理信息系统（系统测试 N）；

（14）将以上工作的成果结合起来，写出公司“项目管理指南”（成稿 L）；

（15）印制“项目管理指南”，分发公司各部门试用（指南试用 O）；

（16）培训系统维护人员（培训 M）；

（17）向董事会汇报，结束“项目管理指南”项目。

图 7－2 是郑桂泽绘制的“项目管理指南”项目工作分解结构。

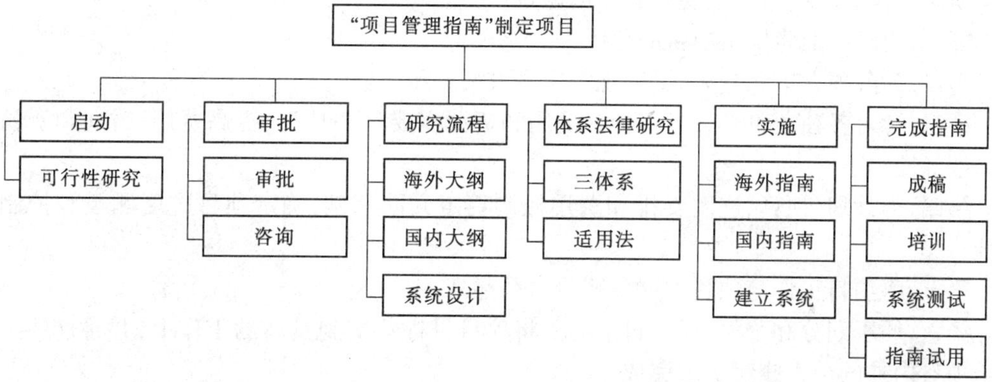

图 7–2　“项目管理指南”制定项目工作分解结构

项目工作分解结构中应包含 3 个主要方面的信息：项目成果的组成结构、项目的组织结构和项目的阶段划分，即过程结构。

项目工作分解结构也可用表格的形式表示，如表 7－2 所示。

表 7－2　“新产品推销”项目工作分解结构（按主要阶段分解）

产　品	销　售
包装	筹建销售部
销售	雇用销售人员
批发商	训练销售人员
广告	

续表

产　品	批发商
订购产品 包装产品 把产品运给批发商	选择批发商 把产品卖给批发商
包　装	广　告
设计包装样式 安装包装设备	选择广告公司 制订广告计划 实施广告计划

三、项目工作分解结构的目的和用途

项目工作分解结构的主要目的和用途是：

第一，明确和准确说明项目的范围；

第二，为各独立单元分派人员，规定这些人员的相应职责；

第三，针对各独立单元，进行时间、费用和资源需要量的估算，提高费用、时间和资源估算的准确性；

第四，为计划、预算、进度安排和费用控制奠定共同基础，确定项目进度测量和控制的基准；

第五，将项目工作与项目的财务账目联系起来；

第六，便于划分和分派责任，自上而下将项目目标落实到具体的工作上，并将这些工作交给项目内外的个人或组织去完成；

第七，确定工作内容和工作顺序；

第八，估计项目整体和全过程的费用。

四、项目工作分解结构样板

完成项目工作分解结构需要花费一定的时间。虽然各项目彼此不同，但它们总会有一部分，甚至大部分相似，它们每一阶段的应交付成果也相似或相同。因此，为了节省时间，加快进度，不熟悉此项工作的人可以把别的项目或者主要应交付成果的分解结构拿来作为样板。按照这些样板，“照葫芦画瓢”，完成本项目的分解结构，而不必从零开始。有些部门还准备了标准或半标准的项目工作分解结构，大大提高了工作效率。

许多应用领域或实施组织都编制了标准的或半标准的工作分解结构，供项目管理人员当做样板使用。例如，美国国防部就向美国项目管理学会推荐了国防材料事项的标准工作分解结构(MIL-HDBK－881)。图7－3绘出的是这种样板的一个部分。

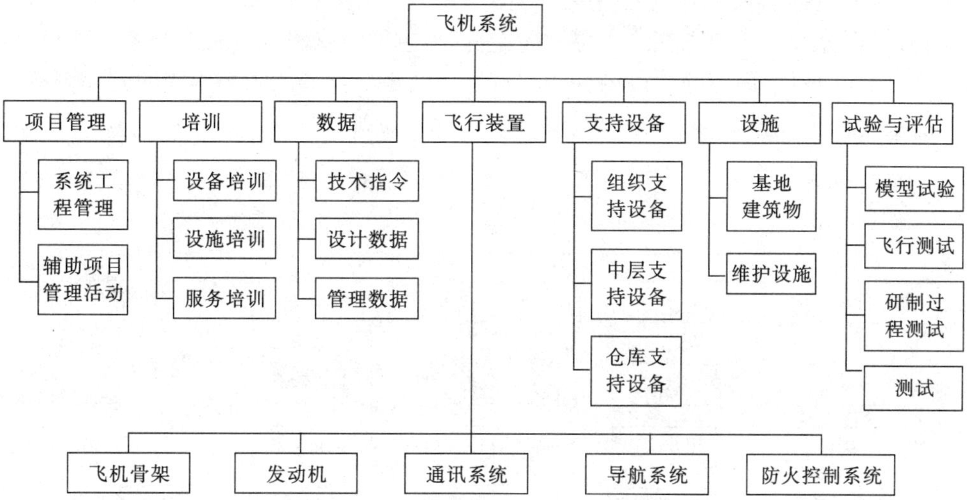

图7–3　美国国防材料事项工作分解结构举例

五、项目工作分解结构的步骤

分解就是把主要的应交付成果或应交付成果分成更小的、更容易管理的组成部分。分解过程一直进行到分解后的应交付成果的详细程度足以指明项目的规划、执行、控制和收尾等方面的活动具体如何进行。

必须注意的是,分解的对象包括项目成果,但不限于项目成果。简言之,分解的对象是项目范围内的工作和活动,而不限于项目成果。项目成果的分解是从其功能的角度进行的,目的是查明其构造和机理。例如,图7－3中飞行装置这种成果的分解结构,仅是飞行装置研制项目的一部分,即仅由飞机骨架、发动机、通讯系统、导航系统和防火控制系统组成;而项目工作分解的目的就是上面已经说明过的范围定义的目的。

一般情况下,可参照以前其他项目的分解结构作为样板,进行分解。如果找不到样板,就只能从头做起了。

项目经理在着手分解之前必须了解情况,可采取问卷调查、个别了解或开小组会等办法。开小组会是一种值得提倡的有效方法。项目经理应该请他人,特别是项目实施组织职能部门的人员协助。后者参与项目工作结构分解有助于他们明确自己对项目应承担的责任和分工。

(一)项目工作分解结构具体步骤

项目工作分解结构分解过程的主要步骤如下:

1. 查明项目的主要应交付成果,包括项目管理的过程本身。这一步要回答的问题是,"要实现项目的目标需要完成哪些主要工作?"主要工作指贯彻项目生命期始终的大块工作,在项目工作分解结构中列在第二层。无论何时,主要应交付成果都应当考虑项目的实际组织方式,例如项目生命期的阶段划分和项目工作各组成部分的内部组织原则。图 7-4 中的第一层次是按阶段分解,第二层次按项目应交付成果划分。

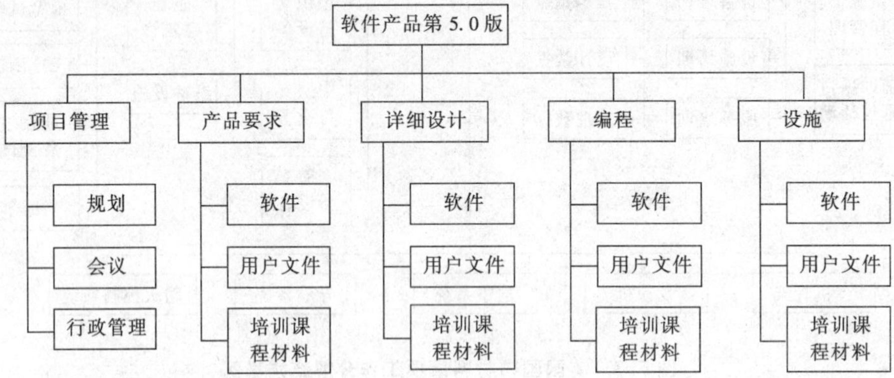

注:这个 WBS 仅用于说明问题,不打算表示任何具体项目的全部项目范围,也没有说此类项目的 WBS 的组织方式只有这一种。

图 7-4 按阶段组织的工作分解结构举例

2. 如果各层次上的工作经过划分,每一个应交付成果都已有足够的详细资料,能够估算出完成它们各组成部分所需的费用和时间,则进行下面的第 4 步。"足够"和"能够"二字的含义在项目进程中可以不断地变化——要在很远的将来才能完成的应交付成果要进行分解也许是不可能的。如果"不足",则进行第 3 步——这就是说,不同的应交付成果可以有不同的分解水平。

3. 找出上述各组成部分更小的组成部分。这一步要回答的问题是,"要完成上述各组成部分,有哪些更具体的工作需要做?"对于各组成部分的更小组成部分,应该说明需要取得哪些切实的、可以核查的结果,以便进行进展测量;还应说明完成这些更小组成部分的先后顺序。更小的组成部分就如同主要部分一样,应当明确实际上如何组织和完成项目的工作。切实、可核查的结果不但可以包括产品,也可以包括服务(例如,状况报告可以说成是每周状况报告,对某种制造项目,构成部分可能包括几个单独的配件,外加一个最后装配)。对每一个构成部分重复第 2 步。

4. 检查划分后得到的各更小组成部分,看一看:① 不进行这一层次的工作,上一层次的各项工作能否完成?完成了这些工作,上一层次的各项工作就一定能完成吗?如果不进行这一层次的工作,上一层次的各项工作也能完成,或者即使完成了这一层次的所有工作,上一层次的工作还是不能完成，则必须对上一层次各项工作的划分进行修改，重新划分，增加或者删除一些事项。② 这一层次各项工作的内容、范围和性质是否都已明确？是否已写出了简要的范围说明书？若不是，则必须弄清楚，必须对相应的范围说明书进行修改和补充。③ 每一事项的时间安排都合适吗？都做了预算吗？都分派给组织内愿意负责令人满意地完成这一事项的单位（例如，部门、班子或个人）了吗？如果没有，则必须为能够进行足够的管理控制而进行修改。

（二）项目工作分解结构应注意的问题

项目的工作结构分解，特别是较大项目的分解，应该注意如下几点：

1. 确定项目工作分解结构就是将项目的产品或服务、组织和过程这 3 种不同结构综合为项目工作分解结构的过程。项目经理和班子成员要善于巧妙地将项目按其产品或服务的结构划分、按项目的阶段划分以及按项目组织的责任划分这 3 种划分方式有机地结合起来。

2. 最底层的工作包应当便于完整无缺地分派给项目内外的不同个人或组织，所以要求明确各工作包之间的界面。界面清楚有利于减少项目进展过程中的协调工作量。

3. 最底层的工作包应当非常具体，以便各工作包的承担者都能明确自己的任务、努力的目标和应承担的责任。工作包划分得具体，也便于进行监督和业绩考核。

4. 逐层分解项目或其主要应交付成果的过程，实际上也是分派角色和职责的过程。

六、关于项目工作结构分解详细程度的讨论

我们在分解步骤中提到，项目的主要应交付成果要分解得足够详细，每一个应交付成果都应有足够的详细资料。但是，如何衡量是否“足够”，即判断详细程度的标准是什么呢？

实际上，同一项目可以采用多种不同标准来衡量分解的详细程度。一般可遵循如下几个原则：

第一，详细程度与管理层次一致，即供项目实施组织高层管理人员使用的可粗一些，而供一线管理人员使用的应最详细。

第二，一项活动，一种资源。这样分解，容易估算资源数量和费用。

第三，足以体现相互依赖关系。这样分解便于分派责任，彼此进行沟通和协调。

第四，便于控制。

第五，不过分琐碎。

另外，项目工作分解结构的修改更新频率也可以根据不同管理层次的要求而有所区别。例如，供项目实施组织高层管理人员使用的每月更新一次，供项目经理和项目班子使用的每周更新一次，而供一线管理人员使用的每天更新一次，等等。

七、项目分解的成果

项目分解的成果主要包括以下两项内容：

第一,项目工作分解结构。项目分解完成之后必须交出的成果就是项目工作分解结构。工作分解结构中的每一项工作,或者称为单元,都要编上号码。这些号码的全体,叫做"编码系统"。编码系统同项目工作分解结构本身一样重要。在项目规划和以后的各阶段,项目各基本单元的查找、变更、费用计算、时间安排、资源安排、质量要求等各个方面都要参照这个编码系统。若编码系统不完整或编排得不合适,会引起很多麻烦,纠正起来,代价也会很高。

在项目工作分解结构中,不管哪一个层次,每一个单元都要有相应的依据(投入、输入、资源)和成果(产出、输出、产品)。某一层次单元的成果是上一层次单元的依据。依据和成果之间的具体关系是在逐层分解项目或其主要应交付成果以及分派角色和职责时确定的。需要注意的是,某一层次工作所需的依据在许多情况下来自于同一层次的其他工作。由此看来,项目管理的协调工作要沿着项目工作分解结构的竖直和水平两个方向展开。

对于最下层的工作包,要有全面、详细和明确的文字说明。由于项目,特别是较大的项目有许多工作包,因此,常常把所有工作包的文字说明汇集在一起,编成一个项目工作分解结构词典,以便需要时查阅。

第二,范围说明书更新。这包括对范围说明书的所有修改。必要时,应通知有关的利害关系者。

八、其他明细结构

值得注意的是,千万不能将项目工作分解结构同表示项目其他信息的"明细"结构混淆起来。某些行业,经常使用一些类似于项目工作分解结构的其他结构。例如:

第一,合同工作分解结构(CWBS),其用途是明确卖主将向买主提供的报告层次。

第二,组织分解结构(OBS),其用途是表示哪个工作组成部分已经分派给组织内哪个单位。

第三,资源分解结构(RBS),这是另外一种组织分解结构,一般是在工作组成部分已经分派给个人时使用。

第四,材料清单(BOM),直观地表示制作某制造品时所需要的实体装置、子装置,以及配件的层次关系。

第五,项目分解结构(PBS),基本上与正确编制的项目工作分解结构相同。项目分解结构广泛地用于误将工作分解结构用来指材料清单的应用领域。

有些行业的项目工作范围用材料清单表示。正是在这些行业,人们广泛使用项目分解结构,避免将材料清单理解为工作分解结构。

思 考 题

1. 试说明范围和项目范围的含义，以及如何测量成果和项目的范围。

2. 试说明范围规划的内容、依据、工具和技术，以及成果。

3. 试说明范围规划和项目规划的关系。

4. 有哪几种方式可用来表示项目范围？

5. 范围说明书应有哪些内容，为什么要列出用以判断项目或项目阶段是否已经圆满完成的标准，什么东西可以当做这种标准？

6. 为什么可行性研究报告和项目建议书也可以充当范围说明书？

7. 范围管理计划的主要内容是什么？

8. 举例说明需求管理的必要性。

9. 范围定义与范围规划有何不同，又有什么联系？

10. 项目工作分解结构至少应包含哪几方面的信息？

第八章 时间和费用规划

MODERN PROJECT MANAGEMENT

内容提要

- 时间和费用规划占据项目规划核心地位的理由
- 项目需要开展的活动，需使用的资源种类、数量和时间
- 估算活动持续的时间，明确活动之间的关系和先后顺序，进而计算各活动和项目的开始和结束时间，并查明哪些活动是关键活动
- 介绍制订时间最短，费用最低，能满足各方面要求，使资源得到最好利用的进度表和项目预算的依据、工具和技术及步骤

学习重点

- 活动定义的依据，工具和技术以及成果
- 资源规划的依据，工具和技术以及成果
- 活动之间的逻辑关系、活动顺序和表现方法
- 单代号和双代号绘图法
- 活动持续时间估算的依据、工具和技术以及成果
- 关键路线法
- 资源的均匀使用
- 预算编制的依据、工具和技术以及成果

时间和费用规划是在范围规划和范围定义的基础上制订项目进度计划和项目预算的过程。时间和费用规划一直是项目规划的核心。近几十年来,人力资源、沟通和风险等方面在项目管理中的重要性与日俱增,但是时间和费用的规划始终没有放松,人们研制了各种各样功能强大的软件来提高规划速度和质量。实际上,加强人力资源、沟通和风险管理正是为了利用有限的资源尽快创造出独特的成果。

为了在争夺顾客和市场方面抢得先机,越来越多的项目将完成时间当做头等大事。许多企业在竞争的压力下,实行多角化经营,上了许多项目,资金日趋紧张,结果往往使项目的预算不足,甚至缩减。这种形势要求项目应精打细算,加强费用规划。

项目进度计划又叫做"项目进度表"。经过批准或一致认可的项目进度表和预算分别叫做"进度基准"和"费用基准"。

项目进度计划要确定项目活动,以及项目的开始和结束时间;而费用基准则用来测量和监视项目各个时间的实际开支,判断是否恰当,是否需要采取措施。

时间和费用规划都必须从活动定义和资源规划两个子过程开始。活动定义就是确定为完成项目而必须进行的诸项具体活动;资源规划就是回答项目诸活动需要何种资源、多少资源,以及何时投入,例如,人、设备、材料、资金、信息等。

在完成这两个子过程后,时间和费用规划还各有其他子过程。

时间规划有如下 3 个子过程:

第一,确定活动顺序。找出各项活动之间的因果关系或依赖关系,并确定各活动的时间顺序。

第二,活动时间估算。估算各项活动将持续的时间。

第三,制订进度表。研究和分析各活动的逻辑、先后顺序和持续时间,制订项目进度表。制订进度表时还应分析各活动的资源要求,提出和比较多种进度表,根据项目具体情况挑选出最适合者。

除了项目进度计划,项目经理和项目班子成员都应当制订个人的时间计划。

费用和预算有时候比进度还重要,对项目计划的执行有重大影响。费用预算和开支一般与委托人、项目实施组织的资金流动情况有关。委托人、项目实施组织负责筹措资金的负责人非常关心下面两个问题:一是本项目总共需要多少资金,在执行项目计划过程中如何使用?二是何时需要动用资金支付材料、人力和其他资源的费用?准确地为活动分配资金并在生命期内控制其使用,对于完善委托人、项目实施组织的财务制度影响很大。

费用规划还有如下两个子过程:

第一,费用估算。就是估算投入各活动所有资源的成本和费用,并编制费用估算书。

第二,编制预算。就是把整个项目的费用估算按照时间进程分配到各个活动上去。

第一节 活动定义

一、活动定义的含义

活动定义就是明确为了提交项目各种应交付成果需要进行哪些具体活动，并以文字、图表或表格的形式将其记载下来。显然，这些活动都是为达到项目目的、满足项目要求所必需的，不能遗漏，也不能添加不必要的活动。构成成果创造过程的活动在某些行业叫做“工序”。例如，施工过程的土方挖掘、模板支设、混凝土浇筑等就叫工序。

二、活动定义的依据

项目工作分解结构是活动定义的基本依据。此外，还要考虑范围说明书中有关项目合理性和项目要求与目标的说明以及历史资料。以前类似项目的历史资料可以提醒进度计划编制人员不遗漏某些现在想不到，但实际上却必须进行的活动。

显然，制约因素，假设，专家的看法、判断和建议在活动定义时也必须考虑。

三、活动定义的工具和技术

活动定义的基本工具就是分解。具体来说，就是将项目工作分解结构最下层的工作包继续分解为更小、更易于制订进度表，能够更好地分派任务的活动。分解时重点考虑各项活动的组织和技术界面。

例如，图 7－3 中的“项目管理指南”制定项目工作分解结构最下层，共有 15 个工作包。其中每一个都可以继续分解成若干个活动。例如，“A 可行性研究”可以分解为“A_1市场调查”、“A_2分析调查结果”、“A_3提出备选方案”、“A_4 可行性研究”、“A_5编写可行性报告”5 个活动。当然，这 5 个活动，每一个都可以继续向下分解。例如，“A_4 可行性研究”可以分解为“A_{41}技术可行性”、“A_{42}财务可行性”。到底分解到何时为止，应以有利于成果创造过程的进行，便于分派任务和管理为原则。读者可能记得，范围定义中的分解是以便于制订和执行项目计划，便于控制和收尾为准则决定分解的详细程度的。

一般项目工作结构分解在先，活动定义在后。当然，也有的行业两件事同时进行。

以从前项目或本项目其他部分的工作分解结构为样板，可以加快活动定义过程。以前用过的项目工作分解结构记载了大量丰富的有用信息，利用得好，可以节省时间，减少开支。

四、活动定义的成果

活动定义过程结束时，至少要提交活动清单、对项目工作分解结构的修改和补充以及辅助说明等项成果。

(一)活动清单

活动清单必须包括本项目范围内的所有活动,既不能遗漏,也不能有不应当由本项目班子承担的工作。每一项活动都应当有文字说明,以便项目班子成员准确而又完整地理解,知道应如何进行。表 8－1 第 1 和第 2 栏就是根据图 7－3 列出的活动清单。本书为了节省篇幅,该清单中的各项活动就是图 7－3 中的工作包,没有继续向下分解。

表 8－1　“项目管理指南”制定项目活动清单　　时间单位:月

编号	活动名称	持续时间	紧前活动*	紧后活动*	ES*	EF*	LS*	LF*	总时差
	开始		—	A	0	0	0	0	
A	可行性研究	1	—	B,C	0	1	0	1	0
B	审批	1.5	A	D,E,F,G,H	1	2.5	2.5	2.5	0
C	咨询	0.8	A	D,F,H	1	1.8	1.7	2.5	0.7
D	海外大纲	2	B,C	I	2.5	4.5	4.5	6.5	2
E	适用法	1.5	B	I	2.5	4	5	6.5	2.5
F	国内大纲	3	B,C	J	2.5	5.5	2.5	5.5	0
G	三体系	2	B	J,K	2.5	4.5	3.5	5.5	1
H	系统设计	1.5	B,C	K	2.5	4	7.5	9	5
I	海外指南	6	D,E	L	4.5	10.5	6.5	12.5	2
J	国内指南	7	F,G	L,M,N	5.5	12.5	5.5	12.5	0
K	系统建设	4	G,H	N	4.5	8.5	9	13	4.5
L	成稿	1.5	I,J	O	12.5	14	12.5	14	0
M	培训	1	J	—	12.5	13.5	14	15	1.5
N	系统测试	1	J,K	O	12.5	13.5	13	14	0.5
O	指南试用	1	L,N	—	14	15	14	15	0
P	约束			—	15	15	15	15	0

注:紧前活动、紧后活动、ES,EF,LS,LF 的含义见第三节内容。

(二)对项目工作分解结构的修改和补充

在根据 WBS 进行活动定义时,很可能发现其中有需要修改、补充和细化的缺陷。所有此类发现必须反映在 WBS 以及其他有关文件,例如费用估算中。

(三)辅助说明

活动定义作了哪些假设,有哪些制约因素,所有这些均可以用文字加以说明。活动清单中无法表达,但其他规划过程又需要知道的一些关系和问题应当记载下来。例如,可以对表8－1中的活动“F国内大纲”和“J国内指南”作如下说明:“由于本项目需要的管理大纲和要求特殊,项目组人员不熟悉,所以,这项工作要请公司高层人员参加”。

第二节　资源规划

一、资源

这里所说的资源就是可供项目班子直接和间接利用的人、财、物和信息。资源永远是有限的,项目活动要消耗资源。

二、资源规划

项目诸项活动何时需要投入人力、设备或材料等资源,投入多少?这就是资源规划的任务。资源规划必须以如下事项为依据:

第一,项目工作分解结构。其中已经列出项目各组成部分需要何种资源,因此是资源规划的基本依据。

第二,范围说明书。该文件阐述了项目的必要性以及项目的各项要求。对此,在资源规划过程中都应当明确地给予考虑。

第三,可用资源说明书。项目班子应尽早了解有哪些资源可供本项目使用,了解的结果应以文字记载下来,这份文件叫做“可用资源说明书”或“储备资源说明书”。资源规划要以此为根据,从中了解有哪些资源(人、设备、材料等)可供项目各个活动使用。可用资源说明书的内容多少和详细程度因情况不同而存在差异。

第四,组织方针。在资源规划期间必须考虑项目实施组织有关人员招聘、物资和设备租用或采购的方针。

具体的资源规划应当充分利用班子成员的技能和知识,以及过去有类似资源要求的项目的历史资料。

资源规划完成时要写出一份资源要求说明书,列出本项目要求使用的资源类型、数量以及工作分解结构各部分需要的数量。见表8－2。

表8－2　“项目管理指南”制定项目资源要求说明书

编号	活动名称	人力(人/天)	设备/设施	分包商
A	可行性研究	2		
B	审批	1		
C	咨询	3	会议室	

续表

编号	活动名称	人力(人/天)	设备/设施	分包商
D	海外大纲	2	办公室	
E	适用法	1		
F	国内大纲	2	办公室	
G	三体系	3		
H	系统设计	2	会议室	
I	海外指南	2	办公室	某咨询公司
J	国内指南	3		
K	系统建设	5	电脑3台	
L	成稿	3	办公室	
M	培训	3	教室	某软件公司
N	系统测试	5	电脑5台	
O	指南试用	14		

第三节　确定项目活动顺序

项目活动有先后。活动定义之后,就要安排其先后顺序。进行这项工作可利用项目管理软件,也可以手工完成,还可以手工和软件相结合。

一、活动之间的逻辑关系

在安排活动顺序时,要明确各活动之间的逻辑关系,主要有3种。

(一)强制性依赖关系

强制性依赖关系是指活动性质中固有的依赖关系,常常是某些客观限制条件。例如,某电子项目,必须先建一个原型机,然后才能进行试验;影视节目制作,必须先有剧本或脚本,先制订拍摄计划,经过批准,然后才能实地拍摄。强制性依赖关系也称作"硬逻辑"关系。

(二)可灵活处理的关系

可灵活处理的关系是指可由项目班子根据具体情况安排的关系。由于这类关系可能会限制以后各活动的顺序安排,所以在使用时要特别当心。可灵活处理的关系可细分为如下两类:

1. 按已知的"最好做法"来安排的关系。按这种关系,只要不影响项目的总体进度,活动之间的先后顺序可按习惯或项目班子喜欢的方式安排。这类关系常叫做“软逻辑”关系。

2. 为了照顾活动的某些特殊性而对活动顺序做出的安排。其顺序即使不存在实际制约关系，也要强制安排。常常将这类关系叫做“优先逻辑”关系。

(三)外部依赖关系

大多数依赖关系限于项目内部的各个活动之间。然而，有些依赖关系则涉及同本项目之外其他项目的联系(例如，某种新产品开发项目可能需要将某个原型机提供给交易会展出)或者涉及同一个或多个利害关系者非本项目活动的联系(例如，向项目实施组织提供财务资料)。

为了明确各活动之间的逻辑关系，必须充分研究成果说明书。项目成果的特点对活动之间的顺序安排影响很大。仔细地观察活动清单，就可以明显地发现这种影响的存在。不过，为稳妥起见，一般还应当仔细研究项目成果说明书。

在确定活动逻辑关系时，要注意活动开始和结束时间的机动余地。这种机动，表现为该项活动开始和结束时间可以在一定范围内变动，一般用最早开始时间(ES)和最迟开始时间(LS)，以及最早结束时间(EF)和最迟结束时间(LF)表示。ES 是活动能够付诸实施的最早时间，LS 是在不影响项目最后完成时间的前提下活动能够最大限度推迟的开始时间，EF 是活动能够最早完成的时间，LF 是在不影响项目最后完成时间的前提下活动能够最大限度推迟的结束时间。

对于某项活动，紧在其前进行的活动叫“先行活动(工序)”、“紧前活动(工序)”，而紧随其后的活动叫“紧后活动(工序)”或“后继活动(工序)”。表 8－1 第 4 和第 5 栏表达的就是项目活动之间的逻辑关系。

二、活动顺序的表现方法

时间进度仅靠语言和文字表达还不够清楚。为了清楚、直观地表达项目各项活动之间的先后，20 世纪初出现了横道图(甘特图)。横道图虽然可以清楚地表达项目活动的先后顺序，但不能表达各项活动之间的逻辑关系。于是，20 世纪 50 年代有人创造了关键路线法(CPM)、计划评审技术(PERT)和相应的网络图。为了更好地反映项目活动时间和相互关系的随机性质，20 世纪 60 年代和 70 年代又先后出现了图示评审技术(GERT)和风险评审技术(VERT)。CPM、PERT、GERT 和 VERT 可以统称为网络(计划)技术。由此，某项目的进度计划可以用图 8－1、图 8－2 或图 8－3 表示。

网络图直观地揭示了活动之间的逻辑关系。在观察活动或开展工作时，网络图可以突出关键活动，以及存在的问题。该图可以包括项目的全部细节，也可以只有一个或多个概括性活动。图中有时还附有简要的说明，说明活动安排的基本方法。对于特殊的活动序列，则应详细说明。

网络计划技术不但是制订和表现进度计划的有力工具，也是进度控制和资源合理调配

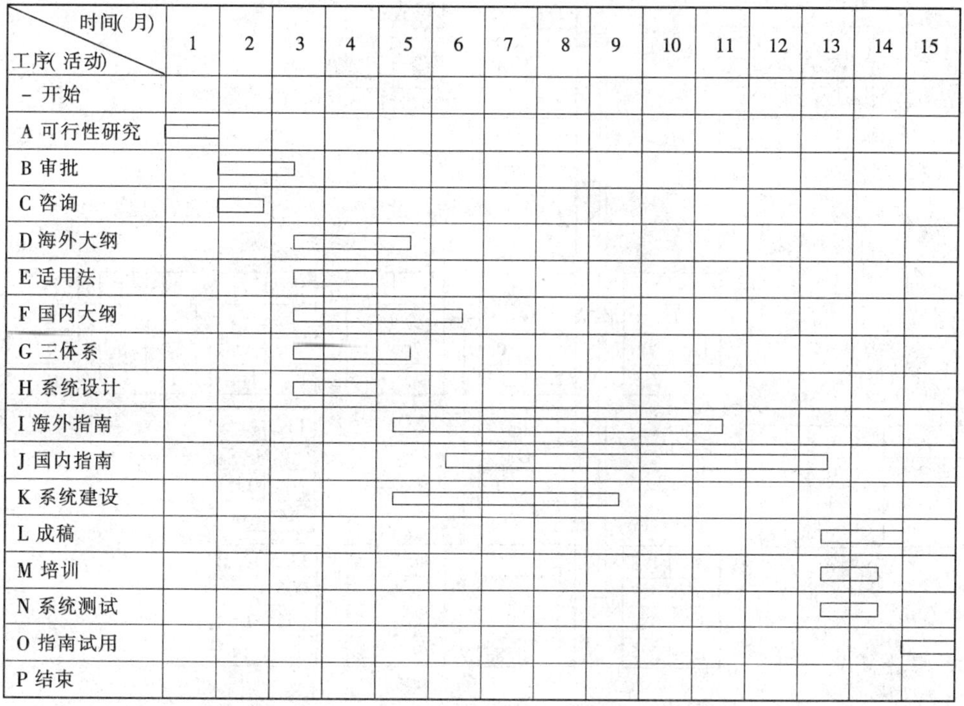

图 8-1　“项目管理指南”制定项目横道图(甘特图)

的有力工具。

三、网络图的绘制方法

明确了各活动之间的逻辑关系后即可动手绘制网络图。绘制方法有单代号绘图法和双代号绘图法两种。

(一)单代号绘图法

1. 搭接网络和无搭接网络。单代号绘图法用节点(方块、圆圈等)代表活动,而用连接节点的箭线表示活动之间的依赖关系。多数项目管理软件使用此法。项目活动之间有 4 种依赖或先后关系:

(1)结束对起始(FS):前一活动必须在后一活动开始前结束。

(2)结束对结束(FF):前一活动必须在后一活动结束前结束。

(3)起始对起始(SS):前一活动必须在后一活动开始前开始。

(4)起始对结束(SF):前一活动必须在后一活动结束前开始。

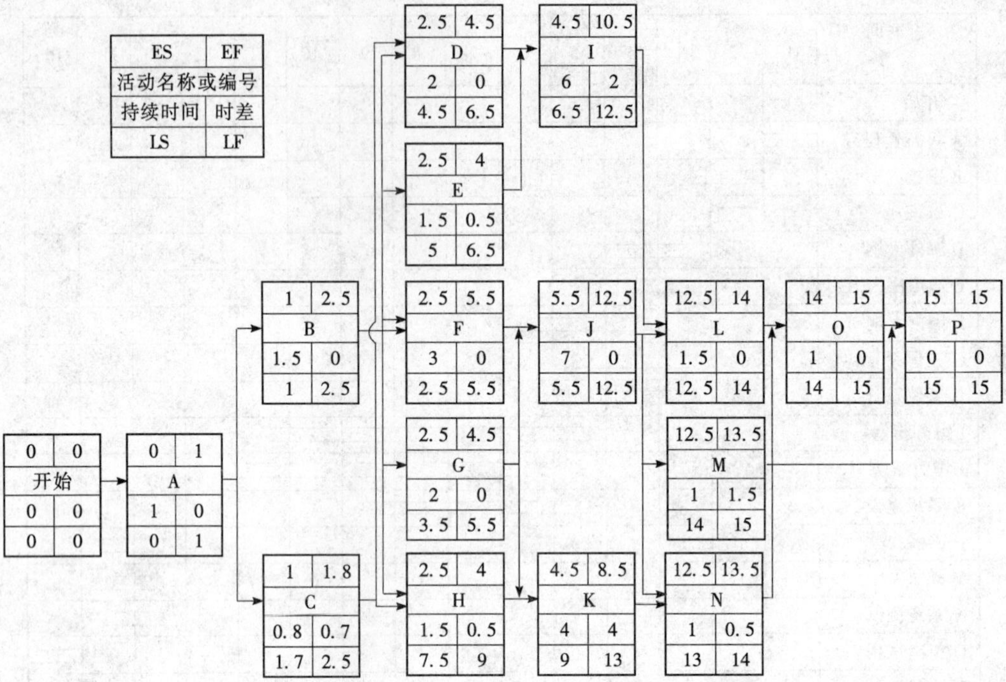

图 8–2 “项目管理指南”制定项目单代号网络图(关键路线法)

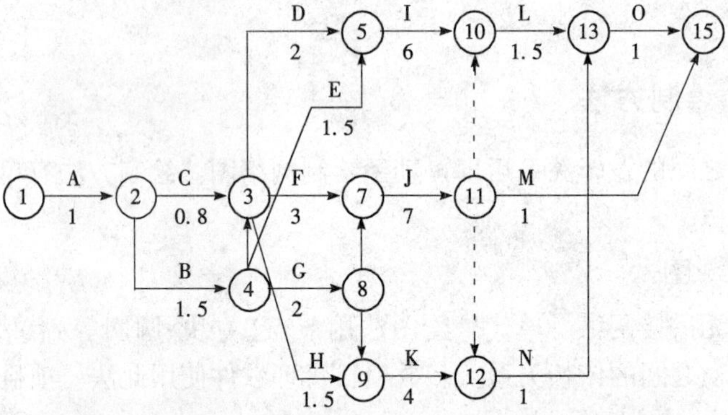

图 8–3 “项目管理指南”制定项目双代号网络图(关键路线法)

上述 4 种依赖关系都存在的网络叫“搭接网络”。本书仅介绍满足 FS 关系的无搭接网络。图 8－2 就是手工绘制的单代号无搭接网络图。

2. 绘制方法。首先，在纸张最左边画出表示“开始”的节点。在该节点右侧画出表示“可行性研究”的节点，并用箭线将其同“开始”连接。从表 8－1 知道，“可行性研究”有“审批”和“咨询”两个紧后活动。所以在“可行性研究”右侧再画出两个方块来加以表示，并用箭线将其同“可行性研究”连接。“审批”的紧后活动有“海外大纲”、“适用法”、“国内大纲”、“三体系”和“系统设计”，而“咨询”的紧后活动是该 5 项活动中的 3 项。所以在“审批”和“咨询”右侧画 5 个方块加以表示，而后用 5 条箭线同“审批”相连，用 3 条箭线同“咨询”相连。图 8－2 中其他方块和箭线都是对照表 8－1 中列出的逻辑关系画出来的。绘图时要注意以下几点：

(1) 只能有一个“开始”和一个“结束”节点。若多项活动均无紧前活动，则应在其左边另画一个“开始”节点，并用箭线将无紧前活动的各活动同其连接起来；同样，若多项活动均无紧后活动，则应在其右另画一个“结束”节点，并用箭线将无紧后活动的各活动同其连接起来(见图 8－4)。

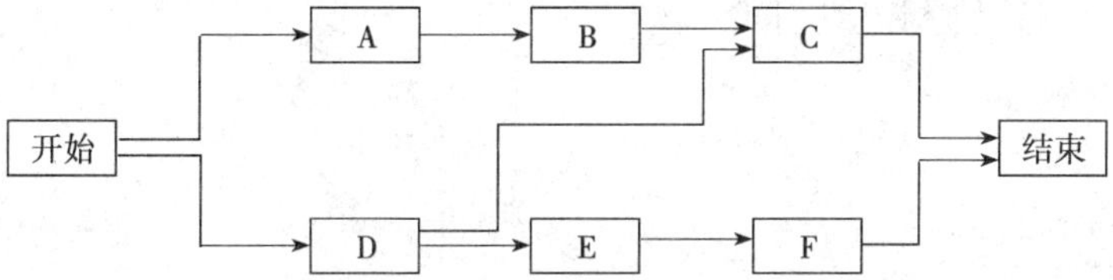

图 8－4 “开始”和“结束”节点只能各有一个

(2) 除了“开始”和“结束”节点外，每个节点都既有箭线引出，又有箭线引入。只在一侧有箭线的节点，叫做“悬空节点”。从某个节点出发，经过若干个节点和箭线又回到该节点，这样的节点—箭线……节点序列叫做“回路”。网络图中务必不要出现悬空节点和回路。

开始画时，不必顾虑网络图好看不好看，应集中精力把活动之间的逻辑关系确定下来，之后再改进外观。

3. 交叉作业(流水作业)。在业务流程、技术或管理允许的情况下，可以不必等待活动全部结束后再转入紧后活动，可以分期分批的转入，这种方式称为“交叉作业”(“流水作业”)。交叉作业可以缩短项目时间。如，某咨询公司有 3 个类似的咨询项目，要写 3 份中文和外文都要的咨询报告。撰写过程分解为起草、修改和翻译 3 个工序。为了加快这 3 份咨询报告的撰写时间，可以采取流水作业法。这个流水作业表示在图 8－5 中。

4. 节点表示方法。单代号网络图的节点有多种表示方法。图 8－6 就是其中的两种。不管采用哪种，只要将项目各项活动的有关参数表达清楚即可。

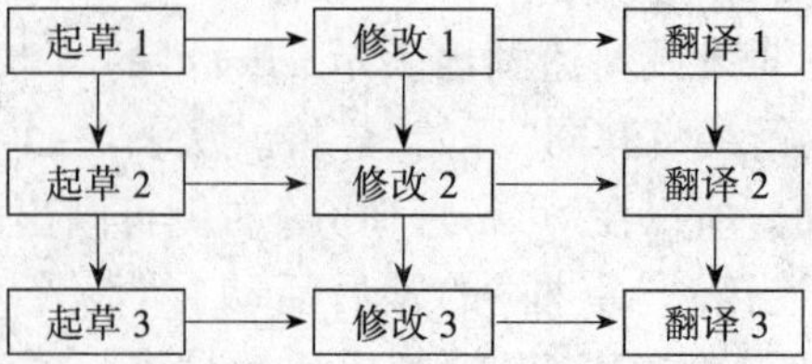

图 8-5 流水作业单代号网络图

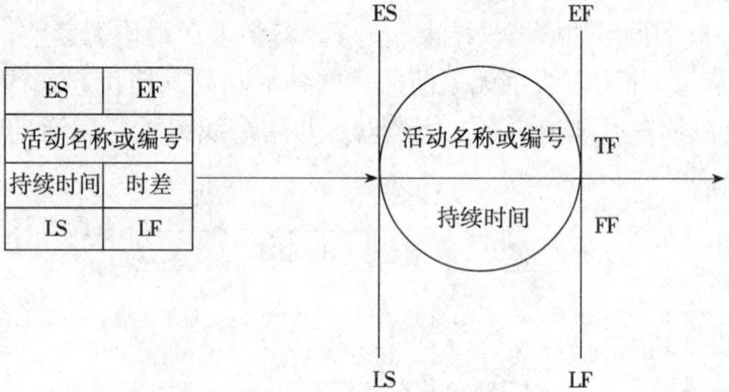

图 8-6 单代号网络图节点表示方法

(二)双代号绘图法

1. 活动和事件的表示。双代号绘图法分别用箭线和节点代表活动和事件。节点表示一个或若干个活动的开始或结束的事件,是前后活动在时间上的分界和接续。节点一般用圆圈和里面的数字表示,数字是节点的编号。各项活动还用数对(i,j)互相区别开来。其中,i是活动的起点编号,而j是终点编号。

箭线上、下可用数字表示活动的持续时间、需用的资源数量等。为了看起来清楚,便于填写有关的数据,箭线尽量水平或有一段水平。

2. 虚拟活动(虚工序)。绘制双代号网络图时,有时必须使用虚拟活动(虚工序)表示前后相邻活动之间的逻辑关系。虚拟活动持续时间为0,不消耗任何资源。图 8-3 中的虚拟活动有(4,3)、(8,7)、(8,9)、(11,10)和(11,12)。虚拟活动(4,3)只表示 B 活动结束后,D,F 和 H 活动才能开始。

遇到下列情况,必须使用虚拟活动:

(1)避免活动的始点和终点编号重复。在图 8-7 中,活动 a 和 b 都是活动 c 的紧前活动。若像图 8-7 左边那样画图,则活动 a 和 b 的编号都是(1,2),无法区分。如果像图8-7

右边那样加上一个虚拟活动(3,2),两者就能区分开来了。

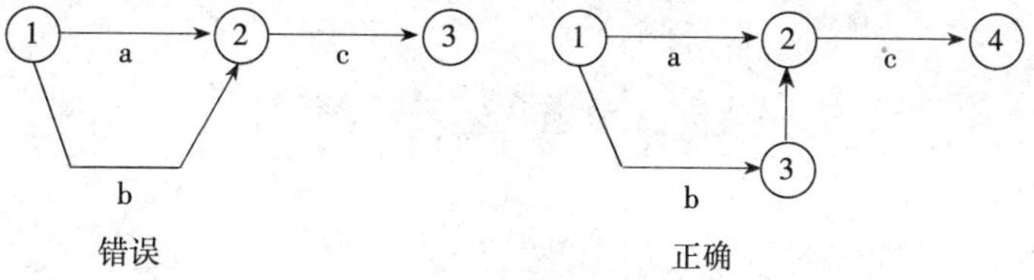

图 8－7　相邻的两个节点之间只能有一个活动

(2)区分两个或多个活动的后续活动。在图 8－8 中,活动 A 的紧后活动是 C 和 D。活动 B 的紧后活动是 D。A 和 B 共同的后续活动是 D。这时候,加一个虚拟活动就可以将活动 A 和活动 B 的紧后活动 C 和 D 区别开来。

绘制双代号网络图和绘制单代号网络图一样,不能出现悬空节点和像图 8－9 那样的回路。

用双代号网络图表示交叉作业(流水作业)必须使用虚拟活动。图 8－5 中的流水作业若用双代号网络图表示就是图8－10。

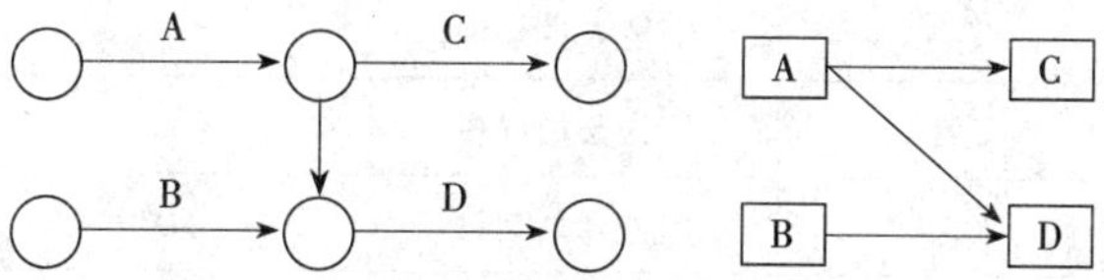

图 8－8　双代号和单代号网络图的比较

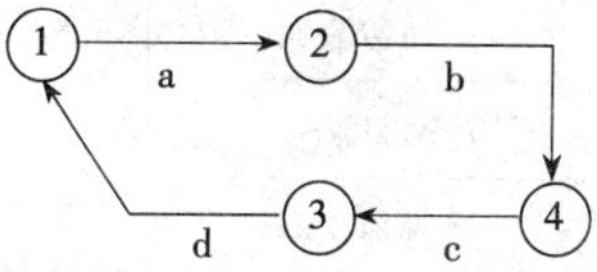

图 8－9　回路

3. 始点和终点。与单代号网络图一样,双代号网络图中只能有一个起始点和一个终点。当有几个活动同时开始或结束时,应当用一个起始点或终点表示。若这些活动不能用一个起始点或一个终点表示,可用虚拟活动将它们与起始点或终点连接起来。

表 8－3 是某产品推销项目的活动清单和逻辑关系。开始画时,可以先根据这些关系画

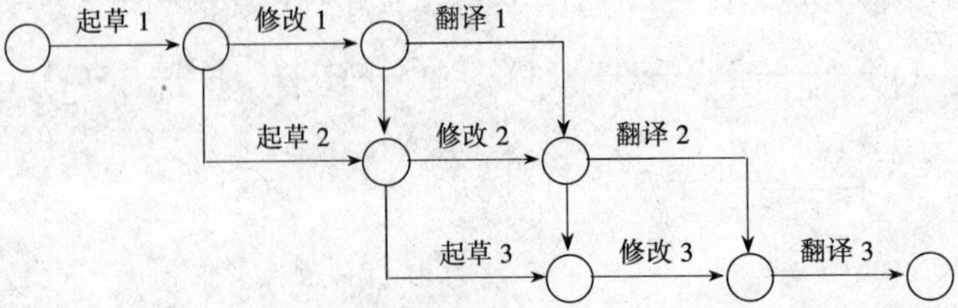

图 8－10　流水作业双代号网络图

一个像图 8－11 那样的草图，然后再逐步完善。不同的人画出来的图可能样子不一样，但是各项活动之间的逻辑关系都应是一样的。图 8－12 仅为其中之一。

表 8－3　新产品推销活动清单

编号	活动编号	活动名称	紧前活动	紧后活动
1	A	销售部筹建	—	B,D,K
2	B	销售人员招聘	A	C
3	C	销售人员培训	B	L
4	D	广告公司选择	A	E
5	E	广告计划制订	D	F
6	F	广告计划实施	E	—
7	G	包装式样设计	—	H
8	H	包装设备安装	G	I
9	I	产品包装	H,J	M
10	J	产品订购	—	I
11	K	批发商选择	A	L
12	L	批　发	C,K	M
13	M	交　货	I,L	—

4. 时标网络。一般说来，箭线长短不表示时间长短。但是，网络图也可以附有时间刻度，图8－13中的网络图就是如此，这种网络图叫做“时标网络”。

在必要时，网络图也可以按完成各个活动的工作单位布置。

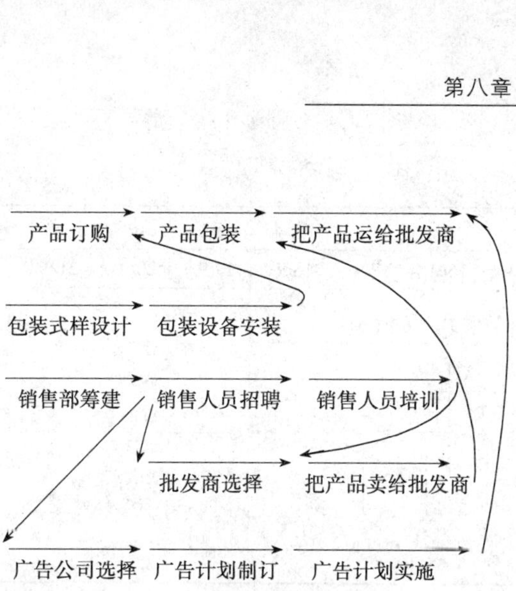

图 8-11　新产品推销项目活动依赖关系草图

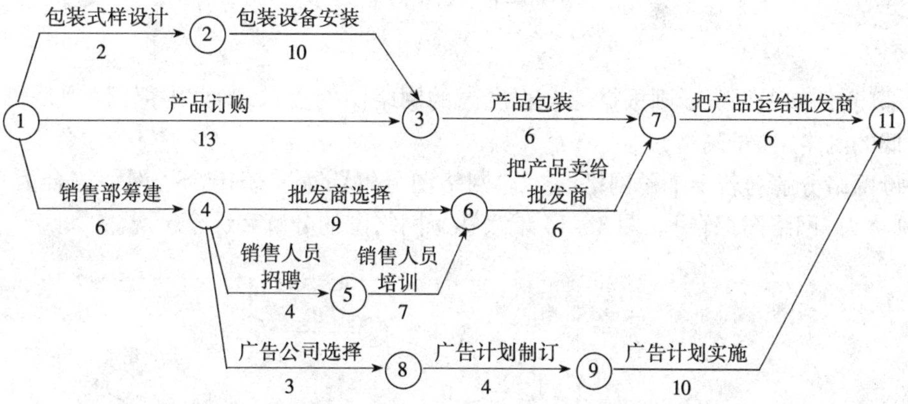

图 8-12　新产品推销项目双代号网络图

四、网络样板

为了加快网络图的编制,可以利用标准网络。标准网络可以包括整个项目或其中一部分(子网络或网络片)。当项目包括几个一样或几乎一样的组成部分时,子网络特别有用(例如,高层办公楼的楼层,制药项目的临床试用,软件项目的程序块)。这些标准网络就叫做网络样板。

五、网络图的分解与综合

一般情况下,项目实施组织制订的网络计划用综合程度高的网络图(母网络)表示,而

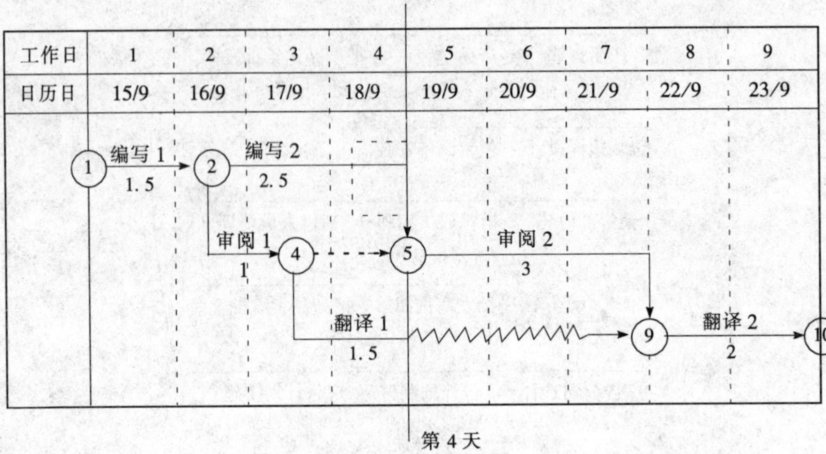

图 8-13 时标网络

下一级部门,例如项目班子则根据综合程度高的网络图的要求,制订本部门(项目班子)综合程度低的网络图(子网络)。

将母网络分解为若干个子网络,称为"网络图分解";而将若干个子网络综合为一个母网络,则称为"网络图综合"。图 8-14 就表达了网络图的分解和综合情况。

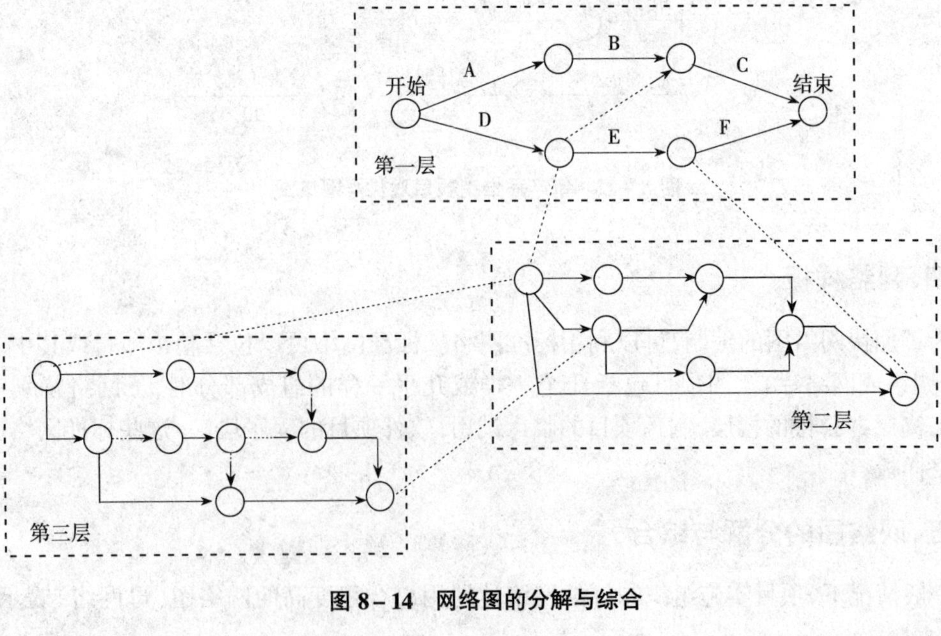

图 8-14 网络图的分解与综合

六、项目工作分解结构的更新

在安排项目活动顺序时可以对项目活动清单进行修改。很多时候，为了画出正确的顺序关系，需要将活动清单中的一个活动分解成两个或多个活动。一旦将项目活动分解，就需要修改原来的活动清单。

第四节　项目活动持续时间估算

项目活动各需要多长时间，必须事先进行估算。这项工作应当由最熟悉具体活动内容和性质的个人或集体来完成和审核。

要估算出项目各项活动的持续时间就必须了解它们需要使用哪些资源，需要多少，何时需要，以及其他有关要求。大多数项目活动持续时间的长短都取决于分配给它们的人力、物力和财力资源的多少，都受到分配给它们的人员能力、物资质量和设备效率的影响。显然，完成同一指定活动所用的时间，有经验者一般要比无经验者少；效率高的设备要比效率低者少。

为了估算各项活动需要的时间，应当广泛收集历史的和现时的数据。其中包括：

第一，项目档案。项目实施组织保存的以前的项目记录常常详细而又具体，完全可以用来估计本项目活动的时间长短。项目班子某些成员个人也可能保存有此类记录，应动员他们贡献出来。

第二，有关时间估计的出版物，例如各种时间定额。这类资料常常可以买到（例如，混凝土养护需要的时间；对于某种类型的申请，政府机构一般多长时间才能答复等）。此外，报纸杂志经常报道有关项目的进展或其他消息，应当充分利用这些消息。

第三，项目班子的知识。项目班子个别成员可能会记得以前某些活动所用的实际时间或时间估计，这些回忆可能很有用，但一般不如有案可查的结果可靠。

第四，专家判断。影响活动时间的因素很多（例如，资源水平、资源生产率等），有时很难估计所用时间的长短。遇到这种情况，可请专家根据历史资料作出判断。项目班子自己的主观估计往往会带有很大的不确定性，因而就可能带有较大风险。

第五，类比估算。类似的活动，持续时间也可能类似。因此，可利用其他项目中各活动实际使用的时间来估算本项目各个活动需要的时间。

估算活动持续时间之后，应当写出书面文件。文件中应指明项目活动持续时间可能的变动范围。例如：10 ± 2 天（表明该活动至少持续 8 天，最多不超过 12 天），超过 3 周的概率为 15%（表明该活动在 3 周之内完成的概率很高，达 85%）。

书面文件中还应当写出估算的根据、所做的假定以及更新后的活动清单。为了对项目时间作出更准确的估计，需要将活动清单中的一个活动分解成两个或多个活动，因此也就要修改原来的活动清单。

表8－1第3栏表示的就是某项目用于关键路线法的活动持续时间估计。用于计划评审技术的活动时间估计放在下面介绍。

第五节　编制进度表

制订进度表包括分析活动顺序、估计项目持续时间和资源要求,并确定各活动的起始和结束时间。这个过程连同活动持续时间估算和费用估算过程常常要反复多次进行。

制订进度表需要知道何时以何种形式取得何种资源,包括人、设备和材料等,还需要知道有关节假日等的日历安排。日历安排对项目进度计划影响很大。例如,有些项目活动只能在正常工作时间进行,而另外一些则可三班倒;某成员可能在休假或参加培训等。此外,影响进度计划制定的因素还有以下几方面:

第一,强制日期。项目委托人、顾客或其他外部因素可能会要求在某规定的日期之前完成某些应交付成果(例如,某一技术项目必须在某日之前提交成果;某施工项目必须在雨季之前完成)。

第二,关键事件和主要里程碑。项目委托人、顾客或其他利害关系者可能要求在某规定日期前完成某些应交付成果。一旦确定下来,这些日期常常很难变动。

第三,假设。必须特别小心对待任何资源和时间的假设。

编制进度计划有多种方法,本节介绍的关键路线法和计划评审技术,在PMBOK指南中叫做“数学分析”,其他一些文献叫做“网络分析”。

一、关键路线法

关键路线法(CPM)是在不考虑任何资源限制的条件下,根据指定的活动逻辑关系和持续时间估计,计算活动的最早和最迟开始和结束日期。CPM的中心任务是计算时差,确定哪些活动的进度安排灵活性最小。CPM的计算结果还要根据资源的限制和项目的其他要求进行调整。调整之后,才能成为项目的进度表。

(一)关键路线

网络图中,由左至右,连接第一和最后一项活动的节点—箭线……箭线—节点序列叫“网络路线”。每一网络路线都有自己的完成时间,等于该路线上各活动持续时间的总和。总和最大的路线称为“关键路线”,非最大者称为“非关键路线”。关键路线上的活动叫做“关键活动”或“关键工序”。关键活动不能耽搁,否则,整个项目的完成时间就要推迟。

表8－4就是图8－2中网络图的所有路线。可以看出,第3条路线上活动持续时间总和最大,因而是关键路线。

表 8-4　图 8-2 网络图的活动路线　　时间单位:月

编号	路　线	活动持续时间之和	是否为关键路线
1	A-B-D-I-L-O	13	不是
2	A-B-E-I-L-O	12.5	不是
3	A-B-F-J-L-O	15	是
4	A-B-F-J-M	13.5	不是
5	A-B-F-J-N-O	14.5	不是
6	A-B-G-J-L-O	14	不是
7	A-B-G-J-M	12.5	不是
8	A-B-G-J-N-O	13.5	不是
9	A-B-G-K-N-O	10.5	不是
10	A-B-H-K-N-O	10	不是
11	A-C-D-I-L-O	12.3	不是
12	A-C-F-J-L-O	14.3	不是
13	A-C-F-J-M	12.8	不是
14	A-C-F-J-N-O	13.8	不是
15	A-C-H-K-N-O	9.3	不是

简单的网络图可以像上面那样找出关键路线,但是稍微复杂些的项目,不能用这种办法。

(二)时间参数计算——确定单代号网络图关键路线

下面结合图 8-2 中单代号网络图介绍如何利用图上计算法确定关键路线。该法有前(正)向计算和后(反)向计算两大步骤。前向计算是计算各项活动的最早结束时间(EF),而后向计算是计算各项活动的最晚开始时间(LS)。

1. 前向计算。前向计算的具体步骤如下:

(1) 项目的开始时间,即第一项活动的开始时间(ES),例如 2003 年 9 月 15 日或者 0,写在第一个节点左上方;把第一项活动的持续时间加到它的开始时间(ES)上,并将结果写在该节点右上方,这是该活动的 EF。

(2) 考察紧前活动均已标有 ES 和 EF 的节点(即活动),比较各紧前活动的 EF,将其中数字最大者写在节点的左上方。该数字即该项活动的 ES;计算该项活动的 EF,EF = ES + 该项活动持续时间,EF 写在节点右上方。

(3) 重复第(2)步,直到最后一项活动标上 ES 和 EF。

2. 后向计算。后向计算的具体步骤如下:

从最后一个节点开始反向第一个节点,依次连接 EF 数值最大的节点,由此得到的路线就是关键路线。

(1)确定项目的 LF,并将其置于最后一个节点的右下方。一般情况下,项目的LF =项目的 EF;确定最后一项活动的 LS,并将其置于该节点的左下方,最后一项活动的 LS =项目的 EF - 最后一项活动的持续时间。

(2)由后而前,逐一考察未标 LF 和 LS 的节点(活动),将其各紧后活动数值最小的 LS 作为该项活动的 LF,写在该节点的右下方;确定该项活动的 LS,并将其置于该节点的左下方,LS =LF - 该项活动的持续时间。

(3)重复第(2)步,直到第一项活动标上 LF 和 LS。一般情况下,第一项活动的 LS 和 ES 相同。

在确定关键路线的过程中读者可以体会到,要想缩短整个项目的完成时间,就必须缩短关键活动的持续时间。相反,关键活动的持续时间如果延长,就会推迟整个项目的完成时间。所以,项目班子必须重视关键活动,确保它们顺利按时进行。

3. 时差。关键路线以外的其他活动,其开始与结束时间都有一定的灵活余地,在某时间范围内的哪个时刻开始都可以。该时间范围与活动持续时间的差值叫做"时差"、"机动时间"、"浮动时间"或"松弛时间"。时差(机动时间)可定义为"在不影响项目最后完成时间的前提下,某活动可以推迟开始的最大时间量"。图 8 - 2 中活动 K,即"系统建设"是非关键活动,该活动在其直接紧前活动 H"系统设计"结束后,直到其直接后继活动 N"系统测试"开始前有 8 个月时间可以利用,而完成"系统建设"只需 4 个月,所以该活动的浮动时间是4 个月。时差为项目管理人员留出了灵活余地,使其能够制订多种实施方案,以便更合理地安排资金、人力、物资、设备或其他资源。

下面介绍"总时差"和"自由时差"。

(1)总时差(TF)。总时差是非关键路线上两项以上连续活动共有的时差。如果一项活动全部占用,其他活动就不再有灵活余地。在图 8 - 2 中,D 和 I 为非关键活动。在活动 B 结束后,D 和 I 可以推迟 2 个月而不影响项目最后完成时间,所以 D 和 I 的总时差为 2 个月。若 D 推迟半个月开始,I 还有 1 个半月机动时间;D 延误 2 个月开始,则 I 不再有机动时间。活动的总时差 TF 按下式计算:TF = LF - EF = LS - ES。

(2)自由时差(FF)。自由时差是非关键活动的所有紧前活动和后继活动都按最早开始时间(ES)开始时,该项活动的时差。活动的自由时差 FF 按下式计算:

FF =所有后继活动的 ES 中的最小者 - 该项活动的 ES - 该项活动持续时间

有了上述时差概念,读者不难发现,关键活动就是总时差为零的活动。

（三）时间参数计算——确定双代号网络图关键路线

确定双代号网络图关键路线的过程与单代号网络图略有不同。首先确定表示事件（事项）发生的节点时间，然后再确定活动的各时间参数。

1. 事件（事项）时间

（1）前向计算。前向计算确定事项最早时间 $T_E(j)$，其中 j 是节点编号。若事项为某一或若干活动的开始，则事项最早时间为各活动的最早可能开始时间。若事项为某一或若干活动的结束，则事项最早时间为各活动的最早可能结束时间。通常是按结束事项计算事项最早时间，用 $T_E(j)$ 表示。$T_E(j)$ 等于从始点事项起到本事项最长路线的时间长度。计算 $T_E(j)$ 是从始点事项开始，自左向右逐个事件向前计算。假定始点事项 1 的最早时间等于零，即 $T_E(1)=0$。结束事项的最早时间等于开始事项最早时间加上活动持续时间。当结束事项是两个以上的活动的结束时，选择各活动的开始事项最早时间与各自持续时间之和的最大值。即

$$T_E(1) = 0$$

$$T_E(j) = \max\left[T_E(i) + T(i,j)\right] \quad (j = 2,\cdots,n)$$

式中，$T_E(j)$ 为结束事项的最早时间，$T_E(i)$ 为开始事项的最早时间。

（2）后向计算。后向计算确定事项最迟时间 $T_L(j)$，即结束事项各活动的最迟必须结束时间或开始事项各活动的最迟必须开始时间。

为了尽量缩短项目的完成时间，把终点事项的最早时间，即项目的最早结束时间作为终点事项的最迟时间。事项最迟时间通常按开始事项的最迟时间计算，从右向左进行。开始事项的最迟时间等于结束事项的最迟时间减去活动 (i,j) 的持续时间。当开始事项同时有两个以上活动开始时，该开始事项的最迟时间必须同时满足这些活动的最迟必须开始时间。所以，要在这些活动的最迟必须开始时间中选一个最早（时间值最小）的时间，即

$$T_L(n) = T_E(n) \quad (n\text{ 为终点事项})$$

$$T_L(i) = \min\left[T_L(j) - T(i,j)\right] \quad (i = n-1,\cdots,2,1)$$

式中，$T_L(i)$ 为开始事项的最迟时间，$T_L(j)$ 为结束事项的最迟时间。

2. 活动的 ES，EF，LF 与 LS

（1）活动最早开始时间 $\mathrm{ES}(i,j) = T_E(i)$；

（2）活动最早结束时间 $\mathrm{EF}(i,j) = \mathrm{ES}(i,j) + T(i,j)$；

（3）活动最迟结束时间 $\mathrm{LF}(i,j) = T_L(j)$；

（4）活动最迟开始时间 $\mathrm{LS}(i,j) = \mathrm{LF}(i,j) - T(i,j)$。

3. 时差

（1）总时差 $\mathrm{TF}(i,j) = \mathrm{LS}(i,j) - \mathrm{ES}(i,j) = \mathrm{LF}(i,j) - \mathrm{EF}(i,j) = T_L(j) - T_E(i) - T(i,j)$

（2）自由时差 $\mathrm{FF}(i,j) = \mathrm{ES}(j,k) - \mathrm{EF}(i,j)$，$\mathrm{ES}(j,k)$ 为活动 (i,j) 的所有紧后活动的最早开始时间。

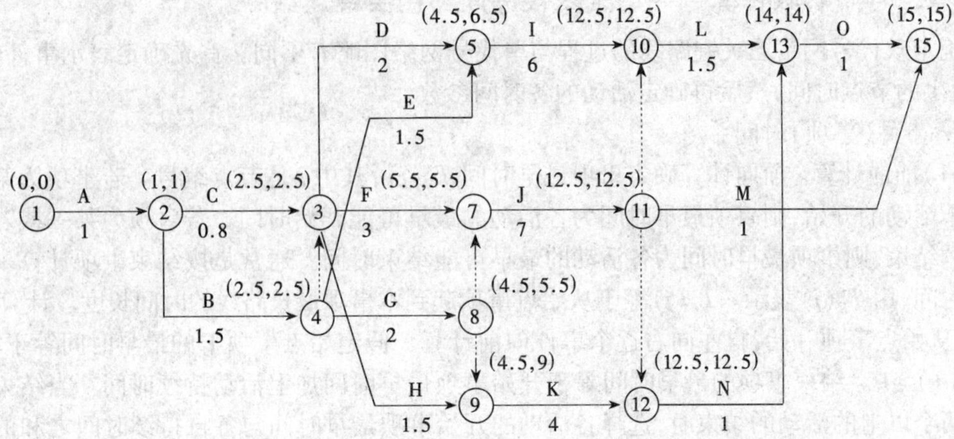

图 8-15 "项目管理指南"制定项目事件时间计算

图 8-15 就是图 8-3 双代号网络图 $T_E(i)$ 和 $T_L(i)$ 的计算过程。每个节点旁边有一个数对[$T_E(i)$,$T_L(i)$]。例如,在节点 5 旁边有数对(4.5, 6.5)。其中的 6.5 是活动 D 和 E,即(3,5)和(4,5)的 LF,而 4.5 是活动 I,即(5,10)的 ES;在节点 8 旁边有数对(4.5, 5.5)。其中的 5.5 是活动 G,即(4,8)的 LF,而 4.5 是虚拟活动(8,7)和(8,9)的 ES。

至于各项活动的 EF 和 LS,最好像表 8-5 那样以表格形式计算。列表时,先把各项活动的 ES 和 LF 从图 8-15 中找出并列入表 8-5 中,然后算出 EF 和 LS。千万不要"望图生数"。

将各项活动的 EF 和 LS 计算出来之后,就可以计算总时差 TF 和自由时差 FF。计算结果已列入表 8-5 中。

表 8-5 "项目管理指南"制定项目活动时间参数计算 时间单位:月

编号	活动名称	持续时间	ES	EF	LS	LF	自由时差	总时差
A(1,2)	可行性研究	1	0	1	0	1	0	0
B(2,4)	审批	1.5	1	2.5	2.5	2.5	0	0
C(2,3)	咨询	0.8	1	1.8	1.7	2.5	0.7	0.7
D(3,5)	海外大纲	2	2.5	4.5	4.5	6.5	0	2
E(4,5)	适用法	1.5	2.5	4	5	6.5	0.5	2.5
F(3,7)	国内大纲	3	2.5	5.5	2.5	5.5	0	0

续表

编号	活动名称	持续时间	ES	EF	LS	LF	自由时差	总时差
G(4,8)	三体系	2	2.5	4.5	3.5	5.5	0	1
H(3,9)	系统设计	1.5	2.5	4	7.5	9	0.5	5
I(5,10)	海外指南	6	4.5	10.5	6.5	12.5	2	2
J(7,11)	国内指南	7	5.5	12.5	5.5	12.5	0	0
K(9,12)	系统建设	4	4.5	8.5	9	13	4	4.5
L(10,13)	成稿	1.5	12.5	14	12.5	14	0	0
M(11,15)	培训	1	12.5	13.5	14	15	1.5	1.5
N(12,13)	系统测试	1	12.5	13.5	13	14	0.5	0.5
O(13,15)	指南试用	1	14	15	14	15	0	0

二、计划评审技术(PERT)

关键路线法(CPM)实际上假设了项目持续时间以及整个项目完成时间长短是确定的，不存在其他可能。而计划评审技术(PERT)则认为它们是随机的，服从某种概率分布。PERT 利用活动逻辑关系和项目活动持续时间的加权估计，即项目活动持续时间的数学期望计算项目时间。从表面上看，CPM 侧重活动，而 PERT 侧重事件。PERT 可以估计整个项目在某个时间内完成的可能性大小，即概率，而 CPM 则不能。PERT 做出来的时间进度计划要比 CPM 原来使用最大可能估计做出的更现实。

(一)活动持续时间估计

PERT 把各项目活动持续时间看成是服从某种概率分布的独立随机变量。第 i 项活动的持续时间数学期望用 t_i 表示，则

$$t_i - \frac{a_i + 4m_i + b_i}{6}$$

式中：a_i 是第 i 项活动乐观持续时间，即假定一切顺利，不出意外，活动需要的最短时间；

m_i 是第 i 项活动最可能持续的时间，即活动在一般情况下需要的时间；

b_i 是第 i 项活动悲观持续时间，即假定活动很不顺利，遇到许多意外时需要的最长时间。

第 i 项活动的持续时间方差若用 σ_i^2 表示，则有

$$\sigma_i^2 = \frac{(b_i - a_i)^2}{36}$$

相应的均方差为 $\sigma_i = \dfrac{b_i - a_i}{6}$。

方差越大,即活动的悲观和乐观持续时间之间的差别越大,表明项目班子对该项活动真正需要的时间把握越小,应当采取措施。表 8－6 就是图 8－2 网络各项目持续活动时间 PERT 估计。

表 8－6 图 8－2 网络各项目持续活动时间 PERT 估计 时间单位:月

编号	活动名称	紧前活动	紧后活动	a_i	b_i	m_i	t_i	σ_i^2
	开始	—	A					
A	可行性研究	—	B,C	1	1.4	1.2	1.2	0.004 4
B	审批	A	D,E,F,G,H	1.5	2.4	1.8	1.85	0.022 5
C	咨询	A	D,F,H	0.5	1.5	1	1	0.027 8
D	海外大纲	B,C	I	2	3	2.5	2.5	0.027 8
E	适用法	B	I	1.5	2.1	1.8	1.8	0.01
F	国内大纲	B,C	J	2.5	4.5	3.5	3.5	0.111 1
G	三体系	B	J,K	2	3.4	2.4	2.5	0.054 4
H	系统设计	B,C	K	1.5	3	1.8	1.95	0.062 5
I	海外指南	D,E	L	5.5	8.5	7	7	0.025
J	国内指南	F,G	L,M,N	6.5	10	8.5	8.42	0.340 3
K	系统建设	G,H	N	3.5	6	5	4.92	0.173 6
L	成稿	I,J	O	1	2.5	2	1.92	0.062 5
M	培训	J	—	0.5	2	1.2	1.22	0.062 5
N	系统测试	J,K	O	1	2.5	1.2	1.38	0.062 5
O	指南试用	L,N	—	0.5	2.5	1.2	1.3	0.111 1
	结束		—					

(二)关键路线

除了把项目持续活动时间看成随机变量之外,PERT 同 CPM 基本相同。确定关键路线时,PERT 用活动持续时间的数学期望代替 CPM 的活动持续时间。PERT 认为,项目完成时间是服从正态分布的随机变量,其数学期望和方差分别等于关键路线上各活动持续时间数学期望和方差之和。对于图 8－2 中的网络,关键路线是 A－B－F－J－L－O,整个项目完

成时间 t 的数学期望 T 和方差 σ^2 分别等于：

$$T=\sum t_i = 1.2+1.85+3.5+8.42+1.92+1.3=18.19\ (\text{月})$$

$$\sigma^2=\sum\sigma_i^2=0.004\,4+0.022\,5+0.111\,1+0.340\,3+0.062\,5+0.111\,1=0.651\,9$$

（三）项目完成时间概率

求得项目完成时间的数学期望 T 和方差 σ^2 之后，就可以计算出项目在某时间内完成的概率。以图 8－2 中的网络为例，若问该项目在 20 个月内完成的概率是多少，我们可进行如下计算：

由于项目完成时间 t 服从正态分布，所以查标准正态分布表，得

$$P\{t\leqslant 20\}=\Phi\left(\frac{20-T}{\sigma}\right)=\Phi\left(\frac{20-18.19}{0.807\,4}\right)=0.987\,45$$

这就是说，该项目在 20 个月内完成的概率是 $P\{t\leqslant 20\}=0.987\,45$，把握性很大。

三、资源的均匀使用

上面已经介绍了如何计算项目各项活动的开始和结束时间、完成项目所需要的总时间，以及各项活动的总时差和自由时差。但是，无论是 CPM 还是 PERT，都是在资源不受限制的假定下计算时间参数的。然而，绝大多数项目可以利用的资源都是有限的。另一方面，由于种种原因，资源应当均匀地使用。而 CPM 或 PERT 制订的进度表在资源使用方面往往不能满足均匀使用的要求。因此，只能将其视为“初步进度表”。初步进度表必须根据项目可以利用的资源情况和项目的其他要求进行调整。

（一）完成时间不变——资源的均匀使用

资源的均匀使用有多种情况。这里先介绍在不改变初步进度表中项目完成时间的条件下，使可供项目利用的资源得到均匀使用的方法。

假定表 8－7 所示项目只使用一种专业人员，表 8－8 列出了各项活动对这种资源的需用量。图 8－16 是根据表 8－7 画出的双代号网络图。

表 8－7　某项目活动清单　　时间单位：周

编号	活动编号	持续时间	紧前活动	ES	EF	LS	LF	总时差	自由时差
1	A	5		0	5	0	5	0	0
2	B	3	—	0	3	3	6	3	2
3	C	8	A	5	13	5	13	0	0
4	D	7	A,B	5	12	6	13	1	1
5	E	7	—	0	7	6	13	6	6
6	F	4	C,D,E	13	17	13	17	0	0
7	G	5	F	17	22	17	22	0	0

表 8-8　　时间单位:周

活动编号	持续时间	每周需要的专业人员数	需要的人·周总数
A	5	8	40
B	3	4	12
C	8	3	24
D	7	2	14
E	7	5	35
F	4	9	36
G	5	7	35
合　　计			196 人·周

假定上述专业人员在各项活动中每周分别花费的时间一样,那么,各项活动需要的人·周总数 = 每周需要的专业人员数 × 活动持续时间。如果每天花费的时间不一样,就应该分别确定每一时段需要的人·周数。

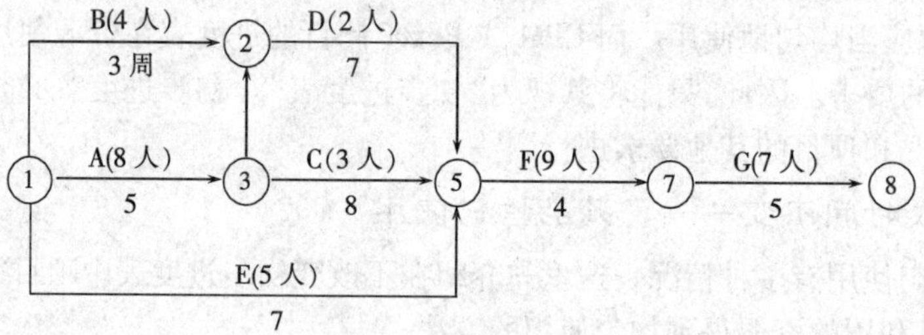

图 8-16　某项目进度计划网络图

图 8-17 为按 ES 最早开始时间安排的横道图,以及与之对应的资源需用量图。

在图 8-17 中,前 3 周每周需要 17 人,第 13 周只需 3 人。因此,最早开始时间进度表的资源需用量相差太大,幅度为 17-3 = 14 人。如果供项目班子使用的办公室、电脑和其他设施按 17 人安排,则到了第 13 周只有 3 人使用,实在浪费。另一方面,由于项目班子成员经常是从别处临时调来的,多数人同时担任多项工作。本项目人员需用量若变动太大,对其他工作的影响也就很大。显然,这样的安排很不合理。

图 8-18 为按最迟开始时间安排的横道图和与之对应的资源需用量图。从图8-18中可以看出,最大资源需用量从每周 17 人减少到每周 12 人,最小需用量从每周 3 人变成 7 人。这样,最迟开始时间进度表,资源需用量多少之差减小到 12-7 = 5 人。显然,这种安排要比图 8-17 的安排好。

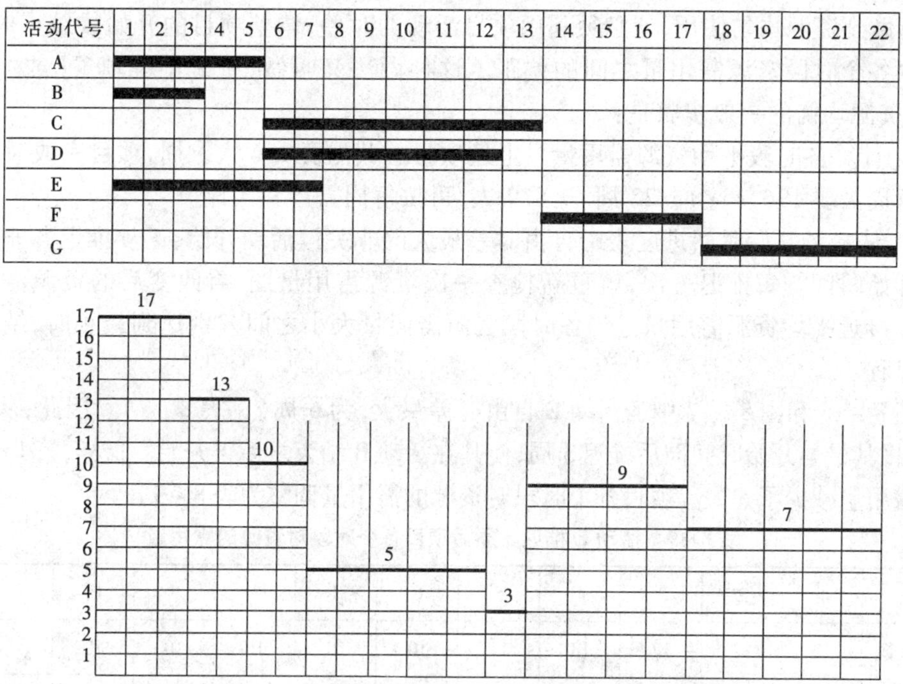

图 8–17 最早开始时间进度表及其资源需用量图

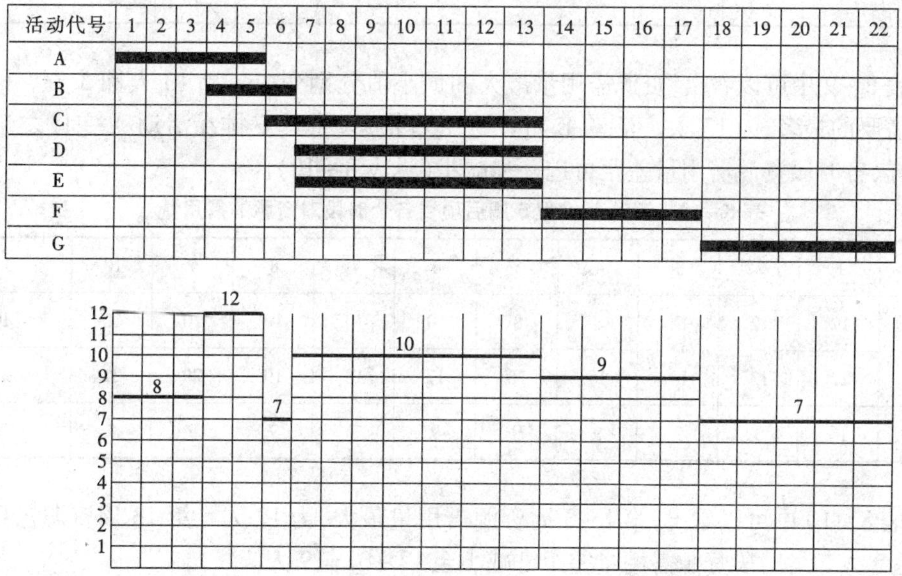

图 8–18 最迟开始时间进度表及其资源需用量图

要做到资源均匀使用,就必须利用项目活动的时差,调整项目的开始或结束时间,从而减少各个时段资源需用量之间的差距。这种做法又叫做“资源削峰填谷”或“资源平衡”。资源均衡的一般步骤是:

1. 计算各时段平均资源需用量。上述项目总共需要 196 人·周,项目完成时间为22周。每周需要 196 人·周/22 周 = 8.9 人,可按每周需用9 人计。

2. 从最早开始时间进度表中自由时差最大的非关键活动开始,逐步推迟各非关键活动的开始时间。每推迟一次,就重新检查一次资源需用量图,看改变后的资源需用量是否逐步接近平均资源需用量。当各时段资源需用量大小之间差别达到最小时,结束资源均衡过程。

图8-16和图8-17中的活动E自由时差最大,为6周(见表8-7)。因此,从活动E开始,将其最早开始时间向后推迟3周,使其在活动B结束之后再开始。这样,第1~3周的资源需用量减少了5人。项目各个时段对资源的需用量调整为表8-9。

表8-9 活动E推迟3周后项目各个时段对资源的需用量

周次	1	2	3	4	5	6	7	8	9	10	11
需用人数	12	12	12	13	13	10	10	10	10	10	5
周次	12	13	14	15	16	17	18	19	20	21	22
需用人数	5	3	9	9	9	9	7	7	7	7	7

从表8-9中可以看出,资源需用量最大和最小值分别变成每周13人和3人。第4和第5周需要的最多,为13人。活动E可以进一步推迟,将其安排在活动A完成之后再开始。这样,各时段资源需用量差距可进一步减小(见表8-10)。

表8-10 活动E推迟5周后项目各个时段对资源的需用量

周次	1	2	3	4	5	6	7	8	9	10	11
需用人数	12	12	12	8	8	10	10	10	10	10	10
周次	12	13	14	15	16	17	18	19	20	21	22
需用人数	10	3	9	9	9	9	7	7	7	7	7

从表8-10中可以看出,第1~3周资源需用量最大,为12人。第13周资源需用量最小,仍是3人。各时段资源需用量差距已减小至12-3 = 9人。

活动B有2周的自由时差。若将其推迟1或者2周,将使第4和第5周的资源需用量从8人增加到12人,不能减少资源需用量大小之差。所以,不能调整活动B。

活动D自由时差为1周。将其开始时间从第5周向后推迟1周之后的资源需用量如表8-11所示。从表8-11中可以看出,资源需用量最多时仍是每周12人,但是,最少时的需用量已经是每周5人。因此,各时段资源需用量差距减少至12-5=7人。

表8-11　活动D推迟1周后项目各个时段对资源的需用量

周次	1	2	3	4	5	6	7	8	9	10	11
需用人数	12	12	12	8	8	8	10	10	10	10	10
周次	12	13	14	15	16	17	18	19	20	21	22
需用人数	10	5	9	9	9	9	7	7	7	7	7

表8-11对应的横道图和资源需用量见图8-19。比较图8-19与图8-17可以看出,图8-19的资源使用要比图8-17"均衡"。

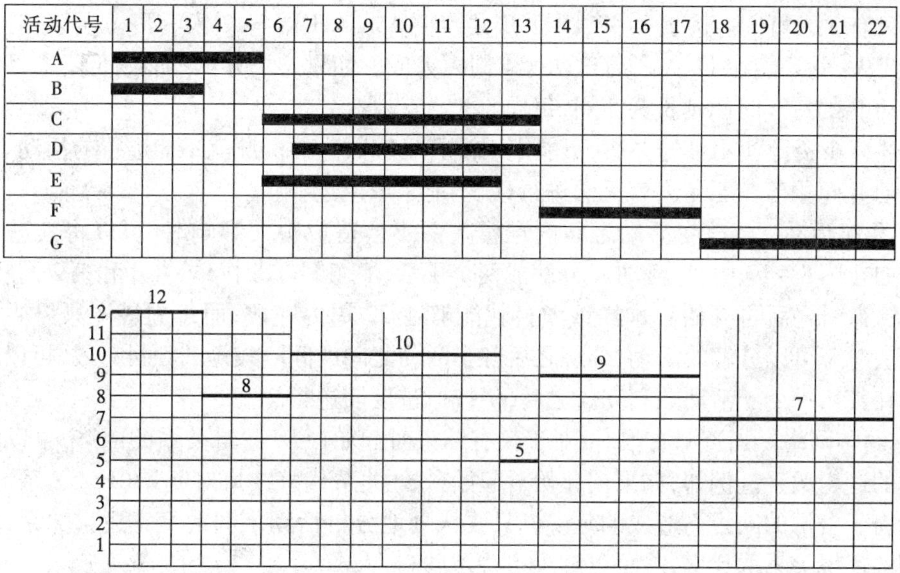

图8-19　利用时差调整资源用量后的横道图和资源需用量图

以上是在不延长完成时间的条件下,减小各时段资源需用量差距的过程。项目若不大,可用上述步骤。对于大项目,可以从最迟开始时间进度表着手,提前有时差的活动的开始时间,看一看能否改善资源的使用效果。

有些项目,在资源使用方面可能有其他要求。例如,在某一时段内集中使用某种资源可以提高效率,而不是均匀使用之。如果反复调整项目的关键活动仍不能减少资源需用量,那么,就可以适当延长1个或多个活动的持续时间。

如果同一项目实施组织有多个项目要求同时使用多种不同类型的资源,活动又很多,则资源的调整就很费时间。幸运的是，现在已经有了多种很好的成熟软件，可用来解决这一问题。

（二）资源有限时的分配

当某类资源有限又无其他资源替代时，就可能造成活动延期或中断。当资源需用量超过可供使用的数量时，就难以像图 8－19 那样利用非关键活动的时差解决问题。

资源有限并不一定会造成项目延误。例如，在图 8－17 中，如果每周有 17 或者更多的人，则无论按最早还是按最迟开始时间安排，都可以在 22 周内完成。从图 8－19 可以看出资源需用量最多是每周 12 人，因此，只要有所需的 12 人，就不会耽误项目的完成。

如果在某几周内可用资源少，项目的完成日期就可能拖延。避免延误有以下办法：

1. 减少各活动资源使用量。这种办法只能在项目完成时间可以延长、少用资源也能完成的情况下使用。现在来看图 8－19 中的横道图。第 1～3 周有活动 A 和 B，每周共需 12 人。假定第 1～3 周仅有 11 人，活动 A 是关键活动，按表 8－7 要用 8 人。这样一来，活动 B 每周就只有 3 人可用。按表 8－7，活动 B 共需要 4 人×3 周＝12 人·周。所以，若活动 B 每周有 3 人，就只能在 12 人·周/3 人＝4 周内完成。如果这个方案不能满足要求，那么，可以将活动 B 的持续时间延长为 5 周，每周 3 人。

上述减少资源使用量的办法，不能用于没有足够数量的资源就不能进行的活动。例如，上述活动 B 每周若少于 4 人就无法进行，就不能采取上述办法。

2. 分解活动。当改变活动之间的逻辑关系不会造成很大影响时，可以将其进一步分解。例如在图 8－19 中，将活动 A 分解成两个子活动 a 和 b，其中 a 在第 1 和第 2 周实施，而 b 在中断 4 周之后再开始。这样该项目就能够在 22 周内完成，而每周最多只需要 11 人。这种办法对于可以分解的活动，分解之后各子活动之间的间隔较短的项目有效，可以保证某项活动在其第一个子活动顺利完成之后，仍按原进度表进行。

3. 调整网络。当资源有限时，对于仅有结束对起始（FS）逻辑关系的网络，可以安排其他类型的逻辑关系。例如，如果用起始对起始（SS）关系代替结束对起始（FS）关系，就有可能消除由于资源的缺乏而造成的延误。只要认真地分析活动之间的真正逻辑关系，利用各种类型的逻辑关系取代之，就可以解决一些矛盾。

4. 使用替代资源。例如，大学师生替代专业技术人员，电脑软件替代绘图员，分包商替代本组织员工，等等。这样做，有时候会增加费用。所以，应当对费用超支与进度拖延两种情况进行权衡，综合考虑。

如果上面的办法还不能解决问题，就只能延长项目中的一项或多项活动的持续时间，从而延长项目的完成时间。

仍取前面图 8－19 中的项目为例。假设该项目每周最多只有 11 人可用。活动 A 需用 8 人，而活动 B 不能少于 4 人，所以活动 B 只能在 A 结束后开始。活动 B 的紧后活动是 D，而 D 的紧后活动为 F 和 G。所以，D，F 和 G 都要后推，就会延长项目的完成时间，从 22 周延长至 24 周。这种情况表示在图 8－20 中。

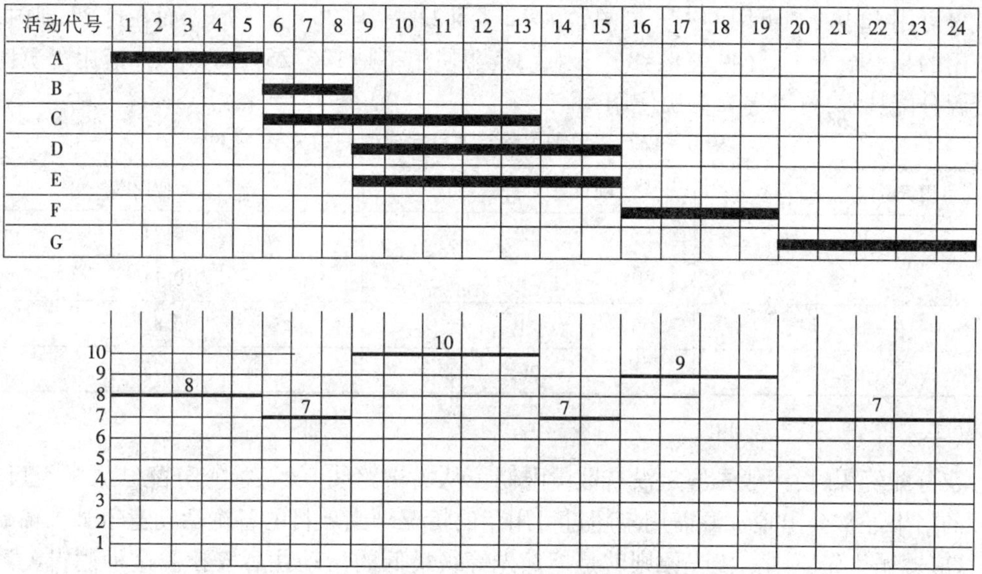

图 8-20　每周资源最多为 11 人时的横道图和资源需用量图

请注意，图 8－20 中资源需用量最多是每周 10 人，比可用的 11 人减少了 1 人。如果可用资源量进一步减少为每周 9 人，那么项目完工时间就会更长。这种情况下的横道图和资源需用量表示在图 8－21 中。

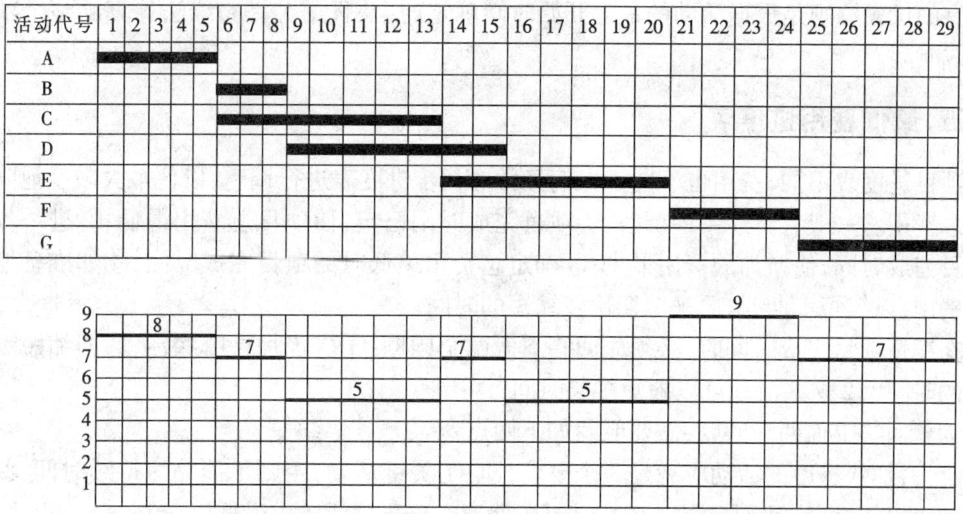

图 8-21　每周资源最多为 9 人时的横道图和资源需用量图

表8－12说明了项目的资源需用量与项目完成时间的关系。项目完成时间为22周，每周最多可用12人，则可用的人·周总数为12人×22周 = 264人·周。而在这22周内，实际需用的是196人·周（见表8－8）。因此，资源使用率是196/264 = 0.74。运用资源均衡和资源分配技术，可以提高资源使用率。

表8－12　资源需用量与项目完成时间的关系

可用资源数量（人/周）	项目完成时间（周）	资源使用率
12	22	0.74
11	24	0.74
10	24	0.82
9	29	0.75

（三）资源分配原则

在分配资源时，一般先假定没有数量限制。从关键路线开始，检查分配结果是否可行。分配的结果经常会出现资源需用量超过可用量的情况。当项目的各个活动竞争某种稀缺资源时，应遵循优先原则。优先原则就是把优先等级最低的活动往后安排。这种逻辑关系常用于解决项目中存在的一些不可行问题。下面是根据优先原则确定的常见活动优先次序：

1. 时差最小者；
2. 最迟完成时间最小者；
3. 资源需求量最大或最小者；
4. 持续时间较短或较长者。

有的优先原则是根据活动的最迟开始时间确定的，并且用关键路线法计算出整个项目的完成时间。

五、最低费用进度表

项目进度表不同，费用也不同。人们经常对初步进度表进行调整，以便最大限度地降低项目总费用。一般有下述4种调整：①项目完成时间已定，使项目总费用最低；②进一步缩短项目完成时间，使增加的费用最少；③确定总费用最低时的项目完成时间；④如准备增加一定费用，以缩短工期，与原来工期比较缩短的时间。

在缩短项目完成时间时，必须先回答下面两个问题：①应当加快哪些活动，即缩短哪些活动的时间？②这些活动可以缩短多长时间？

为了回答上面两个问题，需要明确如下两点：

第一，加快进度的活动应满足3个要求，即：①关键活动，否则不能缩短持续时间；②持续时间可以压缩（未达到极限时间）；③赶工费率在可压缩活动中最低。

第二，对可缩短多长时间的判断标准是：①如果原来只有一条关键路线，则最多只能加快此关键路线上某项活动到刚出现另一条或数条新关键路线为止。否则,项目完成时间不能再缩短。②若有几条关键路线,则要同时缩短时间。缩短时间的多少是这几条关键路线上要缩短时间的活动的最短可能缩短时间。

下面以4种调整中的一种,即进一步缩短项目完成时间使增加的费用最少为例来说明如何最大限度地降低项目总费用。

表8-13是某项目在正常和赶工情况下每一活动的持续时间、费用和赶工费率。该项目的初步双代号网络图见图8-22。图中活动持续时间为表8-13中的正常持续时间。该项目间接费是每天50元。

表8-13

活动编号	正常持续时间		赶工时间		赶工费率（元/天）
	天数	直接费(元)	极限天数	直接费(元)	
A	2	60	1	80	(80-60)/(2-1) = 20
B	1	25	1	25	—
C	3	100	2	150	(150-100)/(3-2) = 50
D	1	25	1	25	—
E	2	30	1	50	(50-30)/(2-1) =20
F	4	120	2	320	(320-120)/(4-2) =100
G	2	40	1	65	(65-40)/(2-1) = 25

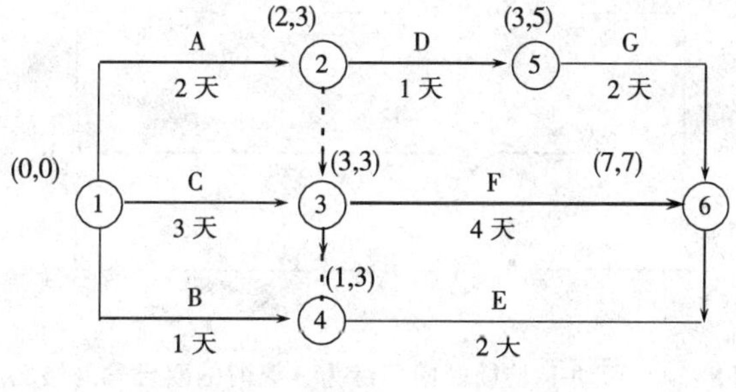

图8-22　活动持续时间正常时的初步双代号网络图

图8-22表明该项目正常完成时间为7天,直接费为400元,关键路线为C-F。下面就考虑压缩关键活动时间以缩短项目完成时间。

方案一:将项目完成时间压缩为6天。

首先是确定关键路线,然后看表 8 - 13 中"赶工费率"栏。选择赶工费率最低的活动增加的费用最少。活动 C 最低(50 元/天)。活动 C 只能压缩一天,因为它极限时间为 2 天。将活动 C 持续时间压缩为 2 天后的网络图见图 8 - 23。方案一的直接费总和为 450 元,总费用为 450 元 +50 元/天 ×6 天 = 750 元。

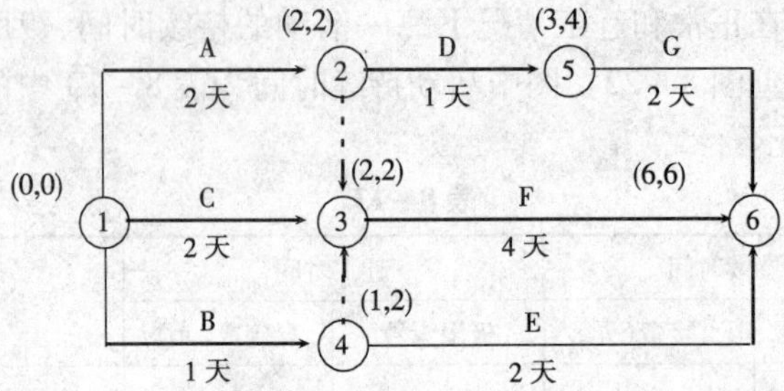

图 8–23 活动 C 持续时间压缩为 2 天时的双代号网络图

方案二:将项目完成时间压缩为 5 天。

根据表 8 - 13 给定的赶工时间,活动 C 已达到极限时间,不能再压缩了。只能压缩活动 F 的时间。活动 F 压缩一天。修改后的网络图见图 8 - 24。方案二的直接费总和为 550 元,总费用为 550 元 + 50 元/天 ×5 天 = 800 元。

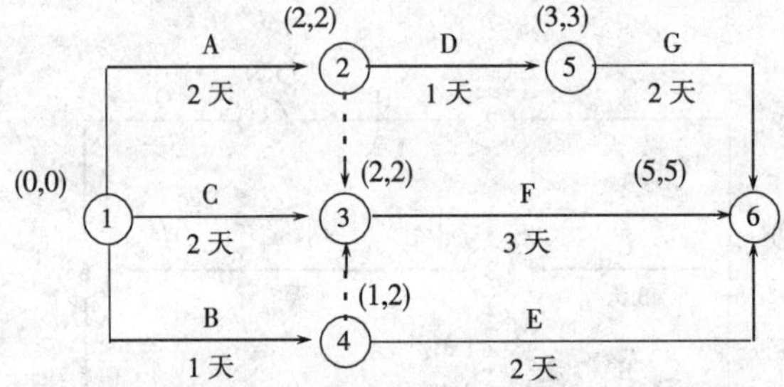

图 8–24 活动 F 持续时间压缩为 3 天时的双代号网络图

方案三:将项目的完成时间压缩为 4 天。

图 8 - 24 表明,此时路线 A - D - G 和路线 C - F 均为关键路线,根据表 8 - 13 给定的极限时间和关键路线上的时间要求,活动 F 和活动 G 都应该各压缩 1 天。压缩后的网络图见图 8 - 25。方案三的直接费总和为 675 元,总费用为 675 元 + 50 元/天 ×4 天 = 875 元。

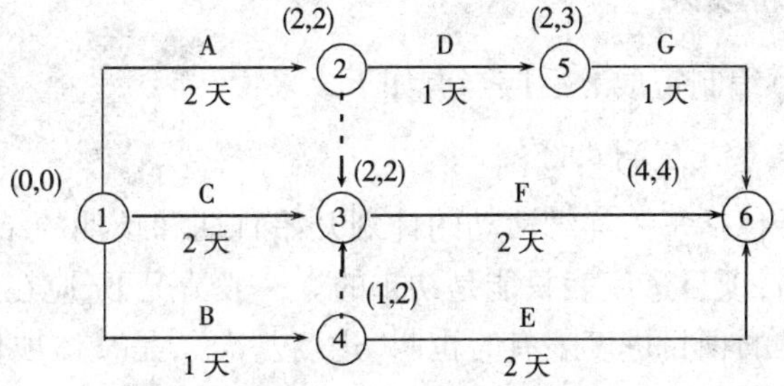

图 8–25 活动 F,G 持续时间分别压缩为 2 天和 1 天时的双代号网络图

表 8 – 14 项目时间费用表

各方案项目完成时间	总费用
正常进行:7 天	400 元 + 50 元/天 ×7 天 = 750 元
方案一:6 天	450 元 + 50 元/天 ×6 天 = 750 元
方案二:5 天	550 元 + 50 元/天 ×5 天 = 800 元
方案三:4 天	675 元 + 50 元/天 ×4 天 = 875 元

从表 8 – 14 和图 8 – 26 也可以看出压缩为 6 天的方案费用最低,在费用相同的情况下项目完成时间又比正常进行的初步进度表少一天,所以是最佳方案。

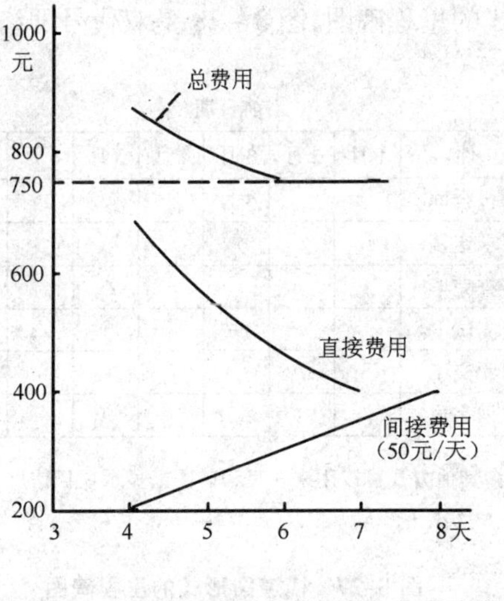

图 8 – 26 各方案项目完成时间和费用比较

六、进度表制订的成果

进度表(进度计划)编制完成之后应当有如下成果:

(一)项目进度表(进度计划)

项目进度表至少要包括每一详细活动的计划开始日期和预期的结束日期。注意,在确认活动的资源分配之前,项目进度表只能是初步的。一般情况下,应在订出项目计划前完成活动的资源分配。批准的项目进度表有时也叫“进度基准”,是整体项目计划的一个组成部分,是测量和报告进度执行情况的基础。

(二)项目进度表(进度计划)的图形

1. 横道图,见图 8-1。这种图同时显示出活动的开始、结束日期和预期活动时间,但未表示依赖关系。横道图易懂,常用于管理计划的介绍。

2. 网络图,加上日期资料,见图 8-2 或图 8-3。这种图一般既表示了项目活动之间的逻辑关系,又表示了项目关键路线上的活动。

3. 里程碑图。里程碑是经过选择的、对于实现项目目标有重要意义的关键事件。这些事件可以在关键路线上,也可以不在关键路线上。里程碑图一般指出项目主要阶段或主要应交付成果的开始和完成时间(例如主要设备的交货日期),或为保证项目顺利完成而作出关键性管理决策的日期。

里程碑图概括了项目重要事件的情况,因此是以汇总形式向项目委托人、项目实施组织上级管理部门汇报项目状况的有效工具。

图 8-27 是横道图形式的里程碑图;图 8-28 是双代号网络图中的里程碑。

当前日期

事 件	1月	2月	3月	4月	5月	6月	7月	8月
签订分包合同			△▼					
技术要求定稿				△				
设计审查完毕					△			
子系统测试						△		
第一单元交工							△	
生产计划完成								△

还有许多其他方式可以用来在里程碑图上显示项目信息

△ 计划的 ▼ 实际的

图 8-27 横道图形式的里程碑图

图 8 - 28 标明了产品推销项目的里程碑事件。这些里程碑事件突出了该项目完成之前的重要事件。

网络图上的里程碑标志出重要事件的开始或者完成日期,提醒项目经理、项目班子和其他利害关系者注意。在网络图上标出里程碑事件有助于简化和概括项目活动,突出必须加快进度以保证项目如期完成的活动,便于监视项目的进展并进行控制。

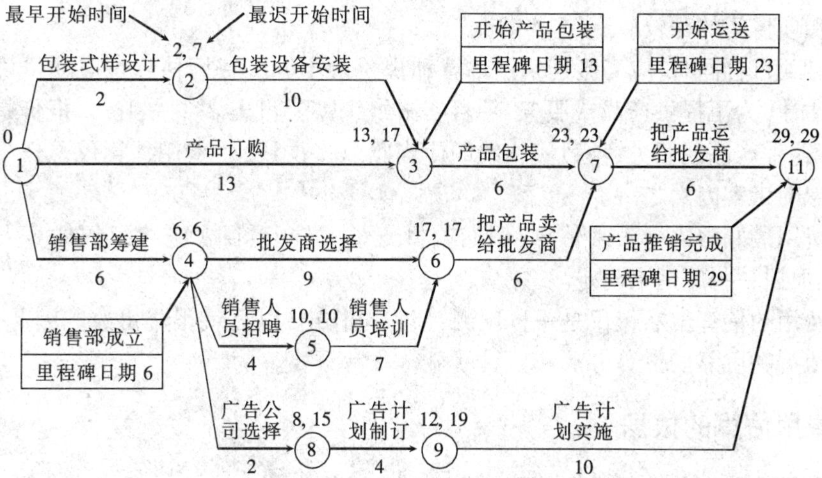

图 8–28　产品推销项目的里程碑图

4. 时标网络图。这种图将网络图和横道图结合了起来,既表示项目的逻辑关系,又表示活动时间。

(三) 辅助详细资料

项目进度计划的辅助详细资料至少应包括所有假设前提和制约因素。此类资料的数量因应用领域而异。例如,资源时间变化图、现金流预测,以及订货和交货时间表等等。辅助详细资料常常包括,但不限于下列内容:①按时段提出的资源要求,常以资源直方图的形式出现。②替代时间计划(例如,最好和最坏的情况,资源平衡或不平衡,有或无强制日期)。③进度后备或进度风险估计。

(四) 进度管理计划

进度管理计划是整体项目计划的一个组成部分,说明了如何管理时间进度的变化,可以是正式的或非正式的,很详细的或大致轮廓的,这要视项目的需要而定。

（五）资源要求更新

资源平衡和活动清单更新对资源要求的初步估算可能产生很大影响。

第六节 费用估算

费用估算就是估算投入各活动的资源成本和费用，并编制估算书。费用估算书可用来做项目内和项目间的比较。

当签订项目合同时，应当区别费用估算和报价的不同。费用估算是对项目可能的结果进行定量估计（为了提供产品或服务，项目实施组织需要付出多少费用）。报价是一种经营决策（对于这种产品或服务，项目实施组织应当收取多少钱）。费用估算仅是作出该项决策时需要考虑的诸多因素之一。

项目费用最好由内行人来估算，例如项目班子成员、项目实施组织的估算人员或承包商，也可以根据一些原则来确定。

项目费用的估算虽然仅仅是一种预测，但一旦作出，以后就很难更改。因此，采用尽可能准确的依据和可靠的估算方法和工具就显得非常重要。

一、费用估算的依据

进行费用估算之前必须掌握如下几个方面的数据资料：

第一，资源要求。本章第二节表 8 - 2“项目管理指南”项目资源要求说明书就是一个例子。

第二，资源单价。只有知道了各种资源的单价（例如，每小时人工费、大宗材料每立方米费用、设备和设施单位租金），才能计算出项目活动的各种费用。项目费用可分为两大类：直接费和间接费。直接费包括一线作业人员的工资及附加费，设备、能源、工具及材料消耗等直接与完成项目活动有关的费用。为缩短项目活动的持续时间，需要采取一定的措施，相应地就要增加直接费。在一定条件下和一定范围内，活动的持续时间越短，直接费就越多。间接费包括管理人员的工资、办公费等。间接费一般按照项目完成时间的长短分摊，一定规模的项目，活动持续时间越短，分摊的间接费越少。

第三，持续时间估计。由于资金有时间价值，因此项目本身以及各项活动的各项时间参数就会对项目费用估算产生影响。

第四，费用编码。费用编码有项目实施组织用于报告一般日记账中财务资料的编码结构。项目费用估算必须记入正确的账目。费用编码须同项目工作分解结构的编码和财务账目编码一致。

二、费用估算的工具和技术

在进行费用估算时，可以利用如下数据、资料或手段作为工具。

（一）有关资源费用的资料

有关资源费用的资料可以从下列来源取得：

1. 项目档案。参与该项目的组织或项目班子成员保存的以前项目各种记录中有些很详细，完全可以用做费用估算的参考。下面示例中报道的数字即可用于将来公路项目的费用估算。

示例 8－1　北京四环路总造价

《中华建筑报》2001年6月12日报道：6月9日上午，北京四环路最后长5公里的西四环正式通车。这标志着目前我国等级最高、最长、投资最多的城市快速干线，经过3年施工，提前2年全线贯通。

北京四环路是国家重点建设项目，也是我国第一条不收费的城市快速干道，全长65.3公里，原来批准概算为98亿元，但最后只用了73亿元。

示例 8－2　广州地铁二号线节约11亿

《信息时报》2003年6月21日报道：广州地铁二号线将于6月28日正式开通。地铁二号线首期工程江夏至琶洲段，全长23.32公里，设有20座车站、1个车辆段，总投资概算113.09亿元人民币。……根据合同支付及工程完成情况，预计三元里—琶洲段最终投资控制在95亿元左右，预计节约投资约11亿元，预计平均每公里造价为5.196亿元左右，比一号线每公里6.6亿元的造价每公里节省了1.4亿元。

2. 市场上出售的各种费用估算数据库，如手册、书籍、磁盘或光盘等。

3. 项目班子知识。有些项目班子成员可能会记得以前的实际费用或费用估算。

（二）建立参数模型

参数模型就是根据项目特点计算项目总费用的数学模型。建设项目的功能单位造价指标，例如每公里高速公路须投资1 000万元，就是一种简单的参数模型。复杂的参数模型则多种多样，回归模型就是一种。如下情况使用参数模型相当可靠：①项目彼此类似；②建立模型时使用的历史资料准确；③模型可以适用于不同的规模（即该模型对很大的项目和很小的项目都有效）。

示例 8－3　乙烯装置费用估算模型

根据以往经验，乙烯装置的费用可利用如下模型估算：$V_2 = V_1 \cdot (C_2/C_1)^n \cdot f$。式中，$V_2$ 和 V_1 分别为拟建和已建类似乙烯装置的费用；而 C_2 和 C_1 分别为拟建和已建类似乙烯装置的生产能力；f 为调整拟建和已建类似乙烯装置在时间、材料费等方面差异的系数；n 为生产能力指数，$0 \leqslant n \leqslant 1$。

已知年产 30 万吨乙烯装置的费用为 6 亿元人民币，现拟建一个年产 70 万吨的类似乙烯装置。为了估算该乙烯装置的费用，可利用上述参数模型。经过分析，取调整系数 $f = 1.2$，生产能力指数 $n = 0.6$，于是，

$$V_{70} = V_{30} \cdot (C_{70}/C_{30})^n \cdot f = 6\text{亿元} \times (70/30)^{0.6} \times 1.2 = 11.970\ 7\text{亿元}$$

（三）自下而上逐项估算

这种办法是先估算各工作包的费用，然后汇总为项目的总费用。由于项目划分成较小的部分，因此能够作出较准确的估算，但是较准确的估算要花费较多的时间和费用。因此，必须考虑是否值得为提高估算的准确性而增加费用。

（四）类比估算

类比估算也叫"自上而下估算"，意思是利用以前类似项目的实际费用估算当前的项目费用。项目的早期阶段大多采用这种方法。

（五）电脑软件

可以使用电脑软件，例如项目管理软件辅助费用估算。

三、费用估算的成果

费用估算结束时，应当取得如下结果：

（一）费用估算书

费用估算是完成项目诸活动所需资源费用的定量估计，必须考虑所有列入本项目账目上的资源（例如，人工、材料、物资还有其他诸如物价上涨幅度和费用后备等特殊方面）。在项目进行过程中，应当随时对费用估算进行深入和细致的修正，以便更具体、更详细地反映项目的新情况。某些应用领域的项目，常常规定费用估算应当达到的准确程度。

1. 量级估算。这是在没有详细资料情况下的近似估算。一般是对功能费用曲线进行适

当的调整，然后取得近似的功能费用比。这种形式的估算一般用于项目初步评估阶段，编制项目的初步开支计划。量级估算还有其他一些叫法，例如"初步估算"、"概念估算"、"综合系数估算"、"快速估算"、"可行性估算"，等等。

2. 预算估算。这是根据工艺流程图、布置图和设备详细资料编制的估算。有些项目实施组织的预算制度要求编制这种估算。预算估算是根据定量资料，即人工、设备和材料的数量和单位预算价格而确定的。这种估算的用途是确定项目要用的资金，取得有关部门对项目的批准。预算估算的其他名称还有"拨款估算"、"控制估算"和"设计概算"。

3. 确定性估算。这是根据非常肯定和明确的数据、技术要求、图纸等来编制的。其用途是提出项目建议、投标、评标、合同变更估价、新增工作、索赔、领取许可证和请求政府批准。确定性估算的其他名称还有"核对"、"总价"和"标价估算"。

如果没有公认的标准可用来衡量估算的准确程度，则估算本身应当指明项目费用可能的变化范围。例如，①10 000 元 ±1 000 元（表示该项目至少为 9 000 元，最多11 000 元）。②超过 100 000 元的概率为 15%（表示活动的费用低于 100 000 元的概率是 85%）。

新产品推销项目的费用估算书表示在表 8－15 中（估算过程略去），供参考。

表 8－15　新产品推销项目费用估算书

编号	活动编号	活动名称	费用(元)
1	A	销售部筹建	192 000
2	B	销售人员招聘	128 000
3	C	销售人员培训	448 000
4	D	广告公司选择	64 000
5	E	广告计划制订	96 000
6	F	广告计划实施	576 000
7	G	包装式样设计	120 000
8	H	包装设备安装	720 000
9	I	产品包装	96 000
10	J	产品订购	32 000
11	K	批发商选择	208 000
12	L	批　发	1 024 000
13	M	交　货	144 000
合　计			3 848 000

（二）详细资料

费用估算的详细资料应当包括的文件中，至少应有在进行费用估算时所采用的全部假设前提和制约因素。其他详细资料的形式和数量则因应用领域而异。

(三)费用管理计划

费用管理计划应当说明如何对费用偏离进行管理。该计划根据项目的实际需要,可以是正式的,也可以是非正式的;可以非常详细,也可以只写出大致轮廓。此计划是整个项目计划的一个组成部分。

第七节 编制预算

一、项目预算

项目预算又叫“项目费用计划”、“费用预算”等等,批准的项目预算就是费用基准。编制预算(费用计划)就是把整个项目的费用估算分配到各项目活动上去,进而确定测量项目实际执行情况的基准。

编制项目预算(费用计划)的主要原因是:

第一,项目预算可以指导和帮助项目实施组织财务部门为项目筹划资金。他们可以根据项目预算预计项目的现金流,使财务人员在任何时候都可以知道什么时候需要资金和需要多少资金。

第二,项目预算可以帮助项目班子确定项目生命期内的费用分配。一旦项目启动,就能够根据项目预算为项目各阶段分配的资金数额判断实际费用支出是否正常。

第三,项目预算可供财务部门在计算税款、折旧费等时使用,是确定各种税款支付时间的依据。

完成了费用估算,就可以编制项目预算。编制时还要以项目工作分解结构和进度表为依据。因为工作分解结构决定了项目的哪些组成部分将发生费用,而进度表中则有此类组成部分的计划开始日期和预期结束日期,是按时段分配资金的依据。

二、预算编制

编制项目预算的步骤如下:

第一,绘制横道图;

第二,列表计算单位时间的费用支出;

第三,确定费用支出的时间;

第四,列表确定各时间段内的各项费用支出额;

第五,确定每个时间段内的总费用;

第六,确定所有时间段内的总费用,即项目总费用;

第七,利用横道图在费用分布图上标出每个时间段内的总费用,并绘制出S曲线。

横道图和费用分布图可以用来绘制每个时间段项目费用的图形。在对项目预算和费用分布图进行分析之后,可能需要对进度表进行调整(见第五节"资源的均匀使用"一段)。在规划阶段进行进度和费用方面的调整可以将许多问题在项目实施之前解决。

下面以新产品推销项目为例说明如何编制项目预算(费用计划)。

(1)绘制横道图。新产品推销项目横道图如图 8-29 所示。

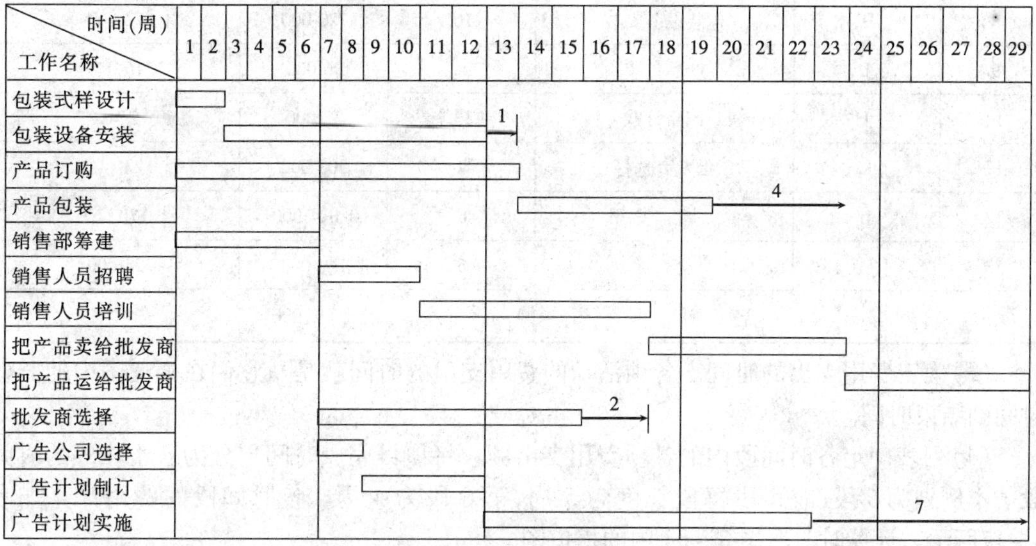

说明:1. 每项活动都按最早开始时间开始。2. 横道的长度就是每项活动的持续时间。3. 每一行表示一项活动。4. 标明各项活动的自由时差。

图 8-29 新产品推销项目横道图

(2)计算单位时间的费用支出。根据表 8-15 中费用估算书和各项活动的持续时间计算单位时间的费用支出。计算结果列在表 8-16 中的第 6 栏。

表 8-16 新产品推销项目每周预算的计算

时间单位:周 费用单位:元

编号	活动编号	活动名称	持续时间	活动预算	每周预算
1	A	销售部筹建	6	192 000	32 000
2	B	销售人员招聘	4	128 000	32 000
3	C	销售人员培训	7	448 000	64 000
4	D	广告公司选择	2	64 000	32 000

续表

编号	活动编号	活动名称	持续时间	活动预算	每周预算
5	E	广告计划制订	4	96 000	24 000
6	F	广告计划实施	10	576 000	57 600
7	G	包装式样设计	2	120 000	60 000
8	H	包装设备安装	10	720 000	72 000
9	I	产品包装	6	96 000	16 000
10	J	产品订购	13	32 000	2 462
11	K	批发商选择	9	208 000	23 111
12	L	批　发	6	1 024 000	170 667
13	M	交　货	6	144 000	24 000
合　计				3 848 000	

(3)确定费用支出的时间。各项活动的费用支出的时间就是从它们在横道图中的开始时间到结束时间。

(4)列表确定各时间段内的各项费用支出额。将项目完成时间划分为若干相等的时间段。本例划为6段,前5段每段长度为5周,第6段为4周。各时间段的费用计算如表8－17所示。计算时参照图8－33中的横道图。

表8－17　各时间段费用的计算

时间单位:周　费用单位:元

时间段	活动名称	活动持续时间	单位时间支出(元/周)	活动总费用
0～5	包装式样设计	2	60 000	120 000
	产品订购	5	2 462	12 310
	包装设备安装	3	72 000	216 000
	销售部筹建	5	32 000	160 000
0～5周小计:				508 310
6～10	产品订购	5	2 462	12 310
	包装设备安装	5	72 000	360 000
	销售部筹建	1	32 000	32 000
	销售人员招聘	4	32 000	128 000
	批发商选择	4	23 111	92 444
	广告公司选择	2	32 000	64 000
	广告计划制订	2	24 000	48 000

续表

时间段	活动名称	活动持续时间	单位时间支出(元/周)	活动总费用
6～10 周小计:				736 754
11～15	产品订购	3	2 462	7 386
	包装设备安装	2	72 000	144 000
	产品包装	2	16 000	32 000
	销售人员培训	5	64 000	320 000
	批发商选择	5	23 111	115 555
	广告计划制订	2	24 000	48 000
	广告计划实施	3	57 600	172 800
11～15 周小计:				839 741
16～20	产品包装	4	16 000	64 000
	销售人员培训	2	64 000	128 000
	批　发	3	170 667	512 001
	广告计划实施	5	57 600	288 000
16～20 周小计:				992 001
21～25	批　发	3	170 667	512 001
	交　货	2	24 000	48 000
	广告计划实施	2	57 600	115 200
21～25 周小计:				675 201
26～29	交　货	4	24 000	96 000
项目总费用:				3 848 000(近似值)

(5)确定每个时间段内的总费用。将各时段的项目费用相加,得到表 8－18 中的产品推销项目的初始费用计划各时间段的现金流。

表 8－18　各时间段活动费用汇总表　　费用单位:元

编　号	时间段起止周次	时间段总费用
1	0 ～ 5 周	508 310
2	6 ～ 10 周	736 754
3	11 ～ 15 周	839 741
4	16 ～ 20 周	992 001
5	21 ～ 25 周	675 201
6	26 ～ 29 周	96 000
项目总费用:		3 848 000(近似值)

(6)确定所有时间段内的总费用,即项目总费用。此例中项目总费用为 3 848 000 元。

(7)利用横道图在费用分布图上标出每个时段的总费用,并绘出 S 曲线。横道图和各时间段费用分布如图 8－30 所示。项目活动的进度表是根据最早开始时间绘制的。为了便于进度表调整,自由时差也表示在横道图上,这样在计划工期内的调整就能在横道图上进行。

从图 8－30 中各时段费用的分布可以看出,16～20 周时段的支出明显高于其他时段。因此,减少该时段的现金流量对于减轻该项目的资金筹措工作很有好处。例如,若各月的支出比较均匀,则容易从银行得到贷款。

考察各项活动可以看出,广告活动链,即"广告公司选择"、"广告计划制订"和"广告计划实施"有 7 周的总时差。若让"广告计划实施"在最迟开始时间开始,不但有助于降低现金流出的高峰,而且能把广告工作尽量推迟到项目末期。

各时段项目活动费用的修改过程、修改后的各时段活动费用和修改后的横道图及仅反映"广告计划实施"进度调整的费用分布图分别表示在表 8－19、表 8－20 和图8－31中。

表 8－19　各时段项目活动费用的修改 时间单位:周　费用单位:元

时间段	活动名称	活动持续时间	单位时间支出(元/周)	活动总费用
11～15	产品订购	3	2 462	7 386
	包装设备安装	2	72 000	144 000
	产品包装	2	16 000	32 000
	销售人员培训	5	64 000	320 000
	批发商选择	5	23 111	115 555
	广告计划制订	2	24 000	48 000
11～15 周小计:				666 941
16～20	产品包装	4	16 000	64 000
	销售人员培训	2	64 000	128 000
	批　发	3	170 667	512 001
	广告计划实施	1	57 600	57 600
16～20 周小计:				761 601
21～25	批　发	3	170 667	512 001
	交　货	2	24 000	48 000
	广告计划实施	5	57 600	288 000
21～25 周小计:				848 001
26～29	交　货	4	24 000	96 000
	广告计划实施	4	57 600	230 400
26～29 周小计:				326 400

表 8－20　修改后各时间段活动费用汇总表　　费用单位:元

编　号	时间段起止周次	时间段总费用
1	0～5 周	508 310
2	6～10 周	736 754
3	11～15 周	666 941
4	16～20 周	761 601
5	21～25 周	848 001
6	26～29 周	326 400
项目总费用:		3 848 000(近似值)

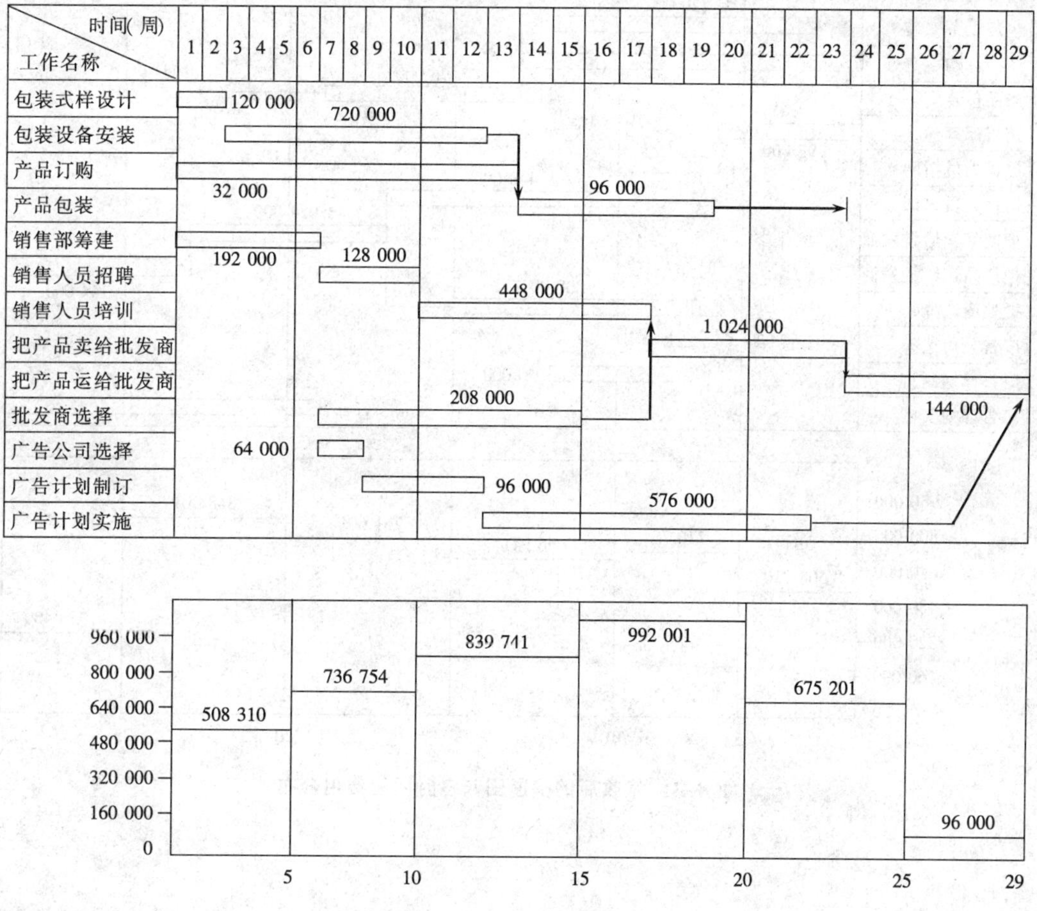

图 8–30　横道图和各时间段费用分布

三、预算编制成果

预算编制结束时应当取得如下一些成果：

第一，费用基准。费用基准是按时间分段的费用计划，可用来测量和监督项目费用的实际发生情况。把估算的费用按时段加起来即可求得费用基准，一般以S曲线形式直观表示（见图8－32）。图8－32是根据图8－31中各时段活动费用分布图绘制的。

第二，开支计划。许多项目的物资和材料必须提前订购。开支计划是一种费用基准，反映的是预期支付，而不是物资和材料的预期使用。

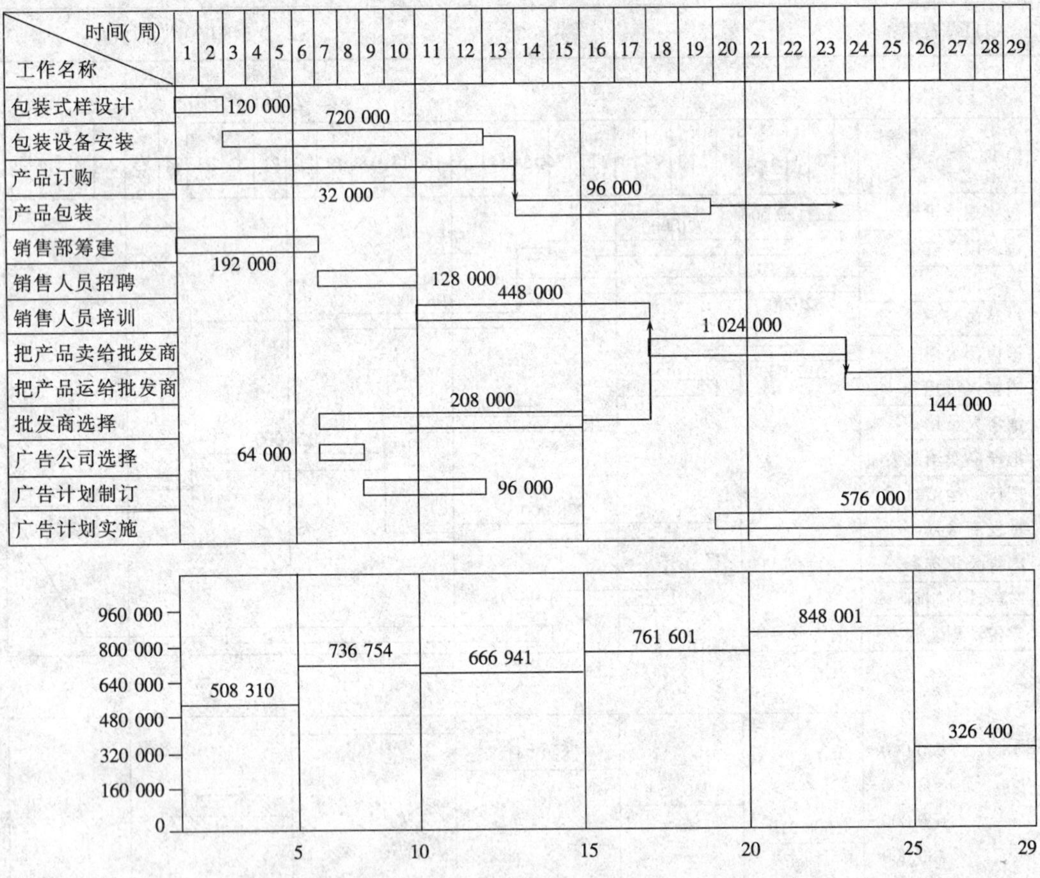

图8-31 修改后的横道图和各时间段费用分布

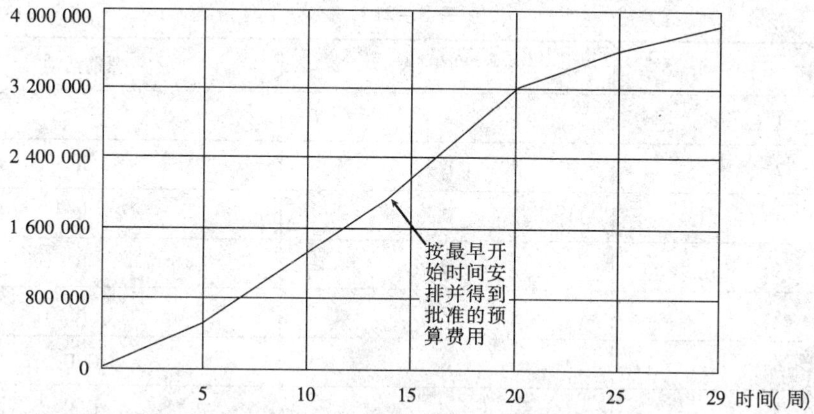

图 8-32　新产品推销项目费用基准(S 曲线)

思考题

1. 什么叫做“进度基准”和“费用基准”,各有什么用途?

2. 项目时间和费用规划都必须从哪两个子过程开始?

3. 什么叫做资源规划,资源规划要回答哪些问题?

4. 活动定义和范围定义的异同各是什么?

5. 横道图和网络图,单代号和双代号网络图各有何区别,各有何特点?

6. 网络计划有哪些时间参数需要计算,如何计算,总时差和自由时差的含义是什么?

7. 请解释关键工作、关键路线、搭接网络、无搭接网络、流水作业,以及数学分析(网络分析)的含义。

8. 什么叫做资源均衡,为什么要资源均衡? 资源分配的原则是什么?

9. 费用估算的依据、工具和技术,以及成果各是什么?

10. 什么叫做“预算”,编制项目预算的依据、工具和技术、步骤,以及成果是什么? 项目预算同费用估算和费用基准有什么关系?

练习题

1. 根据表 8 -21、表 8 -22 所列各项目活动清单中的逻辑关系,绘制单代号、双代号网络图。

（1）

表 8-21

编　号	活动代号	紧前活动
1	A	—
2	B	A
3	C	B
4	D	B
5	E	B
6	F	C,D
7	G	C,E
8	H	F,G

（2）

表 8-22

编　号	活动代号	紧前活动	紧后活动
1	A	—	B,C,G
2	B	A	D,E
3	C	A	H
4	D	B	H
5	E	B	F,I
6	F	E	J
7	G	A	J
8	H	D,C	J
9	I	E	K
10	J	F,G,H	K
11	K	I,J	—

2. 为下面的项目绘制单代号和双代号网络图：项目有 5 项活动：A,B,C,D 和 E。项目开始时，活动 A 和工作 B 都能开始；活动 C 只能跟在 A 之后；D 跟在 A 和 B 之后；E 跟在 B 和 C 之后；D 和 E 完成时，项目就结束。

3. 办公室改建必须进行的工作如表 8-23 所示：

表 8-23

工　　作	估计工期(天)
购买油漆	2
购买新地毯	5
购买新家具	7
搬走旧家具	1
搬走旧地毯	1
擦洗墙壁	1
漆墙壁	2
铺新地毯	1
搬进新家具	1

(1)为该项目绘制网络图。

(2)新家具什么时候可搬进去?

(3)项目工期有多久?

4. 表 8-24 是某产品研制项目活动清单。请按要求完成下列各项:

(1) 画出该项目单代号网络图;

(2) 画出该项目双代号网络图;

(3) 进行网络分析,包括:

① 各活动最早开始(ES)、最早结束(EF)、最晚开始(LS)和最晚结束(LF)时间;

② 确定关键路线、项目完成时间;

③ 各活动总机动(TF)和自由机动(FF)时间。

(4)画出该项目进度表横道图。

表 8-24

活动(工序)	活动(工序)代号	活动所需时间(天)	紧后活动(工序)
产品设计与工艺设计	A	60	B,C,D,E
外购配套件	B	45	L
下料、锻件	C	10	F
工装制造 1	D	20	G,H
木模、铸件	E	40	H
机械加工 1	F	18	L
工装制造 2	G	30	K
机械加工 2	H	15	L
机械加工 3	K	25	L
装配调试	L	33	—

5. 表8－25是某产品研制项目活动清单。完成工序D,F,G,H,K的机械加工工人数有限。已知现有机械加工工人数为65人,并假定这些工人可以完成上述五个工序中的任何一个工序。请按要求完成下列各项:

(1)画出该项目双代号网络图;

(2)进行网络分析,包括:

① 各活动最早开始(ES)、最早结束(EF)、最晚开始(LS)和最晚结束(LF)时间;

② 确定关键路线、项目完成时间;

③ 各活动总机动(TF)和自由机动(FF)时间;

(3)画出该项目各工序均按最早开始时间安排的进度表横道图。

(4)画出该项目各工序按最早开始时间安排的资源负荷图,并评价分布结果的优劣。

(5)在不改变项目完成时间的情况下,改变资源负荷,使其“均衡”。

表8－25

工　　序	作业时间(天)	需要的机械加工人数	总时差
(2,4)D	20	58	0
(3,7)F	18	22	47
(4,6)G	30	42	0
(5,7)H	15	39	20
(6,7)K	25	26	0

6. 某项目双代号网络分析结果,以及各工序所需工人数列在表8－26中。

(1)画出网络图;

(2)分别按ES和LS画出横道图;

(3)分别按ES和LS画出资源需求量曲线。最多一天需要多少工人?

(4)尽可能降低每天的资源需求量。注意工序(0,1)和(1,3)不需要工人;

(5)假设工序(0,1)和(1,3)分别需要8和2名工人,重新回答上述问题。

表8－26　活动清单　　时间单位:天

编号	活动代号	持续时间	ES	EF	LS	LF	总时差	自由时差	需用工人数
1	(0,1)	2	0	2	2	4	2	0	0
2	(0,2)	3	0	3	0	3	0	0	5
3	(1,3)	2	2	4	4	6	2	2	0
4	(2,3)	3	3	6	3	6	0	0	7
5	(2,4)	2	3	5	4	6	1	1	3

续表

编号	活动代号	持续时间	ES	EF	LS	LF	总时差	自由时差	需用工人数
6	(3,4)	0	6	6	6	6	0	0	—
7	(3,5)	3	6	9	10	13	4	4	2
8	(3,6)	2	6	8	17	19	11	11	1
9	(4,5)	7	6	13	6	13	0	0	2
10	(4,6)	5	6	11	14	19	8	8	5
11	(5,6)	6	13	19	13	19	0	0	6

7. 某项目活动 L,M,N,O,P,Q 和 R 的成本数据列在表 8－27 中。试比较如下 4 种方案的成本：

(1)按正常进度进行；

(2)将活动 R 的持续时间缩短 10 天；

(3)将活动 R 的持续时间缩短 20 天；

(4)将活动 O 和 R 的持续时间分别缩短 5 天和 25 天。

表 8－27　活动清单　　时间单位:天;费用单位:元

活动代号	活动名称	紧前活动	持续时间	正常直接费用	赶工费用(元/天)
L	锻模设计	—	10	800	—
M	锻模制造	L	15	3 000	180
N	锻件生产	M	10	2 000	120
O	木模制造	—	25	1 500	5 天以内 60,6 天以上 100
P	铸件制造	O	15	3 000	120
Q	工装设计	—	20	500	—
R	工装制造	Q	40	2 000	150
合　计				12 800	
间接费用				200 元/天	

8. 某项目基本数据列在表 8－28 中。请按要求完成下列各项：

(1)试绘制该项目 PERT 双代号网络图；

(2)确定该项目完成的平均时间；

(3)计算项目 60 天内完成的概率。

表 8-28 活动清单 时间单位:天

编号	活动代号	紧前活动	a_i	b_i	m_i	t_i	σ_i^2
1	A	—	7	7	7		
2	B	—	6	9	7		
3	C	—	8	15	10		
4	D	B,C	9	12	10		
5	E	A	6	8	7		
6	F	D,E	15	27	20		
7	G	D,E	18	24	20		
8	H	E	4	7	5		
9	I	G,F	4	7	5		
10	J	I,H	7	30	10		

9. 某房屋设计项目网络图,见图 8-33。时间参数如表 8-29 所示。从网络图和时间参数表中得知,活动 A,D,F,G 在关键路线上。项目经理希望每周参与项目的工程师人数尽可能一样。请为项目经理制订一个资源均衡的进度表。

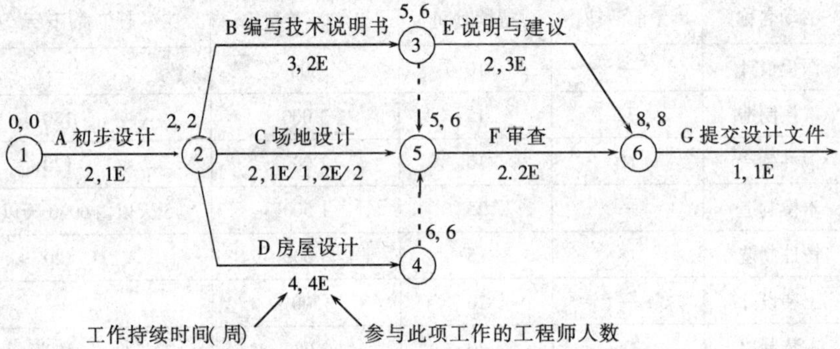

图 8-33 房屋设计项目网络图

表 8-29 房屋设计项目进度表

编 号	活动名称	LF	ES	持续时间	总时差
(1,2) A	初步设计	2	0	2	0*
(2,3) B	技术说明	6	2	3	1

续表

编　　号	活动名称	LF	ES	持续时间	总时差
(2,4)D	房屋设计	6	2	4	0*
(2,5)C	场地设计	6	2	2	2
(3,6)E	说明与建议	8	5	2	1
(5,6)F	审 查	8	6	2	0*
(6,7)G	提交设计图纸和技术说明书	9	8	1	0*
(4,5)	虚工作	6	6	0	0*
(3,5)	虚工作	6	5	0	1

10．某项目基本数据列在表 8－30 中。请按要求完成下列各项：

(1)试绘制该项目单代号网络图,确定关键路线；

(2)确定最低成本进度。

表 8－30　活动清单　　时间单位:周　　费用单位:万元

编号	活动代号	紧前活动	正常时间	正常成本	可缩短时间	费用变动率(万元/周)
1	A	—	3	1.5	1	0.5
2	B	A	5	3	1	0.8
3	C	A	10	6	2	1.1
4	D	B	7	5	2	0.5
5	E	B,C	12	10	2	1.3
6	F	A,D	5	7	—	—
7	G	A,D	7	3	1	0.9
8	H	F	2	1.5	—	—
9	I	E,G	8	15	2	2.0
10	J	H,I	4	5	1	1.5

11．根据图 8－30 绘制 S 曲线，并将结果与图 8－32 比较。

第九章 质量管理规划

MODERN PROJECT MANAGEMENT

内容提要

- 项目和项目成果的质量含义、区别和联系
- 质量管理和项目管理都是为了提交令人满意的成果，两者相辅相成
- 理解和管理顾客需要并施加影响的必要性，强调预防胜于检查、高层管理人员必须参加等
- 介绍 ISO 9000 和 10000 标准和指南序列，以及戴明、朱兰、克劳斯比和其他人提出的全面质量管理、连续改进以及其他方法的要点
- 项目质量管理规划的含义、依据、工具和技术，以及成果；质量规划是保证项目成功的过程之一，不能指望靠检查和督促来保证项目质量

学习重点

- 质量、项目质量、质量和等级的含义
- 质量管理和项目管理的关系
- 质量管理规划的依据、工具和技术，以及成果
- 戴明、朱兰、克劳斯比和其他人提出的质量管理体系

第一节　项目质量

一、质量和等级

质量又叫“品质”。对于有形的产品和无形的服务的质量，人们都有自己的切身感受、评价标准和办法。但是，很多人却不能准确地说明到底什么叫质量。即使学者，也各有各自的理解和说法。例如，质量就是“（产品或服务）符合目的或用途”，“用户的感觉就是质量”，“符合顾客在其合理价格下对产品的要求”，“产品或服务特征的总和，体现出满足既定需要的能力”，等等。

国际标准化组织对质量的定义是：“产品或服务满足明确和未明确的需要能力的性能之总和。”所有这些定义都明确或未明确地与接受产品的顾客（或用户）的需要有关。上述定义同样适用于项目创造的产品、服务或完成的任务。项目委托人接受项目的产品或服务并提供资金，所以项目必须时时刻刻想着项目委托人和其他利害关系者的需要。从项目管理的角度来看，质量管理的一个关键方面就是必须通过项目的范围管理来发现“未明确的”需要，并将其明确为项目的要求。

项目管理人员务必不要把质量同等级混淆起来。等级是“对具有同样使用功能但不同技术特性的诸实体所做的某种分类或排列”。质量只有符合要求（具备满足明确和未明确的需要能力的所有性能，合格）和不符合要求（不具备满足明确和未明确的需要能力的所有性能，不合格）两种情况，要么合格，要么不合格；而等级却可以有两种以上的情况。各种等级的产品或服务都有各自的质量标准，都必须合格。不合格的不能降低等级充当合格品。

产品、服务或任务完成的质量不合格总是一种烦恼，令人不快。质量不合格，委托人（顾客）不会接受；但等级却是委托人（顾客）可以选择的，可以选择等级高的，也可以选择等级低的。例如，某软件产品质量可以很好（无明显的死机隐患，用户手册通俗易懂），但等级低（不能绘制复杂的图形，功能有限）；或者质量不高（动不动就死机，用户文件编排杂乱，文字晦涩难懂），但等级高（可绘制复杂的图形、接收发送电子邮件，功能很多）。项目经理和项目班子的责任应当按照项目章程的要求，提交委托人要求的质量和等级。

二、项目的质量

项目的质量指项目管理和项目成果的质量，不单指项目成果，即产品或服务的质量。良好的项目管理过程是取得令人满意的产品或服务和其他成果的保证。从项目管理人员的角度来看，首先应当考虑的是前者。项目管理的质量，即项目管理各个过程的质量决定了项目成果的质量。很难想象，质量不合格的项目管理能够创造出满足项目各种要求的合格产品或服务。

项目管理的质量和项目成果的质量两者之中任何一方面不合格都会给任何或所有的项目利害关系者带来严重的消极后果。例如:①为了满足委托人的要求而驱使项目班子加班,就可能过多地消耗班子成员的精力,进而造成消极的后果。②为了满足项目的进度目标,匆忙进行计划中的质量检查就可能因漏检错误而造成消极后果。

关于产品和服务的质量,我国已经进行了几十年的努力。特别是近 20 多年来,推广 ISO 9000 质量管理系列标准的工作,使我们在这方面有了长足的进展。但是,关于项目质量管理,我国还有许多地方需要改进。说到项目质量管理,很多人都简单地将其理解为项目成果,即项目欲创造的产品或服务的质量。但是,这样的理解不全面,甚至可以说不正确。

三、质量管理和项目管理

现代的质量管理和项目管理都是为了提交令顾客和委托人满意的成果,两者实际上相辅相成。例如,质量管理和项目管理这两个学科都认识到如下方面的重要性:

第一,要使顾客和委托人满意,就必须理解和满足他们的需要并施加影响,以便实现顾客和委托人的预期。这就要求既符合要求(项目必须拿出许诺的成果),又适合使用(拿出来的产品或服务必须满足实际要求)。

第二,预防胜于检查。防患于未然和发现错误后再行纠正,两者的代价显然前者要小得多。

第三,管理层应当负责。项目要获得成功,项目班子全体成员都必须参与,但是项目实施组织的高层管理人员仍然要负责为项目取得成功提供必需的资源。

第四,项目各阶段都要有质量管理的过程。戴明与其他人提出和阐述的 PDCA,即计划、执行、检查和处理循环同项目管理诸过程中已经说明过的各阶段和过程的结合极为相似。

显然,以上几个方面,项目管理人员都应当有清楚的认识,只有这样,才能正确地处理项目管理中的各种关系。

有的组织已经在其连续循环性日常业务中开展了各种各样的质量管理活动,有了较为成熟的做法。例如,全面质量管理、连续改善和其他方法。这些做法都可以用于改善项目管理和项目成果的质量。不少组织已经建立了良好的质量文化。质量文化是组织和社会长期形成的涉及质量的意识、规范、价值观念、思维方式、道德水平、行动准则、法律观念以及习惯等的总和。组织高层领导的战略、竞争和全员参与意识在建立良好的质量文化中发挥着重要作用。良好的质量文化有利于项目的质量管理。

本章介绍的质量管理基本方法与国际标准化组织在 ISO 9000 和 ISO 10000 标准和指南序列,与戴明、朱兰、克劳斯比和其他人的方法,与全面质量管理、连续改进,以及其他方法基本一致。但是,项目班子必须清楚地认识到,项目质量管理与连续循环性日常业务的质量管理有一个重大区别。项目的临时性决定了在改进产品质量,特别是防止和评价缺陷方面,所需的投入常常须由项目实施组织承担。在这些投入的成果尚未取得收益时，项目往往就已经结束了。

四、现代质量管理专家

企业或其他组织的现代质量管理追求的是顾客满意，注重预防而不是事后检查，认识到本组织高层管理人员在产品和服务的质量上负有主要责任。W. 爱德华·戴明、约瑟夫·M. 朱兰、菲利浦·B. 克劳斯比、石川馨、田口宏一和阿诺德·V. 费根鲍姆等人，对现代质量管理都作出了重要贡献。

（一）戴明

W. 爱德华·戴明在质量方面做了大量的研究并身体力行，成就显著。第二次世界大战结束后，戴明应日本政府的邀请，前往日本，帮助其提高生产率，改进产品质量。他告诉日本人，质量就是生产率，能降低成本，并指出了其中的“因果链”。戴明说，公司欲获成功就要提高质量，质量好，返工、错误、耽搁、毛病和停机就少，成本随之降低，生产率就会得到提高，公司就能获得较大的市场份额。当这种情况出现时，就能形成良性循环。见图 9－1 所示。

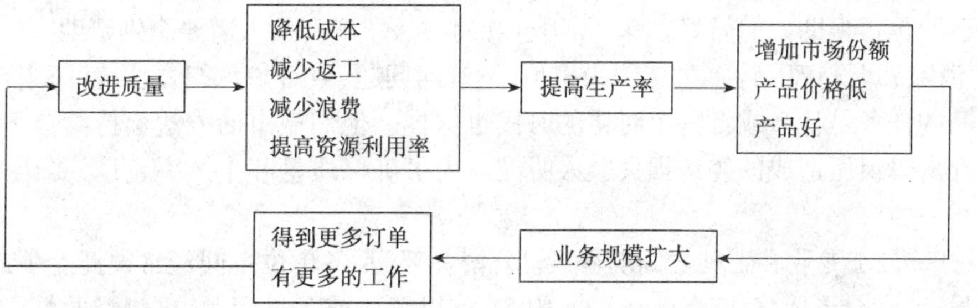

图 9－1　生产成功的因果链

20 世纪 80 年代，美国企业和联邦政府看到了日本的巨大成功，纷纷学习戴明的理论和质量管理技术，实施质量改进计划，取得了显著成效。戴明为质量管理提出的 14 点要求闻名于世。这 14 点要求实际上也是企业管理和项目管理的原则，先于项目管理知识体系的形成。这 14 点要求的内容如下：

1. 培养坚持不懈改进产品和服务的专一精神。戴明为公司的作用提出了一个时人难以接受的全新定义：公司不是为了赚钱，而是要成为不倒的基业，以创新、研究、永恒不断的改进和维护来提供就业机会。

2. 改变观念，接受新思想。美国人对劣质的工艺和无法恭维的服务容忍得太久，必须建立新信念，再也不能容忍错误和消极态度。

3. 抛弃靠大量检查求质量的做法。美国公司典型的做法是在产品离开装配线以后或在生产流程几个主要阶段点检查产品质量。产品发现有缺陷,甩掉或者返工。这两种做法都造成了不必要的浪费。事实上,工人是拿着公司发的工资生产缺陷,然后再付工资让工人纠正。质量不是检查的结果,而是要靠生产流程的改进。只要有正确的指导,工人可以参加到改进努力之中。

4. 放弃仅根据价格决定业务往来的习惯。采购部门习惯于利用订单寻找价格最低的卖主,这样做,供应的物品质量差是司空见惯的。采购人员应当反其道而行之,任何物品都专找能够长期合作且质量最佳的一家公司供应自己的所需之物。要靠与固定的供给商密切合作来降低总成本。

5. 坚持不懈地改进生产和服务系统。改进不是一时的努力,应永不停歇。组织管理层应该持续不断地寻求减少丢弃和浪费、改进质量的各种途径。

6. 建立培训制度。工人从没经过专门训练的工人那里学做工作,这种情况并非绝无仅有。他们不得不服从莫名其妙的指导。他们不可能把工作做好,因为没有人告诉他们应该怎样去做。

7. 要有领导。监督者的任务既不是告诉人们要做什么,也不是惩罚他们,而是要引导他们。引导包括帮助人们做好工作,利用客观的方法了解哪些人需要个别帮助。

8. 消除恐惧心理。许多员工因为害怕,不敢问问题,或者怕承担责任,甚至当他们还不知道自己的任务是什么或者哪个对错的时候也这样。他们做事的方法会持续错下去,或者干脆放弃。恐惧所造成的经济损失骇人听闻。为了确保质量和生产率,有必要让人们精神放松。

9. 打破员工专业和工种之间的界线。公司各部门、各单位之间经常彼此竞争或者目标相互矛盾,他们会形成集体,各干各的。因此,难以解决或预见问题,更糟糕的是,一个部门的目标会给别的部门造成麻烦。

10. 不要对员工提口号、训词和定额目标。这些东西从来未帮助过任何人干好工作,让工人自己提口号吧。

11. 不要为员工规定数字定额,要为管理人员定数字目标。定额只考虑数字,而不考虑质量或方法。定额通常成就的只是无效率和高成本。某人为了保住工作,会不惜一切代价完成定额,对公司是否受损则全然不顾。

12. 清除敬业精神的障碍。人们渴望工作做好,做不到时,就灰心丧气。经常是上级指导不当、设备有毛病和材料有缺陷,妨碍了人们能力的充分发挥。

13. 制订富有活力的教育和再培训计划。公司高层管理人员和一线作业人员都应学习新方法,包括集体协作和统计技术。

14. 调动每一个人的积极性。高层管理班子应设立专门小组,制定一份行动计划,履行质量使命,调动每一个人的积极性,实现企业的质量管理目标。

（二）朱兰

戴明和克劳斯比更多地从哲学角度阐述质量问题，并主张把质量当做一种观念，而朱兰则一直致力于质量体系的计划和实施。朱兰 1904 年生于罗马尼亚，后在明尼苏达大学读电气工程专业，毕业后到西方电气公司就职，提出了一些独特的质量思想和概念。第二次世界大战以后，朱兰到纽约大学任教，进一步修正了自己的见解，这为他 20 世纪 50 年代在日本做的一系列讲座和咨询项目奠定了基础。他和戴明一样，帮助日本制造商协会提高生产率。

朱兰 1974 年撰写了《质量控制手册》第 1 版，强调了高层管理行为对产品质量连续提高的重要性。

朱兰认为，质量是对“一个公司要实现其质量目标所需要进行的活动的确定和实施过程”。他提出了两条原则：第一，管理人员必须认识到，“不是工人，而是他们自己应担负起公司业绩的大部分责任”；第二，他们要明白，一旦质量成为首要任务，就能够带来经济效益。他就这样首次将质量列入了管理范畴。他说，提高质量需要一套系统的、全公司范围的方法，单个小组或部门的微薄之力是不起作用的。朱兰坚持认为，质量是由用户，而非生产者决定的。如果顾客认为一件产品质量不好，这就意味着公司失败了。因此对于质量的评价，公司管理层必须同时注意公司内外的意见。

对质量的评价是建立质量体系的第一步，需要公司分析顾客的感受，并判断企业组织内部是否已经建立了一种“质量文化”。最重要的是，企业应该了解生产低质量产品会造成的经济代价。在建立质量体系的时候，管理人员必须成为带头人。朱兰提出要组建“质量委员会”，它由各部门高级管理人员组成，可以负责质量体系在整个公司中的协调。

朱兰认为解决质量问题没有捷径可走。公司应循序渐进，依次解决每一个质量问题；而且，由于新问题会不断出现，因此解决质量问题将是贯穿公司始终的连续不断的过程。不过，他认为，大多数质量问题都是管理不善造成的，坚持基本原则就能成功地实现每一次质量改进。

1999 年，94 岁高龄的朱兰出版了《质量控制手册》第 15 版。他总结出“朱兰三部曲”：质量提高、质量规划和质量控制。朱兰特别注意制造商和顾客对质量看法的不同。

制造商经常注重遵守顾客和用户的技术和性能要求，但顾客注重适用性。现在，大部分同质量有关的定义中都采纳了适用性概念，为的是强调满足顾客和用户明确的或隐含需要的重要性，而不仅仅是满足明确的需要或技术和性能要求。朱兰提出了质量改进 10 步骤：①识别改进需要，抓住改进机会；②设置改进目标；③落实组织（成立质量委员会、查明问题，选择项目、委派班子、指派协调员）；④开展培训；⑤以项目解决组织遇到的问题；⑥宣传进展；⑦给予认可；⑧传达结果；⑨保持分数；⑩每年都对公司的常规系统和过程进行部分改进，维持其发展动力。

（三）克劳斯比

克劳斯比在 1979 年撰写了《质量是免费的》一书，他以建议组织努力实现零缺陷而著名。他强调低劣质量的成本应当包括"第一次没有做好"的所有成本,比方说料头、返工、损失的劳动力和设备时间、顾客的不好印象和失去的销售额、担保成本,等等。克劳斯比提出了提高质量的如下 14 个步骤:

1. 明确公司管理层对质量的承诺;
2. 建立由各个部门代表共同组成的质量改进小组;
3. 判断现在和潜在的质量问题之所在;
4. 估算质量成本,并解释它作为一个管理工具的用途;
5. 唤醒全体员工的质量意识和个人之间的关系;
6. 采取行动纠正先前几步认识到的问题;
7. 建立零缺陷规划委员会;
8. 培训监督人员积极地实施与他们有关部分的质量改进计划;
9. 规定"零缺陷日",让所有员工认识到已经有所改变;
10. 鼓励个人为自己和集体设立改进目标;
11. 鼓励员工向管理部门通报他们在努力改进时遇到的障碍;
12. 承认和重视那些参与者;
13. 建立质量委员会,经常沟通;
14. 把全部再做一遍,强调质量改进计划的永不停息。

(四)石川馨

石川馨因其 1972 年的《质量控制指南》一书而出名。他提出了质量圈的概念,并首先发明和应用了鱼骨图。质量圈是在公司单独一个部门中由非监督人和领导人组成的小组,他们自发研究如何改进其部门工作的有效性。石川馨指出,日本企业的管理者和工人对质量作出无保留的承诺,而大部分美国公司将对质量的责任授权给少数职员。鱼骨图有时也叫做"石川图"。有关鱼骨图的介绍详见第二节(三)流程图部分。

(五)田口宏一

田口宏一因提出设计实验过程优化方法而闻名。田口宏一方法的关键概念是,应当在设计产品时将质量融入其中,而非在检查时才试图将其融入。取得质量的最好方法是把离目标值的偏差减至最小。《财富》1998 年的一篇文章说,"日本的田口宏一是美国的新质量英雄"。许多公司,包括施乐、福特、惠普等公司,最近都在使用田口宏一的"坚固设计方法"来设计高质量的产品。坚固设计方法强调通过用科学查询法代替试验法来消除产品缺陷。

(六)费根鲍姆

费根鲍姆在其 1983 年出版的《全面质量管理:工程和管理》中提出了全面质量管理的概念。他认为,质量责任应当靠做这项工作的人。在全面质量管理中,产品质量比生产速度重要得多,无论什么时候出现质量问题,都应当允许工人停止生产。

五、马尔科姆—鲍威治奖和 ISO 9000

今天,马尔科姆—鲍威治国家质量奖和 ISO 9000 已为许多人所熟知。马尔科姆—鲍威治奖开始于 1987 年,是对那些通过质量管理取得了世界级竞争水平的公司的承认。ISO 9000是由国际标准化组织提出并编制的质量系统标准,是由组织中质量的规划、控制和归档等 3 部分构成的连续循环。国际标准化组织设在瑞士日内瓦,是一个约 100 个国家参加的国际协会。ISO 9000 提供了一个组织满足其质量认证标准的最低要求。

六、全面质量管理

全面质量管理理论认为,有 5 个基本因素激励和维持着管理人员和工人推进质量计划的努力。

(1)以顾客为中心。全面质量管理认为,企业领导和员工应当时时刻刻把注意力放在顾客们的需要、期望和要求上,并努力加以满足。必须把顾客视为工作和企业生存的主要理由。

(2)永不停顿的改进。质量计划必须永不停顿,并时刻不忘寻求各种方式,专心致志地查找缺陷,给予纠正,进而改进产品和服务。这个连续不断的改进既体现在产品和服务上,也体现在生产零部件和运送产品和成品的过程上。

(3)目的始终如一。质量改进的过程,必须坚持;必须打消"用更省事的办法"就能见效,就能挣大钱的幻想,抵制短期效益的诱惑。要做到始终如一,就必须有坚强有力的领导,避免因受短期效益的诱惑而偏离正轨。

(4)领导的远见卓识。企业和其他组织要建立长期目标,领导必须有眼光。是领导的高瞻远瞩确定了集中精力改进质量的长期战略目标。

(5)过程管理。过程必须经常地审查和改进。这些过程要确保提供正确的、顾客和使用者所需要的产品或服务,必须靠付出心血才能管理好。

全面质量管理是建立在现代质量管理的 4 条基本原则和实践基础上的。顾客满意、根据具体情况管理、尊重人和"计划—执行—检查—行动"循环 4 条原则和戴明 14 点是经过戴明这样一批人的努力,历时 40 多年才成熟起来的。

全面质量管理重视组织文化对人的态度、动机、行为、目的、信仰和追求的影响。任何质量计划或项目必须认真考虑,必须努力改造妨碍实施质量计划的文化。

减少浪费就是增加收益。对浪费进行分类,有助于识别效率降低的关键环节。任何浪费都有损于组织和项目的效率和能力,因而应当是重要的改进方面。全面质量管理可以大大减少人员、财力、材料、时间和方法 5 个方面的浪费。

七、连续改进过程

连续改进是全面质量管理的基本特征。组织在不断的改进中会不断地靠近其质量目标,产品、服务和过程也将一步一步地改进。质量改进的过程见图 9 – 2 所示。

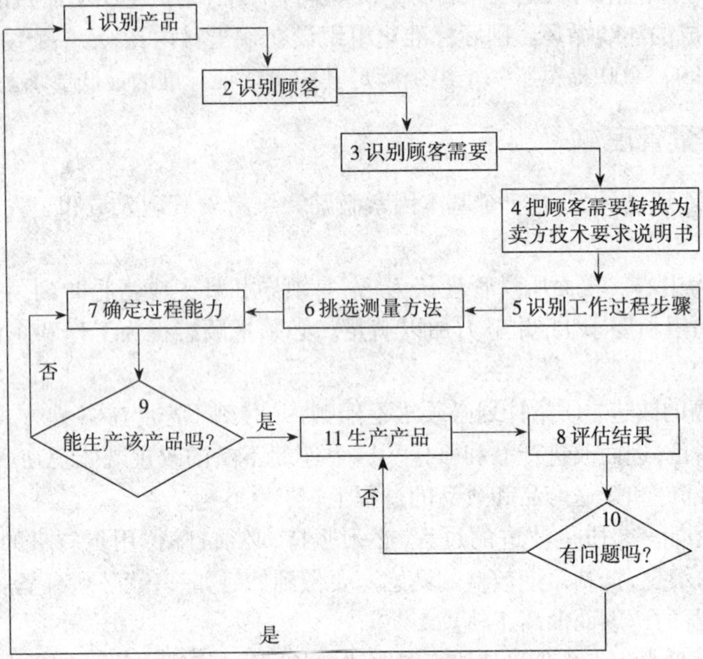

图 9 – 2　质量改进过程

全面质量管理为连续改进制定的战略如下:战略规划考虑该干哪些事;质量战略是把事做好;总战略是把该干的事做好。

质量改进的必要条件是:管理层的决心、质量就是满足顾客的期望、质量是通过防止和具体的改进项目而达到的。目标是在 100% 的时间内符合顾客的期望,而不是管理层能够接受的某些误差水准。

质量改进项目的定义是:"为了在任何水平上持续不断地改进现有职能和过程的项目,或者为了建立新的过程以满足顾客需要的项目。"

过程行动小组的基本行动规则是全面参与;公开讨论;集体协作;排除外部意见;使用工具;避免掩盖议事日程;吃透章程;持尊敬态度;如有需要,请教有关专家;限制消极因素。

第二节　质量管理规划

质量管理规划,或称“质量规划”,就是确定项目应当采用哪些质量标准以及如何达到这些标准。质量规划是保证项目成功的过程之一,应当同项目其他规划过程结合起来。事先不规划,指望在项目实施过程中靠检查和督促来保证项目质量是不行的。项目班子必须知道现代质量管理有一条基本原则,即质量是规划出来的,不是检查出来的。

一、质量规划的依据

质量规划的依据包括如下方面:

(一)质量方针

质量方针就是“项目实施组织领导层就质量问题明确阐明的所有打算和努力方向”。例如,某项目实施组织提出“向用户提供最佳的产品和服务”的质量方针,而该组织中的某项目班子提出的质量方针是“为下一道工序提供的应交付成果无可挑剔”。项目实施组织以前若没有正式的质量方针,或者项目要求多个组织参与(例如合资项目),则项目班子应为该项目单独提出一个质量方针。不管出于谁手,项目班子均应将此方针通知所有的利害关系者。质量方针一经确定并颁布,就对组织的每一成员产生了强制性的约束力,组织全体成员都应理解、贯彻和执行。质量方针是组织总方针的重要组成部分,具有长期性和稳定性,是组织在一段时间内对质量的总承诺。组织质量方针应便于理解、记忆、执行、检查和考核,避免空洞口号。

(二)范围说明书

项目的范围说明书不但规定了主要的项目成果,而且也规定了项目的目标,是质量规划的关键依据。IT 项目实施的好坏很难评价。即使硬件、软件和网络技术短时间内不会有大变动,顾客也常常难于确切地说清自己对 IT 项目及其成果的要求。IT 项目范围在多方面影响质量,例如功能、特征、系统输出、性能、可靠性和维护便利性等。

项目范围的这些方面仅仅是几个与质量计划编制有关的顾客需要和要求问题。项目经理和项目班子在确定项目质量目标时,需要考虑所有这些范围问题。项目的主要顾客也必须意识到本人在定义项目关键的质量需要中的作用,并经常把他们的需要和期待通知项目班子。大部分 IT 项目都有灵活的要求,因此,所有的项目利害关系者合在一起,平衡项目的质量、范围、时间和成本方面就显得非常重要。然而,项目经理对他们项目的质量管理负根本的责任。

(三)成果说明书

成果说明书是对范围说明书中的项目成果的进一步说明,经常包括有技术问题以及可能影响质量规划的其他问题的细节。

（四）标准和规范

项目班子必须考虑对该项目可能产生影响的任何应用领域的专用标准和规范。

（五）其他过程的结果

除了范围说明书和成果说明书之外，其他领域过程的结果，也可能同质量规划有关。例如，采购规划就有可能包括对承包商提出的各种质量要求，因此也应当编写在综合质量管理计划中。

二、质量规划的工具和技术

质量规划可以使用如下工具和技术：

（一）成本效益分析

质量规划过程必须权衡成本与效益。效益指项目各项工作做得好，满足质量要求，减少返工，提高生产率，降低成本，提高项目利害关系者的满意程度。而成本指开展质量管理活动所需要的开支。质量管理应努力使效益超过成本。

（二）基准比较

基准比较是欧洲国家经常使用的管理方法，可用于质量改进。具体做法是将实际进行中、计划之中或已经完成的管理过程或其他做法，以及项目成果特性与那些在项目实施组织内部或外部的其他项目的过程或成果的相应特性进行比较，通过比较启发改善项目质量及其管理的思路。其他项目可能就在实施组织内部，也可能在其外部，还可能在同一应用领域内或其他领域内。

例如，如果竞争者开发的管理信息系统平均每星期仅有1小时死机，那么，本公司管理信息系统开发项目就可以将其视为一个奋斗基准。

（三）流程图

表明系统各组成部分之间相互关系的图形叫做"流程图"。质量管理最常用的流程图有因果图（又叫石川图或鱼骨图）。这种图直观地反映了各种原因及其构成因素同各种可能出现的问题之间的关系。图9－3就是一个因果图。流程图可帮助项目班子事先估计可能会发生哪些质量问题，有助于提出处理措施（见图9－4）。

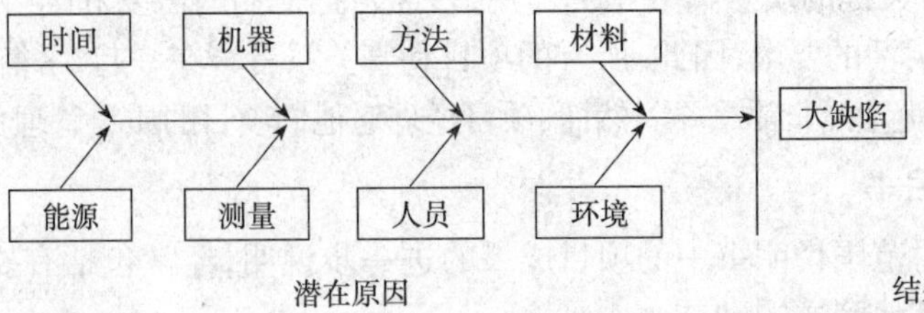

图9－3 因果图（石川图、鱼骨图）

（四）实验设计

实验设计是一种分析技术，可用来找出对项目结果影响最大的因素。例如，汽车设计人员希望确定怎样组合隔振弹簧和轮胎才能以合理的成本获得最理想的汽车行驶性能。实验设计也可以用于权衡成本与进度。例如，使用资深工程师要比青年工程师贵得多，但是资深工程师却能在较短的时间内完成委派给他们的工作。一项设计合理的"实验"，例如计算资深工程师和青年工程师不同组合方案下项目的成本和工期，常常可以从相对有限的实例中确定出最优解决方案。

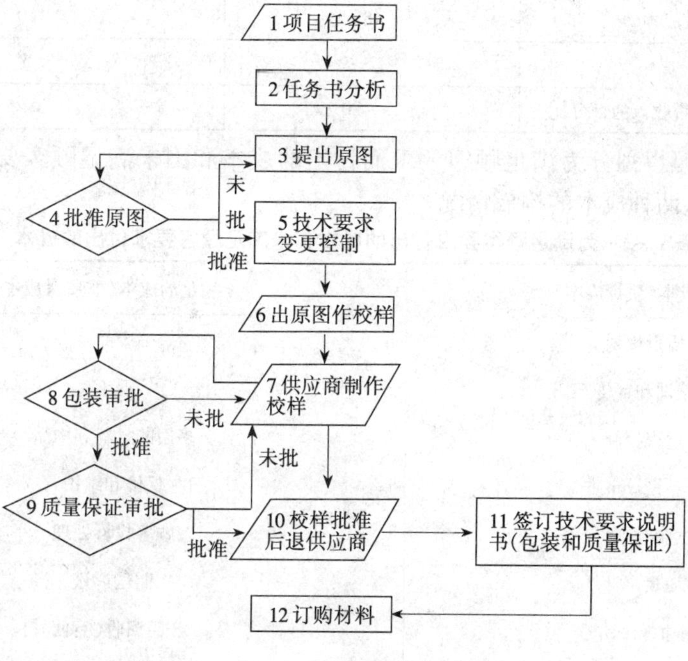

图9－4　过程流程图举例

（五）质量成本

质量成本指为了达到产品或服务的质量而付出的所有努力的总成本，因而不但包括为确保产品或服务符合要求而完成的全部工作，而且也包括由于产品或服务不符合要求而做的所有工作。不良质量实际成本也可以说是因为第一次努力不对，把事办坏而浪费掉的所有资源的费用。实际成本有3种类型：预防成本、评价成本和失败成本。第三种成本进一步分成内部成本和外部成本。

1. 内部失败成本就是应交付成果在交付以前，因成果已经存在缺陷而付出的代价；

2. 外部失败成本就是在成果交付以后，因应交付成果存在缺陷而付出的代价；

3. 评价成本是指为了查明应交付成果状况而支付的费用，主要发生在"第一次通过"

期间；

4. 防止成本，这是为了减少失败和评价成本而付出的成本。

表9－1是美国20世纪90年代质量成本的构成情况。

表9－1 美国20世纪90年代不良产品质量的实际成本与合理成本的百分比

成本类别	实际成本(%)	合理成本(%)
防止成本	10	70
评价成本	35	15
内部失败成本	48	10
外部失败成本	7	5
全部质量成本占销售收入的百分比	12～20	3～5

质量成本还可以划分为满足顾客要求而付出的成本和因未满足顾客要求而付出的成本。表9－2是这两种成本的构成情况。

表9－2 为满足顾客要求付出的成本和未满足顾客要求付出的成本

满足成本(质量成本)	未满足的成本(非质量成本)
质量规划	废品
培训和宣传	返工
过程控制	多用的材料和物品
产品设计审查	保修和维护
试验和评价	顾客投诉处理
质量审计	赔偿诉讼
维护和标定	产品回收(召回)
现场试验	现场维修
其他	催　货
	过程纠正行动
	其　他

三、质量规划成果

质量规划结束时应当提交如下成果：

(一)质量管理计划

质量管理计划应当说明项目管理班子将如何实施其质量方针。用ISO 9000的话来说，就是要说明“项目质量体系”、实施质量管理的组织结构、责任、程序、过程和资源。质量管理计划为项目总体计划提供了依据。

（二）实施说明（也叫“工作定义”）

实施说明要非常具体地说明各种问题的实际内容以及如何在质量控制过程中加以衡量。举例而言，仅仅说明符合计划进度要求不行，还必须指出各项目活动是必须准时开始呢，还是只需按时完成就行；或者指出各项目活动全都需要测量呢，还是只需测量某些应交付成果就行。如果只测量某些应交付成果，则应指明是哪些应交付成果。

（三）核对表

核对表的具体内容因行业而异，其用途是检查和核对某些必须采取的步骤是否已经付诸实施。核对表是一种有条理的工具，繁简视情况而定。口气可以是命令式，如“开始招标”；也可以是询问式，如“招标工作已经完成了吗”。国外许多组织都编有标准的核对表，以便保证经常进行的活动使用一致的做法。某些专业团体、协会或咨询公司也会对外提供核对表格式。

（四）为其他过程提供的依据

在质量规划过程中很可能发现项目范围、时间、费用、采购、沟通、人力资源、风险等管理方面的问题，需要进行修改、补充或完善。因此，一定要将质量规划过程中发现的问题记录下来，交给有关人员，提醒他们注意，建议其采取措施。

思考题

1. 试说明质量和等级的差别和联系。
2. 项目的质量有哪几层含义，彼此之间的关系是什么？
3. 质量管理和项目管理的关系是什么？
4. 现代质量管理专家主要有哪几位，他们的理论、观点、见解等各是什么，共同点又是什么？
5. 戴明提出的14点是什么，其中哪些谈到了质量？
6. 全面质量管理认为哪几种因素激励员工为改进质量而努力，其4条基本原则是什么？
7. 现代质量管理专家为什么提“改进质量”而不提“提高质量”？
8. 全面质量管理能为组织带来哪些好处？
9. 什么是质量成本，有哪些质量成本？
10. 质量规划的依据、工具和技术以及成果是什么？

第十章 组织和沟通规划

MODERN PROJECT MANAGEMENT

内容提要

- 确定项目管理的角色、各角色应承担的责任以及诸角色之间的从属关系
- 将责任分配给各个角色，并记载确定下来的诸事项
- 按照人员配备计划选择项目需要的人，并安排到工作岗位上
- 学习组织理论基本知识，以便项目采取适当的组织结构，提高项目管理效率
- 确定利害关系者的信息交流和沟通的要求，并将组织规划同沟通规划配合起来

学习重点

- 组织规划的原则
- 组织规划的依据、工具和技术及成果
- 人员招募的依据、工具和技术及成果
- 沟通规划，沟通规划的依据、工具和技术及成果
- 组织理论

第一节　组织规划

组织规划就是确定项目管理需要的角色，各角色应负之责，以及诸角色之间的从属关系。确定之后，将责任分配给各角色，同时将确定下来的事项记录在书面文件中。

角色和责任可以分派给个人或集体。他们可以属于项目实施组织内部（即该组织的员工），亦可来自外部（顾客、咨询公司、承包商等等）。内部的集体经常属于某个具体的职能部门（工程部、销售部、研究开发部、财会部等等）。组织规划还须明确在项目中扮演角色和承担责任的个人或集体彼此之间或上下之间通报或报告的关系。

组织规划多数应在项目早期阶段完成。例如，设计项目的负责人在方案竞赛时就已经确定。但是，由于项目是一次性努力，各阶段的活动或任务彼此不同，随着项目从其生命期的一个阶段进展到另一阶段，角色、责任和通报或报告关系，项目利害关系者的性质和数目经常变化。因此，对一个阶段有效的办法对另一阶段也许就不再有效。所以，在项目的整个过程中都应当对早期阶段组织规划成果的内容和结果定期进行检查和修正，以适应新的形势。如果项目开始阶段建立的组织、制订的规章制度、分派的角色和责任，以及确定的通报或报告关系不再适用，就应立即对其进行改造。

项目的组织对项目的沟通有很大影响，所以组织规划应同项目沟通规划密切配合。在项目进行过程中，项目参与者之间必然要有各种思想和信息的联系和交流，即沟通。没有顺畅的沟通，项目就不可能取得成功。参与项目的每一个人不但必须用项目“语言”进行沟通，并且还要懂得他们个人所参与的沟通将如何影响到项目整体。

项目沟通规划是项目规划不可缺少的部分。近年来，国内涉及这个问题的项目管理书籍已逐渐多了起来，说明这一问题已经引起了人们的重视。

沟通规划就是确定项目利害关系者的信息交流和沟通的要求：谁需要、何时需要以及如何传送所需之信息。不同项目的信息和分发传递方法大不相同。沟通规划如同组织规划，其主要部分应当在项目早期阶段完成。完成之后，还应在项目进行过程中定期检查，使其适应项目不断出现的新情况。

为了确保项目的成功，必须在空间和时间上合理而又有效地组织人、财、物和其他资源，项目活动能否有效地展开在很大程度上取决于项目的组织方式。

一、项目组织

“组织”当动词用时，可以表示管理的一个职能；当名词用时可表示两个或两个以上的个人为了达到某些特定的目的，以一定的方式有意识地联系在一起，组成一个群体。该群体有一定的分工及不同层次的权力和责任制度，按一定规则从事各种经济和社会活动。国际标准化组织为组织下的定义是：“不论是否为法人，也不论是政府公营还是民营，所有具有独立职能和规章制度的公司、社团、商号、企业或协会或其中任何一个部分”即为组织。

上述定义至少含有三层意思：①任何组织都是为一定的目的而建立和存在的；②组织内必须有分工与合作，分工与合作的关系由组织的目的决定；③组织内部实行分工之后，每个部门乃至每个人都要赋予相应的权力和责任，以便实现组织的目的。而这些权力与责任要有不同的层次。

“项目组织”有两层含义。接受委托人的委托，并与之签订合同或协议的企业（公司），叫做“项目实施组织”或“（项目）母体组织”。项目母体组织一般不直接从事项目的工作。直接从事或开展项目者一般是项目班子、项目管理班子、项目组、专题组、课题组、项目团队、项目经理部、项目管理部等，我国建筑业目前将其称为“项目经理部”。项目经理部在“项目实施组织”或“母体组织”中的地位，以及同母体组织其他部分的关系，叫做“项目（的）组织”。图 10－1 和图 10－2 分别表示“项目组织”的上述两种含义。

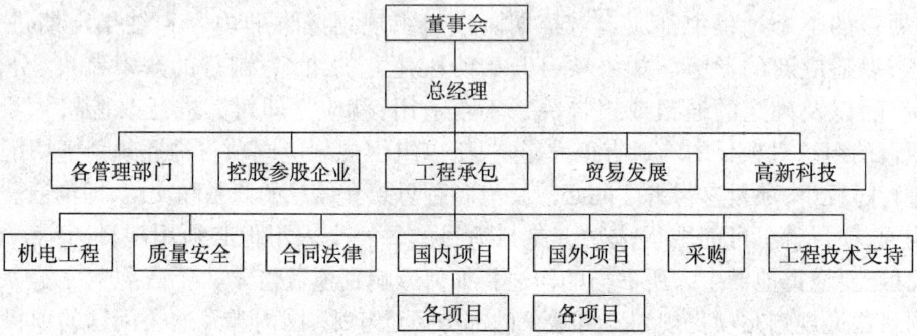

图 10－1　北京某公司的项目组织图

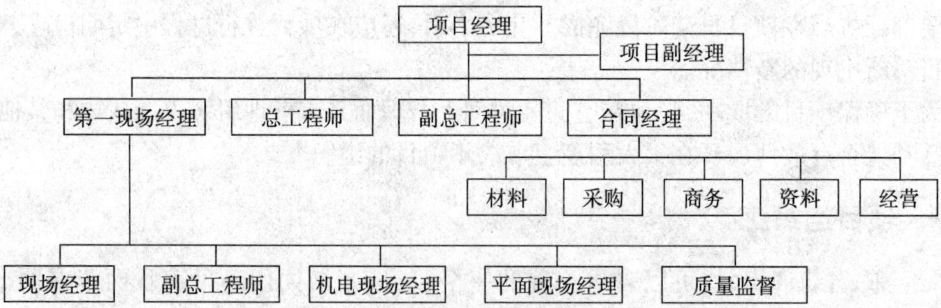

图 10－2　北京某公司某项目经理部组织机构图

二、组织规划的原则

何种组织结构才能最有效地保证交付项目成果，满足委托人或顾客的要求？如何分工与协作才能够保证项目组织有效地运转？项目实施组织和项目班子之间的权力如何集中和分散才能保证项目管理的成功？怎样的安排才能增强项目班子成员和其他参与者的“认同感”，并为完成项目成果而发挥潜力？为了回答这些问题，人们在实践中发现了一些规律，现将其归纳成以下一些原则：

第一，有目的。项目的角色、职责和权力应当根据项目的范围、任务和活动而确定。一旦完成了事先确定的任务，就应撤销这些角色职责和权力；项目的组织结构亦应根据项目的要求而确定，例如建筑公司的合同管理部门和项目经理部合同管理人员的关系应当根据合同的性质、规模和复杂程度而定。

第二，降低成本。在人员配备上，以完成项目任务为限，不设冗员。人员力求多能、多职。降低成本还有另一层意思，那就是“用人所长”，让人们“学以致用”。这一原则，是人类智慧的表现。在美国，这一原则叫做“哈罗效应”，意思是人们在各自擅长方面的积极性和效率都能达到最高。

第三，分出层次。项目组织从最上层负责人到最下层一线人员按照角色、任务、职责和权限划分为若干层次。每一成员都要知道自己的岗位、任务、职责和权限。要知道自己在项目组织中所处的位置，上级是谁、下级是谁，对谁负责；还要知道工作程序和沟通渠道，从何处取得情报和信息，从何处取得需要的决策和指示，从何处取得所需的支持与合作。

第四，管理跨度适当。管理跨度亦称管理幅度，是指一个主管人员直接管理的下属人数。跨度大，管理人员接触关系增多，需要协调的人与人之间的关系就多。跨度大小与分层多少有关。层次多，跨度小；层次少，跨度大。

第五，责权利一致。有了分工，就可以明确角色，分担责任。扮演角色和承担责任，应当有必要的权力，并应获得相应的利益。

第六，灵活。项目因其一次性，项目活动的内容，需用的资源种类、数量、时间和地点，以及项目的外部环境都随时改变。这就要求组织结构随之调整，以适应项目内外的变化。

第七，与项目实施（母体）组织一体化。项目实施组织（母体组织）是项目管理的外部环境，项目经理部成员来自母体组织，项目经理部解体后，其人员仍回到母体组织。项目的组织形式与母体组织的组织形式有关。

三、组织规划的依据

（一）项目的内外联系

项目的内外联系一般有三种类型：组织联系、技术联系和个人关系。

1. 组织联系。组织联系又叫“组织界面”或“组织接口”，就是项目与母体组织内外不同单位之间信息沟通和请示汇报的关系。例如，项目班子与公司合同管理部、采购部等部门的关系；或项目班子与委托人代表、设计院、电业局、消防队、建委、环保局等之间的关系。组织联系可以是正式的，例如通过合同或协议书确定，或在会议上正式宣布，然后以会议纪要形式确认；也可以是非正式的，例如，口头说明，或干脆沿用以往的联系。

2. 技术联系。技术联系指项目各阶段不同技术专业之间的正式和非正式的联系和项目各阶段之间的技术衔接。技术联系也叫“技术界面”或“技术接口”。例如，设计与制造、实验与小规模试产、室外拍摄与后期剪辑等。技术联系既可能发生在项目阶段之内，例如，某软件各个模块之间的数据接口；也可能发生在项目阶段之间，如当汽车设计组将设计成果交给机械改进组时，后者就必须设法将汽车制造出来。

3. 个人关系。这是在同一项目上工作的不同个人之间正式和非正式的通报或报告关系，有时候叫“人际界面”或“人际接口”。个人联系包括正式的职责关系和非正式的私人关系。例如，张扬是项目经理，李立是项目工程师，王小恩负责项目的财务。项目工程师和财务都应向项目经理汇报各自的工作，这是正式的个人关系。李立和王小恩在业务上没有正式的关系。但是，这两人谈得来，有事就互相商量，这就是非正式的个人关系。非正式的个人关系十分重要，有时可能会超过正式的个人关系，对项目管理的成功与否影响很大，组织规划时对此应予以重视。

上述三种联系经常同时发生。例如，李立用电脑时遇到了麻烦，去请教公司计算中心的刘春光。这两人之间就存在着正式的组织关系和技术关系。因为公司规定，计算中心有责任帮助员工解决使用电脑时遇到的问题。

(二) 人员配备要求

人员配备要求实际上是在资源规划期间提出的，其中有如下内容：

1. 用人部门需要何种技能；

2. 需要何种个人或集体(文化程度、技术专业、经验、工作和交际能力等)；

3. 何时需要以及需要的人数。

何时需要及需用多长时间，在项目班子母体组织日常工作或其他项目人力紧张时特别需要注意。

(三) 制约因素

项目选用组织形式时必须考虑多方面的制约因素。常见的制约因素有如下几个方面：

1. 项目实施组织的组织结构。项目实施组织的组织结构若矩阵化程度高，则项目经理的职权就比在矩阵化程度低的组织中大，就会有较大的行动自由。

2. 项目班子的偏好与习惯。如果项目班子成员以前工作过的组织很成功，已经习惯了那种组织形式，则对于本项目，很可能就选用同样的组织形式。

3. 将来合作的对象。项目班子将来同何人合作，对于项目的组织形式也有很大影响。

4. 项目实施组织同委托人、顾客或雇主签订的合同。

5. 劳动人事方面的法规和项目实施组织自定的规章制度。

为了减少组织规划耗费的时间，保证工作质量，项目班子应当充分利用某些现成的工具和技术，缺乏经验者更应如此。

(四) 技术的发展

电脑、通信技术、互联网，以及电子商务所带来的变革正对个人、集体、班子、业务流程、程序、组织、供应商、顾客、供应链、国际商务、利用外部资源和其他方面产生着深刻的影响。在组织规划中必须考虑如何通过这些技术利用外部资源，必须考虑"虚拟"班子的可能性，考虑因项目班子更加分散而造成的班子建设的特殊问题。

四、组织规划的工具和技术

除了有现成的理论指导之外，还有一些工具和方法可以利用。

(一) 样板

各项目彼此之间虽然不会一模一样，但总会有某种程度的相似。项目的组织规划可以借鉴以前搞过的类似项目，特别是那些成功项目的组织规划成果，利用它们的角色和责任划分或报告关系。这样做可以加快本项目的组织规划，不必从头做起。例如，建筑物施工的项目经理部就可以参照前述图 10－2 设立角色和部门。在这里，图 10－2 就是一个样板。

(二) 人力资源管理惯例

在人力资源管理方面，许多组织都有各种各样的方针、原则和程序。项目班子对此应当充分加以利用。例如，某公司要求项目管理人员受过高等教育，具有 3 年以上施工现场工作经历，能够妥善处理人际关系；还有的公司要求求职者须有本公司熟识的人的推荐。

(三) 组织理论

现在已有很多文献论述各种组织应当采取何种结构形式，专门讨论项目组织的只是一小部分。但是，如果项目管理班子对这些组织理论的内容有所了解，在遇到特殊问题时就能够提出妥善的应对之策。

所谓组织理论，是关于组织(名词)应当以何种方式组织(动词)起来才能有效运转的观点、见解和方法的全体。组织方式又叫"组织结构"。管理出现问题，大多同组织结构不合理有关。因此，在进行组织规划时，应当了解组织理论的基本内容、原则和方法，了解组织结构对项目成败的影响。

五、组织规划的成果

(一)角色和责任的分派

项目角色和责任必须分派给恰当的个人或集体,特别应分派给实际参加该项目工作的人,如项目经理、项目班子其他成员以及参与者个人等。分派工作应当同项目范围的确定配合起来,而且可以用责任分派矩阵表示,表 10-1 就是一例。对于大的项目,分派矩阵可以分几个层次编制。例如,高层次上的分派矩阵可规定哪一集体或单位负责工作分解结构的哪一单位工程,而低层次的分派矩阵则用于在集体内部将具体活动的角色和责任分派给具体的个人。

表 10-1　某项目责任分派矩阵

人员 阶段	王大行	李之久	刘　可	苏　方	李国泰	邝育林	马志刚
确定技术要求	P	I	P	R			
系统设计	P		P	R	P	I	I
系统分解	P	I	R				
系统部件设计	P	P	P	P	P		
部件制造						P	P
关键部件试验					P	P	P
系统组装	R	P	P				
系统调试	R	P	P		P	P	P
试运行	R	P	P				

符号说明:P—责任人,I—参与意见者,R—审核人。

(二)人员安排计划

人员安排计划说明何时以及如何将人员调入和调离项目管理班子,可以根据项目的具体需要正式或非正式、详细或粗略地做出。它仅是项目计划中的一小部分。当项目不再需要某些项目班子成员(个人或集体)时,如何将他们调离是应当特别注意的。如果处理得当,重新分派他们的工作可降低成本(办法是尽量少在他们重新分派工作之前找些零碎事儿让其打发时光)并提高项目班子的士气和斗志(办法是减少或消除这些人对将来就业机会的担心)。图 10-3 是某项目每周需要使用的某种专业技术人员的数量,它是人员安排的一种直观辅助手段。

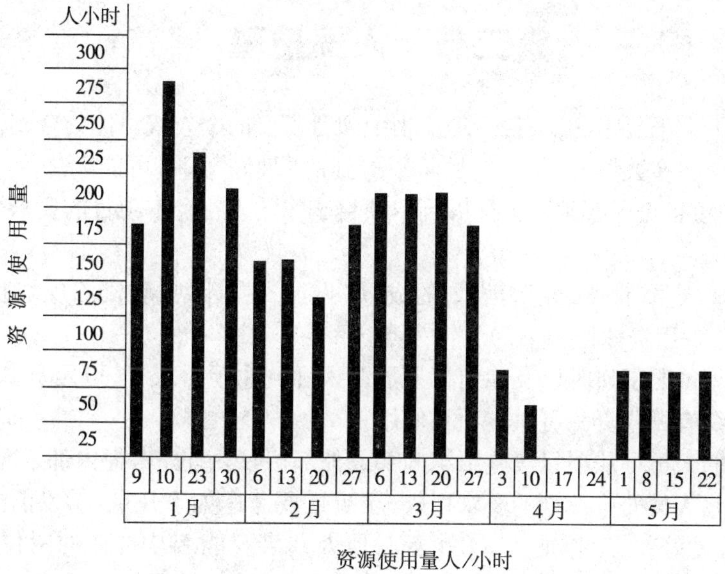

图 10-3　资源使用历程图

（三）组织结构图

组织结构图直观地展现出项目的通报和报告关系，可以是正式的、非正式的、详细的或仅反映大致关系，具体视项目情况而定。例如，对于仅有三四个人的内部维修项目的组织结构图不可能像有3 000人的核电厂废料站组织结构图那样严格和详细。项目组织结构图应当包括内部和外部的通报和报告关系。在范围定义中提到的组织分解结构也是一种项目组织结构图，可以对其充分加以利用。前述图 10－1 和图 10－2 就是概括性的组织结构图。如果项目班子组织结构复杂，界面很多，联系广，无法用图形表达清楚，可以列表的形式来表示。

（四）辅助说明

辅助说明的内容因项目情况而异。辅助说明应包括如下内容，但不限于以下内容：

1. 组织影响评价。它说明项目班子若以这种方式为本项目配备人力的话，项目实施组织的工作将受到何种影响。

2. 工作说明。按工作岗位逐一说明在该项工作需要的技能、应负的责任、需用的知识、权限、物质环境以及本岗位的其他特点。

3. 培训要求。如果待分派的人员不具备本项目所需要的技能，则有必要对他们进行培训。培训工作应成为项目的组成部分。

第二节 人员招募

项目需要有人来干。因此,项目经理应当把项目需要的个人或集体集合到一起,并分派到项目上去工作。在多数情况下,本项目希望得到的“最好”人员可能无法为本项目所用。因此,项目经理和项目班子必须保证能够到本项目工作的人符合本项目的要求,胜任本项目的工作。

招募项目班子人员时,要以组织规划的成果“人员安排计划”和资源规划利用过的“可用资源说明书”(“备用资源说明书”)为出发点。

人员安排计划说明了何时以及如何将人员调入和调离项目班子,可用资源说明书则记载了项目实施组织有哪些资源可供本项目使用。

本项目需要的人员可从项目实施组织内部或外部招收。首先考虑内部来源。项目班子成员人选除了满足人员安排计划的要求以外,至少还要考虑如下几点:①以前的经验;②个人的兴趣、性格和爱好;③工作能力;④能否与他人共事及能否从现在的岗位调到本项目上来。

人的调动是很复杂的事,组建项目班子的人未必都会做这项工作。因此,不熟悉该项工作的人,应当参考项目实施组织内外其他人的成功经验和做法。

在大多数情况下,项目需要的人选往往都有自己的工作,不能招之即来。一定要耐心地同人选所在单位的领导解释、说服和做动员工作,争取其支持。在同他人商谈人员调动时,一定要充分发挥自己的谈判说服能力。特别需要注意的是,项目看中的人选的上级往往不愿意把能干的员工让给别人,很可能把不符合项目要求的人派来。

在某些情况下,人员可能事先就已经分派到该项目上了。这种情况常有下面两种原因:该项目是竞争的结果,在竞争之前就已经许诺某个人或集体作为获胜方案的组成部分,参加到项目中来。例如,设计项目的负责人在方案竞赛时就已经确定,或者该项目是内部服务项目,因此人员的分派已在项目章程中做了规定。例如,参加项目投标阶段的人一定要参加项目班子。

如果本组织的确无法满足项目的人员需要,例如,所有技能符合本项目需要的人员都已放到了其他项目上,或者由于其他一些情况,这时候就应考虑外部来源。从外部招收,有兼职、借调、咨询、承包等多种形式。从外部招收属于“项目采购管理”的过程,因此,当项目实施组织内部缺乏为完成项目所需要的人员时,就应在制订采购管理计划时给予考虑。

人员安排计划要求的人员全部到任、投入工作之后,项目班子才算组建完毕。根据项目的具体情况,人员可以全时、半时或全时半时交替配备。这时候要编制一份准确的名单。名单上要有各项目班子成员以及其他主要利害关系者的办公地点、电话、电子邮件地址、手机号码等,以便需要时马上就能找到他们。表 10 - 2 就是一个例子。

表 10 - 2 "新产品推销"项目班子通讯录

项目名称:新产品推销		项目经理:李大图			起止时间:2005/2/24 ~ 2005/9/21		
姓 名	职 责	电 话	手 机	电子邮件	地 址	住 址	备 注
李大图	项目经理	62 × ×8901	136 × × × ×6898	lidt@263.net	某大厦 1234 室	乐园路 7 - 12	
邢向师	设计	83 × ×5903	135 × × × ×2525	xxs@sohu.com	某大厦 1236 室	高兴街 12 - 4	
崔小旺	广告	62 × ×7654	138 × × × ×2986		某大厦 1231 室	幸运村 89 号	
……							

若有可能,还可以让项目班子成员根据项目计划制定出自己的工作时间安排。这种安排可以采取多种形式表达。横道图直观、形象、提示性强。图 10 - 4 和图 10 - 5 分别是某"新产品推销"项目班子成员邢向师和崔小旺在该项目中负责的活动及其时间安排表。

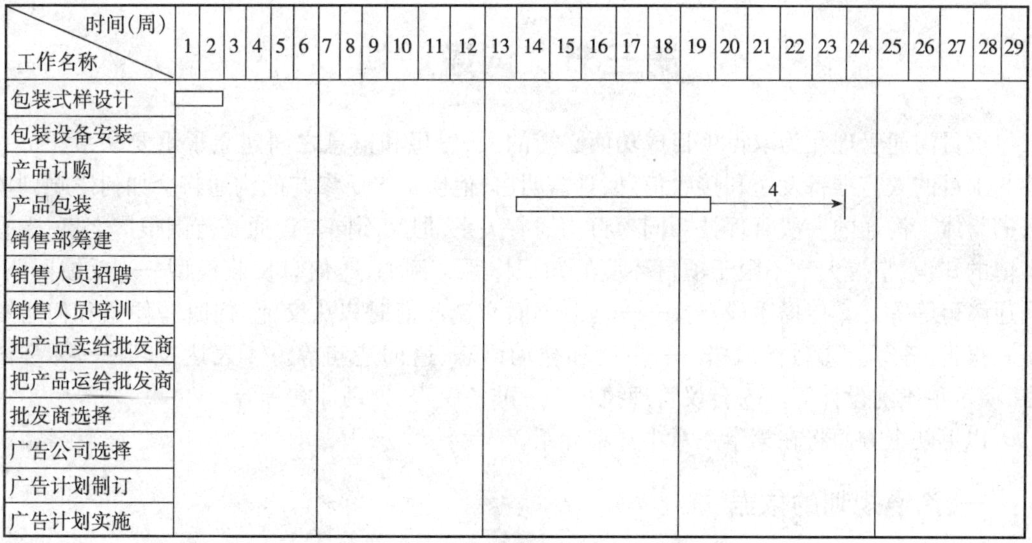

图 10 - 4 邢向师负责的活动及其时间安排

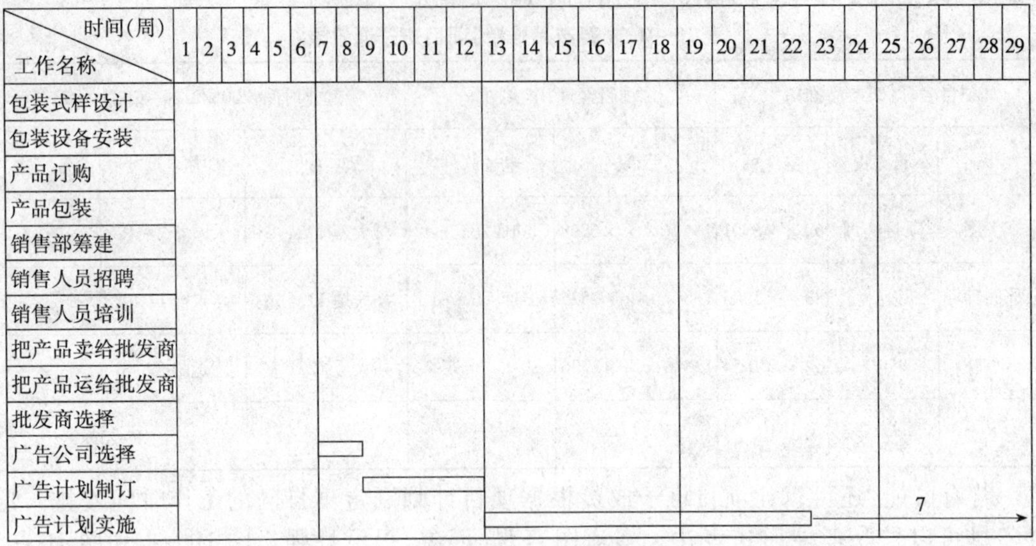

图 10－5 崔小旺负责的活动及其时间安排

第三节 沟通规划

项目沟通管理在为取得项目成功而必需的人、思想和信息之间建立了重要联系。每一参与项目的人需准备发送和接收信息，且需明白，他们个人所参与的沟通将会如何影响到项目的整体。沟通的一般管理技巧同项目沟通有关系，但又不同。沟通是范围很广之事，需有广博的知识，掌握大量不限于项目环境的知识体系。例如，①信息发收模型——反馈回路，沟通障碍等等。②传播手段选择——何时书面交流和何时口头交流，何时写便条和何时写正式报告，等等。③写作风格——主动和被动语态、遣词造句等。④表达技巧——体姿语言、演示手段的设计等。⑤会议管理技巧——准备议程、处理冲突等等。

以上几个方面将在第十三章中详细介绍。

一、沟通规划的依据

制定项目沟通计划之前，应当明确如下事项：

(一)沟通要求

沟通要求即项目对所有参加者要求的全部信息及其传送方式。确定沟通要求时要综合考虑信息的类型和形式，并分析其价值。项目的资源有限，只能用在确保项目成功必不可少的信息上。确定项目沟通必需的信息时，需要考虑的方面有：①项目组织和项目利害关系者的联系；②同项目有关的技术领域、部门和专业；③参与本项目各方的地点；④项目外部对信息的需求（例如，同新闻界的联系）。

撰写报告者要知道读者感兴趣，而非自己感兴趣之事。

示例 10 – 1　不同的管理层次信息要求不同

管理层次	信息类型
高层管理人员	概　要 1. 目标是否正按照计划实现 2. 进度是否正常 3. 实际开支是否符合预算 4. 对于完成时间、进度和费用开支的预测如何 5. 是否发生了未曾预料到的情况 6. 本项目仍然是有利可图的吗
项目经理/项目班子	项目的具体情况 1. 计划中所列各项活动的当前状况 2. 哪些方面可能存在问题 3. 实施结果同计划的比较 4. 下一个报告期的计划活动 5. 实际开支同预算的比较 6. 下一时期的资源要求 7. 哪些问题需要重新规划
一线管理人员	有关具体行动的信息 1. 本单位的资源需求 2. 从事项目活动所需要的技能 3. 预算现状 4. 需要解决的技术问题 5. 需要处理的其他问题

沟通要求的另一方面是沟通关系，或称“沟通渠道”的数量。一般说来，有 n 个参与项目沟通的个人或组织，那么就有 $n(n-1)/2$ 条沟通渠道。关于这一点，在制订沟通管理计划时务必牢记。

（二）沟通技术

在项目各部分之间传送信息有多种技术和方法，彼此差异很大。例如，简短的谈话和长时间的会议，简单的书面文件和即刻就可查询的表格和数据库等。

沟通技术的选用取决于下列因素：

1. 对信息要求的迫切性。项目的成功与否取决于最新的信息能否用时即能到手？或者是否只要有定期发布的书面报告就够了？

2. 是否可以取得想要的沟通技术。已有的通讯系统是否满足沟通要求？是否有充分的理由扩大或缩小已有的通讯系统？

3. 预期的项目环境。准备使用的通讯系统是否适合项目参加者的经验和专业特长？是否要求进行全面的培训和学习？

（三）制约因素和假设

对构成项目沟通制约因素和假设的其他过程，例如采购规划、资源规划、组织规划、进度规划等的结果应当进行审查，查明它们会在哪些方面，以何种方式影响项目的沟通。再如，如果项目有许多资源需要从外部采购，则应对合同信息的处理给予更多的考虑。

二、沟通规划的技术和工具

沟通规划可以进行项目利害关系者分析，即分析各利害关系者对信息的要求，并为满足他们的需求找到来源。该分析应当考虑三个方面：①适合本项目需要的方法和技术；②提供保证项目成功的所有必要信息；③不把资源浪费在不必要的信息或不适用的技术上。

编制沟通管理计划有如下七个步骤：

第一，确定谁是利害关系者，他们各需何种信息。

第二，你自己说明项目状况时需要什么样的信息。

第三，确定你将用何种标准来控制该项目。

第四，确定上述1～3项的信息从何处得到，以及何时能得到。

第五，确定所有报告的格式，包括项目接收和发出的报告。

第六，确定书面沟通的格式。

第七，确定由何人同对方交谈的形式。

三、沟通规划的成果

沟通规划结束时应取得的成果是一份沟通管理计划，其内容主要有：

（1）信息沟通要求。

（2）信息收集结构。要详细说明用何种方法从何人处收集信息。

（3）信息分发结构。要详细说明信息（报告、数据、进度安排、技术文件等等）分发的对象、方法和方式(报告、会议等)。选用适当的沟通技术。信息分发结构必须同组织结构图中说明的责任和报告关系相一致。

(4)对每种要分发的信息的详细说明,包括格式、内容、详细程度,以及拟用的符号规定和定义。

(5)信息发生日程表。表中列出各种形式沟通发生的时间,提供或修改更新信息的原始依据的程序以及在依进度安排的沟通发生之前查找现时信息的各种方法。

(6)随着项目的进展更新和细化沟通计划的方法。沟通计划的详细程度要视项目的需要而定,该计划是项目计划的一个组成部分。

第四节　组织理论

所谓组织理论,是关于组织,如企业、事业单位、政府、项目班子或社会团体等应当采取何种组织结构才能提高效率的观点、见解和方法的全体。组织理论是人类长期实践的总结,是管理学的重要内容。因此,项目组织规划,应当以组织理论为指导,了解组织结构对项目管理和项目成败的影响。

组织理论的发展可分为三个时期:古典理论、行为学理论和现代结构设计理论。

一、古典理论

古典理论可追溯到亚当·斯密。他在《国富论》中首先提出了劳动分工的概念。分工是组织的基础。大多数组织理论研究者把古典组织理论的正式产生和盛行定为19世纪末和20世纪初。古典理论侧重于研究组织的静态和各部分的协调。在古典理论看来,组织的特征表现在以下几个方面:

第一,分工。组织的每一单位,无论是横向的部门或单位,还是纵向的高、中、低层,都是根据分工原则划分和设置的。

第二,划分权力和职责。组织中每一单位都有明确的职责,单位内每一个职位,均有明确的工作。组织中每一单位的主管或员工都必须按规定的职责与岗位进行工作。

第三,划分层级。组织上级与下级之间,层层管制。上级下达命令,下级必须接受和执行。只有这样,组织高层的意图才能得到贯彻执行。

第四,规章制度。组织内每一成员,都必须遵循规章制度。而规章制度中有国家法令法规,也有组织自定的规则和程序等。

第五,行动协调。分工和相互之间的依赖要求组织内单位与单位、个人与个人之间的活动和关系必须协调一致。上下级之间可以通过权力差别制约和协调,同级之间则需要以其他方式相互配合。

第六,目标。任何一个组织都要有目标。组织内每一个成员和单位都要有分目标。组织整体目标的实现有赖于各个单位和个人的努力,不会自动实现。

在这一时期的组织方式或组织结构有直线式、职能式和直线职能式。

二、行为学理论

行为学理论盛行于20世纪30年代至50年代。该理论研究组织的动态,认为组织是一种心理与社会系统,重视组织结构中人的问题,尤其是人的心理对组织的影响。这一理论关于组织的主要见解有以下几点:

第一,心理与平衡。组织成员的心理,以及由成员构成的团体心理,即社会心理,都对组织结构有影响。人之所以参加组织,一方面是希望满足自己的需要,另一方面希望作出自己的贡献,使组织能够生存和不断发展。而组织则希望利用成员的努力实现组织的目标。成员与组织双方的需要应保持平衡。

第二,影响力。各成员在交流中相互影响。上级可以影响下级,下级也可以影响上级,同级间也可以相互影响,而权力只是影响力的一种。

第三,沟通。成员之间不仅通过命令、权责或协调联系,也产生其他人际关系,整个组织可称为沟通网络。

第四,成员个性的综合。各成员心理特征不同,对事物认识不同,就会产生各种矛盾。组织的任务之一就是协调这些矛盾,化解冲突,使每一个成员都能接受协调,进而顺利地实现组织的目标。

第五,人机配合。构成组织的人、事、时、物和财5个因素均对组织结构有影响,后4种可称为"机"。组织应以最适当的方式将这5种因素结合起来,否则就无法正常运转,无法有效地实现目标。组织是一个人机配合系统。

第六,非正式团体。组织内除有正式的组织外,尚有各种非正式团体。处理得当,非正式团体会成为有利于组织的因素,反之则对组织不利。

三、现代结构设计理论

在第二次世界大战以后,有关组织结构设计的研究得到了空前的发展。其中最有影响的代表人物及其理论有:卡斯特和罗森茨韦克的权变理论、明茨伯格的结构设计理论和詹姆斯·钱普彼等人的再造理论。

(一)卡斯特和罗森茨韦克的权变理论

卡斯特和罗森茨韦克都是美国管理学家。经过长期研究,他们提出了权变理论。其主要内容反映在1970年出版的《组织与管理——系统方法与权变方法》一书中。他们注重研究组织与社会环境之间的相互影响与适应,不再把组织看做是封闭的系统,而是一种开放系统,改变了对组织的看法,扩大了研究领域。其主要观点有:

1. 组织是社会系统的一部分。组织与社会环境之间相互依赖和相互影响。社会的重大变化会对组织产生影响,组织结构必须相应地调整,保持与社会环境的协调。

2. 组织本身也是系统。组织与社会环境所构成的系统是一个较大的系统,而组织本身也自成系统,称为“次级系统”。组织内部的技术、价值观、社会心理、组织结构和管理等都是组织的组成部分。这些部分可称为组织系统的“子系统”。子系统之间相互依赖与相互影响。

3. 组织是自适应系统。组织不但要适应社会环境,内部各个部分也要彼此适应。在生产技术发生重大变化时,就要调整组织结构与管理措施。因此,组织结构不是静止不动的,而是需要经常调整,以适应内外环境的变化。

(二)明茨伯格的结构设计理论

加拿大组织学家亨利·明茨伯格提出的结构设计理论是对组织理论的杰出贡献。其见解主要反映在1979年出版的《组织结构的建设》一书中,关于组织结构的观点主要有:

1. 任何人类社会组织都由基本人群组成。这些人群有:

(1)战略决策层。这是指最高领导层,可以是一个人,也可以是董事会、公司最高管理层或执行委员会。其主要作用是决策、管理和协调组织内各项活动和工作。

(2)中间层。这是指联系最高层与一线管理人员的人。该层执行最高层指示,指导和监督一线管理人员。他们对组织的实际运营有着直接的重大影响。

(3)操作骨干。这是指从事基础工作的骨干力量。如大学中的教师、装配工厂中的生产工人等。

(4)技术层。这是指技术和分析人员。他们设计和规划组织的各营运体系,并控制技术工作。这一群人不同于中层管理人员。在以技术为基础的组织中,技术分析人员对操作层有直接的影响,他们按最高决策层的计划,设计新产品,为操作层选择设备,并负责保养维修,排除故障等。他们对最高决策层有一定的参谋作用,但对中间管理层影响不大。在柔性制造技术占主导地位的组织中,他们对中间层和操作骨干层都有很大的直接影响,并能改变他们之间的相互关系。

(5)后勤人员。这是指提供必要服务,包括公共关系、法律顾问等参谋人员和服务人员。

2. 对组织生存与发展影响力最大者对组织设计有最大的影响力。根据各种人在组织中的地位和作用以及对组织运行实际影响力的大小,组织结构可分为5种不同的类型:简单型、机械行政型、专业行政型、分部型和特别委员会。

(三)詹姆斯·钱普波等人的再造理论

人们曾长期视分工为提高组织效率的有力工具和变革措施。然而由专业分工形成的金字塔结构亦造成了僵化的本位主义和“见树不见林”的狭隘风气,造成了组织叠床架屋,部门之间相互推诿,引起了顾客的不满和抱怨,降低了组织的竞争能力。因此,许多组织无法适应快速变化的国际市场,无法适应顾客需求的变化,更无法在激烈的竞争中占据有利地位。在严峻的挑战面前,组织应如何应对?这是自20世纪80年代以来一直困扰着组织理论研究者和管理实践家紧迫而严峻的问题。许多组织学家都提出了自己的见解,其中以美国的詹姆斯·钱普彼和迈尔克·哈默的研究最有影响。他们提出"公司再造"理论,其主要观点有:

1. 组织或公司再造的含义:"组织或公司的再造指重新考虑和设计组织或公司的业务流程,以求组织或公司在成本、快速而高质量的服务等当代各种表现考核的关键指标上取得显著的改善。"

2. 有人认为组织或公司再造是继20世纪50年代的财务管理、70年代的战略管理和80年代的全面质量管理之后的又一场管理革命,主要推动力来自组织或公司的最高主管。只有掌握组织与公司最高决策权的最高主管全力以赴,才能使其成功。此外,改造流程本身是集体协作的过程,因此,推动改造的主管必须提出改造的远景和具体措施。在改造过程中要充分注意内部的充分沟通,只有在统一认识后,才能大力展开。对员工要予以必要的训练,使其由专才变成新流程需要的通才。若经过多次训练和辅导,员工仍然达不到要求,就必须加以辞退。

3. 组织或公司再造要借助于现代信息技术,特别要利用数据库和网络。只有这样,流程中每一个管理人员与基层员工才能随时了解流程的每一过程和顾客的需求,并回答顾客的问题,这样才能创造和保持自己的竞争优势。

4. 要正确选择"组织或公司再造"时机和再造流程。据调查,到1995年为止,美国有69%的组织都在计划流程的再造。然而,如何再造,再造后的流程与原来组织结构中一些职能部门,如财务、人事、研究与开发部等的关系如何,都需要进一步研究和在实践中不断摸索。无论如何,组织再造是历史发展的必然趋势。

四、组织结构最新发展

20世纪70年代以来,随着电子计算机、通讯、卫星和信息技术,尤其是近些年来网络技术的发展,发达国家的企业组织结构发生了巨大变化。组织内部各个方向,特别是上下之间的沟通越来越方便,基层人员同高层人员可直接对话。使用电子计算机工作,本身就非常规范、标准,取代了许多含糊不清的规章制度,提高了决策的质量和速度。技术上的进步对组织结构产生了重大影响。计算机管理信息系统大大增加了管理跨度,使管理人员能够管理更多的人和物,在许多方面代替了人的监督。直接监督和书面报告的必要性越来越小,越来越多的中层人员变成了多余。近年来,国外许多组织取消了一些中层人员,甚至整个中间管理层。组织结构的这种改革和变化叫做"扁平化"。高耸的金字塔变成了扁平的"网络"。组织成员,包括居最高位者变成了这种网络上一个又一个的结点。网络式的组织结构不但便于组织内的沟通,大大降低了管理成本,提高了工作效率,还简化了人与人之间的关系,权力对人际关系的影响开始让位于非权力,特别是让位于信息的影响。以上情况,在进行项目组织规划时要特别注意。

思考题

1. 什么叫做“组织”,它有哪几层含义?
2. 何谓组织规划,有哪些内容,应遵循的原则、依据、工具和技术及成果分别是什么?
3. 项目内外有哪些联系,这些联系对组织规划有哪些影响?
4. 组织规划应在何时进行,为什么要不断地检查项目早期阶段组织规划的成果?
5. 有哪些因素促进了组织的“扁平化”,对组织规划和项目管理有哪些影响?
6. 可用资源说明书有哪些内容,在组织规划中有何种用途?
7. 沟通规划有哪些内容,要做好沟通规划至少要懂得哪些方面的知识和技能?
8. 项目组织规划和沟通规划的紧密联系表现在什么地方?
9. 沟通规划的依据、工具和技术、成果,以及应考虑的因素是什么?
10. 如果某项目班子有15个成员,彼此之间需要充分沟通,一共应有多少沟通渠道?

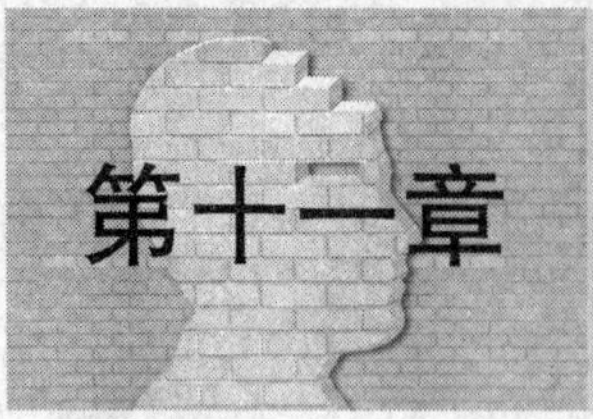

第十一章 采购和发包规划

MODERN PROJECT MANAGEMENT

内容提要

- 考虑项目的哪些资源需要从外部采购，以及准备采用的采购方式
- 经济全球化为利用外部资源创造了便利条件，项目班子必须提高动员、组织和利用资源的能力
- 提出对待采购物的具体要求，查明可能的供应来源，明确编制发包清单时需要使用哪些文件

学习重点

- 利用外部资源的必要性和方式
- 采购规划的依据、工具和技术以及成果
- 发包规划的原则、依据、工具和技术以及成果
- 合同类型、项目说明书、标准招标文件与合同文件

第一节　利用外部资源

一、利用外部资源的必要性

几十年来，经济全球化为利用其他国家和地区的资源创造了条件。

大公司纷纷制订利用外部资源的战略，加强采购管理，以便获得便宜的劳动力，统一和提高服务质量，克服进入外国市场的壁垒，利用卖方所在地理位置降低物流消耗，寻找尽可能低的税率，打破本国的季节性限制，得到更稳定的原料供应，提高服务交付能力。

除此以外，大公司利用外部资源还有其他方面的考虑：

第一，可以减少本公司的资金投入。

第二，取得本公司缺乏的专业技术和更好的创意，以便建立竞争优势。

第三，在本公司不能满足委托人或顾客对产品或服务的急迫要求时，由其他公司代替自己。

第四，提高资产利用率或储备能力。许多设备或设施利用率要达到一定程度后才能保证投资有利可图；如果达不到，企业就应利用外部资源，获得规模经济的好处。

第五，出现了效率更高的供应者。如，过去，许多公司用自己的运输队为顾客送货，如今出现了效率更高的运输公司，利用运输公司送货效率更高。

第六，降低投资风险。公司有时非常谨慎，当新产品对市场的影响尚未确定时，在生产过程中利用外部资源可以降低投资风险。

二、利用外部资源的不足之处

利用外部资源虽然有以上好处，但这种做法也有缺点，主要是：

第一，流失专业技能。例如，20 世纪 90 年代，许多美国企业为了降低成本，与亚洲制造商广泛合作。当亚洲制造商掌握了企业技术之后就成了他们最有力的竞争对手。

第二，增加了交易费用。利用外部资源，与之商定共同目标，签订和清算合同等，需要耗费大量的资金、时间和精力，从而增加了交易费用。

总体而言，利用全球资源，利大于弊。比如，许多外国公司在获得加工合同后，就将其分包给我国的企业，而不是在本国加工制造。原因就是付给前者的报酬远远少于后者。在我国注册的国外大公司大都采用这样的策略。

利用外部资源的组织和项目经理应当认识到，分包商和供应商的成本最终将转化为自己的成本，因此应设法帮助他们降低成本。

第二节 采购规划

项目涉及的买卖关系可能会分成若干层次。卖主可能叫做“分包商”、“销售商”或者“供应商”,具体视项目所在的行业(应用领域)而定。卖主一般也将其工作当做项目来管理。在这种情况下,项目班子作为买主就成了顾客,因而就成了卖主的重要利害关系者。卖主的项目班子必须关心项目管理的所有过程,不仅仅是项目采购管理。合同的条款和条件成了卖主许多管理过程的重要依据。合同实际上包含了诸如主要交付成果、关键里程碑、成本目标等依据。合同还会限制项目班子的选择,例如,培训合同经常要求由项目班子(买主)认可(卖主)讲授人员的配备。

本节假定卖主来自项目实施组织的外部。不过,本节大部分内容也同样适用于同本实施组织内其他单位签订的正式协议。当签订非正式的协议时,就要靠项目人力资源管理和沟通管理中的有关过程来解决问题。

采购规划应当考虑项目的哪些资源(如,人工、材料、零部件、设备)需要从外部采购以及用何种方式采购。如是否需要利用外部资源,将项目的某些工作分包出去。一般来说,有以下几种情况:

第一,只选择一家承包商,由其提供本项目需要的所有或大部分货物和服务。例如,学校家具采购项目同一个单位签订“成套交易”合同,由其完成家具设计、采购和制造的全部工作。

第二,向多家承包或供应商采购本项目需用货物和服务的大部分。

第三,采购本项目需用货物和服务的一小部分。

第四,不需要外部采购服务。这种方式常用于研究和开发项目(项目实施组织不希望别人知道本项目的技术或其他情况)或小型机构内部的项目(有外单位参加时,协调管理工作非常麻烦,其费用超出由本组织自己完成的费用,或者很难找到合适的外部来源)。

目前,世界上的采购方式五花八门,单就货物、工程和服务采购而言,就有国际竞争性招标、有限国际招标、全国竞争性招标、询价采购(国内和国际)、直接签订合同、自营工程、从联合国机构采购、委托采购机构、利害关系者参与采购等方式。

有限国际招标与国际竞争性招标基本相同,只是有限国际招标使用直接邀请而非公开广告的方式。适合使用有限国际招标的情况有:①国际市场上仅有有限的几个供货商;②合同金额太小;③由于其他特殊情况不能按国际竞争性招标的程序进行。

全国竞争性招标是在货物、工程或服务的性质和规模均不对国外竞争者有吸引力时的最有效和成本最低的采购方式。适合于全国竞争性招标的情况有:①合同金额太小;②工程地理位置太分散或时间持续太久;③工程为劳务密集型;④货物、工程或服务的国内价格低于国际价格；⑤国际竞争性招标的费用和/或管理负担明显高于它的好处。

国内外询价采购适用于购置货架交货的现货或小额标准规格的商品。项目班子应"货比三家"，至少取得三个供货商的报价。如果能从一个以上的来源获得所需要的货物，且价格有竞争力，则可以采用国内询价采购。国际询价采购至少应邀请来自两个不同国家的三家供货人提出报价。报价可以使用传真或电传。对报价的审查应按照公共或私营部门一贯的良好做法来进行。已接受的报价应包括在订单之中。

在欲采购之物"只此一家，别无分店"或称"单一来源"时，可直接同这一单独的供货商直接签订合同。

在项目班子缺乏必要的人员和经验时，可以聘请他人代理。委托的采购机构应是专门从事采购的商家，并应严格按照公认的采购程序（例如，《中华人民共和国招标投标法》、《中华人民共和国政府采购法》）进行。

利害关系者参与采购是国际上较新的一种方式，这是出于对项目要满足可持续发展的要求的考虑，或为实现项目某种特定的社会目标。利害关系者参与采购的项目一般是当地社区或非政府组织参与的使用量不断增加的当地专有技术和材料，需要大量的劳动力或合适的技术。

一、采购规划的依据

采购规划的依据包括以下几点：

第一，范围说明书和成果说明书。采购规划考虑项目要求、采购策略和技术问题时需要的资料许多都写在范围说明和成果说明书中。

第二，采购活动所需的资源。项目实施组织若没有正式负责采购的部门，则项目班子只能依靠自己的人力资源和专业知识进行各种采购活动。

第三，市场状况。采购规划必须考虑市场能买到何种产品或服务、谁是提供者、采购的条款和条件如何。

第四，其他方面规划结果。只要其他规划子过程有了结果，可以拿来使用（例如，项目成本初步估算、质量管理计划等）时，就应在采购规划过程中予以考虑。

第五，制约条件和假设。许多项目中，资金来源都是采购规划中最常遇到的制约因素。

第六，技术的发展。现在，国民经济各部门都开始利用互联网来降低采购成本，管理供应商关系，简化物流系统和库存，计划生产及更有效地加强同现有客户和新客户的联系。这种情况通过组织局域网、经营流程再设计和供应链部署等创新活动，影响到项目和项目管理。由互联网而降低的成本、缩短的时间、更多的顾客选择和为顾客提供更多的便利，促进了商品和服务的销售。

互联网的应用速度超越了所有先于它面世的技术。企业间的电子商务正以空前的速度发展着。人们用互联网协调组织中的采购业务和供应,协调组织内的物流计划和货运公司的仓储及产品运输,协调销售的组织和批发商与零售商间的关系,协调客户服务、维持业务和组织最终客户间的关系。

二、采购规划的技术和工具

采购规划过程可使用的技术和工具有以下几种:

(一)自制或外购分析

所谓自制或外购分析,就是比较项目所需的产品或服务由本组织生产和从外部采购哪种方式更合算。

我们来看这样一个例子。

假设某个项目班子有21个成员,工作地点不集中,经常出差,甚至出国。他们都需要使用笔记本电脑,当然也需要得到对笔记本电脑的维护、培训和用户支持服务。

解决这个问题有多种办法。第1种,由项目班子所在组织计算中心统一解决,包括购买硬件和软件,运回来,发到每人手上,进行培训,遇到麻烦,前往解决等等;第2种,将钱发给各人,由他们自己去买,至于培训、维护和用户支持等问题,则找电脑公司解决。当然,还会有第3、第4种办法。

第1种办法可以称为“自制”,第2种则为“外购”。

现在就来比较一下哪个办法好。假设按第1种“自制”的办法,购买硬件和软件,运回来,发到每人手上的总费用是1.2万元/台×21台 = 25.2万元,而由本组织计算中心提供的维护、培训和用户支持服务每年的费用是12万元。若该项目持续3年,则总费用是25.2万元+12万元/年×3年=61.2万元。

倘若这个时候,电脑公司听到消息,主动打电话来报价,说是每台1.5万元,多买可有5%的折扣,并且免费提供培训、维护和用户支持服务。

显然,项目经理和组织的高层领导应该考虑“外购”办法。

自制和外购都包括直接费用和间接费用。例如,外购应包括该产品或服务的直接成本和采购管理费。

自制或外购分析必须反映项目实施组织将来的发展和项目目前的需要。例如,购买而不是租用某项资产(车辆、电脑等),若仅从项目成本来看,购买不如租用合算。但是若考虑到项目实施组织在该项目完成后还可以继续使用这项资产,则购买费用分摊到该项资产上去的部分就可能会少于租用费用。

示例 11 - 1　外出复印还是买 HP 激光打印机更划算

某咨询项目。客户要求提交的成果是咨询报告，中文和英文各 6 份。咨询报告中文本和英文本分别为 350 页和 400 页，纸张尺寸用 A4(210×297mm)打印纸。现在 HP 激光打印机市价为 6 000 元，每张 70 克的 A4 纸每包(500 张)25 元。以往咨询小组都是将报告终稿拷贝到软盘上，请外边的公司打印出来并复印要求的份数。时间一长，就觉得应当自己购买一台打印机，直接打印出要求的份数。请外边的公司打印并复印是每张 3 角 5 分钱。于是咨询小组算了一笔账，看看值不值得自己买打印机和纸张。

首先，用 q 表示咨询报告的总页数，p 表示外边公司打印和复印的单价，T_p 表示付给外边公司的复印费，T_c 表示自己打印的总成本，F 表示 HP 激光打印机的市价与采购费用总和，c 表示自己买 A4 纸的售价和采购费用均摊到每张纸上的价钱。

然后，列出 T_p 和 T_c 的计算公式：

$$T_p = p \cdot q$$

$$T_c = F + c \cdot q$$

其中，$p = 0.35$ 元/页(包括打印费和复印费)，$F = 6\,250$ 元(打印机售价和采购费，利息忽略不计)，$c = 0.08$ 元/页(包括采购费、纸张售价和打印机的电费)。

显然，如果咨询小组五六年内只写这一次报告，是不值得自己买打印机和纸张的。实际上，请外边的公司打印并复印出要求份数的咨询报告，总费用是：
$T_p = p \cdot q = 0.35$ 元/页 $\times (350 + 400)$ 页/份 $\times 6$ 份 $= 1\,575$ 元 $< 6\,250$ 元

但是，如果近几年经常要写报告，报告的总页数超过一定量时，自己买打印机和纸张就要比请外边的公司打印和复印省钱。那么，到底总页数达到多少时，自己买打印机和纸张才开始省钱呢？对这个问题的分析过程叫做“盈亏平衡分析”、“本量利分析”或“量本利分析”。这是一种重要的自制或外购分析技术。

计算够本点。所谓“够本点”，就是“自己买打印机和纸张”花的钱与“请外边的公司打印和复印”花的钱相等时的总页数，我们用 q^* 表示。令

$T_p = T_c$，即 $p \cdot q^* = F + c \cdot q^*$

于是，$q^* = F/(p - c) = 6\,250/(0.35 - 0.08) = 23\,148$(页)

如果近 5 年每年都要写同样篇幅，同样份数的报告，且 A4 纸价格不上涨，外边公司的打印和复印价格不下降，则值得自己买打印机和纸张。何况除了写咨询报告，还有许多事情要做，自己有打印机和纸张，使用起来方便得多。

本量利分析或量本利分析还可以表示在图形上。图 11-1 就是一例。

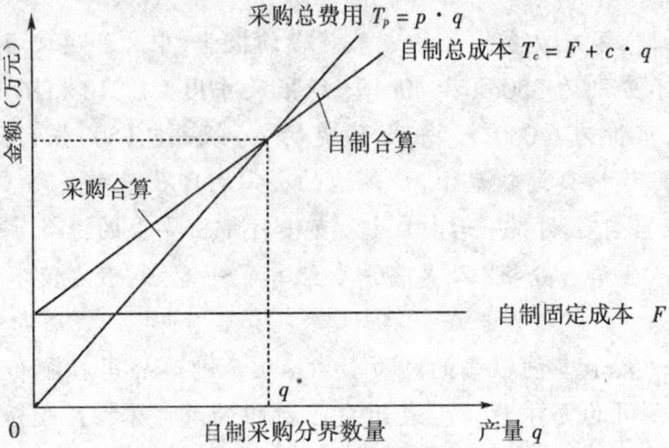

图 11-1　自制或外购本量利分析

当自己打印和复印的数量 q 达不到够本点 q^* 时，即处于图 11-1 上 q^* 左侧时，自己买打印机和纸张不合算；反之，当自己打印和复印的数量 q 超过够本点 q^*，即处于图 11-1 上 q^* 右侧时，值得自己买打印机和纸张。

（二）专家

专家就是具有专门知识或经过训练的单位或个人，例如，咨询公司、工业集团、承包公司以及项目实施组织内部的其他单位（专门从事采购活动的职能部门，如合同部）。制订采购计划时要充分利用他们的专业知识。

咨询内部或外部专家的意见是采购规划的重要环节。对于前面谈到的项目班子成员配备笔记本电脑之事，专家们也许会提出，由于项目班子成员工作地点分散，各人的电脑知识和操作技能都不一样，本组织的计算机中心很难提供笔记本电脑的维护、培训和用户支持服务。此外，这些专家消息灵通，熟悉公司以外的情况。他们也许知道，本组织的多数竞争对手在这个问题上都是靠外购解决，也许还知道哪些电脑公司可靠，符合本项目的要求，能够提供优质服务。组织外部的专家，包括一些电脑公司，也能提供一些内行的判断。例如，电脑供应商可能会建议项目班子成员到外边根据自己的具体需要购买，价钱可能更低。

专家不管是内部的还是外部的，在制订采购计划过程中都是非常宝贵的。

（三）合同类型选择

合同按计价和付款方式大体可分为以下 3 大类。

1. 固定价或总价合同。此种合同将产品或服务的总价固定下来。使用此种合同时，产品或服务必须在所有方面都已明确，签约双方不会有不同的理解和要求。否则，买卖双方都会有风险。买方可能得不到本来希望的产品或服务，或者不得不支付额外的费用才能得到。固定价合同可增加激励条款，鼓励卖方达到或超过预定的项目目标，例如进度目标。

2. 成本加酬金合同。此类合同向承包商支付（报销）项目的实际成本。成本一般分为直接费用（项目直接开支的费用，例如项目人员的薪水）和间接费用（由项目实施组织分摊到该项目上作为管理费的部分，例如公司行政人员的工资）。间接费用在计算时一般都取直接费用的某个百分比。成本加酬金合同经常有某些激励条款，鼓励承包者达到或超过某些预定的项目目标，例如进度或总成本目标。

3. 单价合同。付给承包商的报酬按服务的单位数目计算（例如，咨询服务每小时200元或每立方米挖方80元等），因此合同总价是为完成该项目所需工作量的函数。单价合同又叫做“材料清单合同”。

三、采购规划的成果

采购规划应当取得的成果包括以下内容：

第一，采购管理计划。采购管理计划应当说明如何管理具体的采购过程。例如：①与分包商准备签订何种形式或类型的分包合同；②如果需要编制标底作为评标标准，由何人以及何时编制？③如果本组织有采购部门，项目班子本身应当采取何种行动？④如果需要使用标准的采购文件，从何处取得这些标准文件？

第二，工作说明书或要求说明书。工作说明书应详细说明采购物各方面的情况和要求，以便承包或供应单位判断它们能否提供该采购物。工作说明书的详细程度视采购物的性质、买方的要求或者拟采用的合同形式（固定价和总价合同一般要求对项目有较详细的技术要求）而定。某些应用领域将工作说明书分成不同的形式。例如，某些政府项目，“工作说明书”专门用于对产品或服务的技术要求有清楚规定的采购事项，而“目的说明书”用在为解决某问题而提出来的采购事项中。工作说明书可以按如下格式撰写：

工作说明书

(1)工作范围

详细说明要求卖方完成的工作。

详细说明希望卖方使用的硬件和软件。

(2)工作地点

指定工作的地点。

详细说明所用硬件和软件所在的地方，以及卖方的工作场所。

(3)时间

详细说明工作预计何时开始、何时结束、上班时间、每周或每月支付的时间、完成工作的地点,以及有关的进度要求。

(4)交付成果的时间

列出卖方必须交付的成果,详细说明对各项应交付成果的要求和交付的时间。

(5)拟采用的标准

详细说明项目的成果和其他应交付成果,以及项目管理过程需要满足的技术和管理的行业或企业标准,以及其他可以接受的替代标准。

(6)验收标准

说明项目实施组织在验收卖方提交的成果及生产过程和管理过程时采用的标准,以及其他可以接受的替代标准。

(7)特殊要求

如果有特殊要求,务必详细加以说明。例如,硬件或软件的质量保证书、人员的学历和工作经验、差旅费要求,等等。

工作说明书可在采购过程中修改和细化。例如,供应商可能向买方建议用效率高于工作说明书的方法或成本更低的产品。每一采购物都要有单独的工作说明书(若多种产品或服务组成一个采购物时,可用一个工作说明书)。

工作说明书应尽可能清楚、完整和简洁,说明供应单位应提供何种附属服务(例如,供应单位在设备投入运行后的维修服务)。国外某些行业或部门(如各种形式的政府订货)对于工作说明书的内容和格式都有具体规定。

第三节 发包规划

发包规划就是提出对待采购之物的要求,查明有哪些可能的供应来源以及在编制询价清单时需要哪些文件。有时可称之为"招标规划"。

一、发包规划的依据

发包规划是在采购规划和其他规划过程的基础上进行的。制订发包计划要充分利用已有的标准格式。标准格式包括标准合同条件、对采购物的标准说明或标准招标文件。

使用标准格式的(招标)合同文件能够合理地平衡合同双方之间的要求、利益、风险和责任。合同双方赞成遵守明确规定的义务,可在很大程度上避免不认真履行合同、增加成本,以及由于合同双方缺乏应有的信任而引起争议。使用标准化招标和合同文件可以降低选择承包人过程的成本,提高效率,归根结底有利于整个项目的顺利实施。

二、发包规划的工具和技术

除了利用标准格式之外,制订发包计划还应利用专家的判断。专家可以就采购和发包方针与程序提出建议;审查项目班子的采购与发包能力和采购与发包计划;根据采购与发包计划和项目班子采购能力评价、决定采购方式;审查招标文件(采购文件)以保证其达到标准;对采购文件和投诉提出处理建议;批准达到标准的采购文件;维持采购监督系统。

三、发包规划的原则

项目班子,特别是公共项目在制订发包计划时应遵循如下原则:

(一)成本和效率原则

采购过程需要投入资源,支付费用。特别是复杂的大型项目,其采购费用更是惊人。因此,在决定采购方式、制订采购计划时一定要考虑如何降低采购成本,提高工作效率。例如,国际或全国公开招标固然可以体现公平,扩大选择范围,可能选中质量好、价格便宜的产品或服务提供者。但是,公开招标需要编制大量多种语言的详细招标文件,做出周到的安排,评标需要建立评标小组,甚至委员会,工作量大,耗时长,费用高昂。许多发达国家已经认识到了公开招标的弊病,开始加以改进,寻求替代办法。因此,在成本和效率问题上慎重考虑是制订发包计划时特别需要注意的。

(二)为所有的合格投标人提供机会

采购是市场交易,交易应等价交换。目前的全球市场,大多数产品或服务都供大于求,是买方市场。在这种情况下,买方(采购者)要冷静,务必不要趁机胁迫卖方,过分压价。过分压价,卖方会采取不利于买方的手段,最终将压价的后果转移到买方身上,使其自食恶果。另外,利用各级政府预算资金的公共项目,在采购时,一定要为所有的合格投标人提供机会,不能采取地方保护主义措施。项目班子采购人员一定要认识到,地方保护主义最终是不利于本地长远发展的。我国药品市场以及其他市场有过的一些惨痛教训,应牢记在心。

(三)促进产业的发展

公共项目的采购应当有利于某些幼稚行业的发展。例如,各级政府的“电子政务”项目应优先采购国产软件,以便扶持我国自己的软件产业。

(四)采购过程透明

要保证公平,公共项目的采购必须公开,使社会公众能够了解采购过程,便于监督,以减少行贿受贿及其他舞弊行为,防止出现不符合降低成本、提高效率原则的做法,保持良好的社会风气和秩序,最终使全社会受益。

四、发包规划的成果

发包规划要取得的成果包括以下内容:

(一)招标文件

如果采购的是商品、货物或工程,要求投标人提出“标价”或“报价”;而当采购技能或技术方法时,则要求投标人提交“建议书”。招标文件也可以笼统地叫做“采购文件”。

招标文件的组织方式应当便于参与投标的承包或供应单位准确、完整地报价或提出建议。招标文件应当包括有关的项目说明、对于报价书格式的要求和所有必要的合同条文(例如,一份合同范本、不准向第三者泄露的规定)。招标文件必须严格,其详细程度应能保证所有投标人都做出一致、可以互相比较的回应,但同时又要有一定的灵活性,以便鼓励承包商提出比招标文件的要求更好的建议。

许多国家和国际金融机构都编制了标准的招标文件。例如,世界银行为借款国公共项目采购货物、工程、服务和咨询服务编制了招标文件和合同的标准格式。咨询服务采购的招标文件又叫做“建议邀请书”。

世界银行编制的货物和工程招标文件的主要章节有:①招标邀请函(招标公告);②投标人须知;③招标资料表(货物)或招标资料(工程);④一般和具体合同条件(通用和专用合同条件);⑤技术要求说明书(技术条件);⑥图纸;⑦货物清单和/或工程量清单;⑧交货时间或交货期;⑨投标书格式;⑩投标书附件;⑪协议书格式;⑫保函格式;⑬投标保证金与履约保证金的格式;⑭银行担保书格式;⑮厂家授权书格式;⑯附录。

世界银行编制的服务采购建议邀请书的主要章节有:①邀请函;②咨询专家须知;③建议书标准格式;④工作范围说明书;⑤协议书格式。

所谓合同条件,就是合同双方都同意的全部义务和权利,以及合同适用法律所隐含的所有义务和权利。在合同正式订立之前,双方都必须认真地审查合同条件中为双方规定的权利和义务,不能贸然递交投标书或在合同协议书上签字。合同条件的字面意思是,“这就是双方签订合同的条件,不能履行合同中的义务,就不能享受合同中规定的权利,最好不要来投标”。合同条件分成通用和专用条件两部分。通用部分是适合于所有合同的条件;而专用部分,是要根据具体合同(项目)的情况由合同双方另行商定的条件。规定这些条件,可以大大节省时间,方便双方,降低交易成本。

(二)评标标准

评标标准的用途是给投标人的报价或建议评分。评标标准可以是限定性的,如“承包商的项目经理必须是注册的项目管理专业人员”;也可以是描述性的,如“承包商的项目经理必须具有以往类似项目的经验,并有文件证明”。评标标准常为招标文件的组成部分。

采购价格是一个主要的评标标准(此处的“采购价格”包括采购物的成本和运费等附加

费用),但不是唯一的。在很多情况下,必须提出其他标准并形成文件,以便综合评标时使用。例如,评标标准中可列入以下内容:①总成本或生命期成本。中标的承包商生产成本,即采购成本与运营成本之和是否最低?②技术能力。承包商是否具备或是否可指望他获得必需的技术能力和知识?③管理方法。承包商现在是否有或是否可指望他提出保证项目成功的管理过程和程序?

(三)评标程序

招标文件中一般都说明了评标程序。评标程序一般规定了三方面内容:审查、评标过程的保密和评标方法。

1. 审查投标人递交的投标书。招标人应当拒绝在任何方面严重偏离招标文件要求的投标书。

2. 评标过程的保密。所有投标书中的内容都应保密,直到中标人收到中标通知书。授予合同后,这些信息仍需要给予保密。未中标的投标人也应得到书面通知。投标人在评标过程中任何对招标人、评标人或评标过程施加影响的企图和努力均被视为违反规定,其投标书将被视为废标而遭拒绝。

3. 评标方法。评标的方法有许多,具体采用哪种取决于所采购的是货物、工程、服务,还是咨询服务。评标除了考虑标价之外,还有考虑其他因素,因此,经过审查、澄清并纠正计算错误后,标价最低的投标书不一定是第一个中标的候选人。

对于咨询服务的建议书,评价标准多种多样,例如:①根据服务质量和服务费(酬金)选择;②根据服务质量选择;③根据固定预算选择;④根据最低服务费选择;⑤根据咨询者资格选择;⑥单一来源的选择。

除了单一来源的选择,对咨询服务建议书分两步评价。使用两步法时,要求咨询建议书提交者将其建议分成两部分:技术建议书和财务建议书,并分别密封在两个信封中。在审查和评价技术建议书之后,只开启技术建议质量高于标准的咨询人的财务建议信封。其他咨询建议书提交者的信封不开启,原封不动退回。

对于根据质量的选择,咨询人只需提交技术建议。技术建议按上述方法进行评价。排名最前的咨询人再提交财务建议。

对于根据固定预算的选择,选中的是最符合预算的技术建议。预算列在建议邀请书中,招标人不会考虑高于预算的财务建议书。

思 考 题

1. 跨国公司为什么将利用外部资源作为发展战略,其具体原因是什么?
2. 利用外部资源时应当注意哪些问题?

3. 采购规划首先需要考虑哪些问题,采购规划的依据、工具和技术以及成果是什么?

4. 目前有哪几种主要的采购方式,各自适用什么情况?

5. 合同按计价和付款方式大体可分为哪几类,各自适用于哪些情况,对于买方和卖方各有哪些好处和不利之处?

6. 在选择适合于本项目的合同类型时,至少需要考虑哪些因素?

7. 询价规划的依据、工具和技术及成果是什么?

8. 使用标准招标文件有哪些好处和不利之处?

9. 什么叫做合同条件,为什么要分成通用和专用两部分,这样做有什么好处?

10. 采购货物和工程与采购咨询服务的评标标准有什么不同,为什么?

练习题

某咨询项目向客户提交咨询报告,中文和英文各8份。咨询报告中文本和英文本分别为300页和320页,用A4纸打印。现在HP激光打印机市价为55 000元。每张70克的A4纸每包(500张)20元。请外边的公司打印并复印是每张3角5分钱。请为咨询小组算一算,值不值得买打印机和纸张来自行打印。

第十二章 风险管理规划

MODERN PROJECT MANAGEMENT

内容提要

- 说明风险的两重性与相对性、风险成本、风险承受能力和项目风险的特殊性
- 介绍风险管理规划及其任务
- 详细说明风险识别、风险定性和定量分析的依据、工具和技术及成果
- 介绍可以采用的几类风险应对措施

学习重点

- 风险管理规划的目的
- 项目风险的特殊性
- 风险大小的衡量
- 风险识别、风险定性和定量分析的工具和技术
- 风险应对规划的依据、工具和技术及成果

第一节 项目风险

一、不确定性和风险

(一)不确定性

人们从事的各种活动,包括项目,能否如愿以偿,很不确定。不确定的未来事件、事件的某些方面及其后果叫做“不确定因素”或“未知因素”。不确定性有三种。

1. 说明或结构不确定性。这是指由于认识不足,不能清楚地说明项目的目的、内容、范围、组成和性质以及同环境之间的关系而产生的不确定性。

2. 计量不确定性。这是指在确定项目的时间、人力、物力和资金等变数大小时,由于缺乏必要的信息、尺度或准则而产生的不确定性。

3. 后果不确定性。这是由于无法确认事件的预期结果及其发生的概率而产生的不确定性。

(二)风险

项目固有的不确定性就是风险。项目既蕴含着机会又暗藏着危险。正是机会引诱人们从事项目活动,而危险则给项目主体带来损失,造成伤害。时间既久,人们就警觉起来,在追求可图之利的同时,设法回避、减轻、转移或分散可能出现的不良后果。

对于风险二重性的态度,因人、因时、因地和因环境而异。有人仅将风险理解为损失或损害。保险业多持这种观点,但这种观点无法解释人们为什么要从事各种活动,会使人们缩手缩脚,不能有所作为。还有人将风险解释为预期和后果之间的差异。持这种观点者认为,行动和事件的后果与人们的期待预想之间总是不一致。后果偏离预期越大,风险也就越大。按此观点,风险可定义为:风险是实际后果偏离预期有利结果的可能性。这种观点缺乏价值判断,未考虑人类活动的功利性。

风险同人有目的的活动有关。在无人类活动之处,不管发生了什么,造成了何种后果,都不能称为风险。风险同将来的活动和事件有关。已经结束了的活动,后果既成事实,已无法改变。

对于项目,总是有多种方案可供选择,各方案后果不同。没有任何方案可确保达到预期的结果,因此,风险同选择有关。

当客观环境或者人们的思想、方针或行动路线发生变化时,项目的结果也会发生变化。这样,风险还与变化有关。我国已经融入经济全球化进程,我们的项目环境已经大变,各种未知的风险也可能相应地增加。

(三)风险和随机变量

在同样的条件下,一些事件的结果有时可能发生有时却不发生。如,北京每年7月下旬和8月上旬是雨季。只要到了这个时候,“多半”会有大雨或暴雨。“多半”就是有时发生有时不发生。在同样条件下一定发生某种结果的事件叫做“必然事件”,一定不发生的叫做“不可能事件”。有时发生有时不发生某种结果的事件叫做“随机事件”。许多风险事件属于随机事件。用来表示随机事件结果的变量叫做“随机变量”。

例如,每年7月27日都记录北京市海淀区东升乡大石桥村的降雨量,这个降雨量就是随机变量。降雨量各种各样:3毫米、6.5毫米、13毫米、230毫米、232毫米、257.5毫米、一点也没下、如同倾盆,等等。日常生活经验和数学家告诉我们,随机变量的数值都服从叫做“概率分布”的规律。不同随机变量的概率分布不同。很多随机变量服从“正态分布”,即随机变量取太小或太大的数值的可能性都极小,可忽略不计,而取所有可能数值之平均数的可能性最大。取某个数值的可能性,叫做“概率”。概率大小用0和1,以及0到1之间的任何一个数表示。不可能事件和必然事件的概率分别为0和1。

运输工具造成的损失大小可视为随机变量。正是这个随机变量的概率分布是保险公司确定保险费率的基础。那么,如何表示随机变量的概率分布呢?用分布函数。每种随机变量或其分布函数都有若干个数字特征。最常用的数字特征是数学期望和方差。数学期望就是随机变量所有可能数值的平均值,而方差则表示随机变量所有可能数值的离散程度。方差越大,随机变量的数值越分散、越离谱,人们对其越没有把握,越感觉风险大。显然,表示不可能事件和必然事件后果的方差为0。

(四)项目风险

项目风险是发生之后对于项目欲创造的成果产生有利或不利后果的不确定性事件或者条件。

风险事件只要发生,就会对项目的费用、时间进度,或者质量造成影响。项目耗费的时间或投入的人力、物力和财力出乎意料地超过了计划之数等情况都属于风险事件。

风险条件则是项目环境中构成项目风险的诸多方面,例如低劣的项目管理做法,或者对于无法控制的外部参与者的依赖。

项目风险既包括威胁项目成果的因素,也包括有利于完成项目成果的机会。项目风险根源于项目固有的不确定性。

已知的风险是经过识别和分析的风险,因此有可能为它们作出规划。而对于未知风险,尽管项目管理人员可以根据过去类似项目的经验应用一般的应急措施加以处理,但是无法进行管理。只要威胁项目成果的因素造成的后果与项目可能获得的收益相抵,就可以接受。例如,边研究边设计(也叫快速跟进)一般会造成费用超支,但能加快进度。因此,边研究边设计就是为了提前完成项目而冒的一个风险。若能够使项目从中获益,则值得抓住机会而为之拼搏。

项目的一次性使其不确定性要比其他经济活动大许多,项目风险的可预测性也就较之其他经济活动要小得多。重复性的生产和业务活动若出了问题,常常可以在以后找到机会补偿,而项目一旦出了问题,则很难补救。这是因为:

第一,项目各个方面以及各个部分之间关系复杂,任何个人都不可能对其了如指掌。

第二,项目各方面和部分之间不是简单的线性关系。如,当进度拖延时,有时可增加人力夺回失去的时间。但在另外一些情况下,加人不但不能加快进度,反而更加拖延。

第三,项目处于不断变化之中,难得出现平衡,即使偶尔出现,也时间短暂。

第四,多数项目管理人员习惯于技术或财务性工作,但经常有互相冲突的希望或者难以满足的要求找上门来。项目实施过程中有许多非常复杂、不确定性极高的非技术或非财务性问题,都要求对互相冲突的希望和要求进行折中,结果就会影响计划的实现。

项目的风险多数随着项目的进展而变化,一般是逐渐减少。最大的不确定性存在于项目的早期。早期阶段作出的决策对以后阶段和项目计划的实现影响最大。项目各种风险中,进度拖延往往是费用超支、现金流出以及出现其他损失的主要原因。在早期阶段主动付出必要的代价,采取行动,要比到后期阶段才迫不得已采取措施要好得多。

二、风险成本及其负担

(一)风险成本

风险事件造成的损失或减少的收益,以及为防止风险事件采取预防措施而支付的费用,都属于风险成本。组织或项目班子向保险公司缴纳的保险费,就是风险成本的一部分。风险成本包括有形成本、无形成本以及预防与控制风险的费用。

1. 有形成本。风险的有形成本包括风险事件造成的直接损失和间接损失。

(1)直接损失。直接损失指财产损毁和人员伤亡的价值。如实验室在新产品研制过程中失火。直接损失包括实验室的重置成本,受伤人员的医疗费、休养费、休养期间仍付的工资等。

(2)间接损失。间接损失指直接损失以外的它物损失、责任损失以及因此而造成的收益的减少。在上例中,间接损失包括因灭火扑救、停工等发生的费用。

2. 无形成本。风险损失无形成本指由于风险所具有的不确定性而使项目实施组织和项目班子在风险事件发生之前或之后付出的代价。其主要表现在如下几个方面:

(1)风险损失减少了机会。由于对风险事件没有把握,不能确知风险事件的后果,项目实施组织和项目不得不为可能的损失事先做出准备。这种准备往往占用大量资金,这些资金不能投入再生产,不能增值,减少了机会。

(2)风险阻碍了生产率的提高。项目实施组织和项目班子不愿意把资金投向风险很大的技术和设备的研究，阻碍了新技术的应用和推广，进而阻碍了生产率的提高。

(3)风险造成资源分配不当。由于担心在风险大的地区开展业务蒙受损失，项目实施组织愿意把资源投到风险较小的地区或市场。结果是，应该得到发展的地区或市场，缺乏应有的资源；而已经发展过度的地区或市场，却占用过多的资源，造成了浪费。

3. 预防与控制费用。为了预防和控制损失，必然要采取各种措施。如向保险公司投保、向有关方面咨询、配备必要的人员、购置用于预防和减损的设备、对有关人员进行必要的教育或训练以及人员和设备的维持和维护费用等。这些费用既有直接的，又有间接的。

项目风险管理是要付出代价的，一般来讲，只有当风险事件的不利后果超过为项目风险管理而付出的代价时，才有必要进行风险管理。

(二)风险成本的负担

风险成本不单单要由项目实施组织和项目班子负担，其他利害关系者也要负担。前一部分风险成本叫个体成本，后一部分叫社会成本。例如，实验室在产品研制过程中失火。项目班子损失的是个体成本，赶来灭火的消防队的开销由社会负担，消防车辆在急驰火灾现场时，行人和其他车辆因躲避而影响工作的损失也都是社会成本。

三、风险承受力

同一风险对于不同的利害关系者影响不同。他们对于风险的承受能力因活动、人和时间而异，甚至因制度而异。其承受力可能会在其方针或者行动中表现出来。利害关系者对于风险的承受能力主要受下列因素影响：

第一，收益的大小。人们厌恶损失，损失的可能性和数额越大，利害关系者希望为弥补损失而得到的收益也越大。反过来，收益越大，利害关系者愿意承担的风险也越大。

第二，投入的大小。项目投入的越多，利害关系者对成功所抱的希望也越大，愿意冒的风险也就越小。投入与愿意接受的风险大小之间的关系可见图 12－1。一般人希望获得成功的概率随着投入的增加呈 S 曲线规律增加。当投入少时，他们可以接受较大的风险，即获得成功的概率不高也能接受；当投入逐渐增加时，人们就开始变得谨慎起来，希望活动获得成功的概率提高了，最好达到百分之百。图 12－1 还表示了另外两种人对待风险的态度。

第三，项目利害关系者的地位和拥有的资源。管理人员中级别较高的人比级别较低的人风险承受能力大。同一风险，不同的个人或组织承受能力也不同。个人或组织拥有的资源越多，其风险承受能力也越大。

第四，产权和责任制度。资产若属于管理人员自己所有，愿意承担的风险就小；若属于他人，则愿意承担较大的风险。造成损失后，若认真追究责任，则愿意承担的风险就小；否则，愿意承担的风险就较大。

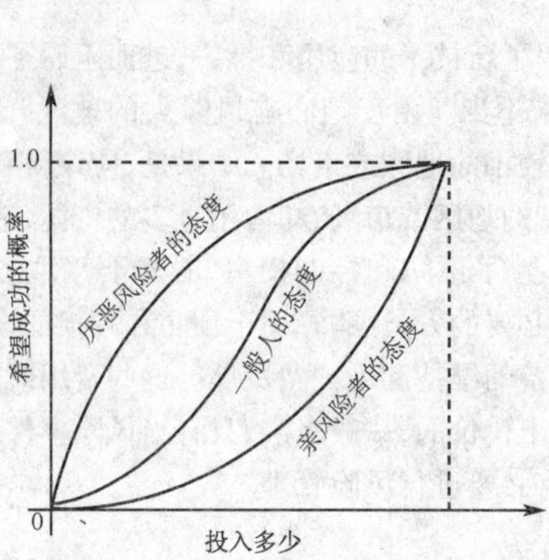

图 12－1 对待风险的三种态度

第二节 风险管理规划

一、风险管理规划的目的

风险管理规划就是决定如何对待和规划项目风险管理活动的过程。风险识别、风险定性和定量分析、风险应对措施，以及风险监视与控制的规划务必要做到风险管理的水平、类型和组织内对其知晓的程度同该风险和项目对于组织的重要性两者相适应。既不能付出高昂的代价对付即使发生也不会造成太大损失的小风险，也不能心存侥幸，准备不足，在后果严重的风险事件发生时措手不及。

绝大多数利害关系者都渴望项目成功，都不愿意看到不利于项目成功的方面。风险和风险管理不易在他们心目中取得应有的地位。

在多数人看来，不但风险偶然性很大，风险事件若不发生就难以验证，而且风险管理还是一种消耗性努力。很少有人愿意在不一定发生的事情上消耗自己宝贵的精力和其他资源。人们甚至不愿意提起风险，一旦提起，则热情下降，信心动摇。无人愿意出现这种令人沮丧和尴尬的局面。因此，要搞好风险管理，首先要解决态度问题。

风险管理规划处于项目风险管理各过程之首，决定如何对待和规划项目的风险管理活动。它的主要任务是解决态度问题。态度不端正，其他子过程就难以展开，即使展开，也难以见效。有些人好大喜功，喜欢挑战性强、潜在利润高的项目，全然不顾其中的风险；还有的人要“出政绩”，搞了当地不具备条件，无助于提高当地人民生活水平、促进当地经济和社会发展的项目……所有这些作为，都同人的态度有关。态度问题是风险管理的战略性问题，风险管理规划实际上是对所有参与项目者的总动员，是为了端正有关人员对项目风险及其管理的认识。

项目风险管理规划包括风险管理规划、风险识别、定性风险分析、定量风险分析和风险应对措施规划。

二、风险管理规划的依据

不同的项目情况不同。复杂的项目或者复杂的项目环境，或者项目班子缺乏经验的项目，风险管理规划需要付出较多的努力。因此，风险管理规划一定要考虑如下方面。

（一）项目章程

许多项目都以合同为项目章程。合同规定了双方应分担的风险。项目班子应当熟悉合同中规定自己要承担和不需承担的风险。

（二）项目实施组织风险管理方针

某些组织对于风险分析和应对措施已经有事先明确的办法。由于项目具体情况不同，必须根据具体情况对这些办法进行修改，然后才能应用。例如，有的企业已经建立的质量体系规定，凡在签新合同时均须先由公司管理层审查，然后才能签订；而另外一些公司在决定是否参与投标之前，一定要对招标者进行认真、仔细的调查；等等。还有的公司，对于合同中规定的投保责任十分重视，一旦中标，就按合同规定足额投保；而有的公司，总是心存侥幸，不愿意交纳保险费，即使投保，也做不到足额；等等。

（三）已明确的角色和责任

事先已确定的角色和责任，以及决策权限的层次都对风险规划有影响。项目班子是否配备足够的富有经验和管理技能的人员；公司的项目经理和现场经理由何人担任；其他关键人员，如合同管理人员、成本和费用估算人员、财务人员都由何人担任，他们是否胜任当前的项目；各种角色的责任是否分派清楚，有无责任重叠或遗留之处；他们各自的权限是否足以使其在风险事件出现时及时地动用公司和项目班子的资源应对之；他们是否有风险意识，对于项目风险的管理和其他诸如进度、费用和质量等方面的管理的关系是否有正确的认识等，所有这些都对风险规划的质量有重要影响。如果上述要求不能满足，则应在风险管理规划过程中制订应对措施。例如，如果现场缺乏足够胜任的防火人员，则应在风险管理计划中给予补救。

（四）利害关系者承受力

对于风险，不同的组织和个人承受力不同。例如，对于关键活动一天的延误，作业班组可能要承担全部责任；而对于项目经理，则完全可能动用后备时间。10%的保留金在客户看来，可能数额不大，但是对于利润率很低的制造企业，则是一大笔钱，晚收回一天就有可能影响企业的资金周转，甚至造成公司无法支付到期的债务。

（五）组织风险管理计划样板

某些组织已经制作了风险管理计划的标准格式，供项目班子使用。表 12－1 就是某组织风险管理计划的样板。组织可根据这些标准格式在项目的进程中不断加以改进。

表 12－1　某组织风险管理计划样板

1. 引言
   (1)本文件的范围和目的
   (2)概述
      a. 目标
      b. 需要优先考虑规避的风险
   (3)组织
      a. 领导人员
      b. 责任
      c. 任务
   (4)风险规避策略的内容说明
      a. 进度安排
      b. 主要里程碑和审查行动
      c. 预算
2. 风险分析
   (1)风险识别
      a. 风险情况调查
         风险来源
      b. 风险分类
   (2)风险估计
      a. 风险发生概率的估计
      b. 风险后果的估计
      c. 估计准则
      d. 估计误差的可能来源
   (3)风险评价
      a. 风险评价使用的方法
      b. 评价方法的假设前提和局限性
      c. 风险评价使用的评价基准
      d. 风险评价结果
3. 风险管理
   (1)根据风险评价结果提出的建议
   (2)可用于规避风险的备选方案
   (3)规避风险的建议方案
   (4)风险监督的程序
4. 附录
   (1)项目风险形势估计
   (2)削弱风险的计划

（六）工作分解结构

工作分解结构也是风险管理规划的依据。工作分解结构就如同合同文件，可以帮助项目班子加深、确认和统一对项目范围的理解。工作分解结构可用来揭示项目各部分之间的组织、技术和个人关系。例如，承包商和各专业分包商、材料和设备供应商的关系。工作分解结构词典一般收集有分项工作的文字说明，以及诸如进度日期、费用预算和人员工作任务等其他方面的信息。因此，在决定如何对待和规划项目风险管理活动时，工作分解结构是一个重要依据。

三、风险管理规划会议

风险管理规划会议实际上是对所有项目参与者的总动员，是为了端正有关人员对项目风险及其管理的认识。

进行风险管理规划一定要举行专门规划会议，共同制订风险管理计划。在决定如何对待和规划项目风险管理活动时，必须让所有参与本项目的人员参加。召开规划会议制订风险管理计划是风险管理规划常用的有效技术。与会者应当有项目经理、项目班子各方面领导人、公司所有负责管理风险规划和执行活动的人员、关键利害关系者(例如,客户、委托人、项目成果的使用者等),以及其他需要参加的人员。许多组织制订风险管理计划时利用风险管理样板和其他适当的依据。

相关知识

风险形势估计

风险管理规划的一个重要部分是"风险形势估计"。风险管理规划要明确项目的目的和目标以及实现目的和目标的策略、手段和资源。风险形势估计有如下用途:

(1) 项目班子可以从一个新的角度重新审查项目计划,认清项目形势,揭露原来隐藏的假设、前提和以前未曾发觉的风险;

(2) 通过项目风险形势估计,抛弃所有个人的"良好愿望"和侥幸心理;

(3) 通过风险形势估计,常常在项目的早期阶段就能识别出一些风险。

表12-2列出了项目风险形势估计的内容。

表12-2 项目风险形势估计内容

1. 项目及其分析
   (1)为什么要搞这个项目,本项目的积极性来自何方
   (2)本项目的目标说明
   (3) 将本项目的目的同项目执行组织的目的进行比较
   (4) 研究本项目的目的
      A. 明确项目目标
         财务的
         非财务的
      B. 说明本项目对公司目标的贡献
      C. 说明本项目的主要组成部分
         明显的规划约束和机会
         假设
   (5)说明本项目同其他项目或项目有关方面的关系
   (6)说明总的竞争形势
   (7)归纳项目分析要点

2. 对行动路线有影响的各方面考虑

（对于每一个因素，都应说明它对项目的进行产生怎样的影响）

(1)总的形势

(2)项目执行过程的特点

A. 一般因素

政治的

经济的

组织的

B. 不变因素

设施

人员

其他资源

(3)研究项目的要求

A. 比较已有资源量和对资源的需求

B. 比较项目的质量要求和复杂性

C. 比较公司的现有能力

D. 比较时间和预算因素

(4)对外部因素进行评价

A. 查明缺乏哪些信息资料

B. 列出优势和劣势

C. 初步判定已有资源是否足够

3. 分析阻碍项目的行动路线

(1)阻碍项目成功的因素

A. 列出并衡量妨碍项目实现其目标的因素

B. 衡量妨碍因素发生的相对概率

C. 如果妨碍目标实现的因素发生作用的话，估计其严重程度

(2)项目的行动路线

A. 列出项目的初步行动路线

B. 列出项目行动路线的初步方案

C. 检查项目行动路线和初步方案是否合适，是否可行，能否被人接受

D. 列出保留的项目行动路线和初步方案

(3)分析阻碍项目的行动路线

以下步骤可反复进行，每次反复都经过这四步

A. 采取之后可能会促进上述阻碍项目成功的因素出现的行动

B. 当上述阻碍项目成功的因素出现时，为了实施上述行动路线项目仍然必须采取的行动

C. 因上述A和B两种行动而发生的行动

D. 针对上述行动的可能后果做出结论，以此为基础判断上述行动路线是否可行，能否被人接受，并将其优点与其他行动路线相比较

4. 项目行动路线的比较

续表

(1)列出并考虑各种优点和缺点
(2)最后检查项目行动路线和初步方案是否合适,是否可行,能否被人接受
(3)衡量各相对优点并选定项目的行动路线
(4)列出项目的最后目标、战略、战术和手段

四、风险管理规划的成果

风险管理规划结束时应制订一份风险管理计划。这个计划说明在项目生命期内应当如何组织和实施风险识别、定性和定量分析、应对规划、监视和控制。风险管理计划不解决如何应对单个风险的问题,这个问题将在“风险应对计划”中讨论。风险管理计划可以有如下内容:

(一)方法

方法指本项目实施风险管理可使用的办法、工具以及数据来源。必要时,还可能要根据项目阶段、可利用的信息数量以及风险管理中留有的灵活性进行不同类型的评估。

(二)角色和责任

角色和责任确定了风险管理计划中每一种行动的领导、支援和风险管理的成员构成。对于复杂或大型项目,可单独组建风险管理班子。在许多情况下,单建的班子能够比项目班子更独立、更客观,更无偏见地进行风险分析。

(三)预算

确定该项目风险管理的预算,即为支付风险事件造成的损失或减少的收益,以及为防止风险事件采取预防措施的费用而应准备的资金。

(四)时间安排

确定在项目整个生命期间应当进行多少次风险管理过程。时间安排应当尽早取得结果,以便为决策提供依据。这些决策在项目执行过程中应当定期重新审视。

(五)评分和解释

评分就是为了区别多种风险的影响大小,表示项目班子和其他利害关系者对各种风险重视程度的数值。显然,单用数字还无法充分反映风险的大小和人们对其的主观认识和态度,因此需要用文字、颜色、标志和其他方式加以解释。评分和解释方法要同所进行的定性和定量风险分析的类型和时间安排相适应。这些方法和评分结果必须提前确定,以确保彼此之间的一致。

(六)风险承受力下限

项目利害关系者的风险承受力是不同的。项目班子要根据其风险承受力确定由何人、以何种方式对风险采取行动,衡量风险应对计划的实施效果。

(七)报告格式

风险应对计划的内容和格式确定了如何将风险管理过程的结果形成文件,进行分析并通知项目班子、内部和外部利害关系者、雇主和其他人。

(八)追踪

以文件的形式记载如何为了项目的当前利益、将来的需要和吸取教训而记录风险活动的所有方面,还记载是否需要以及如何审计风险过程。

第三节 风险识别

风险识别就是确定哪些风险可能会影响到本项目,并将其特征记入文件。一般应尽可能请以下人员参加风险识别:项目班子、风险管理班子、项目实施组织其他部门的该领域专家、雇主、最终用户、其他项目经理、利害关系者和外请专家。

风险识别要反复多次。第一次可以由项目班子一部分人,或者风险管理班子进行。第二次可以由整个项目班子和主要的利害关系者进行。为了使分析不产生偏向并得到无偏向的结果,识别的最后一轮可以由未参与该项目的人进行。

按照以上做法可以提出简单而有效的风险应对措施,甚至可以在风险识别之时即实施之。

一、风险识别的依据

(一)风险管理计划

风险管理计划要在风险管理规划结束时编制完毕,是风险识别的指导性文件。

(二)项目规划成果

风险识别者必须理解项目的使命、范围,以及委托人、项目实施组织高层领导和其他利害关系者的目的和各种目标。要识别项目所有可能的风险就应当审查其他过程的成果。这些成果主要有:

1. 合同。合同规定了双方各自分担的风险,不但是风险管理规划的依据,也是风险识别的重要依据。项目班子从认真阅读和分析合同条件和其他合同文件中可以识别出自己要承担和自己不需承担的风险。

2. 工作分解结构。可以利用工作分解结构弄清项目的组成、各组成部分的性质和相互关系、项目同环境之间的关系等,进而减少项目的结构不确定性。此外,项目范围、进度和成本管理的规划,也要使用工作分解结构。因此,风险识别利用这一工具不会增加工作量。如,客户委托某物流公司,将展示本市建设成就的特制装置从加工厂运到展览厅,并安装就位,要求第三天下班前完成。物流公司将其交给李子席。李子席经验丰富,见多识广,他将客户委托的这一项目分解为图 12 - 2 所示的结构。

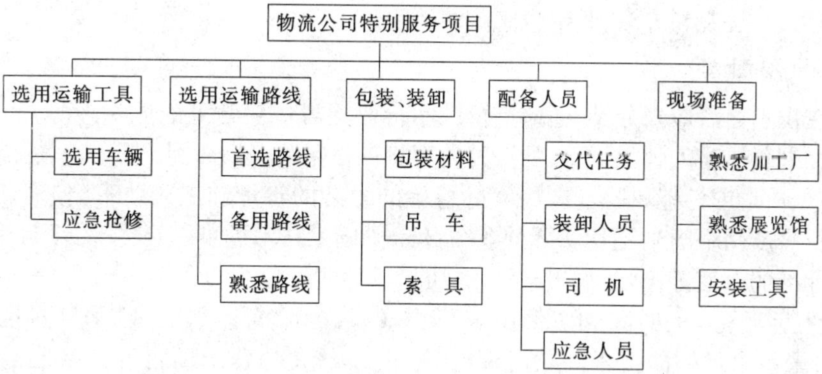

图 12 - 2　物流公司特别服务项目工作分解结构

3. 成果说明文件。要识别项目风险,可从识别项目成果本身的不确定性入手,而成果说明文件则为此提供了大量信息。一般而言,在所有其他因素相同的情况下,需要成熟技术的项目遇到的风险要比需要创新和发明的少。

4. 进度表和费用估算。审查他人编制完成的进度表和费用估算,可以发现拖延进度的因素和加快进度的机会;项目成本和费用超支的风险和节省的可能性亦可在审查费用估算中发现。

5. 资源计划。项目班子需要和能够支配的人力、物力、财力和信息等带有很大的不确定性,对于项目能否按照合同和公司的要求顺利完成影响很大。所有的资源中间,人最重要。从资源计划中可以发现同人有关的风险,项目班子成员身心状态的哪些变化会影响到项目的实施。不利于项目班子成员身心状态的因素,应及时采取措施。

6. 采购管理计划。该计划中含有如下一些内容:①同委托人、分包商、供应商、咨询公司、保险公司、租赁公司等签订的合同类型;②编制费用预算的个人或部门;③在采购工作中项目班子同组织采购部门的职责分工,项目班子的责任;④采购准备使用的标准合同文件,以及这些标准合同文件的来源;⑤管理专业和劳务分包商以及供货商的办法、负责人及其责任等;⑥采购同项目其他方面,如进度计划的制订和进展报告的关系。

显然,从采购管理计划中可以发现诸多不确定性因素。例如,对于英文书写的合同文件,我们的多数企业不熟悉,因而会有较大风险;材料和设备的到货日期和时间若不能同进度计划紧密配合,将带来一系列严重后果;等等。

7. 假设和制约因素的清单。项目的范围、进度、费用、质量、人力资源、沟通、采购等管理计划,不管制订者意识到与否,都是在若干假设和预测的基础上做出的。这些前提和假设在项目实施期间可能成立,也可能不成立。因此,项目的前提和假设之中隐藏着风险。任何一个项目都处于一定的环境之中,受到许多内外因素的制约。其中许多都是项目班子无法控制的,例如法律、法规和规章,其中也隐藏着风险。

(三) 风险种类

风险在识别之后应当分类,还应当反映本行业项目一般常见的风险来源。可以从多种角度定义和划分风险的种类,下面的一种角度将项目风险分为 4 类:

1. 技术、质量或性能风险。未经实际检验的复杂的管理和工艺技术(使用新买来的软件编制项目进度网络图),不切实际的业绩目标("国家技术进步一等奖"),项目进行期间技术或行业标准的改变等,这些均属于技术、质量或性能风险。

2. 项目管理风险。时间和资源配置不当、制订的时间计划质量不好(进度表中活动秩序颠倒、未留出足够的技术间歇时间、报价中遗漏大的费用项目等)、项目管理知识运用不当(将合同中对项目完成时间、合同价和质量要求视为管理目标)等,均属于项目管理风险。

3. 组织风险。费用、时间和范围关系不一致、不明白各活动的轻重缓急、资金不足或供应中断、资源使用上同公司内其他项目冲突,这些均属于组织风险。

4. 外部风险。法律、法规环境的变化,劳资关系问题,委托人对本项目重视程度的变化,国家风险,天气原因,不可抗力等,均属于外部风险,不属于项目班子风险。

(四) 历史资料

同本项目有关的历史资料有多种来源:

1. 项目档案。公司、参与本项目的利害关系者(例如,产品使用单位、客户、咨询公司、保险公司等)可能保存有以前项目结果的记录,可用来识别本项目的风险。这些资料可能是最后的项目报告,也可能是风险应对计划。其中可能包括经过归纳整理的教训,并对遇到的各种问题及其解决办法进行了说明。项目各方面参与者或本公司其他人也都可能有这方面的经验。

2. 公开出版的资料。其他国家和我国都有可资利用的数据库产品、学术研究成果(报纸杂志上的论文)、基准比较(其他企业的经营实践、经验和教训)和其他公开出版的研究成果。

二、风险识别的工具和技术

风险识别是对未来活动与事件的预想和猜测。原则上,风险识别应当根据事物之间的客观联系和因果关系链，利用演绎推理揭示未来活动和事件的可能结果。具体可以从原因出发找结果，也可以从结果反过来找原因。

从原因出发找结果，就是先找出在本项目中会有哪些事件发生，事件发生后会引起什么样的结果。例如，项目进行过程中，关税税率会不会变化，关税税率提高和降低分别会造成什么样的后果。

从结果出发找原因。就是根据已出现的情况寻找导致这一现象发生的原因。例如，材料涨价会造成项目超支，哪些因素会引起材料涨价呢？项目进度拖延会造成诸多不利后果，造成进度拖延的常见因素有哪些？是项目执行组织最高管理层犹豫不决？政府有关部门审批程度繁琐复杂？项目班子成员没有经验？还是手头的工作太多？诸如此类，均须加以分析。

在识别风险时，还可以利用一些具体的工具和技术，主要有以下几种：

第一，审查文件。项目班子可对项目整体和具体方面的计划和假设、以前的项目档案和其他资料进行系统的审查，从中识别项目风险。

第二，收集信息。风险识别有多种收集技术可用，例如，动脑筋会、特尔菲法、面谈和SWOT分析（即优势、弱点、机会和威胁分析，简称态势分析）等。

其一，动脑筋会。这是最常用的风险识别技术。其目的是取得一份综合性的风险清单，事后再对这些风险进行定性和定量风险分析。动脑筋会可以请多种专业的专家参加。在一般情况下，项目班子自己就可以开。在主持人指引下，参加者就项目的风险提出各种各样的见解和主意，从各种不同的角度识别风险来源，并提交给所有其他参加者考虑。然后将风险分类，这样，可以深入地认识到各种风险。

其二，特尔菲技术。这是专家就某一对象（如项目风险）达成一致意见的一种方式。对于大项目，先要弄清楚谁是风险专家。请专家参加风险识别时，不要说出他们的姓名。主持人利用调查问卷请这些专家就重要的项目风险提出想法和见解。在他们将问卷交回之后，将其发给各位专家请他们进一步发表意见。经过若干轮这样的过程之后，专家们就有可能在主要的项目风险上达成一致意见。特尔菲技术有助于减少数据中的偏见，因而能够防止任何人对结果施加不合理的影响。

其三，面谈。访问有经验的项目经埋或具体问题专家，可以请他们帮助识别风险。负责风险识别者先找到适当的人，向他们介绍项目的情况，并提供诸如工作分解结构和假设清单这样的资料。接受访问者根据他们的经验、项目的资料和他们觉得有用的其他信息来识别项目的风险。

其四，态势分析。务必要从态势分析的每一个角度对项目仔细加以研究，以扩大对所考虑的风险的认识范围。

第三，核对表。过去的经验能使人思想活跃，容易构筑起关于将来的设想。风险识别实际上是关于将来风险事件的设想，是一种预测。如果把过去人们经历过的风险事件及其来源、从以前类似项目和其他信息来源积累起来的知识编写成核对表，则项目管理人员看到这张表，就容易开阔思路，容易想到本项目会有哪些潜在的风险。可写入核对表中的具体内容很多。例如，以前项目获得成功或遭受失败的原因、项目其他方面规划的结果（范围、成本、质量、进度、采购与合同、人力资源与沟通等计划成果）、设计文件、项目班子成员的技能和可用的资源等等。项目班子还可以到保险公司去索取资料，认真研究其中的除外责任，就能够提醒自己还有哪些风险尚未考虑到。表12－3就是一张项目管理成功与失败原因的核对表。表12－4是项目管理知识领域可能风险的条件核对表。

表12－3 项目管理成功与失败原因核对表

项目管理成功原因 1. 项目目标清楚，对风险采取了现实可行的措施 2. 从项目一开始就让参与项目以后各阶段的有关方面参与决策 3. 项目各有关方的责任和应当承担的风险划分明确 4. 在项目设备订货和施工之前，对所有可能的设计方案都进行了细致的分析和比较 5. 在项目规划阶段，组织和签约中可能出现的问题都事先预计到了 6. 项目经理有献身精神，拥有所有应该有的权限 7. 项目班子全体成员工作勤奋，对可能遇到的大风险都事先集体讨论过 8. 对外部环境的变化都采取了及时的应对行动 9. 进行了班子建设，表彰、奖励及时、有度 10. 对项目班子成员进行了培训
项目管理失败原因 1. 项目业主不积极，缺少推动力 2. 沟通不够，决策者远离项目现场，项目各有关方责任不明确，合同上未写明 3. 规划工作做得不细，或缺少灵活性 4. 把工作交给了能力不行的人，又缺少检查、指导 5. 仓促进行各种变更，更换负责人，改变责任、项目范围或项目计划 6. 决策时未征求各方面意见 7. 未能对经验教训进行分析 8. 其他错误

资料来源：Professor S. H. Wearne. Project Management Group, UMIST, UK

表 12－4　项目管理知识领域可能风险的条件

项目管理知识领域	风　险　条　件
整体管理	规划不全面,走过场;资源分配不当;管理水平低;不能及时对项目的进展进行评价
范围管理	范围规划和定义不恰当,工作分解结构有严重缺陷;质量要求不明确;范围变更未控制好
时间管理	活动持续时间估算错误;可利用资源不落实;时差估算错误,未利用好;被竞争对手抢了先
费用管理	活动费用估算错误;项目班子工作效率不高;变更频繁;不可预见费准备不足;材料、设备的采购维护问题严重
质量管理	组织质量意识差;设计、材料、加工工艺不合格;未有效地开展质量保证
人力资源	组织规划质量低,角色设置不当;职责不清;缺乏有效的领导;经常发生冲突,一旦发生,不能很好解决
沟通管理	项目计划编制质量差;缺乏及时的沟通;遇事不能同重要的利害关系者沟通和协商
风险管理	风险意识差;态度不端正;未合理地分配风险;风险负责人不落实
采购管理	合同订立和管理不当;合同当事人之间关系对立

利用核对表可以加快和简化风险识别过程。其缺点之一是核对表不可能包揽一切,容易限制使用者的思路。如果列入表中的风险看起来同本项目有关,就一定要注意核对表中未列出的事项。核对表应当把项目的所有可能类型的风险均一一列出。项目结尾时应当重新审查核对表,对其做出改进,使之更为现实和丰富。

第四,假设分析。每一个项目都是根据一套假说、情景或假设而构思和逐步提出来的(设计图纸、合同文件都是如此)。假设分析就是研究假设的合理性。这种技术在查找各个假设的不精确、不一致或不完整之处的过程中将项目风险识别出来。

第五,绘图技术。绘图技术可以包括以下内容:

其一,因果图(又叫石川图或鱼骨图)。它是质量管理的重要工具,亦可用于识别项目风险产生的原因。

其二,系统或过程流程图。它表示项目班子及其管理系统各组成部分之间如何相互联系和如何相互作用,以及因果传导机制。

其三,影响图。它表示问题的图形,该图表示因果影响、事件的时间先后以及变量和结果之间的其他关系。

三、风险识别的成果

风险识别的成果有如下方面:

示例 12-1 供应安装项目的风险

在某国为莽洲电信公司进行的一个数字通信设备供应安装项目有多种风险，已经识别者如下：

1. 工程风险

该项目是对莽洲公司原有模拟传输线路的数字化改造，不能对正运行的线路造成任何影响。该公司为规避风险，以交钥匙方式将工程发包给某总包公司，而该总包公司也以交钥匙形式再包给讯设公司。工程的这一风险难以避免，虽然转移了，但并未消除。

2. 分包风险

讯设公司对于东道国分包商的能力不了解，要求分包商以本公司可接受的成本完成分包工作。但由于双方语言、文化，以及两国行业标准不同，成本可能超支。更重要的是，当地分包商的能力不够，很可能给项目带来灾难性后果。

3. 质量风险

莽洲公司的新传输项目规模巨大，讯设公司提供的设备数量惊人。设备如果出现故障，就会影响全系统的开通和运行，不仅延误工期、增加费用，还会损害讯设公司声誉，影响潜在国外市场的开发。因此，设备质量风险也应重视。

4. 人身风险

东道国地处南部非洲热带疾病高发区，疟疾、霍乱、艾滋病等较严重。该国官方公布有25%至30%的人口是HIV病毒携带者。另外，整个线路穿越东道国丛林密布的省份，该地时有从邻国入境的反政府游击队活动，因此项目经理和班子成员的健康和生命安全也充满风险。

5. 环境风险

工程开工时东道国雨季刚过一半，沿途常见被暴雨冲毁的道路，突如其来的雷电暴雨也会对正常工作造成影响。当分包商的工程队在90米高的铁塔安装天线时，突如其来的雷暴将使作业人员面临可怕的人身伤亡事故。此外，东道国还常有地震发生，这些都可以归结为项目的环境风险。

6. 政治风险

工程开工前不久，东道国刚选出了新总统。新政府上台是否致力于发展本国经济，以及与某国关系的发展，都对项目的顺利进展有微妙的影响。

第一,风险清单。风险清单即将识别出来的风险列出清单。

第二,风险症状。风险症状有时候也叫做"触发因素"或"警告信号",就是风险已经发生或即将发生的标志。风险症状是风险事件的各种外在表现,如苗头和前兆等。项目班子成员不及时沟通,就是进度拖延的一种症状;现场混乱,材料、工具随便乱丢,无人及时回收整理就是安全事故和项目质量、成本超支风险的症状。

第三,为其他过程提供的依据。风险识别可能会发现项目其他方面存在的问题,要求采取进一步的行动。例如,在风险识别过程中可能会发现工作分解结构不够详细,不足以充分识别各种风险,或者进度计划不完整或不完全合乎逻辑。

第四节　定性风险分析

定性风险分析是估计已识别风险的后果和可能性大小的过程。这一过程根据已识别风险对项目的潜在影响确定其重要性大小。定性风险分析可用来确定具体风险的处理和应对行动的重要性。风险应对行动的时间越紧迫,风险的重要性就越重要。评价已有资料的质量有助于修正对风险的估计。定性风险分析要利用已有的定性分析方法和工具评价风险发生的概率和后果。

当定性分析多次重复进行时,分析结果中出现的趋势应当提醒项目班子采取必要的风险管理行动。定性分析的工具有助于纠正项目计划中容易出现的偏向。在项目生命期间应当回顾定性风险分析结果,以便使其跟上项目风险中的变化。

一、定性风险分析的依据

定性风险分析依据以下几个方面:

第一,风险管理计划。

第二,已识别出来的风险。要对风险识别过程中发现的风险及它对项目的潜在影响一起进行评价。

第三,项目状态。项目的不确定性在生命期的不同阶段会发生变化。边设计边施工项目刚开工时,设计不成熟,会有变更,因此会发现较多的风险;而当设计大部分完成时,项目的技术风险就会大大降低。

第四,项目类型。使用最新或首次使用的技术的项目或者非常复杂的项目的技术不确定性大,海外工程管理风险大,等等。

第五,数据精确度。进度、费用等方面数据的精确度表明了项目班子对风险了解和理解的程度。它不仅衡量出可利用数据的范围,而且还衡量出数据的可靠性。因此,在使用过去识别风险时曾用过的数据时,要针对当前项目的具体情况重新进行评价。

第六,计量标度。计量是为了取得有关数值或确定排列顺序。计量使用标志、序数、基数和比率4种标度。

其一,标志标度。它可标志和区分对象或事件,但不涉及数量。颜色和符号均可用作标志标度。在尚未充分掌握风险的所有方面或同其他已知风险的关系时,使用标志标度。例如,项目班子若感到进度拖延的后果非常严重、很严重或严重时,可分别用紫色、红色和橘红色表示。

其二,序数标度。事先确定一个基准,然后按照各风险与该基准的差距大小排出先后顺序,使之彼此区别开来。这种标度能表示风险之间的大小关系,但无法判断各风险之间差别的具体大小。基准可以是主观的,也可以是客观的。将风险分为已知风险、可预测风险和不可预测风险用的就是序数标度。

其三,基数标度。基数标度不但可以区分各个风险,而且还可以确定彼此之间差别的大小。如项目进度拖延20天造成800万元损失,项目超支230万元等,用的就是基数标度。

其四,比率标度。它不但可以确定风险彼此之间差别的大小,还可以确定一个计量起点。风险发生的概率就是一种比率标度。

有些类型的风险要用多种标度,在风险分析中正确地选用标度非常重要。此外,还必须知道如何为已经收集到的信息和资料选用合适的标度。

第七,假设。对识别出来的假设,要将其作为潜在的风险进行评价。

二、定性风险分析的工具和技术

(一)风险概率和后果

风险的概率和后果可以用“很高”、“高”、“中等”、“低”和“非常低”等定性标度计量,计量之后有助于辨认哪些风险应当积极主动地加以管理。

1. 风险概率。在没有历史数据可用来确定风险发生的概率时,可以根据经验猜测风险事件发生的概率或概率分布,这样得到的概率叫做“主观概率”。所谓主观概率,是在一定条件下,对未来风险事件发生可能性大小的一种主观相信程度的度量。例如,某核反应堆工程,过去从未做过。要估计该工程的工期风险,必须知道核反应堆工程工期的概率分布。但是,这种工程可以利用的数据少得可怜。项目班子就不能不根据过去完成一般工业、民用建筑的经验、核反应堆工程的特点和复杂程度以及其他主、客观条件估计核反应堆工程按时竣工的概率。人们的实践和大量的研究成果表明,这种估计是有效的。主观概率与客观概率的主要区别是,主观概率无法用试验或统计的方法来检验其正确性。主观概率和根据历史数据确定的客观概率一样,必须满足概率的各种运算规则。

2. 风险后果。风险或风险事件的后果大小要从三个方面来衡量:性质、范围和时间分布。

(1)风险后果的性质,可分为技术、财务、组织、管理和外部性等后果。

(2)风险后果的范围。范围有三方面的含义:严重程度、变化幅度和分布情况。严重程度和变化幅度分别用损失或所得的数学期望和方差表示,而分布情况则是指有哪些项目利害关系者蒙受损失或受益。

(3)风险后果的时间分布。时间分布指风险后果是突发的还是逐渐显现出来的。后果的时间分布对于项目的成败关系极大。数额很大的损失如果一次就落到项目头上,就很有可能使项目因流动资金不足而破产,永远失去了项目可能带来的机会;而同样数额的损失若在较长的时间内分多次发生,则容易设法弥补,使项目能够坚持下去。

这三个方面的不同组合使得后果千差万别。

在估计风险事故造成的损失时,描述性标度最易使用,费用最低;定性标度次之;定量标度最难、费用最高、最耗费时间。

风险后果可以使用序数或基数标度。基数标度为每一种后果赋予的数值一般是等间隔的,例如0.1,0.3,0.5,0.7和0.9。但是,也常有不等间隔的时候,例如0.05,0.1,0.2,0.4和0.8。谨慎确定的序数或基数标度,都能改善数据的质量。

表12-5是根据项目目标评价风险后果的一个例子。该例说明了序数和基数标度的应用。应当在项目开始之前就准备好上述评定标度和用语。

表12-5　风险后果评价

评价风险对主要项目目标造成的后果(序数标度或基数,非线性标度)					
目标	很低0.05	低0.1	中等0.2	高0.4	很高0.8
费用	费用增加不显著	费用增加<5%	费用增加5%~10%	费用增加10%~20%	费用增加>20%
进度	进度迟缓不显著	进度拖延<5%	项目拖延5%~10%	项目拖延10%~20%	整个项目拖延>20%
范围	范围减少不显眼	范围的次要方面受到影响	范围的主要方面受到影响	范围的缩小顾客不能接受	项目最终成果实际已无用途
质量	质量有不显眼的下降	仅使非常严格的应用受到影响	降低质量需要有顾客的批准	质量的降低顾客不能接受	项目最终成果实际已无法使用

注:对项目目标的影响可以利用从很低到很高的标度,或利用数值标度估计。表中的基数标度间隔不等,表明项目班子希望具体地回避后果显著和很显著的风险。

(二)概率—后果风险评价矩阵

经过计量的概率和后果可结合为一个矩阵,为风险或风险条件评定等级("很低"、

"低"、"中等"、"高"和"很高")。概率大和后果显著的风险可能需做进一步的分析,包括量化和进行积极主动的风险管理。

表 12-6 是概率—后果矩阵(P-I 矩阵)。该矩阵将概率和后果两个方面结合起来,即用两者估计值之积共同确定某一风险属于"低"、"中"或"高"的哪一种情况。该例标度间隔不相等,表示项目班子属于风险厌恶型。如果属于风险"中性",则可使用等间隔标度。此外,也可以利用序数标度编制 P-I 矩阵。项目班子必须确定概率和后果的哪一种组合属于高风险(红灯)、中等风险(黄灯)或低风险(绿灯)。风险评价之后得到的分数便于将风险分类,而风险类别可用以指导风险应对行动。

表 12-6 概率—后果矩阵

具体风险的风险评分					
概率	风险评分 = P×I				
0.9	0.05	0.09	0.18	0.36	0.72
0.7	0.04	0.07	0.14	0.28	0.56
0.5	0.03	0.05	0.10	0.20	0.40
0.3	0.02	0.03	0.06	0.12	0.24
0.1	0.01	0.01	0.02	0.04	0.08
	0.05	0.10	0.20	0.40	0.80
	对目标的影响(例如,费用、时间或范围)(比率标度)				

注:每一风险根据其发生概率及其一旦发生所造成的后果评定。表示在上面矩阵中,该组织对于低、中等和高风险的接受下限确定了风险的分数。

(三)假设测试

项目如果已识别出风险,则须测试其稳定性和不成立时给项目造成的后果。例如,项目完成时间为 15 个月是在各个阶段都有足够的人力的假设下确定的。那么,做定性分析时就要对这一假设进行测试。测试的内容可以有:在实施组织其他项目都进入高峰时,本项目班子是否人力稳定;当各个项目都争夺本组织的有限资源时,完成时间会拖延到什么程度。定性风险分析还应将其他可能为真的假设识别出来,并测试它给项目造成的后果。

(四)数据精确度评分

为了使定性风险分析真正有用,就应当使用准确而无偏向的数据,就要评价有关风险的数据对于风险管理有多大用途。评价时应仔细检查:①对风险了解的程度;②已有有关风险的数据;③数据的质量;④数据的可靠性和完整性。

示例 12-2 主观评分法

表 12-7 的横向是某项目识别出来的前 5 个风险,表的竖向是项目的 5 个活动。假定项目风险承受力下限为 0.6。

每一个活动的 5 个风险权值从左至右加起来,和数放在表最右边的一栏,然后这 6 个和数再从上到下加起来,全部风险权值之和放在表最下一行的右端。另外,再计算最大风险权值之和。用表的行数乘以列数,再乘以表中的最大风险权值,就得到最大风险权值之和。全部风险权值之和除以最大风险权值之和就是该项目的整体风险水平。接着将项目整体风险水平同项目风险承受力下限比较。各个活动的风险水平或各单个风险水平也可做类似的比较。

表 12-7 主观评分法

	费用风险	工期风险	质量风险	组织风险	技术风险	各活动风险权值和
可行性研究	5	6	3	8	7	29
设 计	4	5	7	2	8	26
试 验	6	3	2	3	8	22
施 工	9	7	5	2	2	25
试 运 行	2	2	3	1	4	12
	26	23	20	16	29	114

表 12-7 中的最大风险权值是 9,因此最大风险权值之和 $= 5 \times 5 \times 9 = 225$。全部风险权值和 $= 114$,该项目整体风险水平 $= 114/225 \approx 0.506\,7$。将此结果同事先给定的风险承受力下限 0.6 比较后可知,该项目整体风险水平是可以接受的,该项目可以继续进行下去。

定性风险分析使用的数据若准确性不高,例如,在未透彻理解某种风险机理的情况下所做的分析结果就不会有多大用途。

(五)主观评分法

进行定性风险分析,可以使用主观评分法。这种方法为每一单个风险赋予一个权值,例如从0到10之间的一个数。0代表没有风险,10代表风险最大。然后把各个风险的权值加起来,再同风险承受力下限进行比较。

主观评分法容易使用,但其用途大小则取决于填入表中数值的准确性。主观评分法允许同时考虑诸多因素,允许提出更多的问题进行分析,而且该法的步骤统一、标准。

(六)层次分析法

层次分析法可以将无法量化的行动方案风险按照大小排出顺序,把它们彼此区别开来,这是一种重要的定性风险分析法。下面的例子表明了这种方法的具体步骤。

示例12-3 小型国有企业重组

某小型国有企业重组,有两个方案:中外合资和改成股份制。该项目识别出三个风险:经济风险、技术风险和社会风险。经济风险主要指国有资产流失;技术风险指企业重组后生产新产品时技术上的把握性;社会风险指原来的在职和退休职工的安排问题等。现在要求企业决策者回答的问题是,哪一个重组方案的风险较大?

本例的风险不易量化。此外,要确定两个方案应避免哪一个,不能只考虑一种风险,三种风险都要考虑。

1. 层次结构模型

层次分析法处理问题的步骤是,先确定评价的目标,再明确方案评价的准则,然后把目标、评价准则连同行动方案一起构造一个层次结构模型。在这个模型中,目标、评价准则和行动方案处于不同的层次,彼此之间有无关系用线段表示。评价准则可以细分为多层。本例的层次结构模型见图12-3。

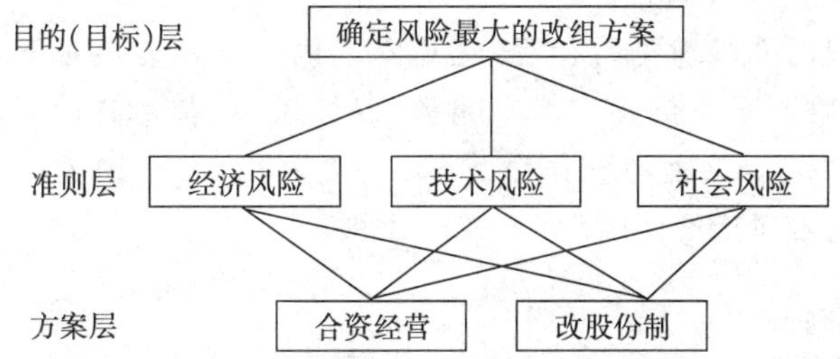

图 12-3　企业重组方案风险评价

2. 因素两两比较的标度

层次结构模型做出之后，评价者根据自己的知识、经验和判断，从第一个准则层开始向下，逐步确定各层诸因素相对于上一层各因素的重要性权数，然后经过计算，排出各方案的风险大小顺序。

下面就结合图 12-3 说明层次分析法如何确定各层不同因素相对于上一层各因素的重要性权数，进而计算表示方案风险大小顺序的权数向量。

层次分析法在确定各层不同因素相对于上一层各因素的重要性权数时，利用了这样一个事实：三个以上的对象放在一起，不易比较。但是，两个对象就容易比较。所以，层次分析法使用了两两比较的方法。两两比较，孰轻孰重则以表 12-8 中的标度表示：

表 12-8

标度 a_{ij}	定　义
1	i 因素与 j 因素同样重要
3	i 因素比 j 因素略重要
5	i 因素比 j 因素较重要
7	i 因素比 j 因素重要得多
9	i 因素比 j 因素重要得很多
2,4,6,8	i 与 j 两因素重要性比较结果处于以上结果的中间
倒数	j 与 i 两因素重要性比较结果是 i 与 j 两因素重要性比较结果的倒数

3. 判断矩阵

有了两两比较,孰轻孰重的标度,就可以具体地确定各层不同因素的重要性权数。先看评价准则层。该层有三个因素,经济风险、技术风险和社会风险。评价者从评价目标"风险最大的重组方案"的角度,将这三个因素的重要性两两相比,得到的结果写在下面 3×3 的判断矩阵 A 中:

$$A=\begin{pmatrix}1 & 5 & 1/2\\ 1/5 & 1 & 1/8\\ 2 & 8 & 1\end{pmatrix}$$

再看方案层。该层有两个因素,合资和实行股份制。评价者分别从经济风险、技术风险和社会风险的角度,将这两个因素的重要性两两相比,得到的结果写在下面三个 2×2 的判断矩阵 A_1, A_2 和 A_3 中:

$$A_1=\begin{bmatrix}1 & 4\\ 1/4 & 1\end{bmatrix}, A_2=\begin{bmatrix}1 & 1/5\\ 5 & 1\end{bmatrix}, A_3=\begin{bmatrix}1 & 5\\ 1/5 & 1\end{bmatrix}$$

4. 判断矩阵特征向量的计算

判断矩阵写出后,就要计算判断矩阵的特征向量。A, A_1, A_2, A_3 的特征向量分别用 W, W_1, W_2, W_3 表示。下面以 W 为例介绍特征向量的一种计算方法。

第一步,计算 A 的各行之和

$$\begin{pmatrix}1+5+1/2=13/2\\ 1/5+1+1/8=53/40\\ 2+8+1=11\end{pmatrix}=\begin{pmatrix}6.5\\ 1.325\\ 11\end{pmatrix}$$

第二步,计算各行的平均值,因为 A 有 3 列,所以求平均值时用 3 除

$$\begin{pmatrix}6.5/3\\ 1.325/3\\ 11/3\end{pmatrix}=\begin{pmatrix}2.1667\\ 0.4417\\ 3.6667\end{pmatrix}$$

第三步,标准化,即将各行除以三行之和 $2.1667+0.4417+3.6667=6.2751$,于是得到 A 的特征向量:

$$W=\begin{pmatrix}0.3453\\ 0.0704\\ 0.5843\end{pmatrix}$$

特征向量 W 中的三个数告诉评价者,从评价目标"风险最大的重组方案"的角度,社会风险最重要,经济风险次之,技术风险第三。另外,这三个因素之间的差异在 W 中也是一目了然。

至于 A_1,A_2 和 A_3 的特征向量 W_1,W_2,W_3，按照上面同样的三个步骤，计算结果如下：

$$W_1=\begin{bmatrix}0.8\\0.2\end{bmatrix},W_2=\begin{bmatrix}0.166\ 7\\0.833\ 3\end{bmatrix},W_3=\begin{bmatrix}0.833\ 3\\0.166\ 7\end{bmatrix}$$

W_1 中的两个数告诉评价者，从经济风险的角度，“合资”方案比“实行股份制”方案风险大。W_2 表明，从技术风险的角度，“合资”方案比“实行股份制”方案风险小。W_3 告诉决策者，从社会风险的角度，“合资”方案比“实行股份制”方案风险大。

5. 综合矩阵

特征向量 W_1,W_2,W_3 分别从经济风险、技术风险和社会风险的角度比较了合资和实行股份制两个方案。那么，从评价目标“风险最大的重组方案”的角度来看，这两个方案哪个风险大呢？为了回答这个问题，我们先用特征向量 W_1,W_2 和 W_3 构造一个所谓“综合矩阵”C，即

$$C=(W_1,W_2,W_3)=\begin{bmatrix}0.8&0.166\ 7&0.833\ 3\\0.2&0.833\ 3&0.166\ 7\end{bmatrix}$$

然后，用矩阵 C 左乘特征向量 W，得到一个新向量 W_f，即

$$W_f=CW=\begin{bmatrix}0.8&0.166\ 7&0.833\ 3\\0.2&0.833\ 3&0.166\ 7\end{bmatrix}\begin{pmatrix}0.345\ 3\\0.070\ 4\\0.584\ 3\end{pmatrix}=\begin{bmatrix}0.774\ 9\\0.219\ 1\end{bmatrix}$$

向量 W_f 表明，从评价目标“风险最大的重组方案”的整体角度，即综合了经济风险、技术风险和社会风险三个方面之后，“合资”方案比“实行股份制”方案风险大。

6. 判断矩阵的一致性检验

问题到这里是否都解决了呢？没有。首先，判断一致性问题没有解决。由于层次分析法用的是两两比较法，所以会出现判断不一致的情况。

何为不一致？现举一例。三个对象，甲、乙和丙。经过两两比较，很可能有人会得出如下结论：甲比乙好，乙比丙好，丙比甲好。这就是判断的不一致。根据判断不一致的判断矩阵算出来的特征向量，会使人得出错误的结论。因此，需要对判断矩阵进行判断一致性检查。为此，计算一致性指标 C_I，其定义是

$$C_I=\frac{\lambda_{\max}-n}{n-1}$$

上式中，n 是判断矩阵的阶数，$\lambda_{\max}$ 是判断矩阵的最大特征值。然后，从表 12－9 查取随机性指标 C_R，并计算比值 C_I/C_R，当 $C_I/C_R<0.1$ 时，可认为判断矩阵的一

致性达到了要求。否则,需要重新进行判断,写出新的判断矩阵。

表 12-9 随机性指标 C_R 数值

n	1	2	3	4	5	6	7	8	9	10	11
C_R	0	0	0.58	0.9	1.12	1.24	1.32	1.41	1.45	1.49	1.51

计算 λ_{max} 的方法如下:

第一步,计算向量 A_w　　$A_w = A_W$

第二步,计算　　$\lambda_{max} = \frac{1}{n}\sum_{i=1}^{n}\frac{(Aw)_i}{W_i}$

对于本例,

$$A_w = \begin{pmatrix} 0.98945 \\ 0.21250 \\ 1.83810 \end{pmatrix}$$

$$\lambda_{max} = \frac{1}{3}\left(\frac{0.98945}{0.3453} + \frac{0.2125}{0.0704} + \frac{1.8381}{0.5843}\right) = 3.01$$

由此得 $C_I = 0.005$,从表 12-9 查得 $C_R = 0.58$,于是

$$C_I/C_R = 0.005/0.58 = 0.01 < 0.1,$$

所以判断矩阵 A 的一致性达到了要求。

层次分析法结论的质量依赖于使用者的知识、经验和判断。如果有可能,可多找几个知识广博、经验丰富和判断力强的人共同确定判断矩阵中的标度。

三、定性风险分析的成果

定性风险分析的成果主要有以下几方面:

第一,项目风险综合评分。如果项目班子有多个项目,则各种风险分别评分之后,还应综合评分,以便比较各项目综合风险的相对大小,进而为其分配人员或其他资源,进行项目成本效益分析或为启动、继续或取消项目提供根据。

第二,重点风险清单。应当确定项目各个风险或风险条件的轻重缓急或重要性大小,包括评分结果(高、中等和低)或在工作分解结构中所处的层次。风险还可以分成要求马上采取应对措施的和可以推迟到日后处理的两大类。影响费用、进度、功能和质量的风险可以不同的评分值单独评价。大的风险应当附带说明评价概率和后果的根据。

第三,需要再分析和管理的风险清单。属于高或中等类别的风险,应进行定量风险分析

或其他进一步分析,并采取风险管理行动。

第四,从定性分析中发现趋势。在反复进行定性分析的过程中,有可能发现某种趋势。例如,项目班子人员管理知识的不足,如果对项目的进度、费用和质量都有影响,则这就是一种趋势。这种趋势就有可能在某种程度上要求认真、及时地采取应对措施或进行进一步的分析。

第五节 定量风险分析

定量风险分析是对每一风险发生的概率及其对项目目标产生的影响,以及项目整体风险的范围进行数值分析。定量估计风险时使用基数或比率标度。同定性分析相比,定量分析可以减少含混不清,更客观地估计有关风险的信息资料。另外,风险有了数值之后,就可以参与各种运算,并确定各风险之间到底相差多少。定量风险分析使用诸如蒙特卡洛模拟和决策分析等技术,以便确定实现各项目目标的概率;量化项目蒙受风险的程度,并确定必要的费用和进度应急储备的多少;量化各风险在项目总体风险中的相对地位,识别应当予以高度重视的风险;识别可以实现的费用、进度或范围目标。

定量风险分析一般在定性风险分析之后,可与定性分析分开,也可以合在一起。到底如何,取决于是否有时间和预算可资利用,以及是否有必要对风险及其后果进行定性或定量的说明。应当根据在反复多次定性分析中发现的趋势判定是否有必要增加或减少风险管理行动。

一、定量风险分析的依据

定量风险分析的依据有以下几点:

第一,风险管理计划。

第二,已识别出的风险、重要的风险,以及需要再分析和管理的风险清单。

第三,历史资料。这包括已完成的类似项目的资料、风险专家对类似项目的研究结果、可从行业或专利来源得到的风险数据库。

第四,专家判断。项目班子、组织内其他专家、组织外其他项目或统计专家均可为定量风险分析提供依据。

第五,其他规划过程的成果。最有用的规划成果是项目各活动的内在逻辑关系和制订进度表时使用过的持续时间估计、工作分解结构中列出的所有费用事项连同费用估算的清单,以及项目技术目标的模型。

二、定量风险分析的工具和技术

定量风险分析的工具和技术包括以下几方面：

(一)风险的概率分布

风险事件后果是随机变量，不同的随机变量概率分布不同。因此，对于具体的风险，首先要弄清其概率分布类型，然后才能有针对性地收集资料。例如，如果准备使用三角分布反映活动时间的概率分布，则应收集关于乐观（低）、悲观（高）和最可能发生的情况的资料，而对于项目完成时间，可假设服从正态分布或对数正态分布，因此就要收集关于平均值和方差的资料。表 12－10 是费用估算三点估计的例子。

表 12－10　根据风险面谈得到的费用估算和变化范围

WBS 组成部分	低	最可能发生的	高
设计	4	6	10
施工	16	20	35
试验	11	15	23
整个项目		41	

注：风险面谈确定了每一个 WBS 组成部分的三点估计。计算最可能费用之和就能得到传统的估计值 41，这一数值发生的可能性要小一些。

定量风险分析一般使用连续型概率分布。常用的有均匀分布、正态分布、三角分布、贝塔分布和对数正态分布。图 12－4 是贝塔分布和三角分布，纵轴是概率，横轴是后果。图中的贝塔分布仅为贝塔分布族中的一个例子。

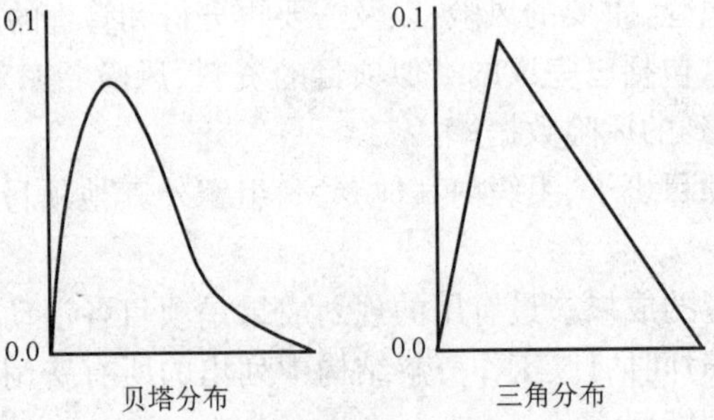

图 12－4　常用概率分布举例

面谈后应对风险变化范围作出书面理论说明，作为在风险应对规划过程中提出有效的应对策略的依据。

示例 12－4　根据历史资料确定风险事件概率分布

某家具公司去年制作了72套家具，有一部分由于种种原因而延期交货。为了估计今后交货期拖延的风险，管理人员将去年拖延的情况整理在表12－11中。交货拖延的情况用拖延的时间占计划时间的百分比表示。负值表示提前交货。表中交货拖延的概率分布是根据该公司的72个样本（即加工任务）确定的，因此，叫做“样本分布”或“经验分布”。样本个数越多，样本分布的规律性越强。当样本个数达到一定数目时，样本分布的规律性就稳定下来。这种稳定的概率分布就是理论分布。

表 12－11

拖延时间（%）	组中值 t_i（%）	频数，即家具套数	频率＝频数/样本个数	概率 p_i
－34 — －30	－32.5	0	0/72 ＝0	0
－29 — －25	－27.5	2	2/72＝ 0.027 8	0.027 8
－24 — －20	－22.5	1	1/72＝ 0.013 9	0.013 9
－19 — －15	－17.5	3	3/72＝ 0.041 7	0.041 7
－14 — －10	－12.5	7	7/72＝ 0.097 2	0.097 2
－9 — －5	－7.5	10	10/72＝ 0.138 9	0.138 9
－4 — 0	－2.5	15	15/72＝ 0.208 3	0.208 3
1— 5	2.5	12	12/72＝ 0.166 7	0.166 7
6— 10	7.5	9	9/72＝ 0.125 0	0.125 0
11— 15	12.5	8	8/72＝ 0.111 1	0.111 1
16— 20	17.5	4	4/72＝ 0.055 6	0.055 6
21— 25	22.5	0	0	0
26—30	27.5	1	1/72＝ 0.013 9	0.013 9
31—35	32.5	0	0	0
合计（样本个数）		72	72/72＝1	1.000 1

若把表12-11中的样本分布用图表示出来,可得图12-5,该图叫"直方图"。纵坐标表示交货拖延的频率(或概率),横坐标表示拖延的时间占计划时间的百分比。当样本个数足够多时,例如把与该公司情况类似的其他公司过去一年中完成的时间数据也拿来,样本分布就接近于正态分布。

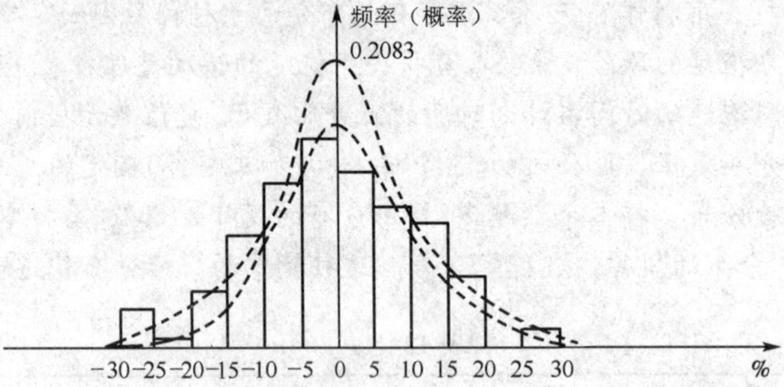

图12-5 交货拖延的经验分布和理论分布

有了概率分布,风险估计就有了基础。例如,可以估计风险事件后果发生的概率、计算风险事件后果的数学期望和方差,等等。

(二)敏感性分析

第四章第六节讲的各项指标IRR,BCR和NPV究竟有多大的可靠性,取决于分析者对成本和效益所作的估计是否可靠。但是,正确估计成本和效益数据是困难的,因为它们实际上都是对未来的预测,因而在一定程度上都受到某些不确定因素的影响。因此,分析者和决策者都需要知道这些数据的差错会给各项指标带来何种影响。

影响成本和效益估算值的因素很多,但影响程度不一。有些因素在这类项目中影响较小,但是在另一类项目中影响却很大。例如,未来的电费即使增加一倍,对于教育项目的总成本和经济上的有利程度可能影响不大;但是教授薪金的增加就可能对该项目的总成本和效益产生很大的影响。同一般教育项目相比,电费的变动对用电量很大的物理实验项目的影响可能较大。

所以,为了提高项目IRR等指标的可靠性,首先应分析和测验有哪些不确定因素对IRR影响大,哪些影响小。如果因素的变动对IRR的影响很大,就表示IRR对此因素的变动很敏感;如果影响不大,就表示IRR对此因素不敏感。所以,通常把分析IRR对各易变因素的敏感程度的过程叫做"敏感性分析",把测验这种敏感性的方法叫做"敏感性测验法”。

敏感性分析可用于确定哪些风险对项目的潜在影响最大。分析时，考察项目每一组成部分的不确定性在所有其他不确定性因素保持为其基准值的条件下，对所考察的目标有多大程度的影响。

示例 12－5　食用菌项目敏感性分析

某公司食用菌项目有几个方案可供选择。其中之一的建设期投资额、年设计生产能力、产品单价、变动成本、税率、折现率和项目的 10 年折旧期结束时的残值，分别为 $P_i = 340\,000$ 元，$Q_t = 600\text{t}$，$p = 400$ 元/t，$W = 220$ 元/t，$r = 20$ 元/t，$i = 16\%$ 和 $S = 10\,000$ 元。该方案的产量、产品价格和变动成本的变动对项目净现值和内部收益率的影响，可分析如下：

由第 4 章第 3 节可知，项目净现值 NPV 为

$$\text{NPV} = -P_i + (p - W - r)Q\frac{(1+i)^n - 1}{i(1+i)^n} + \frac{S}{(1+i)^n}$$

式中 i 是贴现率，而内部收益率 IRR 就是使净现值 NPV 等于零的贴现率。

为了测试净现值和内部收益率分别对上述三个变数的敏感性，在上面公式中分别让产量、产品价格和变动成本三个变数中一个变动，而另两个保持不变，然后计算出变动后的净现值和内部收益率。变数变动的幅度一般按变数原值的百分比来表示。例如，10%、20%、30%、－10%、－20%、－30%等。表 12－12 就是产量、产品价格和变动成本变动后的净现值和内部收益率数值。

表 12－12　产量、价格和变动成本变动后的净现值和内部收益率

		－30%	－20%	－10%	0%	10%	20%	30%
产量 Q	NPV	－12 940.28	34 358.71	79 857.69	126 256.67	172 655.66	219 654.64	265 453.63
产量 Q	IRR	14.98%	18.58%	22.03%	25.37%	28.62%	31.80%	34.92%
价格 p	NPV	－221 735.70	－105 738.25	10 259.21	126 256.67	242 254.13	358 251.59	474 249.05
价格 p	IRR	－5.27%	7.14%	16.78%	25.37%	33.37%	41.03%	48.49%
成本 W	NPV	335 052.10	265 453.63	195 855.15	126 256.67	56 658.20	－12 940.28	－82 538.75
成本 W	IRR	39.52%	34.92%	30.22%	25.37%	20.32%	14.98%	9.20%

从表中可以看出，产品价格对净现值影响最大，其次是变动成本，产量影响最小。从风险管理的角度来看，公司必须做好市场预测，采取必要的措施防止市场供求出现不利变化时造成损失。

（三）组合分析

敏感性分析一次只让一个变数变动，但实际情况一般是几个变数同时变动。显然，敏感性分析过于简化了问题。为了克服这种缺点，可以让几个变数同时变动，各变数的变动幅度可以取不同的组合，然后计算它们共同变动时项目成果性能或项目目标的变化，这种做法叫做“组合分析”。不难想象，如果变数多，则组合方式将难以胜数，计算工作量太大。在实际应用时，可以根据经验，选择有限的几种最不利组合进行计算。

（四）决策树分析

决策树用树状图表示项目所有可供选择的行动方案、行动方案之间的关系、行动方案的后果以及这些后果发生的概率。利用决策树可以计算出可供选择的行动方案后果的数学期望，进而对项目的风险进行评价，做出该项目应该就此止步，还是继续进行的决策。

在决策树中，树根表示构想项目的初步决策，叫做“决策点”。从树根向右画出若干树枝。每条树枝都代表一个行动方案，叫做“方案枝”。方案枝右端叫“状态结点”。从每个状态结点向右又伸出两个或更多的小树枝，代表该方案的两种或更多的后果，每条小树枝上都注明该种后果出现的概率，故称“概率枝”。小树枝右端是树叶，树叶处注明该种后果的大小。后果若是正的，表示收益；若是负的，表示损失。

（五）模拟

通过敏感性分析，就可知道哪些因素对于项目变数、参数、目标或决策来说影响较大，因而是主要的，甚至是关键性的因素。但是，这些因素易变、难以确定。因此，第二步就得请专家对主要的不确定因素可能发生的各种变动及其可能变动的概率做出判断。然后根据这种判断，利用“蒙特卡洛法”（“随机模拟法”或“统计试验法”）计算出一系列容易理解的指标，例如 IRR、NPV、项目完成时间等，供决策者在评价和选择项目或方案时参考。

项目模拟使用模型将详细规定的不确定性换算为它们对整个项目层次上的目标所产生的潜在影响。

示例 12－6　投标决策树分析

某公司准备参加两个IT项目的投标。经过竞争形势分析，甲项目中标和不中标的概率分别是0.55和0.45。乙项目中标和不中标的概率分别是0.6和0.4。若中标，甲、乙两项目分别赢利800万元和700万元；否则，分别损失10万元和7万元的投标费用。分析该公司投标决策风险的过程如下。

先画出这个问题的决策树，如图12－6，然后计算各状态结点处风险后果的数学期望。

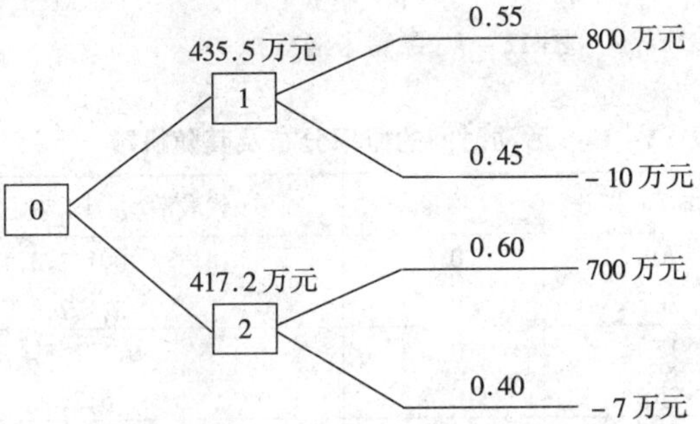

图12－6　决策树分析

状态结点1：$0.55\times800+0.45\times(-10)=435.5$

状态结点2：$0.6\times700+0.4\times(-7)=417.2$

决策结点0：$\max\{435.5, 417.2\}=435.5$

因此，尽管甲项目中标概率小一些，但公司还是应当参加甲项目的投标。

像图12－6中那样只有一个决策结点的决策树，叫“单级决策树”。利用单级决策树的决策过程叫“一阶段决策”。如果树叶结点本身也可以作为决策结点，即根结点，这样的决策树叫“多级决策树”。利用多级决策树的决策过程叫“多阶段决策”。

示例 12－7　项目进度模拟

图 12－7 中的网络只有 3 个活动。设 3 个活动时间都是二值离散型随机变量。根据历史数据，确定出这 3 个随机变量的概率分布，结果列在表 12－13 中。

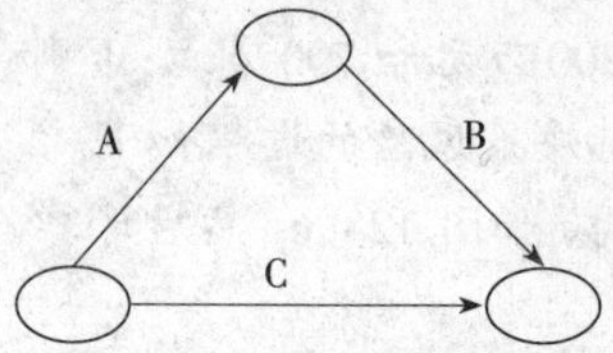

图 12－7　蒙特卡洛模拟

表 12－13　活动时间的概率分布及其随机数

活动代号	活动时间(周)	概率	代表活动时间取值的随机数
A	20	0.5	0,1,2,3,4
	30	0.5	5,6,7,8,9
B	15	0.6	0,1,2,3,4,5
	25	0.4	6,7,8,9
C	40	0.5	0,1,2,3,4
	50	0.5	5,6,7,8,9

在确定了活动时间的概率分布之后，就可以从 0,1,2,3,4,5,6,7,8 和 9 这 10 个数中随机抽样。由于有 3 个活动，所以每次抽 3 回。第 1,2 和第 3 回抽到的数分别代表活动 A,B 和 C。每抽一次，就组成一个 3 位随机数，百、十和个位上的数分别代表活动 A,B 和 C。

活动 A，若抽到 0,1,2,3 和 4 中的任何一个，则活动 A 的时间是 20 周；若是 5,6,7,8 和 9 中的任何一个，则活动 A 的时间是 30 周。

活动 B，抽到的数若是 0, 1, 2, 3, 4 和 5 中的任何一个，则活动 B 的时间是 15 周；若是 6,7,8 和 9 中的任何一个，则活动 B 的时间是 25 周。

对于活动 C，若抽到 0,1,2,3 和 4 中的任何一个，则活动 C 的时间取 40 周；若是 5,6,7,8 和 9 中的任何一个，则活动 C 的时间是 50 周。

例如，554 这个随机数代表 A,B 和 C 活动的时间分别取 30,15 和 40 周。因此，关键路线是 A－B。

从 0,1,2,3,4,5,6,7,8 和 9 中随机抽样的过程叫“产生随机数”，也叫“模拟抽样”。产生随机数可以由人抽样,也可以编出计算机程序让计算机抽样。人抽样时,做好标有0至9的10个数码,放入暗箱中。抽一次并记下一个3位随机数后,就将这3个数码再放回到暗箱中。

上述产生随机数的过程反复进行多次,次数应尽可能多。达到一定次数之后,对抽样结果进行统计,进而评价项目进度风险。表12－14模拟抽样20次的结果。从表中可以看出,活动A,B组成关键路线有11次,占抽样次数的55%,因此,A,B组成关键路线的概率可估为0.55。活动C有9次组成关键路线,因此成为关键路线的概率可估计为0.45。这个结果说明,关键路线的确是随机的。因此,不能先验地把关键路线看成是确定的。另一方面,它还提醒我们注意在关键路线上出现概率很高的活动,防止因其拖延而影响项目的完成时间。

表12－14　活动时间的概率分布及其随机数

模拟抽样编号	抽样产生的随机数	A活动时间(周)	B活动时间(周)	C活动时间(周)	关键路线	项目总工期(周)
1	554	(30)	(15)	40	A,B	45
2	135	20	15	(50)	C	50
3	575	(30)	(25)	50	A,B	55
4	697	(30)	(25)	50	A,B	55
5	563	(30)	(25)	40	A,B	55
6	729	30	15	(50)	C	50
7	848	30	15	(50)	C	50
8	431	20	15	(40)	C	40
9	767	(30)	(25)	50	A,B	55
10	416	20	15	(50)	C	50
11	025	20	15	(50)	C	50
12	896	(30)	(25)	50	A,B	55
13	462	(20)	(25)	40	A,B	45
14	700	(30)	(15)	40	A,B	45
15	077	20	25	(50)	C	50
16	007	20	15	(50)	C	50
17	000	20	25	(40)	C	40
18	585	(30)	(25)	50	A,B	55
19	543	(30)	(15)	40	A,B	45
20	553	(30)	(15)	40	A,B	45

注:括号内数字表示该活动成为关键活动时的时间。

对于费用风险分析,模拟可以把项目工作分解结构作为模型。图 12－8 表示的是一个费用风险模拟。

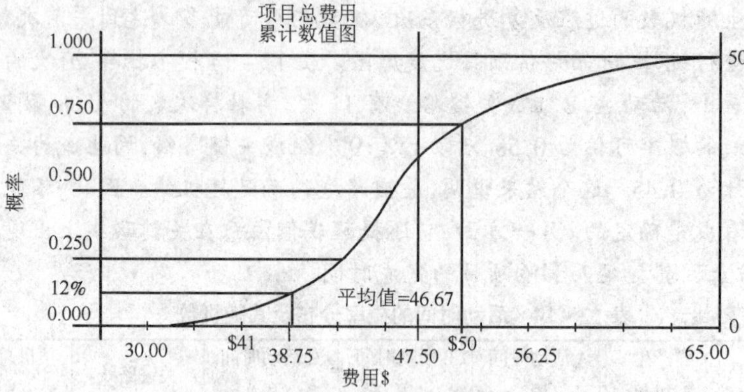

图 12－8　费用风险模拟

注:图中的累计可能性分布反映了超费用估算的风险。假定三角分布,数据是从图 11－4 中的例子中取来的。结果表明该项目只有 12%的可能满足 $ 41 的估算。如果某个保守的组织想得到 75%的成功可能,则要求 $ 50 的预算(相当 22%的不可预见费)。

示例 12－8　财务评价指标模拟

设某个小学师资培训项目的目的，是通过增加教师和减少每班学生人数降低学生的留级率,从而缩短每个毕业生的平均培养时间和费用。这样做的依据是:每班学生少,教师对每个学生的指导时间就可增多,从而可减少学生的留级率。当然,班级人数与留级之间的准确关系,需由专家做出估计,但一经估定,就可以算出学生在校平均年数和为每个毕业生开支的数额。

假定已经通过敏感性分析确定了本项目 IRR 对如下四个因素最敏感：①师资培训学院教授薪金的平均年增长率；②培训出本项目要求的师资所需要的时间；③小学班级人数对学生留级率的影响;④降低留级率需要的时间。

再假定经专家研究后认为，未来教授薪金有如下四种可能的年增长率及其出现的概率:①年增长 1%的概率为 10%;②年增长 3%的概率为 60%;③年增长 5%

的概率为20%；④年增长7%的概率为10%。(其余三个因素也需要由专家做出这样的判断)，这样就取得了有关四个主要因素可能变动的四组概率。

可用红、黄、蓝、白4个布袋，装与袋子颜色相同的玻璃小球各100粒。4种颜色分别代表上述4个主要因素，而每种颜色的小球上，分别按各因素发生变动的概率标明各因素的概值。所谓"概值"，就是各个主要因素可能发生的数值。例如，在100粒红球中，10粒标明1%，60粒标明60%，20粒标明5%，10粒标明7%；在其余三袋不同颜色的小球上，也同样按照各颜色所代表的因素的变动概率，标明各因素的概值。

然后开始分别从各色布袋中随机各取一球，根据各色小球上标明的概值计算出第一个内部收益率（IRR）来。接着就把各色小球放回到与之同色的原袋中混合后，再第2次分别从各色布袋中随机取一球，并根据第2次取出的4个颜色不同的小球上所标明的概值，计算出第2个IRR来。如果将"随机取球，取得一组概值，算出一个IRR，将球放回原袋"的过程重复百次，比如说500次的话(每次过程取放小球4个次，500次过程共需取放小球2 000个次)，我们就可取得500组概值，并据以算出500个IRR来。

这样算得的500个IRR的值，是否会均匀地分布在一个范围广大的值域内呢？不大可能。更有可能的是集中分布在一个相当狭小的值域内。比如说，所算得的IRR的值，比较集中在8%～12%之间，而8%以下和14%以上者不多。这是为什么呢？要回答这个问题，就得先说明在取出的每种颜色的小球上标明的各种概值的出现次数之间的比例可能会是什么情况。就红袋中100个红球而言，其中标有概值1%、3%、5%和7%的红球个数，分别为10个、60个、20个和10个，即1∶6∶2∶1，这是与4种概值出现的概率(即10%、60%、20%和10%)之间的比例相符的。如果总共只取放红球数十次的话，就可能发现取出的红球上标明的各种概值的出现次数之间的比例并不是1∶6∶2∶1，而是别的比例，比如说是0∶4∶3∶3。这是因为取放的次数不够。按照概率的规律，只有在大量增加取放次数的情况下(比如说数百次以上)，各种概值出现次数之间的比例才会接近，1∶6∶2∶1，也就是说，才会接近各种概值出现的概率。

其次，每次取放过程取得的一组概值，是由4种颜色的概值组成的，而每次计算得到的IRR也就以该次取得的那一组概值为依据，如果我们要算出数值很高(或很低)的IRR，那么它们所依据的那一组概值，必须都是最高(或很低)概值才行。但是每种因素发生最高(或最低)概值的概率，通常是比较小(例如取得标有概值7%或1%的红球的概率，都只有10%)的，而出现的概率较大的概值，则常常是处在这两端之间的值域内的概值(例如取得标有概值3%和5%的红球的概率,共有80%)。所以,当我们大量增加取放次数而使每种因素的各种概值出现次数之比接近于它们的概率时,各种因素的各种概值的组合情况,以及根据各组概值而计算得到的IRR的数值分布情况,就都要受各种概值出现的概率的支配。这就使得计算求得的IRR数值,更有可能集中在一个相当狭小的值域内,而不致过于分散。就上述例子而言,算得的500个IRR的数值,可能有70%的机会分布在8%~14%之间,即350个;而低于8%和高于14%者可能分别只有20%和10%的机会,即分别为100个和50个。

从示例12-7,12-8的过程来看,蒙特卡洛法使用起来十分麻烦。幸运的是,电脑能够帮助分析者解决这个问题。但是,这样计算的结果对于决策究竟有多大用处?尽管存在着不同看法,许多决策者还是认为它的确能系统地研究问题,有参考价值的。

世界银行为了便于决策者掌握蒙特卡洛法,提出了一个简化办法:①先根据上述4个主要因素的最可能发生的(即概率最大的)概值算出一个IRR;②再分别以其中一个因素的最悲观的概值与其余3个因素最可能发生的概值相配合,构成4组概值,算出4个IRR;③最后根据4个因素的最悲观的概值,算出一个IRR。这样共有6个IRR可供决策时参考,而其中最使人感兴趣的,也许就是对应于最悲观的可能性的那个IRR。如果在最坏的情况下可能出现的IRR,超过了资金的机会成本,那么这个项目就是可取的。反之,如果这个悲观的IRR明显低于资金的机会成本,那么决策者就得考虑一下各种因素概值出现的概率,然后再决定取舍。

三、定量风险分析的成果

定量风险分析的成果主要表现在以下几方面:

第一,经过量化并明确了重要性大小的风险清单。清单中包含对项目威胁最大或是项目最大机会的风险,以及这些风险后果的大小,可供决策时参考。

第二,项目的概率分析。它包括项目进度和费用各种可能结果的预测,并列出完成日期或项目持续时间和费用的可能大小,以及这些结果的置信水平。

对于图12-7的项目,完成时间有表12-15中的4种可能结果。要估计项目完成时间t的概率分布,可利用表12-15最右列的数字。例如,在20次抽样中,总工期t有两次为40周,所以,项目完成时间t等于40周的概率是$2/20=0.1$;同样,完成时间t等于45周的概率是$5/20=0.25$,等等。如此求得的完成时间t的概率分布也列在表12-15中。该结果是评价项目完成时间和成本风险的重要依据。

表 12－15　项目完成时间 t 的概率分布

完成时间 t(周)	模拟结果(次)	概率估计	概率估计累计值
40	2	0.10	0.10
45	5	0.25	0.35
50	7	0.35	0.70
55	6	0.30	1.00

第三,实现费用和时间目标的概率。利用定量风险分析,根据当前的计划以及对本项目所面临的风险的了解就可以估算出实现费用和时间目标的概率。

假设示例 12－4 的公司有新订货,计划时间是 16 周。项目管理人员要想估计拖延 3 周的概率,则可先算出 $3/16\times100\% = 18.8\%$,然后从表 12－11 中查得拖延 3 周的概率是 5.56%。

如果项目管理人员想估计交货拖延超过 4 周的概率,则可先算出

$(4/16)\times100\% = 25\%$

然后,将表 12－11 中拖延大于 25% 的概率加起来,得

$(0.0278+0)\times100\% = 2.78\%$

于是,得出交货拖延超过 4 周的概率是 2.78%。因为表 12－11 仅仅是经验值,所以,该结果是近似的。

本例交货时间拖延的数学期望和方差的估计值若分别用 T 和 σ^2 表示,则有

$$T = \sum_{i=1}^{14} t_i p_i$$

$$= (-0.275\times0.0278 - 0.225\times0.0139 - 0.175\times0.0417 - 0.125\times0.0972 - 0.075\times0.1389 - 0.025\times0.2083 + 0.025\times0.1667 + 0.075\times0.125 + 0.125\times0.1111 + 0.175\times0.0556 + 0.275\times0.0139)\times100\% = -0.49\%$$

$$\sigma^2 = \sum_{i=1}^{14} (t_i - T)^2 p_i = (-0.275+0.0049)^2 0.0278 + (-0.225+0.0049)^2 0.0139 + (-0.175+0.0049)^2 0.0417 + \cdots + (0.275+0.0049)^2 0.0139 = 0.1183^2$$

如果项目管理人员想了解示例 12－4 那个例子交货时间 t 超过计划时间 25% 的概率,则先利用数学期望和方差的估计值将其换算成标准化值,得:

$$x = (p_i - T)/\sigma = [26\% - (-0.49\%)]/11.83\% = 2.24$$

把 $x=2.24$ 作为正态概率积分的上限,查标准正态分布表,得到 $p\{t>25\%\} = 0.9875$。这就是说,交货拖延不超过计划时间 25% 的概率是 1.25%。

由于项目活动独特性很强,项目风险来源彼此相差很大。所以,项目班子在许多情况下不得不根据样本个数不多的小样本对风险事件后果发生的概率、风险事件后果的数学期望

和方差进行估计。甚至有时由于项目活动是前所未有的，根本就没有以前的数据可以利用。遇到这种情况，项目管理人员就不得不根据自己的经验猜测风险事件发生的主观概率。

对于示例 12－7，若限定完成时间 $S_d=50$ 天，则根据表 12－15 可以得到：

$$p\{t<50\}=0.70$$

即示例 12－7 中的项目在 50 天内完成的概率是 70%。

进一步假设项目进度风险评价基准，即项目完成时间 t 不超过限定完成时间 50 天的概率 $p=75\%$，则示例 12－7 中的项目以 70% 的概率在 50 天内完成是可以接受的。

第四，从定量风险分析中发现的趋势。在多次进行定量分析的过程中，就会在分析结果中发现某种趋势。例如，在定量分析项目工期拖延和费用超支风险中，均发现管理人员的电脑软件供用能力不足是很重要的原因，这就是一种趋势。

第六节 风险应对规划

风险应对规划就是提出各种备选方案，确定为扩大项目成功的机会，减轻项目的威胁而需要采取的行动的过程。其中包括对于每一个风险，取得项目利害关系者的一致认同，确定对于一致认同的风险应采取何种措施，以及由何人或集体具体负责，并将此责任交给他们。这一过程要确保妥善处理所有已识别风险。风险应对规划是否有效，直接决定了项目风险的大小和增减。

风险应对规划必须适合于风险的严重程度，保证付出的代价取得应有的效果。风险应对规划要获得成功，就必须及时，适应项目的具体环境，取得所有利害关系者的一致同意，并落实到具体的负责人员。要做到以上各点，常常需要考虑多种方案，从中选择最适合者。

一、风险应对规划的依据

风险应对规划以风险管理规划、风险识别、定性风险分析和定量风险分析的成果为依据，其中有风险管理计划、重点风险清单、项目风险评分、量化并明确重要性大小的风险清单、项目的概率分析，以及实现费用和时间目标的概率。第 2 和第 3 个依据，以及第 4 到第 6 个依据已经分别在第四节和第五节的“定性风险分析的成果”和“定量风险分析的成果”中说明过。

此外，风险应对规划还要考虑如下事项：

第一，可用的应对措施清单。在风险识别过程中，项目班子有可能会确定为应对某些个别风险而需采取的行动。例如，如果施工现场偏僻，项目班子就可以为施工进度和人工费多留余地。

第二，风险承受力下限。公司和项目班子可以接受的风险水平对风险应对规划有较大影响。

第三，风险负责人。风险由人管理。风险管理计划、风险应对措施是否有效，关键在人，在于人的责任心。因此，必须为项目班子成员分配具体的风险应对责任，也就是让他们承担一定的风险。实践经验和大量研究表明，任何管理，不独风险管理，要想真正有效，就要让参与者承担一定责任。否则，“事不关己，高高挂起”，任何完美的计划都将落空。所以，要列出名单，明确各具体风险应对行动的负责人。风险负责人应当参与制订风险应对计划。

第四，风险的共同原因。某种原因可能会造成若干种风险。项目班子管理能力不足是时间拖延、成本超支、产品不合格等诸多问题的根源。如果是这样，在组建项目班子时，就应分派胜任的人员，并在项目班子不足的方面进行培训。这样做，就有可能避免上述问题的发生。一项应对措施可同时减轻两种或多种项目风险。

第五，从定性和定量风险分析中发现的趋势。若在定性和定量风险分析中发现了某些趋势，则应当对这些趋势给予及时和足够的重视。

二、风险应对规划的工具和技术

世界各国现在已经积累了丰富的风险应对经验，能够提出很多应对措施。项目管理人员应当充分利用这些既有的经验。在众多的风险应对策略中，项目班子应当为项目的每一种风险选择最有可能产生效力的策略。然后，为实施各种策略而提出应该采取的具体行动。可以供项目班子选用的基本备用策略有如下四种：

（一）回避

回避即主动放弃项目或改变项目计划，消除风险或风险条件，或者采取措施使项目不受其影响。消除所有的风险虽然不可能，但是回避其中一部分总是可以的。当项目的潜在威胁发生可能性太大，不利后果也太严重，又无其他策略可用时，应采取回避策略。如果风险分析发现项目的实施将面临巨大的威胁，项目班子无其他办法应对，甚至保险公司亦认为风险太大，拒绝承保时，就应当考虑放弃项目，避免巨大的人员伤亡或财产损失。

项目早期出现的某些风险事件可以请委托人、咨询公司、本组织负责人等澄清他们的要求，解释合同文件中有疑问之处、索取资料和信息、改善沟通，或请专家加以解决。回避风险的例子有：对于项目技术要求高的部分不能分包给不胜任的单位；在人力、物力和财力上给予保证，留有足够的进度储备；采取熟悉的，而不是刚发明的方法等。例如，新购置或租用的设备，如果没有足够的备件和有经验的维护人员就不要使用。

放弃是最彻底的回避风险的办法，但是彻底地放弃项目也会带来其他问题。

1. 放弃项目在避免损失的同时也丢掉了发展机会。例如，公司从未干过核电站项目。如果因为怕损失而放弃，那么，公司就会失掉锻炼自己、取得经验的机会。

2. 放弃项目可能会窒息员工的创造力。项目班子可以通过自己的努力，发挥主观能动性，调动各方面的积极性，消除一部分风险因素，降低项目的风险。更何况有些风险在一定条件下还可以转化。如果不努力消除风险因素，不创造条件促进风险因素的转化，只是简单地放弃，就会挫伤员工的积极性，对于以后的发展产生不利影响。

在采取回避策略之前，必须对风险有充分的认识，对威胁出现的可能性和后果的严重性有足够的把握。采取回避策略，最好在项目活动尚未实施时。放弃或改变正在进行的项目，一般都要付出高昂的代价。

（二）转嫁

转嫁风险就是设法将风险的后果连同应对责任一起转移到第三方身上，而不是消除风险。在处理项目财务风险时，转嫁风险及其管理责任最为有效。但是，转嫁风险总要向承担风险者支付费用。合同中要求的各种保险、履约保函、担保书和保证书就是常用的转嫁风险手段。对于指定的风险可以通过合同将其责任转移给另一方，例如项目班子可以将项目中本身不熟悉或无力承担的部分发包给专业公司，并签订分包合同。如果项目招标文件不完善，就应力争与委托人签订成本加酬金合同。这样，如果项目其他方面中间有变化，就由委托人承担增加的成本，从而将风险转移给了委托人。

各利害关系者应当合理地分担同一项目的风险。任何一方不应当，也不可能将所有风险都转嫁到他人身上。国际上公认的原则是，具体的风险应当由最有能力的一方承担。例如，由于加工单位知道各工序的持续时间、开始和结束时间，以及先后关系，并据此制订了进度计划，因此应当承担进度风险；而产品图纸往往由客户另请设计者，然后提供给制造承包商，所以客户应当是图纸延误或其中错误或疏漏造成之损失的风险负责人。

（三）减轻

减轻就是设法把不利风险事件的发生概率或后果降低到项目班子的风险承受力下限以下。项目早期阶段采取预防行动降低风险发生的概率或对项目的影响，要比在风险事件发生后进行补救效果要好。例如，项目班子在正式着手项目工作之前进行全面认真的安全教育，建立健全的安全制度，配备人员，落实责任，就可以大大降低设备和人员事故发生的概率，减轻损失。当然，采取预防措施要花钱。因此，为减轻风险而付出的费用应适当。

为减轻项目风险，可实施能够减少麻烦的方案、方法、设备和技术，作出稳妥可靠的组织或其他方面的安排。这样一来，就可能需要改变条件以降低风险发生的概率，例如增加资源或拖延时间。

如果不可能降低风险发生概率，则以决定后果严重程度的联系为目标，采取以减轻为宗旨的应对行动来减轻风险后果。例如，在子系统中设计冗余组件就可以减轻由于原来的组件失效而造成的后果。

（四）自留

有些时候，项目班子可主动或被动地接受风险的不利后果。主动接受风险，必须制订应急计划，一旦风险发生就实施应急计划。被动接受是指在损失数额不大，不影响项目大局时，项目班子将损失列为一种费用。费用增加了，项目的收益自然要受到影响。自留是最省事的风险规避方法,在许多情况下也最省钱。当其他风险规避方法的费用超过风险事件造成的损失额时,可自留风险。

当项目班子已经决定不因为要解决某一风险而改变项目计划,或者已经无法找到其他合适的应对策略时,可采用自留策略。

应急计划用于事先已经识别出来且在项目期间发生的风险。提前制订应急计划可以大大降低在风险发生时才采取行动的费用。如果风险的后果很显著,或者选定的策略不完全奏效时,就要有退却计划。退却计划可能会列入应急款项的分配、制订其他替代备选方案,或改变项目范围等内容。

最常见的自留做法就是预留应急准备,或叫后备,包括用于已知风险的一定量的时间、资金或资源。为自留风险预备的数量应当根据后果决定,并按照可接受的风险水平计算。

三、风险应对规划的成果

风险应对规划的成果一般包括以下一些内容:

(一)风险应对计划

风险应对计划(有时候叫做风险登记册)的详细程度应写到将采取的行动为止。计划中应当包括下列部分或全部内容:

1. 已识别的风险、风险的名称、受到影响的项目领域(例如,工作分解结构组成部分)、原因,以及风险影响项目目标的方式。
2. 风险负责人和分派给他们的责任。
3. 定性和定量风险分析过程的结果。
4. 商定的应对措施,包括风险应对计划中每一个风险的回避、转嫁、减轻或自留。
5. 预计在策略实施之后仍残留的风险水平。
6. 实施选定的应对策略时要采取的具体行动。
7. 应对措施的预算和时间。
8. 应急计划和退却计划。

(二)残留风险

残留风险就是在已经采取了回避、转嫁或减轻策略之后仍然存在的风险。其中也包括已经自留或处理过的小风险,例如靠在费用中增加应急款项或添加时间来减少风险发生的概率。

(三)次生风险

由于实施某风险应对措施而直接发生的风险叫做次生风险。应当识别这些风险并规划其应对措施。

(四)合同协议

可以签订合同协议规定各方对于具体风险在其发生时应当承担的责任,以及对于保险、服务和其他为回避或减轻威胁所必要的事项而承担的责任。

(五)必需的应急准备数量

项目的概率分析和风险承受力下限可帮助项目经理事先制订后备措施。一旦项目实际进展情况与计划不同,就要动用后备措施。其中主要有费用、进度和技术三种后备措施。费用后备措施经常叫做“预算应急费”。

1. 预算应急费。预算应急费是一笔事先准备好的资金,用于补偿差错、疏漏及其他不确定性对项目费用估计精确性的影响。预算应急费在项目进行过程中一定会花出去,但用在何处、何时以及用多少,则在编制项目预算时并不知道。

预算应急费在项目预算中要单独列出,不能分散到具体费用项目下。否则,项目班子就会失去对支出的控制。另外,预算人员由于心中无数而在各个具体费用项目下盲目地预留余地,也是不能允许的。盲目地预留,一方面会由于项目预算估得过高而在投标中丢掉机会,另一方面会使不合理预留的部分以合法的名义白白花出去。

预算应急费一般分为两类:实施应急费和经济应急费。实施应急费用于补偿估价和实施过程中的不确定性,经济应急费用于对付通货膨胀和价格波动。

2. 进度后备措施。对于项目进度方面的不确定因素,项目各有关方面一般不希望以延长时间的方式来解决。因此,项目班子就要设法制定出一个较紧凑的进度计划,争取项目在各有关方面要求完成的日期前完成。从网络计划的观点来看,进度后备措施就是在关键路线上设置一段时差或浮动时间。

压缩关键路线各工序时间有两大类办法:减少工序(活动)时间和改变工序间的逻辑关系。一般说来,这两种办法都要增加资源的投入,甚至带来新的风险。关于减少工序(活动)时间或改变工序间逻辑关系的详细办法,请见有关进度管理的文献。

3. 技术后备措施。技术后备措施专门用于应付项目的技术风险,它是一段预先准备好的时间或一笔资金。当预想的情况未出现、并需要采取补救行动时,才动用这笔资金或这段时间。预算和进度后备措施很可能用上,而技术后备措施很可能不用。只有当不大可能发生的事件发生、需要采取补救行动时,才动用技术后备措施。技术后备措施分两种情况:技术应急费和技术后备时间。

(六)其他过程的依据

大多数应对措施都另外增耗时间、费用或资源,并要求改变项目计划。这些要求务必使其开销同所降低的风险水平相适应。选用的其他策略必须反馈到其他知识领域的适当过程之中。

（七）修改项目计划的依据

应对规划过程的结果必须反映到项目计划中去，确保将商定的行动作为目前项目的组成部分而实施，并进而对其加以监视。

思考题

1. 风险承受力同哪些因素有关，试举例加以说明。

2. 何为风险成本，风险成本有哪些组成部分，工程项目经常有哪些风险成本？

3. 风险管理规划要解决什么问题？

4. 如何进行风险识别，风险识别的依据是什么，应当拿出哪些成果？

5. 请举例说明，有些风险一经识别就能制定出风险应对措施。

6. 风险识别为什么要审查项目成果说明文件、进度和费用估算、资源计划、采购管理计划，以及假设和制约因素？

7. 定性和定量风险分析各有哪些内容，其依据、工具和成果有哪些内容，各如何衡量风险大小，使用哪些标度？定性与定量风险分析的关系如何？

8. 什么叫主观概率（先验概率），主观概率与客观概率有何区别，何时使用主观概率？

9. 风险应对规划的主要手段有哪些，各适用于何种风险？

练习题

1. 风险评价的 AHP 模型

利用 AHP 法评价某大学青年教师住宅投资项目的机会成本风险。现有两个方案。方案一，对现有 15 栋已有 40 年历史的 3 层“筒子楼”进行改造，加厨房、厕所、外走廊等；方案二，将其全部拆除，新盖一栋高层住宅。

评价准则：(1) 土地的机会成本；(2) 使用功能适应时代发展；(3) 生命期成本，包括初始投资和使用期间维护费用。

2. 某项目基本数据列在表 12－16 中：

(1) 试绘制该项目 PERT 双代号网络图；

(2) 分别计算项目 17 周和 24 周完成的概率；

(3) 计算完成概率为 90% 的工期。

表 12-16 活动清单 时间单位:周

编号	活动代号	a_i	b_i	m_i	t_i	σ_i^2
1	(1,2)	5	11	11		
2	(1,3)	10	10	10		
3	(1,4)	2	8	5		
4	(2,3)	0	0	0		
5	(2,6)	1	13	7		
6	(3,6)	4	10	4		
7	(3,7)	4	10	7		
8	(3,5)	2	2	2		
9	(4,3)	0	0	0		
10	(4,5)	0	6	6		
11	(5,7)	2	14	8		
12	(6,7)	1	7	4		

3. 某项目活动清单列在表 12-17 中:

(1)试绘制该项目 PERT 双代号网络图;

(2)利用蒙特卡洛技术评价该项目的进度风险;

(3)计算完成概率为 90% 的工期。

表 12-17 活动清单 时间单位:周

编号	活动代号	持续时间 1		持续时间 2		持续时间 3		代表活动时间取值的随机数
		长度	概率	长度	概率	长度	概率	
1	(1,2)	4	0.2	5	0.5	6	0.3	0,1/2,3,4,5,6,7/8,9
2	(1,3)	7	0.2	8	0.6	9	0.2	0,1/2,3,4,5,6/7,8,9
3	(1,4)	2	0.3	3	0.5	4	0.2	0,1,2/3,4,5,6,7/8,9
4	(2,4)	2	0.6	3	0.4	—	—	0,1,2,3,4,5/6,7,8,9
5	(2,5)	3	0.1	4	0.6	5	0.3	0/1,2,3,4,5,6/7,8,9
6	(3,4)	0	1.0	—	—	—	—	—
7	(3,6)	1	0.1	2	0.7	3	0.2	0/1,2,3,4,5,6,7/8,9
8	(4,5)	3	0.5	4	0.5	—	—	0,1,2,3,4/5,6,7,8,9
9	(4,6)	7	0.6	8	0.4	—	—	0,1,2,3,4,5/6,7,8,9
10	(5,6)	6	0.3	7	0.7	—	—	0,1,2/3,4,5,6,7,8,9

4. 某项目活动清单列在表 12-18 中:

(1)试绘制项目 GERT 双代号网络图;

(2)用第一种解析法计算项目成功(即开始推销产品)的概率和项目完成时间的数学期望。

表 12－18　活动清单　　　　时间单位:周

编　　号	活动名称	活动代号	持续时间	活动发生概率
1	研制	(1,2)	24	1
2	检验一	(2,4)	2	1
3	返工	(3,2)	3	0.4
4	局部调整	(3,5)	1	0.6
5	查原因	(4,3)	2	0.3
6	虚活动	(4,5)	0	0.7
7	检验二	(5,6)	1	—
8	推销	(6,7)	5	0.9
9	项目结尾	(6,8)	2	0.1

5. 某公司考虑大量生产某一产品。初步估计上市后销路好的概率为 0.7,不好的概率为 0.3。若销路好,则利润可达 1 200 万元,否则亏损 150 万元。为避免损失,公司管理层决定小批量生产后进行试销。根据市场调查后的分析,小批量试销,销路好的概率为0.8,不好的概率为 0.2。若试销销路好,则大批量上市后销路好的概率为0.85;若试销销路差,则大批量上市后销路好的概率为 0.10。试用决策树,求小批量生产试销的情报价值。

6. 某公司有 5 万元资金,若用于某项目估计成功率为 0.96。若获成功,每年利润率为 12%。若失败,则该笔资金全部损失。若将其存入银行,则年利率为 6%。到底应如何使用这笔资金,请某咨询公司提出建议。咨询费为 500 元。该咨询机构过去的业绩如表 12－19 所示。试利用决策树:

(1) 资金所有者是否值得求助于该咨询公司;

(2) 这笔资金到底如何使用才好。

表 12－19

实施结果 / 咨询建议	过去听从建议而得到满意结果的客户个数	过去听从建议而失败的客户个数	合　计
用于开发	154	2	156
不宜投资	38	6	44
合　计	192	8	

第十三章 执行项目计划

MODERN PROJECT MANAGEMENT

内容提要

- 介绍项目经理和项目班子在执行项目计划时应做的工作
- 介绍项目班子建设的必要性、依据、工具和技术，以及成果
- 简要介绍几种主要的激励理论
- 介绍项目信息分发的依据、工具和技术，以及成果
- 介绍执行项目采购计划，包括合同管理的依据、工具和技术，以及成果
- 质量保证，其依据、工具和技术及成果
- 风险监视与控制的内容和步骤
- 项目中冲突的起因及冲突管理的理论

学习重点

- 项目计划的执行
- 项目整体协调
- 项目班子建设
- 激励理论
- 项目采购计划的执行
- 项目信息分发
- 质量保证
- 项目冲突的起因和冲突管理理论

第一节 执行项目计划前的准备工作

在项目计划付诸执行之前,必须花一定时间和力量对项目班子和利害关系者,包括项目发起者和委托人进行宣传、说服和动员。营造有利于执行项目计划的气氛和环境。为此,项目经理必须安排下列工作:

第一,项目班子应当对项目计划进行核实,看其是否合理、完整、现实与可行,项目所需的资源是否有保证,项目班子应当拥有的权限是否已经得到各方承认等。核实项目计划的过程实际上是对项目班子进行动员的过程。

第二,让项目利害关系者在项目计划上签字,承担责任。如果他们不肯这样做,就说明他们对项目的目的和意义、自己的责任与义务、项目的风险等还不清楚,项目经理就应当向他们解释,使其理解,并全力支持本项目。

第三,再次宣传本项目的使命、好处和光明前景。让大家看到,经过自己日日夜夜的努力,项目计划终于制订出来。只要认真执行,就能创造出项目成果,就能解决组织在发展中遇到的问题。要通过大力宣传,激发大家的热情、干劲和斗志。

项目经理要充分发挥其宣传、说服、动员和组织的作用。只有各方面的力量发动和组织起来之后,项目计划才能变成项目班子成员和其他利害关系者的行动。

项目的成败在很大程度上取决于项目经理能否有效地调动项目班子的主动性、积极性和创造性并领导他们为达到项目的目的,满足项目的要求而奉献。从启动,直到项目最终成功,各利害关系者都将发挥各自的作用。委托人、成果的使用者和其他利害关系者都会密切地注视着本项目,项目经理必须与他们及时地沟通,保持密切的联系,进行必要的协商,让他们随时了解项目的进展。

项目的具体管理和技术或事务性工作由项目班子成员和项目实施组织内外的其他利害关系者完成。执行项目计划有如下子过程,它们相互之间的联系表示在图 13 - 1 中。

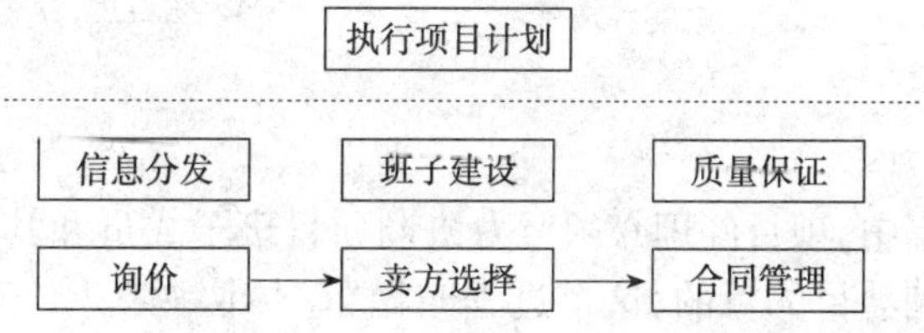

图 13 - 1 执行计划各子过程及其相互之间的联系

项目经理的工作如下。

- 执行项目计划。展开计划中的各项活动。

- 信息分发。将必要的信息及时提供给项目利害关系者。
- 询价。取得报价、标价、报盘或建议书。
- 卖方选择。选定承包或供应单位。
- 班子建设。提高项目班子个人和集体对项目进行高效管理的综合能力。

第二节　执行项目计划

一、执行项目计划的依据

执行项目计划的主要依据就是项目计划,包括范围、风险、采购等具体管理计划、辅助资料和组织方针。

二、执行项目计划的工具和技术

在执行项目计划过程中,凡事遵循"工作核准制度"。所谓工作核准制度,就是一套事先确定的着手项目活动之前应遵循的程序,其中包括必要的审批制度、人员和权限,以及表格或其他书面文件。若有必要和可能,还可以成立一个工作核准小组或委员会,负责审查和批准工作。工作核准制度可以保证凡事"一次做好",保证时间和顺序不出问题,不返工。一般是书面批准之后才能开始具体的项目活动。小项目则不必如此繁琐,口头批准或按常规办事即可。

必要时,要召开实施状况审查会。一般可定期召开,交流项目进展情况,但会议频度应视项目情况而定。例如,项目班子一周一次,其他利害关系者一月一次。

遇到项目班子无法解决的问题时,应当看一看本组织或其他参与本项目的组织是否有现成的办法可以使用。或许它们以前遇到过类似问题,有现成的办法或程序。

项目管理信息系统在执行项目计划过程中非常重要,一定要充分加以利用。

三、整体协调

(一)整体协调

在执行项目计划过程中,项目经理必须努力协调项目班子成员和其他利害关系者的关系,满足项目的要求,达到项目的目的,这个过程叫做"整体协调"。对于项目,管理的协调职能就体现在这里。

1. 整体协调应解决的主要问题。项目经理若要完成整体协调任务,就必须在 3 个主要方面解决问题或做出决定:①清除管理过程中的障碍或确定优先次序;②必须做出决定的技术难题;③解决顾客和委托人的问题。

2. 整体协调应采取的行动。项目经理在整体协调过程中必须采取的行动主要有:①随时审查和更新项目计划；②坚持项目计划，保证控制；③化解冲突；④扫除障碍；⑤确定优先次序；⑥做出各界面之间的行政和技术决定；⑦解决顾客和委托人的问题；⑧保证项目阶段之间的衔接；⑨保证各界面之间的沟通顺畅。

（二）项目经理的权力关系

表13－1说明了项目的重要利害关系者所扮演的角色和责任。项目经理必须知道在执行项目计划过程中如何与他们打交道，必须知道如何正确而又充分地运用自己的权力。

表13－1　项目的重要利害关系者所扮演的角色和责任

利害关系者	角色/责任
顾客 内部或者外部的个人或团体，他们将从项目成果中受益	提出项目目标，说明如何衡量是否成功，如何及在何处增值 可规定如何开展某些活动 向项目经理提供指导和反馈意见
项目委托人 可以启动项目，通常是可以增加项目班子权限的高层领导	确保项目为组织增加好处、效益、价值 帮助确定目标和制约因素 可为项目提供资源 是同顾客的主要联系点
项目经理 负责满足项目要求，达到项目目的，实现项目目标并领导和激励项目班子	激励和建设项目班子 提出详细的项目计划 让项目利害关系者随时了解情况 对照计划监视项目进展
班子成员 可能全时或半时参与项目，需要完成特定的任务	负责完成计划中确定的具体行动 可作为专家履行专业职责，项目可能仅有部分工作需要他们
其他利害关系者 本表中的任何角色，以及所有其他关心项目结果或者受其影响的人	提供反馈和指导，对规划过程的不同阶段作出贡献 有时参与，或短期参与
供应商 项目所需材料、产品或服务的提供者	参与项目的程度可能很深，是项目的支持者 按约定的成本和时间供应货物或服务

（三）项目经理与委托人和顾客间的关系

项目经理的重要任务是满足项目委托人和顾客的要求，并与之沟通。因此，项目经理必须善于宣传，使顾客随时了解项目的技术、开支和进度。与顾客打交道时，项目经理代表项目实施组织的管理层，应尽力与之建立友好、坦诚、开诚布公与合作的关系。

四、执行项目计划的成果

执行项目计划过程中和结束时，项目经理应当取得符合计划要求的，为完成本项目而进行的各项工作的结果，并将其以文字记载下来。

有关工作结果的资料应作为执行项目计划的组成部分而收集起来并反映在进展报告中，报告中应说明哪些应交付成果已经完成，哪些还没有完成；质量标准达到了何种程度；已经支出或准备了何种费用，等等。

应当注意，工作结果多数是有形的，例如，软件、新产品、新开发的新药、建筑物、道路等等，但是，也经常有无形的应交付成果，例如，项目班子成员经过本项目的锻炼，知识面大大扩展，能力显著提高，与人沟通和合作的技能令人“刮目相看”等。

执行项目计划的第二个成果应当是“变更请求”。如，扩大或缩小项目的范围、修改预算或活动持续时间估计的请求，经常是在执行项目计划的过程中才提出来的。因此，必须认真对待变更请求，将处理过程和结果全面、准确而又清楚地记载下来。

第三节　项目班子建设

一、项目班子

项目可利用的资源中，人最重要。项目班子就是为达到共同的目的而密切配合的集体。该集体目标一致，有项目需要的各种专业和经验背景，全身心地投入到项目之中，齐心协力，忠诚于项目，团结在项目经理周围。

二、对项目班子的要求

（一）基本条件

项目班子要满足项目的要求，达到项目的目的，实现项目的目标，为此，要具备以下条件：

1. 目的、要求和目标清楚。班子建立初期，花一定时间明确项目的目的、要求和目标。在执行项目计划过程中随时澄清各种误解，使项目班子每个成员都明确自己的角色、权力、任务和职责。

2. 明了彼此之间的依赖关系。各成员不能只顾自己的工作，必须清楚地认识到自己的行动或不行动会影响到其他人的行动和项目的结果，都需要了解自己的工作在实现项目预定目标过程中与他人工作之间的关系。

3. 有凝聚力。凝聚力指项目班子的团结与整体向心力，是班子所有成员之间的相互吸引力。班子对成员的吸引力越强，成员对班子越忠诚，就越能坚守班子的行为规范。因此要设法增强并维持班子的凝聚力。

凝聚力的大小取决于班子每个成员个人需要能够得到满足的程度。个人需要包含个人价值观及自身利益两个方面。成员个人需要越能得到满足,凝聚力越大。因此,在组成项目班子时,项目经理必须设法最大限度地满足成员个人的需要。

4. 彼此信任。班子成员是否彼此信任、信任的程度等都影响班子的能力。项目班子在工作中,经常会产生不同意见。项目班子能否始终团结一致,在很大程度上取决于能否通过讨论,公开承认冲突,并共同寻求解决办法的能力。

要使班子成员始终互相信任,就必须妥善处理因项目而产生的各种感情问题,以及各成员个人需要和彼此之间的人际关系,共同创造相互信任、尊重和理解的环境,处理好工作中难以避免的冲突。相互信任,是建成强有力的项目班子的关键。

5. 充满自信。这里所说的自信,指班子全体完成项目的共同信心。缺乏自信或盲目自信都无法使项目获得成功。项目经理应尽早认识到这一点。当人们对自己的能力充满信心时,就会更加努力,就能更好地工作,取得更好的成果。

6. 协调与合作。凝聚力不等于能力。项目班子成员在工作中必须默契配合,共同努力,才能汇聚成远大于个人能力之和的整体能力。

7. 引导适度的竞争。竞争是有效的激励力量。没有竞争,就没有活力,就会死气沉沉。矛盾和冲突同样是促进项目班子前进的动力。项目经常遇到的难题,是对班子成员提出的挑战,也能激发项目班子奋进。许多成员喜欢挑战,越是困难,越是激动,干劲也越足。

(二)成功的表现

多数成员若在班子建立之初就有如下表现,班子就很可能成长为一支坚强有力的战斗集体:①全身心地投入项目中;② 表现出强烈的集体感和归宿感;③敢于面对困难;④多谋善断;⑤一旦做出决定,就全力支持;⑥认可领导的职责并服从;⑦勇于提出和讨论问题;⑧欢迎他人的不同见解;⑨容忍奇思异想;⑩能灵活地调整自己在项目中的角色;⑪喜欢寻求解决问题的更好方法;⑫欢迎革新和有创意的想法;⑬业务上不守旧,不安于现状。

三、项目班子建设

班子建设是执行项目计划最重要的内容,其目的不但是提高项目班子集体的能力,也是提高所有利害关系者在项目中发挥作用的能力。个人管理和技术能力是集体能力的基础。集体能力的提高对于满足项目要求,实现目标至关重要。特别是在项目遇到困难,甚至陷入困境之时,只有班子成员拧成一股绳,靠集体的力量才能摆脱困境,做出非凡的业绩,创造出独特的成果。

当班子成员半时参与本项目,对职能部门和项目同时负有责任时,这种双重责任报告关系管理起来很困难,能否有效地管理项目班子,是项目能否成功的关键。这个困难的任务主要落在项目经理身上。

项目班子的各个成员来自不同的组织,有自己的专业和背景,他们总会情不自禁地以自己原来的专业背景来看待项目。项目经理必须帮助他们突破过去经验和环境的局限,站到更高处,看到“大场面”和远景,并全身心地投入到项目中去。

项目班子建设可定义为:有计划且深思熟虑地减少影响项目班子能力和才智的各种麻烦或障碍,并鼓励班子成员提高工作效率和效果。

班子建设应着重于统一各成员对项目的要求、目的和目标的认识,以便集中力量满足、达到和实现之。

四、项目班子建设的必要性

项目班子应该具备承担项目工作,满足项目要求,达到项目目的,实现项目目标的良好系统功能。系统功能,并不等于其各组成部分单独作用和使用时功能的简单相加,即通常人们所说的“整体不等于各组成部分的总和”,“整体大于部分之和”。班子成员汇聚在一起之后应通过有效的组织产生新的功能,发挥新的作用。

项目班子组成方式合理与否,对其整体功能关系很大,班子成员个体素质好,整体功能不一定好。项目经理应在执行项目计划过程中,把各个成员组成一个有机的整体。

项目经理可以根据如下迹象判断是否需要进行班子建设:

- 班子成员态度消极、抱怨不断、不能专心工作;
- 班子成员为鸡毛蒜皮的事闹矛盾,彼此敌视、争吵、搞小动作或搬弄是非;
- 开会时发牢骚,滔滔不绝,不着边际;
- 项目经理没有威信,常被班子成员孤立,说话无人听从;等等。

有许多问题都可以通过班子建设来解决,例如:

- 人员招聘和挑选不当;
- 班子组织不合理,角色出现冲突,各角色职责不清;
- 班子难以控制;
- 成员欠缺技能,培训不够或能力不及又未得到足够的帮助;
- 成员积极性不高,缺乏创造性;
- 管理思想有问题;
- 项目要求、目的和目标不明确,不知项目应取得何种结果;
- 报酬不合理、不公平;
- 成员个性强;
- 组织文化不利于项目班子的管理方法;
- 项目实施组织多个项目争夺资源,彼此之间冲突;
- 班子成员间互相帮助、照应不够;
- 班子成员之间沟通不够;
- 适应性差,因不能适应项目环境不断的变化而发生混乱;
- 经常“空转”,“出工不出活儿”;

- 业绩下滑，但无人知道缘由；
- 已作出的决定迟迟得不到执行；
- 成员对项目班子或项目的需要反应迟钝，不感兴趣；
- 开会就争吵，挫伤积极性，使人意志消沉；
- 遇到问题，无人愿意出头，人人自保，不愿合作；
- 进度落后、质量屡出问题，随之开销剧增。

当然，解决上述问题的困难程度、需要付出的努力、使用的技巧和方法都不相同，解决的效果也不一样。有些问题即使进行班子建设也难见效果，例如，项目构思不合理，设想不完善；高层管理人员不支持；班子成员不思进取，能力差；成员对重要问题的看法难以统一；项目经理不称职，不讲信用。

进行班子建设有诸多好处。经验表明，任何一个组织都能从班子建设中取得如下好处：①创造凡事集体讨论，共谋出路的气氛；②遇到问题，出现争议，发生冲突时，能够心平气和地解决；③提高班子成员的积极性；④鼓励创造性；⑤互相支持有了共同的基础；⑥改善了沟通；⑦增强了团结；⑧提高了决策质量；⑨工作及其成果更加令人满意；⑩增强了班子的协同作用。

五、项目班子建设的依据

项目班子建设要根据项目计划、人员配备计划、进展报告、项目班子的表现以及外部对其的反映来进行。

（一）了解各种人的作用

在项目班子建立以后，项目经理应当注意观察班子各个成员在达到项目目的、满足项目要求方面实际上发挥了什么作用。一般说来，项目班子是由多种成分组成的，他们分别发挥着推动、计划、提供能力、执行和控制的作用。了解他们的作用，可以使班子建设更有针对性。

（二）项目班子的特点

项目班子与其他集体相比，有很多特点。

1. 流动性大。由于项目是一次性努力，各个阶段的活动和工作不同，因此，许多具体阶段的工作完成之后，完成这些工作的人员就多数离开了，不再参加下一阶段的工作。当新阶段开始时，又有些新人参加进来。

2. 职责不明确。许多项目启动时十分匆忙，计划不完善；再加上项目经理不善于安排，经常有些班子成员干了今天的工作，不知明天干什么。这样，不但窝工，而且还使班子成员情绪低落。

3. 工作经常变动。项目班子成员经常是“多面手”、“一专多能”。项目班子成员经常是设计阶段负责设计，研制阶段负责研制；采买任务成了“瓶颈”，就被打发去当采购员；建筑材料供应不上，就当装卸工……项目班子成员工作的变动性很大，这是与其他集体成员很大的不同之处。

4. 规则不明确。由于项目计划、项目成果都是逐步完善的，一开始往往规则不明确，班子成员好像“乌合之众”。由此，往往使许多成员一开始不知如何开展工作才好。

示例 13-1 集体中的各种角色

一个集体，会有各种各样的人物，扮演不同的角色，各自发挥其独特作用。

1. 推动者

推动者常出于直觉而行动，而非事先算计。这些人看的是前景，喜欢变化与新奇，动作快，敢于承担风险。他们喜欢大场面，而非细节，对于自己的行动，总能说出道理，热情地动员他人参加，善于组织。

出主意、“支招”或“摇羽毛扇”均属推动。拿主意者乐于识别方向，寻找机会，以便集体沿着最有利的路线行动，积蓄力量，扩大影响。指导者总是不安于现状，时刻设法改变之。但行动却由他人出面，指导者提出计划，然后动员、指示或引导他人实现自己欲成之事。创新者富于想象，想法新颖、独特，是集体创造力的催化剂和骨干，使集体及时注意到新的机会，并找到新办法提高集体获得成功的可能性。

2. 计划者

计划者思考周密，逻辑性强，多谋善断。他们乐于接受推动者的构想和要求，善于描绘和解释常人尚未意识到的光明前景。这种人办事条理分明、熟悉正规程序，但在变革面前，常显保守。他们有眼光，善于确定目标，对自己和他人要求亦高。

战略家属于此类。他们可以根据大致的目标写出详细的战略计划。他们能够形象地表达实现目标所需要的组织、组织方式，以及该组织给参与者带来的影响。这类人常常将过去同将来联系起来，预见哪些事情会出问题。算计者能掐会算，能估算集体能力的大小与可完成任务之多少，在解释策略的同时即可判断需要何种能力方可实施。他们喜欢分析战略目标，确定需要何种资源。时间安排者对集体的任务条分缕析，明确各种角色最适合的任务，区分需有先后和需同时展开的各种活动，恰当地组合、安排和协调。这些人知道何时、何处需要何种资源，才能实现目标，取得成功。

3. 出力者

出力者的决定，深受个人价值观支配。他们性格外向，能说会道，热衷于新鲜事物，时刻不忘让他人认同自己的想法、选择与作为。但他们常常乱套，不能自圆其说。不过，这类人愿意接受计划，并设法为集体弄到将计划贯彻到底需要的资源。

资源管理者亦属出力者，他们善于识别集体将来活动需要何种资源并明白这些资源的性质，知道应如何使用和控制。这些人感觉灵敏，可让计划者随时了解最新情况。资源管理者就是考虑集体成员个人成长并明确如何适当培训之人。宣传鼓吹者喜欢宣扬集体的成就，逢人便大事炫耀。这些人是宣传计划及其前景的好手，集体每个成员都不漏过。他们还愿意不断突出集体的目标和策略，激发集体的热情，克服变革的阻力。谈判者让集体看到外界实情，熟悉本集体需与之谈判者，以及帮助或妨碍本项目进展者。谈判者愿意并善于识别他人对本集体寄予的种种期望以及给予满足的办法和方式，他们还常常建议改进本集体的工作成果，并为集体争取资源。

4. 执行者

执行者注重现实，根据观察及感受做出决定。既然有事待做，就去做。这些人能干、有耐心，行动稳妥，善于将指示变成行动。他们立足于今，坦然于将来。执行者愿意付出，齐心协力，设法将事情办成。

生产者属于执行者，他们将计划和指示变成行动。这些人有目标，并努力实现之，因而也注重现实——不做不可为之事。生产者需要有制度或程序以便遵循(必要时自己制订)，愿意参加工作设计和工作流程的组织。协调者最善于平衡本组织内各不同部分加诸集体的各种各样互相冲突的要求，并保证集体的每一个成员都有合理的日常工作和单独的任务。协调者制定和管理集体的行为标准，并将个人组织成为一个有工作能力的集体。维护者以将集体维系在一起为己任。他们天生善于调解，能够早早地发现冲突的苗头，并帮助当事者解决问题。他们还会帮助集体的所有成员提出现实的目标和可行的策略，并为集体提供不断的支持。

5. 控制者

控制者是善于分析之人，凡事分析之后再作决定，喜欢刨根问底，总要弄清行动的方式，应遵循的规章制度和已有的进展和成果。在确定目标和解决问题时，他们利用自己的经验和知识提出建议和指针，详细估计集体行动开销的费用、结果和取得的效益。

审计者属于控制者一类。他们分析集体所有活动时，细致入微，核对资源是否具有必要质量，能否满足活动的要求，检查是否有不当或错误之处，以及出错原因。监视者观察集体的行动、业务和工作，并加以详细记录。他们要保证集体遵循程序，并向计划者反映。监视者是进展的跟踪者。评价者是集体的质量管理员，能够详细评价和报告各项活动的费用和收益，是否在必要时按照合适的标准，以预算内的费用提交了应当提交的成果。根据评价者的反映，可以判断集体的选择是否明智，付出的努力是否值得。

5. 目标不明确。有时，到底工作做到什么程度才能满足要求，没有人交代，也无人检查，项目班子成员由此会失去目标。

这些因素不能满足项目班子成员的归属需要，妨碍了项目班子成员之间的交往，使他们很难凝聚成意志统一的战斗集体。另一方面，因互联网和组织的精简造成的组织"扁平化"，以及利用外部资源的优越性，使项目班子越来越分散，真正出现了"虚拟班子"。

上述特点，在班子建设中必须给予考虑。

六、项目班子建设的工具和技术

(一)班子建设活动

班子建设活动就是专门为提高项目班子能力、工作效率而专门开展的活动。目前，在这方面已经积累了丰富的经验，有一套现成的办法和技术，记载在众多的文献中，项目经理和项目班子对此应当有一般的了解，并充分加以利用。

1. 项目经理应为班子成长创造适宜的气候，可以采取许多具体的行动。项目经理应当有"参与管理"的思想和作风，其具体表现是：平易近人、坦率、诚恳、信守诺言、不耍手腕、说到做到、亲临现场、鼓励开诚布公的讨论、必要时进行磋商、召开现场会、同重要人员一起就餐、鼓励技术上精益求精，等等。项目经理应以自己的榜样作用使班子每个成员都能全身心投入到项目之中。只有当所有的班子成员不仅在项目的要求、目的和目标上统一了认识，并为这些要求、目的和目标而行动起来时，才能算班子整体投身于项目之中。班子整体投身于项目之中是项目协同工作必不可少的前提。

2. 激发班子的主动性、积极性和创造性始终是项目班子建设的主题。必须精心培育班子的主动性、积极性和创造性。这项工作必须从各班子成员开始，鼓励他们参与到项目工作中来。最有效的激励因素是工作或项目的重要性。

3. 项目经理要善于把项目班子建设活动融入日常的管理之中。例如，利用开会、分派任务、制订计划，甚至当面谈话的机会，让一般的班子成员参与项目规划，或讨论解决冲突的原则，这些都有助于提高班子的整体水平。班子建设活动方式多样。例如，在日常碰头会或总结会上花几分钟，针对具体问题，进行解释、鼓励、表扬等；也可以专门开会来改善人际关系；

还可以举行工作之余的休息和放松活动;等等。

4. 开展班子建设活动一定要注意项目班子成长的阶段性。项目班子刚刚形成时,不要指望大家马上进入角色。坚强有力的项目班子不会一蹴而就,班子建设包括在项目启动之前或开始阶段开展的活动和训练。项目班子从组建到解散,通常要经过5个阶段,即:组建、磨合、融合、进入角色和解体。每一阶段都能够观察到成员有两种不同的行为。一种是任务行为,即班子成员完成任务的行为;另一种是关系行为,即班子成员在完成任务时同他人的关系和处事态度等。

项目每一阶段都有独特之处。项目经理应采取合适的领导方式,满足各个阶段班子成员的需要。下面简要介绍班子成员在各个阶段的行为,以及项目经理应采取的领导方式。

1. 组建阶段。来自不同组织的成员集合在一起,都怀着陌生和好奇的心理,试图了解项目的目的、要求和目标,以及自己在班子中适合扮演的角色。因此,项目经理的第一个行动应当是开见面会。目的是让班子成员互相认识、建立联系和沟通方式,同班子其他成员一起明确项目要求、目的和目标,审议项目计划,明确项目班子个人和集体的责任和职责,取得个人和集体的承诺,为各人分配合适的角色等等。

2. 磨合阶段。一旦明确了项目的目的、要求和目标,就要进一步明确班子成员所扮演的角色,每个角色的职能、权限和责任。角色的多少应视其足以完成全部任务而定。

当班子成员还没有了解到自己应当做什么时,彼此之间要么是漠不关心,要么是无谓的争斗。项目经理应迅速了解、研究项目班子成员应如何行动,积极帮助各成员完成各项任务。

3. 融合阶段。经过磨合,班子成员对项目的要求、目的和目标更加清楚,各成员已经知道自己应如何行动,有了选择自由。此时,他们渴望的是行动。在此阶段,项目经理应支持每个人积极参与。每个人都必须在有关任务和行为标准方面达成一致。

4. 进入角色阶段或称步入正轨阶段。各个成员进入各自的角色之后,由于前一阶段规范了行为标准和工作方式,并准备沿用下去。所以在此阶段,主要应再次澄清各个成员应完成的任务、安排各项工作的轻重缓急和先后顺序,以及对各项工作进行控制。这时候,项目经理应将任务、工作、事务大胆交给成员们去做,做到"疑人不用,用人不疑"。当然,项目经理还要有必要的检查、督促和帮助措施。

5. 解体阶段。班子完成了任务,准备解散。由于班子成员之间已经培养出感情,所以彼此依依不舍,惜别之情难以抑制。项目经理和其他领导人最好采取措施收拢人心,稳住队伍,使其"站好最后一班岗";同时,也要考虑成员以后的工作安排问题。

(二)一般管理技能

一般管理技巧,如领导艺术、沟通和谈判技术,对于班子建设十分重要。项目经理应充分而灵活地运用这些管理技巧。项目经理在班子建设中应遵循下列一些原则:

1. 将问题消灭于萌芽之中;

2. 坚持不懈,班子建设要贯穿项目始终;

3. 招聘最能满足项目要求的人,能够与班子成员和睦相处;

4. 保证人尽其才,人事相宜;

5. 如果有人不喜欢本岗位的工作,应将其及时调离;

6. 所有的重大行动,都要取得班子全体和重要利害关系者的同意;

7. 及时察觉要弄权术、搬弄是非的人,但若无碍大局,就不要理睬;

8. 项目经理要说到做到,讲信用;

9. 鼓励班子合作,但不能勉强;

10. 大胆放手,只有这样,才能发挥班子成员的积极性;

11. 对班子成员,不能像工具那样使唤;

12. 定期检查、督促,并评价班子的表现和成效;

13. 明察秋毫,要留心暗中破坏班子团结的人;

14. 及时察觉需要开展班子建设活动的时间;

15. 做好计划,采取正确的步骤;

16. 不要忌讳他人帮助,必要时向行家请教;

17. 项目经理肩负班子建设重任,没有任何第二人可以指望;

18. 让班子随时知晓顾客和委托人的行动和想法,以及项目的进展情况——好的和坏的;

19. 在会议上让班子成员担当主角,给他们露面的机会。

(三)奖励和表彰制度

很多人都非常重视对自己的表彰,奖励和表彰对于提高项目班子的管理能力和工作效率必不可少。正规制订的奖励和表彰制度能促进和加强良好行为。要行之有效,表现和奖励之间必须关系明确。项目必须建立适合自己情况的奖励和表彰制度。对于班子成员的表现和工作成果要进行评价并将结论反馈给本人。经验表明,认为自己同项目经理进行经常而又坦诚交流的成员最容易被激励。奖励一定要及时、公开,不能因拖延而打消受奖励者的荣誉感,使人们怀疑领导是否说话算数。表扬要做到明处,这样做不但可以激发受表扬者进一步做好工作的积极性,而且也为其他人树立了榜样。

(四)人员搭配

人员搭配就是把项目班子成员尽可能安排在同一地点工作。这样做不但能满足班子成员的归属感需要,也便于增强他们整体工作的能力。在同一地点工作,班子成员之间的沟通加强了,彼此之间可以了解和学习到以前无机会知道或学习的东西。人员搭配广泛用于大项目上,但对小项目也很有效。

（五）培训

培训是增强项目班子技能、知识和能力的重要活动。培训的目的是多方面的，包括提高解决问题的能力、学习新技能、掌握新知识等。

培训可以是正式的，如课堂培训和电脑培训；也可以是非正式的，如项目班子成员之间的交流。如果项目班子成员缺乏必要的管理或技术技能，则必须将这些技能作为项目的组成部分进行培养，或重新为项目配备合适的人员。

（六）其他办法

为了增强班子成员的归属感和凝聚力，可以使用标志。例如，在工作服、帽子、背包等物品上加上统一的标志；或为项目班子取一个激动人心的名称，如“青年突击队”、“飞豹行动小组”、“神剑攻关组”；等等。这些标志表达了班子的希望和向往，使班子成员油然而生使命感和荣誉感。

第四节　激励理论

对于如何激励管理人员和工作人员的工作与劳动积极性，西方近代管理学有许多学派。他们的一些见解对于提高班子建设的效果有很好的作用。项目经理和班子成员应当有所了解，并善于将其用于班子建设之中。

一、需要和动机

项目班子的能力大小取决于班子成员个人能力的大小、工作热情和积极性，以及个人需要满足的程度及激励做法。这里先介绍几个概念。

（一）需要

人活在世上有各种各样的需要。作为自然界的一种生物，人的需要有人体内的生理需要，我们称之为“生理需要”或“客观需要”；而作为社会的一个成员，人还有外部的社会需要。

项目经理应了解并具体分析不同班子成员的需要，有针对性地设置目标，尽力把项目目标与个人合理的需要有机地结合起来，促使成员自觉地把项目的需要转化为个人的需要，这样才能有效发掘人的内在潜力。

（二）动机

动机就是促使人从事某种活动，指引活动满足一定需要的意图、愿望和信念等。动机是行为的直接原因。

需要是人积极性的基础和根源，动机是促使人行为的直接原因。当人们的需要具有某种特定的目标时，需要才能化为动机。

（三）激励

激励就是激发人的行为动机，调动人的积极性，促使人为有效地达到目的、实现目标而行动。激励的过程,就是激发人们形成某种动机的过程。

二、几种需要理论

(一)需要层次论

美国心理学家马斯洛1943年提出了“需要层次论”。这一理论已经流行了几十年,是心理学家试图揭示需要规律的主要理论之一。

需要层次论把人类多种多样的需要归纳为5大类,并按照它们发生的先后次序及重要性分为5个等级,见图13-2。

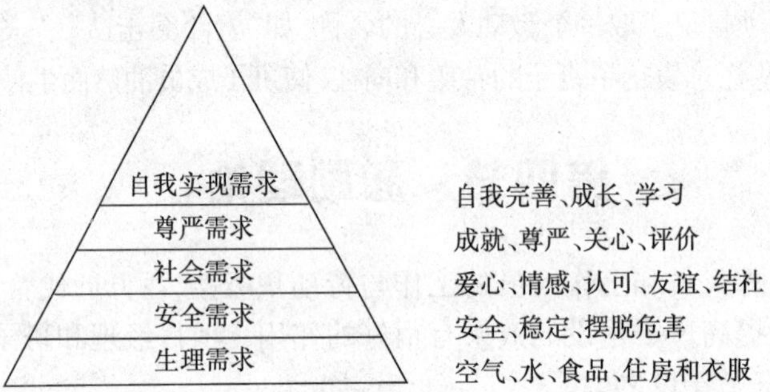

图13-2 需要层次论

1. 生理需要。这是人类最原始的需要,包括衣、食、住、行和其他生理机能的需要。这些需要如不能满足,人类的生存就成了问题。

2. 安全需要。当人的生理需要得到满足后,就产生安全的需要。如,摆脱失业的威胁,将来年老或生病时有保障,人身和财产不受侵害等。

3. 社交需要。马斯洛的社交需要有两层含义。一是爱的需要,即人都希望得到别人的爱,同时也都希望爱别人,希望得到爱情、友情、亲情。二是归属的需要,即人需要归属感,都有一种要求归属于某集团或群体的感情,希望成为其中一员并得到关心和照顾。社交需要比生理需要来得细致,它同个人的生理特性、经历、教育、宗教信仰等都有关系。

4. 尊重需要。人希望自己有稳定的地位,有对名利的欲望,希望个人能力和成就得到社会的承认。马斯洛认为,尊重需要得到满足,能使人对自己充满信心,对社会满腔热情,对工作积极负责。尊重需要一旦受挫,就会使人产生自卑感、软弱感、无能感,失去生活的信心。

5. 自我实现需要。自我实现需要指实现个人的理想、抱负、发挥个人的能力于极限的需要。也就是说,人必须干称职的工作,是什么样的角色就应该干什么样的事,这样才会使自己得到最大的满足。

马斯洛认为,人总是先满足最重要的需要,当最重要的需要满足以后,这种需要就不再刺激人们的行动。此时，满足下一个重要性较小的需要就成为新的激励因素。

（二）双因素理论

赫茨伯格经调查发现，造成员工非常不满意的原因，主要是由于公司政策、行政管理、监督、与主管的关系、工作条件、与下级的关系、地位、安全等方面的因素处理不当。

这些因素改善了，只能够消除员工的不满，还不能使员工变得非常满意，也不能激发其积极性，促进生产率的提高。赫茨伯格把这一类因素称为保健因素。

使员工感到非常满意的因素主要是工作富有成就感，工作成绩能得到社会承认，工作本身具有挑战性，负有很大的责任，在职业上能得到发展成长等。

这类因素的改善能够激励员工的积极性和热情，从而会提高一个人的生产率。赫茨伯格把这一因素称为激励因素。他认为，只有靠激励因素来调动员工的生产积极性，才能提高生产效率。赫茨伯格的调查结果见图 13－3。

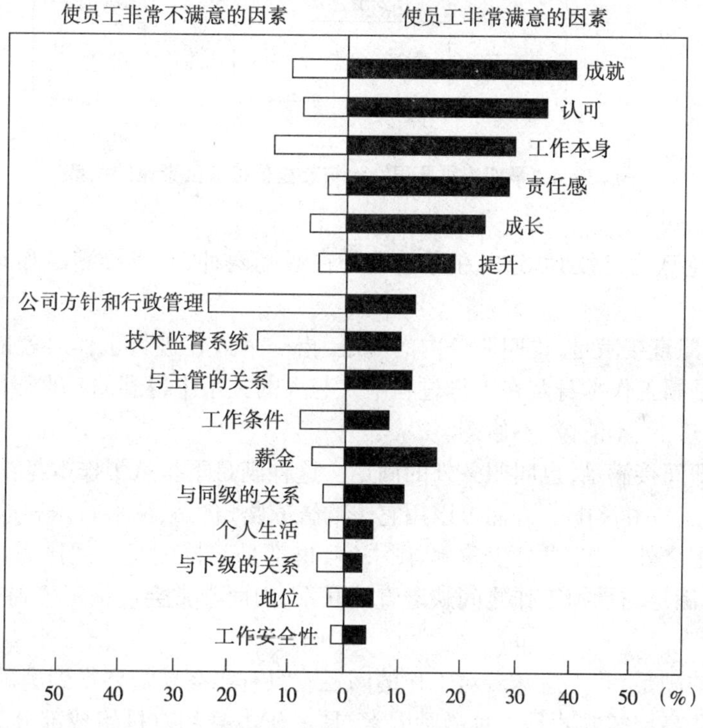

	具备	缺失
激励因素	满意	没有满意
保健因素	没有不满	不满

图 13－3　赫兹伯格的双因素理论图解

双因素理论与需要层次理论有相似之处。保健因素大致相当于生理的需要、安全的需要、社交的需要等较低层次的需要，而激励因素则大致相当于尊重的需要、自我实现的需要等高层次需要。双因素理论与需要层次理论的关系见图13-4。

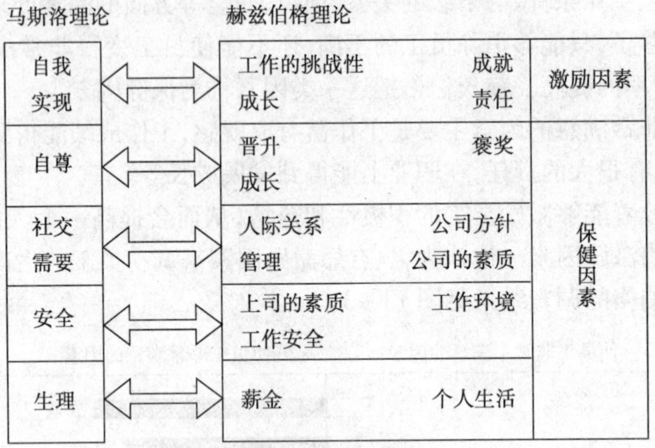

图13-4 马斯洛需要层次论与赫兹伯格双因素论的关系

双因素理论认为，激励可分内在激励和外在激励两种，有直接满足和间接满足两种基本方法。

内在激励，即直接满足，也叫职务内的满足，指一个人在进行工作时就能得到的某种满足。这种满足是靠工作本身及在工作过程中人与人的关系中得到的。直接的满足能使员工工作有兴趣、有热情、不消极、不偷懒。

外在激励即间接满足，也叫职务外的满足。这种满足不是从工作本身获得的，而是在工作后获得的，如工资和奖酬。人们可以用它去购置衣物、食品，从事娱乐和进行社交活动，这些都在工作范围之外。如，办好俱乐部、图书室，也都是间接满足。间接满足有一定的局限性，由于需要的满足与承担工作之间缺乏直接联系，因而常常会使员工感到它对工作关系不大而满不在乎。

低层需要的满足，并不意味着对工作的满足。只有当高层需要得到满足时，才会对工作感到满足。那些高层需要才是一种激励因素，是工作本身的有机组成部分。而保健因素则与工作本身无关，只与工作环境有关，它们相当于需要理论中所指的较低层需要。

需要层次论认为，一个人的低层需要满足后，才会考虑满足高层的需要；双因素理论的观点与之相仿，一个人的保健需要满足后，才会考虑满足激励需要。

（三）麦格雷戈 X 理论和 Y 理论

麦格雷戈认为，所有的工作人员都可以划入 X，Y 两组中的一组。

1. 麦格雷戈 X 理论。这种理论认为，人本质上以自我为中心、生性懒惰、好逸恶劳、缺乏进取心、无能、尽量避免承担责任、只要有可能就躲避工作，因而每时每刻都需要由他人观察和监督。根据这套哲学建立的管理理论是一种从上向下看如何管理人的理论。管理者把人看做是企业的各种生产要素中的一种，其任务就是将资金、材料、设备和人员合理地组织起来，以便获得最大的经济利益。

2. 麦格雷戈 Y 理论。这套理论奉行人能够自我激励，无需严加监督的哲学。人对组织的需求采取消极或抵制的态度不是天生的，他们实际上乐于承担责任，关心自我发展及自我实现，愿意在没有他人监视的情况下工作，希望获得成功。人们能够指导自己的行动，掌握自己的命运。管理者应尽力创造一种环境，以使人们在向组织目标努力的过程中实现自身的目标。

（四）成就需要论

20 世纪 50 年代初期以来，哈佛大学心理学家戴维 · 麦克莱兰对成就动机作了大量的研究，提出了"成就需要论"。成就需要论认为，对企业和国家而言，成就需要特别重要。有成就需要的人希望有所作为，希望把工作做好，希望成为最优者。他们往往从成就中得到满足，因而他们干什么都希望超过别人。

成就需要论认为，具有强烈的成就需要的人，把个人的成就看得比金钱更重要。工作上取得成功或者攻克了难关，解决了难题，从中所得到的乐趣和激奋，超过物质的鼓励和报酬。这种人事业心强，有进取心，也比较实际，甘冒一定风险，但又密切注意自己的处境，是所谓的"进取的现实主义者"。

该理论还认为，成就需要强烈的人，其所在的公司不必给他别的什么特殊待遇，只要提供使他们成就需要得到满足的工作环境就行。

（五）期望论

美国心理学家弗鲁姆在 1964 年出版的《工作与激励》一书中提出了期望理论。根据这一理论，工作本身产生的激发力量的大小可表示为：

$$\text{激发力量} = \text{效用} \times \text{期望}$$

其中，激发力量指积极性、内在潜力的大小。效用指目标实现后个人需要得到满足的程度。期望指根据个人的经验对行为能够取得某种结果和需要得到满足的概率的判断。上式说明，个人把行为后果的价值看得越大，实现的概率估计得越高，那么动机就越强烈，焕发出来的内部力量也就越大。

根据弗鲁姆的见解，要做到有效地激发员工的工作积极性，必须处理好三个关系。

1. 努力与成绩的关系。人总是希望自己的努力能够取得预想的结果。如果觉得经过努力可以取得这样的结果，即认为实现自己愿望的可能性很大或主观概率大，就会产生信心，激发出强烈的动机，愿意付出极大的努力并取得良好的成绩。所以，期望越大，就越努力，成绩也就越大；反之亦然。

2. 成绩与奖励的关系。希望在做出成绩后能得到合理的奖励和表彰，乃人之常情。如果只要求员工努力工作，作贡献，而没有行之有效的物质或精神奖励加以鼓励，则他们激发起来的积极性就会消退。

3. 奖励与个人需要的关系。人与人在年龄、资历、社会地位等方面有差别，需要也有明显的不同。对于同一种奖励，对不同的人效用不同，吸引力也不同。

为了提高奖励的效果，使其对员工产生强大的吸引力，弗鲁姆认为要根据人们的需要，采取多种多样的奖励方法，才能最大限度地提高工作效率。

（六）波特尔—罗勒尔激励论

波特尔与罗勒尔提出的激励模型如图 13－5 所示。

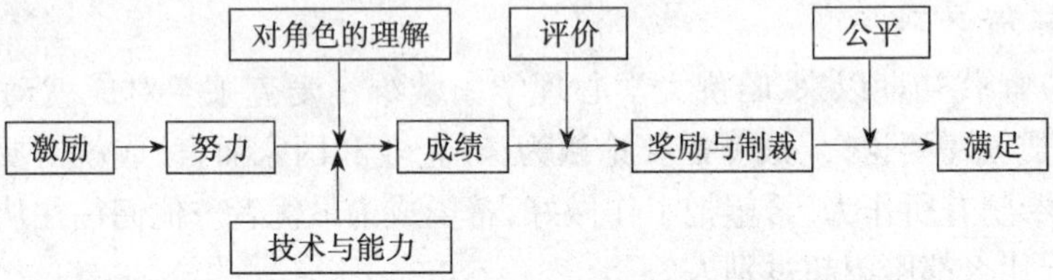

图 13－5 波特尔—罗勒尔激励模型

波特尔—罗勒尔激励论以期望论为基础，认为先要有激励，激励的结果是努力，努力取得成绩。这一理论的重要观点是：激励本身并不直接带来成绩，成绩是努力的结果。因此，应当根据成绩进行奖惩。奖惩公平与否，影响到员工个人需要的满足程度。

1. 影响成绩的因素。人们努力工作得到的成绩为何不同？主要原因有：

(1) 技术和能力不同。两个人都努力工作，但因技术和能力不同，成绩也不同。一般说来，能力和技术高的，成绩大。因此，应设法提高员工的技术和能力。

(2) 对角色的理解。任何个人，只有明确了自己的责任，努力才会有正确的方向，才能取得成绩。但是，如果仅仅承担了责任，而压力不够，则人就不会努力，因而也就不会取得好成绩。相反，压力过大也不行。压力与成绩的关系如图 13－6 所示。

从图中可见，当压力过大时，即超过了“适当的压力”时，成绩反而下降。

领导者不仅要让下级明确自己的责任，还要指出完成任务的方法和应取得的结果，帮助他们明确自己的角色。

2. 成绩的评价。怎样对工作成绩和效果进行评价，需要有评价和考核的方法和标准。

(1) 评价方法。工作成绩有多个方面，应以多指标进行衡量。工作表现会随时间而变

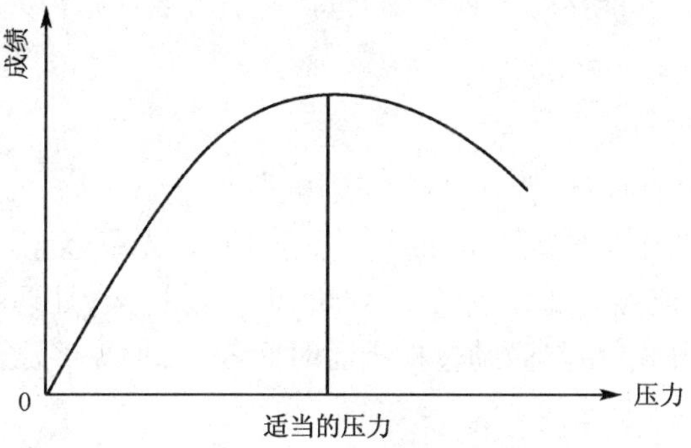

图 13－6　压力与成绩的关系

化，所以应多次评价。具体评价方法有主观与客观两种。

(2)评价者。评价可由个人请求上级评价、由同事或同级评价、自我评价、下级评价上级及局外人评价等。

(七)奖惩公平论

成绩和报酬紧密相连。一般说来，成绩越大，奖励也越大。如果获奖者认为公平，就会感到满足。

奖惩公平论认为，人都需要得到公正对待，希望个人的贡献与个人得到的奖励一致。如何判断奖励是否公平，L·斯达西·亚当斯在1965年提出了下面的关系式：

$$O_p/I_p = O_o/I_o$$

式中：O_p——个人对所获奖酬的感觉；I_p——个人对自己所作贡献的感觉；O_o——对比较对象所获奖酬的感觉；I_o——对比较对象所作贡献的感觉。

当个人感觉到 $O_p/I_p > O_o/I_o$ 或 $O_p/I_p < O_o/I_o$ 时，就不公平。当个人感觉到 $O_p/I_p = O_o/I_o$时，就公平。

奖惩公平论讨论的是分配上的公正性，以人们的贡献与其所获相当为前提。这种假设使用的是贡献率。其中，有人主张按需要付酬，有人主张按平均付酬，衡量标准不尽一致。

奖惩公平论指出了一个重要现象，就是人们实际上随时都在进行着比较，即社会相对地位的比较。这种比较使人在心理上产生公平还是不公平的感觉，这是值得高度重视的。

三、激励方式和措施

激励是多种因素的综合，没有任何单一因素能够始终作为激励的主导因素。激励问题十分复杂，因人而异。即使同一个人，激励的效果也因时间、地点而不同。

人能够因某种因素的激励而积极，也能够因某种因素的刺激而消极。人本身是一个有机系统,而非机械系统。人能接受各种激励,包括物质方面和精神方面的激励。

(一)激励方式

激励方式主要有两种:

1. 外在方式。主要有福利、晋升、授衔、表扬、赞许等。

2. 内在方式。主要有学习新知识和新技能、责任感、光荣感等。

外在激励方式虽然能显著提高效果,见效快,但不易持久,处理不好有时会降低员工的工作情绪;而内在激励方式,虽然激励过程所需时间较长,但一经激励,不仅可提高效果,且能持久。

项目管理经常采用以下3种基本激励方式:

第一,实行"参与制"。要使每个人都认识到自己是组织的成员,不但应努力做好自己的工作,还应关心集体工作的成效。

第二,激发责任心。责任心是做好工作,完成任务的关键,要赋予班子成员更多的责任。这比"参与"更具体、更细致。

第三,鼓励建议。要激励班子成员开动脑筋,多提建议。

(二)激励措施

对项目班子来说,主要的激励措施有以下几点:

1. 以奖励为主。在管理中,应以激励积极因素为主,以惩罚消极因素为辅。

2. 改进工作设计。应设法增加工作中的激励因素,不断提高班子成员的满意程度,使其在完成项目目标过程中充分发挥积极性。

3. 改进工作作风。项目经理应改进工作作风,增进与班子成员的交往,促使班子成员的安全需要、社交需要、尊重需要得到满足。

4. 以转变班子成员的思想为主。要认识到,奖励与惩罚都是项目管理中的辅助手段,重要的是形成崇尚良好行为、鄙视不良行为的风气,激励班子成员为实现项目目标更加努力。

第五节 沟通与分发项目信息

一、沟通的重要性

项目班子内外若没有良好的沟通,就不可能协同工作。建立并维护有效的沟通联系,主要责任在项目经理身上。项目经理可以在6个方面采取行动,以便加强项目沟通和班子建设:

第一,促进有效的沟通。大多数项目经理都将90%左右的工作时间用在了某些方式的沟通上,其中至少一半是同班子成员沟通。因此,项目经理必须认识到:①人际间沟通非常重要;

②人际关系对于沟通是否通畅，以及班子建设是否成功的影响非常大；③沟通是双向的。

第二，充当沟通员。项目经理应帮助大家彼此之间建立联系。正式的沟通渠道不足以保证班子团结，尤其是在矩阵组织中。在项目班子内外部建立起非正式的沟通网非常重要。

第三，清除妨碍沟通者。动辄"吹毛求疵"和搬弄是非的人经常妨碍沟通，严重妨碍班子的建设。对这些人要采取措施，防止他们成为沟通的障碍。

第四，使用"紧凑矩阵"。这是指将所有班子成员聚在一处的矩阵，可用于改进矩阵中沟通与协同工作的组织方法。

第五，为项目班子单独安排工作地点。应当设法将项目班子安排在一起工作，为其单独安排工作地点，例如设立项目办公室。这样做，项目班子就可以经常见面，有利于沟通。美国航空航天和国防工业过去将项目班子集中工作的地方叫做"作战室"。

第六，有效地主持会议。在执行项目计划过程中，项目经理会召开各种各样不同类型的会议，例如班子成员会、制订计划会、状况审查会、技术审查会、设计审查会、预算审查会，等等。这些会议是进行沟通和班子建设的好机会。能否利用好这些会议，取决于项目经理对会议的把握。

项目经理面临的挑战是，如何保证所有的会议都顺利进行。有如下原则可用来提高会议的效果：①确定开会原则；②不开无目的之会；③会议的目的和意图要非常明确；④事先制订会议议程；⑤遵守会议议程；⑥鼓励与会者积极参与；⑦把会开成班子建设会；⑧会议结束后下发备忘录；⑨会上定下的行动，事后要报告。

二、信息分发的依据

在执行项目计划的过程中，所有利害关系者之间都要保持顺畅的沟通。在这方面，项目经理的任务主要是安排项目班子分发项目信息。

信息分发就是把信息及时地分发给有关项目利害关系者，包括执行沟通管理计划，回复临时索取信息的请求。在许多情况下，特别是在从信息发送者的角度考虑时，可将沟通就理解为信息分发。

信息分发的依据有项目班子的工作结果、沟通管理计划和项目计划。

从记载工作结果的资料可以知道有哪些应交付成果已经完成，哪些还没有完成，质量标准达到了何种程度，已经支出或准备了何种费用，等等。这些正是各方面的利害关系者所关心的。

沟通管理计划中记载有项目利害关系者对信息沟通的要求，收集信息的方法和来源，信息（报告、数据、进度安排、技术文件等等）分发的对象、方法和方式（报告、会议等），选用的沟通技术，每种要分发的信息的格式、内容、详细程度，以及拟用的符号规定和定义，信息发生的日程，随着项目的进展对沟通计划进行更新和细化的方法等。

项目计划中则记录了拟采取的沟通管理方法。

三、信息分发的工具和技术

(一)沟通技能和技巧

分发信息或沟通,不但要保证发送的信息完整、清楚,没有任何含混不清之处,还要保证这一信息及时、正确、完整地送达接收者即沟通对象那里,不使接收者产生任何曲解。也就是说,信息从发送者到接收者,在其传送途中,不能有任何遗失、走样和耽搁。实践表明,在许多情况下,无论是发送者还是接收者,都很难做到这一点。不是信息没有表达清楚,就是理解错误,要么就是信息在传达过程中丢失、走样或耽搁,结果造成了很多不必要的损失和麻烦,丢失了许多难得的机会。

对信息分发最经常做的假设是,信息发出去了,那么就必定收到了。但是,这个假设经常不成立。由此,在信息分发过程中,我们就必须要讲些技巧。

1. 沟通的方式。分发信息或沟通可采取多种方式:

(1) 书面或口头,说与听的方式。

(2) 对内和对外的方式。对内的方式即在项目范围内部分发;对外的方式是对顾客、委托人、新闻界或公众等分发信息。

(3) 正式的和非正式的方式。正式的方式有报告、情况介绍会等,非正式的方式有备忘录、专门的谈话等。

(4) 垂直的和水平的方式。垂直的方式,指在项目实施组织和项目班子内部从上到下和从下到上地分发信息;而水平的方式,则指项目实施组织和项目班子内部或不同项目同级之间的分发信息。

具体在选择沟通方式时,可参考下面的建议,见表 13－2。

表 13－2

沟通方法	什么时候使用
正式的书面形式	复杂的问题、项目计划、项目章程、远距离沟通
正式的口头形式	介绍、演讲
非正式的书面形式	备忘录、便函、电子邮件、笔记
非正式的口头形式	会议、谈话

很多人以为,上面说的东西太简单了,无任何难懂之处。然而,无论是日常的交往,还是项目管理,项目经理遇到的问题,很大一部分都与沟通有关。许多重大的挫败往往就在于沟通不畅。

如果问题的确是因沟通不畅引起的,就应当仔细地检查沟通的各个环节,看看是什么地方出了问题。

2. 沟通的三方面内容。沟通包括三个方面:信息发送者、消息和信息接收者。消息就是发送者欲传达给接收者的情况、音讯、愿望、需要、要求、提示或其他内容。每一条消息,都先由发送者编码,然后再发出。

所谓编码,就是将消息变成接收者能够理解的形式的过程。编码时要利用语言、文字、姿势等媒介。如,某班子成员利用软件编制项目进度表时遇到了麻烦,希望经验丰富的某人前来帮助。这就是一条消息。求助者如何将这一消息传达到经验丰富的某人哪里呢?他可以将请求变成一句话:"快来帮忙!""快来救命!""又完蛋了!"或"我有一个功能不会用,能否马上过来帮我一下?"或者在一张纸上写几个字或画出一双露出水面慌乱挥舞着的手,或者冲着求助对象使眼色。这就是编码。

编码完毕的消息叫做"信息"。信息能否被接收者接收和理解,全由发送者判断。正是这一点,发送者经常犯错误。

信息送到接收者那里要借助工具。在现代社会,报纸、杂志、可视电话或一般电话、电视广播、传真、互联网等等,都是信息沟通的工具。

接收者根据自己的知识、经验、语言和文化来解码。所谓解码,就是从收到的信息中取出消息。此外,接收者还要"反馈",就是让发送者知道,他已经收到了信息,他是如何理解收到的消息的,甚至还告诉发送者他准备如何行动。信息从发送者那里出来,发送者又从接收者那里收到反馈,这样便形成了一个"反馈回路"。正是在这个反馈回路上,经常出现障碍。

哪些东西会成为沟通障碍呢?噪音、距离、未正确编码或解码、措辞不当、怀有敌意、戒心或歧视、语言或文化的差异等等,这些因素都会成为沟通的障碍。

说话难懂就是编码不当的一种表现。例如,将"颁布、公布"说成"出台",将"你准备怎样做"说成"你的游戏计划是什么",将"市场规矩"或"行业守则"说成"游戏规则"等等,后者之所以令人费解,就是因为编码不当。

上述三个方面及其形成的反馈回路可以有各种各样的组合,这种组合叫做"沟通方式"或"沟通模式"。每种沟通方式都有其适用的场合。所以,在信息分发或沟通时要正确地选择沟通方式。

选择沟通方式的重要部分是选择传播手段,即选择何时进行书面交流或何时进行口头交流,何时写非正式的便条和何时写正式的报告,等等。

沟通方式中还包括写作风格、表达技巧和会议管理技巧等方面。

写作风格,说的是语态(主动和被动)、句子结构、用词选择等方面;表达技巧,指身体语言、辅助演示手段的设计等;会议管理技巧,就是准备议程、处理冲突等。

在所有的沟通中,大约有55%是非口头的,例如有形的身体动作和姿势。大家知道,语调,即音调和腔调,也有助于传达消息。同样的话,语调不同,传达的消息也不同。

在口头分发信息或沟通时,发送者固然应注意不要制造障碍,但是接收者也必须注意认真听取。听的时候要积极主动("积极地聆听"),即应表明正在认真地听,必要的时候要表示同意或请对方澄清。听的时候还要眼睛看着讲话者,注意他的姿态和面部表情,在做出反应、提出问题、重复对方说过的内容和提供反馈之前应当认真想一想自己打算说什么（“有效地聆听”）。

3. 不同的沟通对象采取不同的策略。常言说得好，“要看人说话”。在项目管理中，也同样如此。同沟通对象谈话、讨论问题、提出建议等，一定要看他属于何种类型的人。下面的建议有助于沟通对象接受你欲传达的信息：

（1）沟通对象为注重行动之人，见表13－3。

表13－3

这些人喜欢谈论的话题			这些人所属的类型	
结果	反馈	目标	讲究实际	直率（中肯）
经验	表现与业绩	挑战、难题	无耐心	有决断
生产率	成就	效率	思维迅速（一个主意接着一个主意）	
变革	少说多干	决策	精力充沛（别人跟不上）	
责任				

同这类人谈话时应当注意：① 开始时重点放在结果上（开始时就讲结论）；② 拿出最好的主意（提的方案不要太多）；③ 话尽可能简短；④ 强调你的想法为何可行；⑤ 利用直观手段说明。

（2）沟通对象为注重过程之人，见表13－4。

表13－4

这些人喜欢谈论的话题			这些人所属的类型	
事实	试着看	程序	有条不紊（一步步来）	
分析	规划	观察	逻辑性强（注重因果关系）	
组织	证据	控制	注重事实	说话累赘，冗长
细节	测试	无激情	小心翼翼，耐心	

见到这一类型的人，说话时应当注意：① 言辞准确（叙述事实）；② 缕清事情的原委，进行严密的组织，即讲清楚背景、目前形势和结果；③ 逐项详细介绍你的建议；④ 介绍其他可供选择方案的优点和缺点；⑤ 不要急着让他人表态；⑥ 一条一条地介绍建议（1，2，3，…）。

（3）沟通对象为注重人际关系之人，见表13－5。

表13－5

这些人喜欢谈论的话题			这些人所属的类型	
人	自我成长	需要	一时冲动	易动感情
敏感性	动机	意识	热情	主观
集体协作	合作	沟通	感情用事	感觉灵敏
信仰	感情	价值观	敏感	
团队精神	期望	理解		
关系				

同属于这种类型的人谈话最好做到以下几点:① 先闲聊一会儿(不要马上进入正题);② 强调你的建议同所涉及之人的关系;③ 说明你的主意过去如何有效;④ 指出已经获得很多名人的支持;⑤ 充分利用语言风格的魅力。

(4)沟通对象为注重思想之人,见表 13 –6。

表 13 –6

这些人喜欢谈论的话题			这些人所属的类型	
概念	相互之间的依赖关系	创新	富有想象力	崇拜魅力
新方式	创造性	新方法	很难理解	以自我为中心
机会	改进	可能性	不现实	富于创造
问题	伟大的蓝图	潜力	才华横溢	好争论
时局	替代方案	本领域的新鲜事		

与这种类型的人谈话时应注意:① 留有足够的时间讨论;② 当他们离题万里时,不要不耐烦;③ 轮到你说话时,设法将已经讨论的题目同某种大概念或思想联系起来(讲点理论);④ 强调你想法的与众不同之处;⑤ 强调你的想法将来的价值和对将来的影响;⑥ 给这些人写东西时,一开始就强调你的想法或建议背后的关键概念,开始时先提出总的思想,然后再深入细节。

(二)信息检索系统和信息分发系统

档案系统、电脑数据库、项目管理软件、工程图纸等技术文件信息可由项目班子成员共同使用。为了便于他们分享这些信息,项目班子应当建立相应的信息检索系统。

项目信息可以用各种方法分发,包括项目会议、查找数据库网络、传真、电子邮件以及可视电话会议等。

三、信息分发的成果

在项目进行期间分发和交流的信息都是项目成果的一部分,应尽可能以适当的方式将这些信息收集起来,并井有条地妥善保管。要严格防止和严肃处理信息垄断、封锁,甚至伪造。需要收集、整理和保存起来的信息主要有:

第一,项目记录。项目记录可能包括函件、便函以及说明项目的文件。这些信息应当尽可能以各种适当的方式收集起来,并井井有条地加以保管。项目班子成员常常在项目笔记本中保留个人记录。

第二,项目报告。项目报告是关于项目状态和/或问题的正式报告。

第三,项目介绍。项目班子正式或非正式地向任何或所有项目利害关系者提供的有关项目的信息即为项目介绍。这些信息要切合听众的需要,介绍的方法要恰当。

第六节 询价和卖方选择

一、询价

询价就是让可能成交的卖主(承包商、供应商或咨询人员)回复招标(采购)文件中提出的要求,即满足项目要求的报价和建议。这个过程的大部分努力实际上由可能成交的卖主付出,一般无须项目支付费用。项目不同,询价过程的繁简也不同。复杂的大型项目采购工作量大,询价时间长,投入的资源多,需要的专业知识和经验多,过程也复杂。简单的小项目就没有必要专设询价和招标过程。因此,读者要根据自己所参与的项目的具体情况选择适合的询价和招标过程,以及其中的工具和技术。

(一)询价的依据

询价根据招标文件,从事先拟定的可能成交的卖主(承包商、供应商或咨询公司)名单中选择询价对象。这种名单记载了这些卖主的经验、财务状况和组织结构。如果项目班子没有这种现成的名单可资利用,则必须开辟自己的来源。关于卖主的一般资料可通过图书馆目录、有关协会、产品手册和类似的来源取得。某些卖主的情况可能需要付出较大的努力才能了解,例如访问现场顾客或卖主以前的顾客来了解卖主。采购文件可以送交某些或所有可能成交的卖主。

(二)询价的工具和技术

询价可采取多种方式:

1. 投标人会议。在可能成交的卖主编制建议书或投标书之前召开投标人会议,又叫承包商会议、供应商会议或投标前会议。会议的目的是让准备投标的卖主正确、清楚地理解本次采购的技术要求、合同要求等。对会上提出问题的回答可以作为修正条目列入招标文件。在这一过程中,所有的潜在卖主都必须始终得到同样的对待。

2. 广告宣传。采购事项有时可在出版物,例如报纸或专业期刊上刊登广告,让更多的承包商、供应商或咨询公司了解本项目的要求。某些公共项目的采购事项必须公开刊登广告,大多数政府机构都要求把政府合同的分包合同公开刊登出来。

(三)询价的成果

询价之后要从承包商处取得建议书(标书、报价书)。建议书是回应招标文件的卖主按照招标文件的有关要求编写的文件,说明他有能力并愿意提供所要求的产品或服务。卖主建议书可以口头介绍的形式加以补充。

二、卖方选择

卖方选择就是根据招标文件中列入的评标准则，接受某一承包商、供应商或咨询公司的标书或建议书，并请他提供本项目须采购的产品或服务。在建设项目上，卖方选择就是评标和授标。如何选择卖方往往要费些心思，除了费用或价钱以外，可能还有许多别的因素需要考虑和评价。

第一，价格可能是基本的决定因素，但是如果承包商最后不能及时提供产品或服务，尽管他的建议价最低，若选择他，也有可能提高本项目的成本。

第二，承包商建议书常分成技术和价格两部分，各部分要单独评价。

第三，对于大型项目或者重要的产品或服务，可能需要选择多个卖主。

对于大型项目采购，卖方选择过程可能要进行多次。例如，先让投标人提交一份初步建议，根据他们的初步建议书选出少数合格的承包商，然后再根据初步中选者提出的更详细、更全面的建议书，进行全面详细的评价。这种办法叫做“两步招标”或“两阶段招标”，适用于招标前不宜进行完整的设计或技术高速发展的情况。第一步是先请其提交无报价的技术方案，第二步再邀请其提交最终的技术建议和报价。

（一）卖方选择的依据

确定产品或服务的来源时要综合考虑投标人的建议、评标标准和本组织的各项方针。方针体现了采购组织（招标者）的价值观，对市场机制、政府作用、公平、平等等重大问题的看法和做法。例如，公共建设项目施工服务的采购，必须选择报价评估调整后最低的投标人；而在选择咨询（包括设计和管理）服务提供者时，必须选择服务质量最好者。还有的组织，在法律允许下，尽量选择当地或同自己关系密切的承包商、供货商和咨询服务者。

（二）卖方选择的工具和技术

选择待采购的产品或服务来源时可采取下面介绍的办法，这些办法可单独也可结合起来使用。

1. 合同谈判。合同谈判就是双方共同讨论、确定合同的结构和要求，并取得一致意见。需要谈判的问题一般包括双方责任、义务和权限，适用的条款和法律、技术和经营管理的方法、项目的资金筹集和合同价。有些项目，可能还要谈判其他一些问题。合同谈判实际上就是一般管理技能之一——谈判的具体形式。一般管理文献都深入地讨论了谈判的方式、技术和风格，多数都适用于项目的合同谈判。

2. 加权。由于在选定卖方时要考虑多种定性因素，因此有必要通过加权将多种定性数据加以量化，减少个人偏见对来源选择的影响。加权的具体做法一般是：①对每一个评标标准赋予一个权数；②根据每一条评标标准给投标人评出分数；③将分数乘上权数；④把加权后的分数加起来。

3. 筛选。在选定卖方时,为了减少资源耗费,可以对投标人的业绩和资格根据一条或多条标准确定若干最低限度要求。不符合最低限度要求的投标人就不再给予考虑。例如,可以要求某可能成交的卖主先提名一位具备具体资质的人——例如项目管理专业人员——作为项目经理,然后再考虑该卖主建议书的其余部分。

国内外工程、货物及设备采购中,普遍有资格预审。这种做法在向有可能成交的卖主发出建议邀请或招标邀请之前,请他们先将自己以前的经验、信誉、与他人的法律纠纷和官司、现在的财务状况、人员配备、设备设施、信誉等情况向招标人介绍,然后,再由招标人定夺。一些国外的政府部门还编有卖主(承包商、供应商或咨询公司)的名单。这种名单记载了令招标人满意的卖主的经验、财务状况和组织结构,而且定期更新,将不再符合要求者的名字删除,加入合格者。这些做法就是一种筛选。

4. 标底。有许多项目,项目班子可以编制自己的估算,用以核对投标人的建议或报价。承包商的建议或报价若同标底相差很大,其原因可能是招标文件不够充分,或者投标人产生了误解,或者未按招标文件要求提出建议和报价。标底的用途,主要是核对投标人的建议或报价,做到招标人自己心里有数。

(三)卖方选择的成果

一旦选定承包商或供应商,就应同其签订合同。合同是对签约双方有约束力的协议,要求卖方向买方提供指定的产品或服务,而买方向卖方支付产品或服务的价款。合同是一种法律关系,有多种名称,合同、协议、分包合同、采购订单或理解备忘录等。

依据《中华人民共和国合同法》第10条的有关规定,合同有书面、口头和其他形式。项目班子购买一台电脑,看好规格、性能和价钱,双方谈妥,即成口头买卖合同,一手交钱一手交货之后,买卖完成,不需要订立书面合同。当然,保修单是书面合同,但是也很简单。然而,如果教育部要为本部采购50台电脑,可能就要根据《中华人民共和国政府采购法》和《中华人民共和国合同法》的有关规定同电脑公司签订书面合同。

大多数组织都已经将具体确定何人可代表本组织在协议书上签字的方针和程序形成了书面文件,这种做法一般叫做“采购权限的委托”。

书面合同形式不同,且有繁简之分,但均须经过审查和批准。由于合同具有法律约束力,因此其批准过程常常十分严格。国外政府机构承担的大项目还须由公众对合同进行审查。在所有的情况下,审查和批准过程的基本重点应当是确保合同的用语准确说明了能够满足已明确需要的产品或服务。

第七节　合同管理和质量保证

一、合同管理

（一）合同管理介绍

合同管理是确保卖主的实际工作满足合同要求的过程。在使用多个产品和服务提供者的大项目上，合同管理的一个重要方面就是管理各卖主之间的联系。例如，深圳地铁一期工程 1 号线和 4 号线，地下隧道土建结构工程划分了许多标段，分别包给了来自全国各地的施工单位。这些承包商都直接与深圳地铁有限公司（业主）签订了承包合同，彼此之间不相统属。土建结构工程于 2002 年下半年完成之后，就进入车站装修、道床和轨道铺设、电力、信号、通风与空气调节、通信、电梯和扶梯、防火、警报、自动票务等系统的安装与调试阶段，业主与这些系统的承包商都分别签订了合同。而这些承包商又都有自己的分包商和供货商。可以想象，各承包商之间，各分包商之间，承包商和分包商之间的组织、技术和人际界面多么纷繁复杂。而所有这些都由深圳地铁有限公司通过合同管理来加以协调。

合同关系的法律性质要求项目班子必须十分清醒地意识到管理合同时所采取的各种行动和不采取行动的法律后果。例如，当承包商按照合同履行了义务，完成了规定的工作，业主就要及时验收、付款。否则，承包商有权暂停工作，严重时可终止合同，甚至诉诸法律，追究业主的法律责任。

合同管理包括在处理合同关系时使用适当的项目管理过程，并把这些过程的结果综合到该项目的总体管理之中。在需要雇用多个卖主和使用多种产品时，上述综合和协调将在多个层次上进行。必须使用的项目过程有如下几个：

第一，执行项目计划，这已在前面的第二节中说明，指在适当的时候批准承包商开工。

第二，进展报告，将在第十四章项目控制中说明，指监视承包商的费用、进度和技术表现。

第三，质量控制，将在第十四章项目控制中说明，指检查并核对承包商的产品是否满足要求。

第四，变更控制，将在第十四章项目控制中说明，指确保变更要得到有关方面的批准，并让所有需要知道这些变更的人都知道。

合同管理中还包括财务管理部分。合同中应该明确支付条件，支付条款必须将卖主的实际进展与向其支付的补偿联系起来。

（二）合同管理的依据

1. 合同。项目班子不但与卖主签有合同，还与银行、保险公司、租赁公司等以买主身份签有贷款、担保、保险、租赁等各种合同。

合同是由一套互相联系的文件组成的整体，合同管理人员必须熟悉它们各自的内容以及各种合同之间的相互关系。特别是要注意合同在执行过程中提出和批准的变更。要根据合同检查卖方是否已经履行了义务，他们已经完成的工作是否符合合同的要求。还要注意，卖方的义务和责任同己方义务的关系，不要因为己方未履行义务而造成卖方履行义务的障碍。

2. 工作结果。卖主的工作结果，哪些应交付成果已经完成，哪些还没有完成，质量标准达到了何种程度，哪些费用已经开销或承诺等等，都应当作为执行项目计划结果的一部分被收集起来。

3. 变更请求。变更请求包括对合同条款或对应提供的产品或服务名称的修改。如果卖主的工作不能满足要求，则终止该合同的决策也应当做变更请求加以处理。对于有争议的变更，即卖主和项目班子就其补偿不能取得一致看法的变更，有时称为补偿要求、争议或上诉。

4. 卖主单据。卖主必须随时提交单据要求支付已完成工作的款项。提交单据，包括提交必要的证明文件的要求，要在合同中加以明确。

（三）合同管理的工具和技术

1. 合同变更控制系统。合同变更控制系统明确了合同修改的过程。该系统包括书面文字工作、追踪方法、争议解决程序以及批准变更必要的审批层次。合同变更控制系统应当与总体变更控制系统结合起来。

2. 进展报告。进展报告为高层管理人员提供了卖主在实现合同目标方面的效率情况。合同进展报告应当与项目控制中说明的整体项目进展报告结合起来。

3. 支付制度。向卖主支付款项通常由实施组织的应付账目制度处理。在具有多种、复杂的采购要求的大项目上，可以建立自己的制度。在上述两种情况下，支付制度必须由项目管理班子进行必要的审查和批准。

（四）合同管理的成果

1. 往来函件。合同条款和条件常常要求买主/卖主之间在往来通讯的某些方面使用书面文件，如对未满足要求的实施结果提出警告、合同变更或情况澄清时，使用书面形式加以说明。

2. 合同变更

(1)变更的定义。每一种标准合同文件都有自己的定义。本书将变更定义为“改变，包括新增任何工作，改变工作顺序，影响按照合同规定估价”或“对于合同订立基础的任何改变”。它不仅包括按照合同的规定对工作或对同项目有关的事情作出的改变，还包括对合同条件本身作出的改变。下列事项中任何一个或几个的组合都可视为合同变更：

其一，对合同中表示说明或提到的设计、质量或数量的改变或修正，包括工作的添加、删除或替换,对准备使用的任何材料的种类或标准的改变,以及从现场清除除了不符合合同要求的工作、材料或制成品以外的任何工作。

其二,买方或其代表就规定费用的使用发出的指示以及就合同文件中未具体称为变更的工作的性质发出的指示。

其三,对有效合同的改变,即双方在原有合同签字盖章生效后经协商一致对某一合同文件作出的改变。这是合同条件或条款的变更。

其四,对价格条款的改变,以便能够在人工或材料费用涨落时对合同价进行调整。

(2)变更的原因。出现这种情况有两类原因,或是由于实际情况发生了变化,或是由于误解了合同文件订立的背景。第一类原因虽然容易理解,但仍可细分为两个方面:① 情况变化的方式是双方无法控制的,原来的合同文件有缺陷。② 实际情况可能要求项目班子采取行动,结果造成了变更。

在合同签订之后,经常会发生一些情况让买方必须或最好改变投标时所依据的图纸(一般情况下,这些图纸在签合同当天并不详细)、技术要求和其他合同文件所定义的工作范围或功能。例如,后来发现原来设计或技术要求内容不全,原有项目计划或预算发生了变化;天然事件或完全未预料到的情况可能出现,有必要对工作的范围或功能作出改变。由于这类原因,项目班子可能希望对合同文件中定义的工作进行修改。

变更一般要影响项目的费用,买方应有权在与卖方协商之后确定补偿的费用,有些变更对卖方的工作量的增加可能很小,不会影响到原来订立合同的基础;而有些工程量的变更,使卖方工作量的增加很大,卖方要增加许多资源,甚至要将主要设备运到或送回现场,这时要将此变更作为一项新合同来对待,而不能作为原合同基础上的变更,除非双方都同意将其视为变更。要将(批准和未批准的)变更反馈到有关的项目规划和项目采购过程中去,并在必要时更新项目计划或其他有关的文件。

3. 支付请求。这里假定项目使用的是外部支付系统。如果项目有自己的内部系统,这里的成果就仅仅是“支付款项”。

二、质量保证

(一)质量保证介绍

质量保证就是为了所有的人,包括委托人、顾客、项目班子和其他项目利害关系者建立本项目能够满足有关的质量标准的信心,而在质量系统内开展的所有经过规划、系统而又全面的活动。质量保证应当贯穿于项目的始终。在提出 ISO 9000 质量体系系列文件之前,在质量规划名下说明的那些活动在许多地方实际上都是现在 ISO 9000 质量体系中质量保证的内容。这就是说,质量保证并不是完全新的概念。但是,现在之所以将其单独提出来,主要是经济和社会发展使然。顾客、用户和民众不但关心产品或服务的质量,而且越来越关心创造和生产这些产品和提供这些服务的过程的质量。为此,管理者一定要让顾客、用户和民众对创造、生产和提供产品过程的质量放心。

质量保证分内部质量保证和外部质量保证。内部质量保证就是让项目班子以及项目实施组织的管理层建立上述信心;外部质量保证就是让顾客和其他未积极参与本项目工作的人建立上述信心。

质量保证常常是由质量保证部或者具有类似称呼的组织单位提供的。制订质量管理计划确保项目质量与确保实际交付规定质量的产品和服务是两回事。质量保证包括为了满足事先选定或制订的质量标准而做的有关所有活动。质量保证的另一个目标是不断地质量改进。

项目上级管理部门和项目经理做好质量保证,可以对项目质量产生重要的影响。

(二)质量保证的依据

1. 质量管理计划。质量管理计划是质量规划的成果,说明了项目班子将如何实施其质量方针,即说明"项目质量体系"、实施质量管理的组织结构、责任、程序、过程和资源。

2. 质量控制测量的结果。质量控制测量的结果就是格式便于比较和分析的质量控制测试和测量的记录。有关此项内容,将在项目控制部分的质量控制中详加说明。

3. 实施说明。实施说明又叫"工作定义",也是质量规划的成果。它非常具体地说明了各种问题的实际内容以及如何在质量控制过程中对这些问题加以衡量。举例而言,仅仅说明符合计划进度要求不行,还必须指出各项目活动是必须准时开始呢,还是只需按时完成就行;或者指出各项目活动全都需要测量呢,还是只需测量某些应交付成果就行。如果只测量某些应交付成果,则应指明是哪些应交付成果。

(三)质量保证的工具和技术

1. 质量规划的工具和技术。质量规划使用过的工具和技术也可以用于质量保证,例如,成本效益分析、基准比较、流程图、实验设计和质量成本等。

2. 质量审计。质量审计就是对质量管理活动进行系统的审查。质量审计的目的是识别吸取的教训当中哪些可以用于改进本项目或项目实施组织内其他项目的实施效果。质量审计可以事先安排,也可以随意进行;可以由组织内经过适当培训的审计人员承担,也可以由第三方,如质量体系登记部门进行。

质量审计常常由应用领域工程师执行,他们常为项目制订具体的质量尺度,并在整个项目过程中运用和分析这些质量尺度。

(四)质量保证的成果

质量保证的成果就是项目管理过程及其成果的质量改进。质量改进包括采取行动提高本项目的有效性和效率,为项目利害关系者增加效益。在大多数情况下,在实施质量改进时需要编写变更申请,或者采取纠正行动,并应当按照本书项目控制部分中说明的整体变更控制的程序进行。

第八节　项目经理的自我管理

项目经理的基本管理技能有自我管理,例如,工作压力管理、个人时间管理和其他技术。项目经理如果缺乏这项基本技能,将严重危害项目管理。项目是临时性的努力,要求有很高的创造性,其成败往往关系到组织的战略部署。

项目委托人、项目实施组织、顾客、项目班子,甚至政府官员、新闻媒体和其他利害关系者对项目的期望很高,因此项目经理工作繁忙,压力很大。在这种情况下,项目经理个人的生理和心理状况好坏对项目管理的影响很大,可谓"身系项目成败与组织安危"。项目经理必须掌握这项基本技能,做好自我管理。

自我管理主要是个人时间管理和压力管理。时间和压力这两个因素在项目实施效果方面既能互相强化也能互相削弱。时间是项目经理最有限的资源之一,一旦耗尽即无法复原。时间的推移和确定执行任务的优先次序的困难,往往将项目经理置于不断增加的压力之下。而压力又经常损害项目的实施效果。

一、时间管理中的问题

对于从事连续循环性日常业务的管理人员而言,个人的时间安排一般不会遇到多大的问题。然而,项目经理的情况却大不相同,他们遇到了许许多多的麻烦。麻烦的根源在于项目的特殊要求。例如:

第一,项目经常同时展开多个性质和要求不同的活动,这就是所谓的"快速跟进"。快速跟进造成了项目参与者之间彼此穿插、互相干扰、互相影响。项目经理必须聚精会神、竭尽全力加以协调,不能有丝毫松懈。由此,其时间安排就不能像一般组织管理人员那样按部就班。

第二,由于进度表和预算的要求互相冲突,项目经理不得不靠延长工作时间来满足进度要求。

第三,项目活动经常由多个班组来完成,项目经理用于管理的时间远超过一般的管理人员。

第四,项目经理是项目的中心,必须保持与各个方面的广泛接触,包括垂直的上级(顾客、项目委托人、合资公司董事会、项目实施组织高层管理人员),横向的职能部门、本公司的经理们、主要的承包商和供应商、本公司的专业人员,以及垂直的下级(项目班子成员)。所有这些,都要耗费心血。

第五,项目经理必须花费更多时间,预先考虑影响项目全局和将来前途的大事,而不能只顾眼前,得过且过,被动地应付。项目经理还需要建立淘汰制度,把工作能力不强的人从为数不多的关键岗位上淘汰下去。

应当对项目的时间安排展开研究,研究成果应告之项目管理专业人员,让他们认识到改进时间安排的必要性和紧迫性。在这方面,项目经理应当做出表率。

二、时间使用调查

美国项目管理学会曾就项目经理的时间安排做过一项调查。结果如下:

第一,最费时间的是开会,几乎每天都要用2小时。正常的文字工作、打电话、关起门来倾听他人当面的诉说,消耗65~81分钟。工作日其余的1/4用于不太重要的活动。

第二,半数接受调查的项目经理都承认自己身不由己,而另一半则斩钉截铁地说"时间安排计划是由自己订的"。

第三,对于主要由哪些事情或因素会造成时间管理不善的问题,接受调查的人列举了下述7个原因(第一个最重要):①很难管理;②自律不够;③人们时间观念差;④员工不合格的多;⑤组织内官僚风气盛;⑥未充分发挥秘书或助理的作用;⑦事必躬亲,不放心他人。

第四,调查中为接受调查的人员提出了如下一个问题:

"有一个投资1亿美元的工厂项目,进度落后计划4个月。假设已列出了在某日前须完成的任务清单,请你以项目经理的身份排出清单中任务的先后顺序。"被调查者都按要求排了自己认为正确的顺序。调查者将收回的答案进行了归纳,最后的顺序列在下面:①分析进度报告,思考并确定恰当的纠正措施;②思考如何将工程进度重新恢复正常;③审查里程碑日期;④签发图纸,尽快交给承包商;⑤听承包商发表对干扰进度的意见;⑥签发支票,向供应商付款;⑦审视项目管理的组织,了解如何才能更好地满足顾客的需要;⑧阅读并签发往来信件;⑨与顾客交换意见;⑩写回信,答复顾客提的最多的问题;⑪找基层工程师了解情况;⑫阅读《施工管理手册》第4修改稿。

第五,打断工作的事情。接受调查的人对于哪些事情打断了自己工作的问题做了回答,调查者将其进行了分类,结果如下(第一个最重要):①刚打来的电话;②要出席的会议;③例行文字工作;④同事打扰;⑤下属打扰;⑥第三方打扰;⑦上级打扰;⑧往外打电话;⑨计划内的约会;⑩秘书打扰;⑪自己要召集的会议。

三、时间使用分析

为了提高时间的使用效率,应当首先了解自己过去和现在是如何使用时间的。美国管理学家建议项目经理每人准备一个时间笔记本,记载一周之内每天的时间是如何用掉的。到了周末,坐下来,进行回顾和分析,目的是找出时间有哪些使用不当之处。

(一)时间使用不当的情况

时间使用不当的典型表现如下:①对很重要的工作决断太仓促;②没完没了地打电话;③老是不停地受打扰,办不成有用的事;④次要的事不能老想,完全可以托给别人去办或不予考虑;⑤埋头于费力耗时的文字工作,无关紧要的文件处理的过多。

（二）耗费时间的情况

经过上述的记录和分析，可以发现许多项目经理在如下一些事情上耗费时间很多：①签发或阅读文件；②计划内和不在计划内的会议；③倾听他人述说，解决问题，发指示；④打电话，接电话。

四、时间管理

项目经理对个人时间的管理，同样表现为规划、组织、控制与协调等几方面。

（一）制订计划

帕累托原理认为，选定具体的一组事项，有意义的事项在该组全部事项中只占很小的比例。项目经理每天的时间极其有限，必须有所为，有所不为。在决定如何分配有限的时间时，可以利用所谓的帕累托原理。该原理就是在有许多事情需要处理时，应如何区别对待不同事件的一种判断标准。

1. 将需要处理的事情分为 A，B 和 C 三组（A 组事情最重要），那么项目经理应当如何在这三组之间分配时间呢？根据帕累托原理，项目经理应按表 13－7 来分配：

表 13－7

组别	引起项目经理注意的事情的百分比	应分配的时间的百分比
A	10	70
B	20	20
C	70	10

70/20/10 百分比就是普遍为人接受的帕累托分配经验法则。因此，项目经理多达 70% 的时间应该用在 A 组事情上。例如：① 挑选关键的班子成员；② 制定项目计划；③ 建立完整的项目关系；④ 审查项目预算；⑤ 有关项目控制系统的某决定；⑥ 培养和动员班子人员。

2. 美国管理学家克拉克鼓励项目经理先安排时间，然后再安排工作。绝不能妄图自己办妥所有的事情，因为项目经理从来不会有足够的时间来应付每件事。某些事宁可找别的办法（委托他人），也不要自己去办，或者干脆将其弃置一边，不予考虑。

（二）组织

所谓组织，就是把一天、一周或一个月要处理的事情、要做的工作或要参与的活动分门别类，并区别轻重缓急，安排好先后顺序，以便提高办事的效率和效果。

1. 从原则上讲，项目经理应把重点放在项目的重点活动上，以确保按时、高质量地完成这些活动，并不超过预算。

2. 项目经理必须清楚地认识并冷静地判断各项工作的轻重缓急，不要盲目地将精力放在看起来急迫的次要事情上。

(三)控制与协调

工作和活动的轻重缓急与进度安排和实际进展有关,应当尽早弄清其安排并处理因此而引起的问题,只有这样,才能为以后节省时间创造条件。许多组织成立了委员会来分析、研究和提出解决问题的办法。

1. 同委员会讨论工作时,项目经理应主动引导,集中力量讨论能解决问题的那些办法,不要偏离主题。引导时应注意充分发挥集体的作用,营造一种畅所欲言的气氛。应当引导委员会逐步缩小可供选择的解决办法的讨论范围。

2. 不要让电话牵着鼻子走。

3. 如有可能,则利用录音电话。此外,个人电脑也很有用,可以节省很多时间。

4. 控制文件,送进来的文件应先排个次序,要紧的先看。

5. 建立归档制度。良好的归档制度对项目管理组织的价值难以估量。有用和没用的资料要分开。

6. 防止杂事缠身。项目经理要明白,有些事会浪费宝贵的时间。例如,不速之客的来访、可开可不开的会、开会拖拖拉拉等。

(四)指导和沟通

项目经理是领导,必须花时间处理下属的事。但为了更高效的利用时间,在处理有关下属的事件时,应当做到以下几点:

1. 减少相互影响的时间。项目经理有权规定会见的时间,不能来者不拒,谁都接待。

2. 委托他人。当下属没能在规定的时间内做好工作时,许多项目经理干脆自己去做。其实,应当将工作交给另外的人去做。这样做可以有以下好处:①发挥项目经理的作用;②给项目经理留出思考的时间;③给下属锻炼成长的机会;④人多力量大;⑤激发创造性思维;⑥缓和危机气氛。

3. 建立和维持双向联系。项目经理应营造一种氛围,使下属敢于汇报,不担惊受怕,这样能提高办事效率,节约时间。

五、压力管理

(一)压力

项目经理面临的压力要比一般经理大。项目经理必须正确认识来自环境和自身的压力,提高应付压力的能力,巧妙地把压力变成动力,提高工作效率。

有人估计,由于压力大而造成的旷工、工作能力下降和疾病,使美国每年的损失高达 7 500 万 ~1 亿美元。压力会增加工人的流动、辞职,以及其他值得注意的人事问题。在美国,大约有 70% 身体有问题的人是由于压力和生活方式造成的。

压力可定义为“身体对施加于其上的任何要求的非特异心理反应”。压力表现为多种形式，会在身体中随着超时工作而积累，并造成身体和思维的混乱。身体在遇到压力时，反应过程会经历3个阶段，叫做总体适应综合征。

第一阶段为“要是撑不下去就会垮掉”的感觉。在此阶段，心跳、血压、血流和需氧量都会升高；第二阶段为“招架不住了”；当身体无法再适应压力，就进入最后阶段——精疲力竭的反应阶段。

压力会产生两种症状：有益的，称为良性压力；不利的，焦虑、担忧、心神不安等，简称忧虑。压力无法回避，故项目经理应尽量缓解产生忧虑的压力，尽量顺应良性压力。

压力和紧张之间有区别。紧张表现为心理或生理的变化。当产生压力时，人身体上会有这种结果。简言之，压力是原因，紧张是症候。

（二）压力来源

压力来源数不胜数。与工作有关的压力主要有：①工作不安全；②工作表现好，但不受表扬或嘉奖；③与共事者、顾客有意见，闹别扭；④没人明确向自己交代任务；⑤对前程的希望化为泡影；⑥感到自己的聪明才智不受赏识，得不到充分发挥；⑦深感有责任做事，但权限太小；⑧影响事件的能力差；⑨工作时缺乏沟通；⑩别人总是要求自己按时；⑪节奏快慢难以适应；⑫未了之事萦绕心中，难以排解；⑬答应他人之事、承担的义务太多；⑭陷入许多与实现目标毫无关系的琐事之中；⑮个人活动优先顺序的安排与领导安排的不同；⑯一心多用，只够办一件事的时间却总想办几件；⑰要求太多；⑱总担心出事；⑲听命令办事；⑳成就常被他人忽略或得不到承认；㉑工作调换频繁。

（三）个人压力的管理

项目经理应当知道压力的原因何在，能够辨别是哪些因素造成了压力，并能有效地处理压力。有多种方法可供项目经理用来分析压力来源，缓解压力带来的不适。

1. 记日记。将一些情况以及自己对这些情况的典型反应记录下来，然后进行分析。

2. 利用仪器。如量血压或脉搏等。

3. 查明情况，区别对待。把有可能紧张、感到压力大的工作分派给未感觉到紧张和有压力的人去做，或巧妙地控制环境，然后悄悄地交给他们。这样做，项目经理就可以避开或减少某些紧张、压力大的工作。

4. 时间计划。在制订时间安排计划时，压力大的活动要适应当时的时势。应付压力时应特别注意控制对压力的反应。

5. 调整心态。凡事乐观，多点幽默，视烦恼为愉快，这样也可以减少项目带来的某些压力。

6. 个人的安排。当日事当时毕，不要积攒。太多的事情久久压在心头，任何人都难以承受。

7. 学会放松。离开办公桌运动运动,留出时间静思,这些都是减轻压力的好办法。

当然,还有许多其他办法,项目经理应当根据自己的情况选择使用。上面提到的用于减轻压力的技巧若用得好,不但可减轻个人苦恼,也可给项目带来一个好的执行效果。

(四)组织压力的管理

个人受到的压力,往往是在解决组织遇到的问题或处理项目提出的紧急要求时产生的。对于压力,若管理得好,它就能变成积极的动力,激发员工主动工作,提高工作效率,增强其成就感。组织应当尊重员工,平等和善意地对待他们,营造一种积极、愉快、令人奋发向上的氛围。例如,将压力管理纳入医疗计划,营造愉快的工作环境,采取多种办法监视和控制压力的变化,采取减轻压力的措施。组织压力管理方针的宗旨应当是,压力的大小应维持在既能促进工作又不会伤害员工的程度。组织的具体情况千差万别,每个组织都应有适合于自己的压力管理方针,都应有利于营造既令人愉快又鼓励人进取的良好氛围。

第九节 冲突管理

《新华词典》将冲突定义为"抵触,矛盾,矛盾表面化,发生斗争";梅林—韦伯斯特大学词典(Merriam – Webster Collegiate Dictionary)将冲突定义为"不协调之物的竞争或反对的行动,例如不同的思想观念、利益或人员的敌对状态或行动;因不协调或反对的需要、动机、希望,或内外要求而产生的思想斗争"。

有人对150位有冲突管理经历的项目经理进行了调查。他们为冲突下的定义是"冲突就是个人、项目班子、项目实施组织阻止或限制(至少是暂时的)另一部分个人、班子和组织达到预期目标的行为。尽管冲突可能阻碍个人目标的实现,但如果冲突能产生有利于决策的新信息,其结果还是有益的。相反,如果冲突造成了错误的决策,严重延误了哪怕是对项目结果无重要影响的事情,或者分散了项目班子的努力,就会造成项目功能的紊乱"。

显然,在制订和执行项目计划的过程中,冲突不但难以避免,而且是经常要发生的。冲突小则为争执,大则上升到分出输赢的比试,甚至是直接的对抗。

一、组织和项目中的冲突

组织中发生冲突的根本原因是,外界环境和工作场所发生的变化越来越巨大。近几十年,组织的概念发生了巨变,出现了许多新的组织结构。

将组织环境置于"动态"的因素有技术进步、经济全球化、经济体制的改革、城市化进程的加快、新的教育观念、劳动生产率的提高、更多的闲暇时间,以及公众对环境和能源问题越来越强烈的关心等。由此,项目的环境处在不断的快速变化之中。

在这样的变化面前,人们对组织应该如何适应这些变化便有了不同的看法,冲突由此引发。在采取行动应对变化时,组织中各种人的目的和目标不一致是引起冲突的直接原因。

组织内外环境变化的加快要求组织获得更大的活力。项目和项目班子就是为处理和管理这些变化,进而进行主动的变革而建立的。在组织结构演变过程中,存在于个人和组织目的和目标之间的差距会进一步加大。在这种情况下,项目经理和组织职能部门管理人员就会因争夺组织的资源而发生冲突。

与项目管理直接联系的冲突可分成两大类别:①与变化或变革有关的冲突;②与项目班子成员来自不同单位、学科和专业背景不同、项目生命期时间有限、工作集中、项目是临时和独特的努力、项目经理支配资源的权力有限等状况有关的冲突。

项目经理必须对项目冲突管理负主要责任。项目能否成功,取决于项目经理能否对付变化和变革,能否解决冲突并作出明智而又果断的决定。

项目经理必须具备在执行项目计划过程中有效地管理各种各样难以避免的冲突的能力。目前,人们对于项目管理中冲突的一般性质虽然已经进行了一些研究,但对于项目生命期具体阶段上的冲突产生的原因和管理还研究得不多。如果项目经理对于项目生命期不同阶段中发生的冲突的主要原因有所了解,就可以避免或减少潜在冲突发生的可能性。

二、冲突管理理论

对于冲突,现实中有两种对立的观点:消极被动和积极主动。过去盛行的消极被动观点认为,冲突是机能失调,是由于个性差异、领导失误,或捣乱者捣乱而偶尔造成的,是坏事,应设法避免,加以压制。避免冲突的办法是将人们隔离起来,或在冲突发生时由上层出面解决。

积极主动的观点认为,冲突是变化和变革自然带来的,是组织内各种因素相互作用的结果,不能避免,是经常而又有益的,是能够且应当加以管理的事情。只要识别出了冲突的原因,就能由有关人员和他们的直属管理人员解决。

(一)冲突产生的条件

管理人员如何看待和处理冲突,对于组织会产生建设性的或破坏性的不同影响。

冲突产生的条件主要是:①权限不明确;②利益不同;③沟通不畅,存在障碍;④依赖一方;⑤组织内成员间往来过少;⑥组织成员间需要不同;⑦组织成员间行为规范不一致;⑧组织成员间存有积怨,以前的冲突未解决。

(二)冲突的积极结果

为了避免冲突造成破坏性结果,管理人员必须善于疏导,解决或将其转化为建设性的因素。冲突也会带来积极的结果,例如:

1. 化解更严重的冲突。在冲突中,巧施策略,将后果引向有利的方向,加强组织成员之间的联系,改善成员间的关系,可避免今后更为严重的冲突的发生。

2. 了解更多的客观事实,发现更好的解决办法。当本来互相尊重的双方发生争执时,有可能通过冲突澄清一些事实,消除一些误解。

3. 增加班子凝聚力,改善工作效果。冲突的影响分为两个阶段,即过程之中和结局。在冲突过程中,冲突各方都会自发地团结起来,发扬集体精神。胜方领导的威信可能提高,而败方领导则威信受损,受到各方责备。这样一来,败方会更加奋发图强。由此,冲突的结果使班子的凝聚力得到了加强,工作成绩得到了改善。

4. 衡量双方的能力。冲突可暴露出双方的能力。当一方能力明显优于另一方时,冲突多半会以强迫、控制和压制的方式解决;而当双方势均力敌时,心平气和地解决问题的可能性就大大增加。

（三）处理冲突的方法

冲突既不全是好事也不全是坏事,会对组织造成积极的或消极的影响。至于项目经理如何处理组织内的冲突,则主要取决于他营造的是什么样的气氛。

一般而言,处理冲突有5种办法:

1. 缓和（调停）。发生冲突时,多强调共同点,强调目的、目标,以及利益等方面的一致性,尽量不提分歧。缓和冲突可创造友好的气氛,但如果老是一团和气,不分场合,经常使用,则许多冲突会永远得不到解决。因此,缓和只能暂时见效,并不能解决实质问题。

2. 回避或退让。从实际或可能的争执和冲突中后退。这个办法仅适用于某些情况。例如,当需要一段时间冷却情绪,梳理头绪时,可选择退让。但退让同样无助于解决问题,只能暂时缓和局面,避免冲突恶化。

3. 妥协（折中、和解）。这要求全面考虑事情的各方面和来龙去脉。双方坐下来心平气和地谈判,并寻求使双方都满意的解决办法。折中虽然不能决定胜负,但一般能提出双方都可接受的解决办法,并可最有效地减轻项目经理和组织高层管理者之间的冲突。折中有助于思想和观点的交流。

4. 强迫。损害另一方,竭力宣扬单方面的观点,往往是一方赢,另一方输。强迫会为今后的对抗埋下祸根。强迫是万不得已时才考虑的办法,不过,这种办法有时确实可以解决问题。

5. 解决（合作、正视问题、解决问题）。解决与“对抗”不同,解决问题这一办法是指出分歧,将冲突当做问题来解决。人们普遍认为,这是处理冲突的最好方式。通过双方共同努力,找到解决问题的办法,从而满足双方的要求,使双方都达到满意。

尽管面对面是处理与上级之间冲突的最好办法,而折中是化解与职能部门之间争执的较好办法,但解决问题实际上结合了所有的方法。所以,应将其视为首选办法。但是,解决问题必须有时间,冲突各方之间也要彼此充分信任。

三、项目组织结构对冲突的影响

众多的组织结构,最容易产生冲突的是矩阵组织形式。在这种组织中,员工要服从于两个上级,必然会产生大量的冲突。这两个上级必须经常共同努力解决问题。

矩阵组织普遍存在权限不清的问题。项目经理和职能经理尽管表面上各自任务明确,但其职责却经常重叠,他们必须要经常一起协商解决问题。他们之间也会因争夺稀缺资源而产生利益冲突。

在矩阵和项目单列结构中,沟通障碍是最常引起冲突的因素。空间和时间上的分离造成彼此不相往来,只能使各方只顾自己的利益而不会为实现共同目标而努力。

在项目单列的组织结构中,很容易出现依赖一方的情况。最典型的是项目经理在项目质量方面依赖职能经理,而界面工作人员一般会对评价其业绩的人献殷勤。

当冲突双方必须共同作出决定时,冲突就会表面化。在项目单列组织中,某些决定必须由项目经理、最高管理层,以及有关的职能经理共同商量作出。项目班子中背景不同的个人通常需要很长的时间才能就重大的决定达成一致意见。

(一)引起冲突的条件

以前未解决的冲突会影响以后的气氛。项目经理尤其应该了解项目中某些独特的、能引起冲突的条件。主要有:

1. 高度紧张的环境。时间、费用开支和其他方面的目标是衡量项目计划执行情况的尺度,存在于实施情况与目标之间的差距给项目带来了很大的压力。这种压力,会使气氛变得非常紧张。

2. 职责和任务模糊不清。这种情况会经常引起项目经理、职能经理和中间工作人员之间的冲突。

3. 利用先进的技术。复杂的技术要求自然会增加工作中固有的不确定性。

4. 多头领导。当职能经理交代特定项目,而实际工作却由项目经理委派人员完成并进行控制时,混乱就会经常发生。班子成员被置于双重领导之下,一个只顾短期内完成任务,另一个强调长期事业的发展和人员的成长,此种情况下很容易引发冲突。

(二)引起冲突的因素

很多项目经理认为,项目冲突的主要原因是个性差异。如果告诉他们,实际情况很少如此时,他们可能会很惊讶。有人归纳出在项目环境中7种引发冲突的因素:项目的优先次序、管理程序、技术见解、资源分配、预算和开支、进度计划,以及人的个性差异。

进度计划似乎是职能部门、受指派的工作人员和班子成员、上级和下属之间的冲突的主要原因。其他冲突则归咎于技术观点、管理程序、资金分配和费用估算等因素。个性差异冲突最难处理,但与下属之间的冲突却容易处理。

对上述7个原因研究后发现,最激烈的冲突发生在项目经理和职能部门之间。50%的冲突是由进度计划、项目优先次序和资源分配引起的。下面是这7种引起冲突的因素按其实际出现的频率排列的结果:

1. 进度表。在估算项目活动持续时间、确定项目的完成时间、安排活动顺序,以及在制订进度表时,项目参与者经常会提出不同的意见。项目进度计划的冲突发生最频繁,也最激烈。项目经理对负责支持保障的职能部门只有有限的权力,不能完全控制。组织中各部门对轻重缓急或优先顺序的看法和安排不一致。项目经理认为紧急的事情,到了职能部门或顾问人员那里,就成了不必着急的事。进度冲突往往起因于技术和人力资源分配问题。

2. 项目的优先次序。项目参加者经常对为了保证项目成功而应该开展的活动和要完成任务的轻重缓急或优先顺序有不同的看法。优先顺序的冲突不仅发生在项目班子与负责提供保障的职能部门之间,也发生在项目班子内部。

3. 资源分配。对成员来自不同职能部门的项目班子而言,在人员的调配上经常发生冲突。当用人权掌握在职能部门领导手中时,情况可能会更严重。

4. 技术见解。在涉及技术的项目中,人们在技术、性能要求、质量标准、技术方案权衡和实现性能的手段等方面都会有不同的、有时难以统一的看法和意见。

5. 管理程序。许多冲突来自项目的管理方式,例如项目经理的隶属关系、责任、界面、项目范围和性能要求、项目计划、与其他组织商订的协议,以及项目实施组织对项目的后勤支持程序等等。这些事项如果不明确,不能实行,冲突就一定会发生。

在班子成长的磨合阶段容易因管理不善而发生冲突。项目经理如果要建立工作记录和工作核准制度,班子成员就可能对其必要性有不同意见。冲突也会由于班子内部沟通不够、缺少交流,以及无法及时作出决定等情况而发生。另一种情况可能是没有召开足够的项目情况总结会。总结会早几个星期开,会议的内容让其他成员知道,会很有好处。最后,项目经理的领导风格若不为班子成员所接受,也可能会引发冲突。

6. 预算和费用支出。在费用估算和预算安排方面,承担项目工作分解结构中不同工作的个人和支持项目活动的职能部门对预算的要求显然有矛盾。例如,负责提供保障的各职能部门总认为项目经理分配给他们的资金不够用。

7. 人的个性差异。"以我为中心"的态度和行为经常引发冲突。例如,某个项目进度落后了。如果某班子成员晚上加班赶回进度,而另一个成员总是按时下班回家与妻子一起吃晚饭,可能会使两人间产生矛盾。

(三)各阶段产生冲突的原因

在项目生命期各个阶段最易引发冲突的原因分别是:

1. 构思阶段——项目的优先次序、行政管理程序、进度计划;
2. 规划阶段——项目的优先次序、进度计划、行政管理程序;
3. 执行阶段——进度计划、技术问题、人力资源;
4. 项目结束阶段——进度计划、个性冲突、人力资源。

(四)项目经理运用权力应注意的问题

项目能否成功,极大地取决于项目班子和其他利害关系者的行为。项目经理负责对其进行管理,并且要运用权力。权力有5种:正式的权限、惩罚权、奖赏权、感化影响力和借助于上级的影响力。此外,将感化影响力和上级的影响力结合起来可形成说服力,将惩罚权和奖赏权结合起来可形成控制力。

项目经理在运用权力时,应注意如下几点:

1. 尽量避免动用惩罚权。

2. 奖赏权和感化影响力是创造良好氛围和有效地影响他人行为的最好形式。

3. 正式权限应尽可能与感化影响力和奖赏权结合起来使用。

4. 减少冲突的破坏性影响,提高项目经理对项目参与者的影响力的两个因素是:①高度的信任。信任会使他人得到极大的满足,并提高他们的积极主动性。②坦率、开诚布公和有效的沟通。项目沟通必须是灵活和有效的。

四、两方冲突管理

冲突管理至少涉及两方。组织在处理两方冲突时会使用三种典型策略。

(一)赢—赢策略

所谓赢—赢策略,即双方都达到了目的。这种策略需要冲突双方积极配合,所以只适用于有限的情况。该策略主要是为了找到双方都能接受的解决办法。达成共识和作出综合决定是实施这一策略的两种方式。

1. 达成共识。要反复地讨论和分析,提出解决问题的办法;要严格控制情绪,避免冲突激化。讨论的规则应当是:①着眼于解决问题,而不是压倒对方;②避免表决、交换和分担责任;③寻求客观事实,避免进退两难;④将冲突视为有益的,不使其引发威胁或防卫的举动;⑤避免以自我为主而不考虑他人的需要、看法和处境。

2. 综合决定方法。这是指通过以下步骤作出决定:①明确问题/目的;②收集/交换信息;③明确各种切实可行的解决方案;④对各种切实可行的解决方案进行评价;⑤选择“最好的”方案;⑥将“最好的”方案付诸实施。

(二)赢—输策略

所谓赢—输策略,即将冲突视为公开的竞争,包括多数表决原则和少数裁定原则。多数表决原则是行之已久的原则,以正式或非正式的表决确定行动方针。少数裁定原则指由一两个人通过决定,确定行动方针。

(三)输—输策略

输—输策略的思想是,得一点儿总比一无所获强,哪怕得到的东西不能完全达到目的。在许多情况下,一方或双方都尽力以缓和与退让方式避免冲突,而不是靠对抗解决冲突。项目经理在与职能经理谈判时经常使用输—输策略。

在赢—输和输—输策略中,双方就工作方式争论,而不是仔细确定目标和寻找最好的解决办法。这两个策略的共同点是：

1. 分出“我们”和“他们”，而不将双方都变成“我们”，站到同一立场上；

2. 由于是针对另一方，所以双方都争取要么战胜对方，要么被对方所战胜；

3. 双方都只从自己的角度出发考虑问题，而不是按照共同的需要来确认存在的问题；

4. 眼睛只盯着解决办法，而不是同时将重点放在明确目标、价值和动机上；

5. 只注意态度，而不是着眼于事实和问题本身；

6. 冲突的双方总是强调分歧本身，不注意分歧所造成的长期影响和如何解决问题。

思考题

1. 执行项目计划有哪些子过程？

2. 项目班子从组建到真正发挥作用，一般要经过哪几个阶段？

3. 激励理论的各种主要见解是什么，在班子建设中可用来解决什么问题？

4. 项目经理在加强沟通方面可以发挥哪些作用，一般要在沟通上花费多少时间？

5. 分发项目信息的依据、工具和技术及成果是什么？

6. 询价有几种方式，其依据、工具和技术及成果是什么？

7. 什么叫合同和合同管理，其依据、工具和技术及成果是什么？

8. 质量保证提出的历史背景是什么，其依据、工具和技术及成果是什么？

9. 为什么善于倾听他人讲话是最重要的沟通技巧之一？

10. 在哪种类型的组织中，班子建设可能最困难？

11. 当顾客提出超出范围说明书规定的要求时，应如何回答顾客？

12. 项目经理的权力有哪几个组成部分，哪一个不是伴随项目经理职位而来的？

13. 项目发生冲突最通常的原因是什么，解决冲突有几种办法，各自的作用和效果如何？

练习题

1. 请回答表 13－8 中的问题，谁负主要责任，谁负次要责任？

表 13－8

情　　况	应由谁来解决	谁应协助
两个项目班子成员意见截然不同		
经常发生影响项目整体应交付成果的变更		

续表

情　　况	应由谁来解决	谁应协助
在估算项目费用时没有历史资料可借鉴		
班子成员经常被其上司拉去干别的事		
项目经理权限不足,无法安排大家的工作		
资源不足,无法完成项目任务		
项目班子对发生问题时需要做什么没有把握		
高级管理层对项目的日常工作干预太多		
尽管项目经理已经做出了各种努力,但班子成员就是不尽力		
项目班子不知道由谁负责这个项目		
有人在议论,某项目可能要下马		
项目进度计划不切实际		
该项目没有得到管理层的足够支持		
高层管理没有提供足够的时间进行充分的项目规划		
对于诸项任务的轻重缓急,班子看法不一		
项目已经落后于进度计划		

注:这个练习是为了帮助理解谁应该对项目中的哪些事负责而设计的。请牢记,这个练习没有“正确的”答案,答案取决于如何解释各种情况。

2. 表13－9中的每一句话都和下方的一个术语相对应,请把这些话同正确的术语搭配成对。

表13－9

话　　语	术　语
1. 最终愿意为本项目及其成果支付的外部利害关系者	
2. 对于本项目的目标和战略拥有共同的理解基础	
3. 项目模型中项目正式启动之前的阶段,在这期间要对潜在项目的预期成果的商业机会进行评估	
4. 对项目及其成果负有商业和财务责任的管理人员	
5. 介绍从项目获得的经验、观察的事实和改进的建议简要情况的文件	
6. 对项目所有阶段中的所有项目管理活动和文件所作的说明	

续表

话　　语	术　语
7. 所有的内部利害关系者——包括项目成员和涉及该项目的所有其他人	
8. 对组织的全部项目的整体进行管理，是以通过成功的项目管理，达到组织的各种商业和社会目标为目的	
9. 组织内在项目结束后，接管项目成果责任的管理人员	
10. 对单独项目的管理	

术	语	
预研究阶段	顾　客	项目成果接收者
员工个人	最终报告	项目管理模型
项目委托人	统一认识	
多项目管理	项目管理	

第十四章 项目控制

MODERN PROJECT MANAGEMENT

内容提要

- 项目计划不可能预料到项目实际进程的所有方面和细节，当项目不能按照原计划进行时，需要对项目进行控制
- 解释控制的正确含义
- 整体变更、范围核实、范围变更、进度、费用、质量、实施情况报告和风险监视等子过程的具体做法
- 实施情况报告的类型、内容、格式、用途和编写要点

学习重点

- 项目计划主观性产生的原因和表现
- 项目控制的各子过程、形式和类型、方法和策略
- 项目实际情况的测量、与计划的比较、对比较结果的判断、纠正行动的设计和实施，以及对未来情况的预测
- 实施情况报告的类型、内容、格式、用途和编写要点

第一节 计划与控制

一、项目计划的主观性

现实生活中,项目由于其独特性,其目的、要求和目标很难完全按照计划达到、满足和实现。一般而言,项目计划只是对项目全过程各个方面的一种设想、预测、谋划和主观安排。项目的实际进程在制订各方面计划时是不可能都预料到的。特殊而言,由于项目固有的临时性和独特性,不但项目班子不可能预料到将来的所有情况,就连顾客、项目委托人或其他项目利害关系者对项目的真正期望和要求也常常弄不清楚。

项目班子在制订项目计划时,实际上做了种种假设,这些假设在项目实施过程中可能成立,也可能不成立。例如,在编制费用计划时,项目经理和班子成员在无法确定进口部件当时价格的情况下,也许就将前一年的价格乘上通货膨胀系数之后当做其将来采购时的价格。他们这样做,实际上就是假定进口部件的价格上涨幅度是通货膨胀率。当然,假设不再成立可能给项目带来损失,但也有可能带来好处,增加收益。

项目的环境总是变化的。随着项目的开展,项目各利害关系者对项目的要求和期望会越来越具体。他们的要求甚至会使项目计划发生颠覆性的变化,因此,项目班子在制订各方面计划时难免有疏漏和错误。另外,项目规划没有数学公式那样精确的程序可以遵循。同一个项目,不同的人就会作出不同的项目计划来。也就是说,项目计划的主观性很强,实际情况难免出人意料。

总之,项目计划在执行过程中,一定会有种种原因使项目不能按照原计划轨道进行,从而出现偏差。当然,项目不按照原计划进行,新的轨道比原来的轨道更好也是有可能的。正因为如此,项目经理和项目班子就需要对项目各过程进行控制。

二、控制及其子过程

所谓控制,就是对项目进展进行监视和测量,若发现实际情况偏离了基准,就要找出原因并判别偏离基准是否会最终影响项目计划的实现。若是,则应采取行动,使过程回到计划轨道或更有利的轨道上去;反之,则不必过多干预。

在执行项目计划过程中,项目班子必须定期测量项目的实施情况,找出偏离计划之处,并实施有关的控制子过程。如果偏差很显著,则须通过有关的规划子过程,对计划作出调整。控制还包括采取预防措施。例如,活动的结束时间若有拖延,就可能需要调整人员的安排计划,或者要求现有人员加班。一旦加班,或增加其他资源,就必须在预算和进度之间进行权衡。

控制各子过程包括核心过程和保证性过程。各控制子过程彼此之间的关系表示在图

14－1中。以下是对控制各子过程的简要说明。

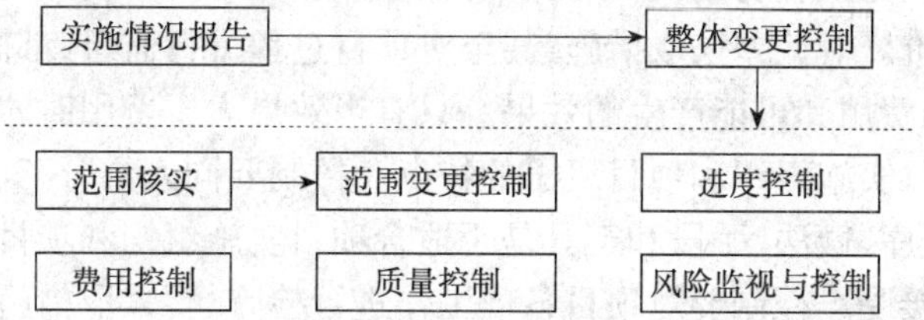

图14－1　控制各子过程之间的关系

(1)整体变更控制，就是协调贯穿整个项目的变更，或者权衡项目各不同方面的变更。

(2)范围核实，就是审查应交付成果和工作结果，正式认可项目的范围。

(3)范围变更控制，就是控制项目范围的变更。

(4)进度控制，就是控制项目进度计划的变更。

(5)费用控制，就是控制项目预算的变更。

(6)质量控制，就是监督具体的项目结果，确定它们是否符合有关的质量标准，设法消除导致不符合质量标准的因素。

(7)实施情况报告，就是收集和分发进程情况信息，其中包括状态报告、进展测量和预测等。

(8)风险监视与控制，就是跟踪已识别出的风险，监督残余风险，识别新风险，确保执行风险计划，评价它们减轻风险的有效性。

项目计划中的某些东西在执行过程中才会发现无法实现，即使勉强实现，也要付出很高的代价。遇到这种情况，就必须对项目计划进行修改，或重新规划。在项目实施过程中要进行多次规划(P)、实施(D)、检查(C)和行动(A)循环。

项目的临时性质，使项目控制有别于其他管理控制。企业生产或业务活动可事先制定出明确的标准，在生产或业务活动过程中，管理人员将实施的实际情况同这些标准进行对照，由此发现计划的偏离程度。但是，项目活动一般由于无先例，事先不能制定出明确的标准。所以，项目常常根据投入的多少，例如费用、人力或其他资源，对实施结果进行评价，通过协商和判断来进行控制。

三、实现项目控制的必要条件

项目控制要真正有效，就必须做到以下几点：

第一，要有明确的目的。项目控制的基本目的就是保证实现项目的范围、进度、质量、费用、风险、人力资源、沟通、合同等方面的目标。

第二,控制要及时。必须及时发现偏差,迅速报告有关的利害关系者,使他们能及时作出决策,采取措施加以更正。否则,就会延误时机,造成难以弥补的损失。

第三,要考虑代价。对偏差采取措施,甚至对项目过程进行监督,都需要费用。因此,一定要比较控制活动的费用和可能产生的效果。只有当效果大于费用时才值得进行控制。

第四,要适合项目实施组织和项目班子的特点。控制要同人员分工、职责和权限结合起来。要考虑控制的程序、做法、手段和工具是否适合项目实施组织和项目班子成员个人的特点,是否能被他们所接受。控制要对项目各项工作进行检查,要采取措施进行纠正等。所有这些都要涉及人。人们一般是不愿意接受使他们感到不愉快的控制措施的。实施控制的项目经理或其他成员应当掌握一些心理学知识,弄清人们为何对控制产生抵触情绪,研究如何诱发人们对控制的积极态度。

第五,要注意随时预测项目的发展趋势。事后发现问题加以补救,不如提前预见并采取预防措施,做到防患于未然。

第六,要有灵活性。项目的内外环境常会有变化,控制人员应事先准备好多种备用方案,一种方法不行,就换用另一种方法。

第七,要有重点。项目工作千头万绪,不可能事事关照,时时关照。一定要抓住对实现项目目标有重大影响的关键问题和关键时点。在项目进度管理中,要抓住里程碑。抓住重点,可大大提高控制工作的效率。抓住重点,还意味着把注意力集中在异常情况上。一般的正常情况无须多加关照。异常情况抓住了,就相当于抓住了"牛鼻子",抓住了关键。

第八,要便于项目利害关系者了解情况。向这些人员介绍情况,经常要使用数据、图表、文字说明、数学公式,甚至录像等。项目管理人员一定要保证这些手段直观、形象、一目了然。口头介绍时,要语言通俗、重点突出、简明扼要。

第九,要有全局观念。项目的各个方面都需要控制,例如,进度、质量、费用、人力资源、合同等。特别要注意防止"头痛医头,脚痛医脚"的做法。如在进度拖延时,不考虑其他后果,简单地靠增加投入来赶进度就不能算有全局观念。因为增加投入往往会损害费用控制目标。

四、控制的形式和类型

控制可以采取多种形式,有各种类型,可以从不同的角度加以划分。

(一)正规控制和非正规控制

正规控制就是定期召开进程情况汇报会,阅读项目实施情况报告等。正规控制要利用项目实施组织或项目班子建立起来的管理系统进行控制,如项目管理信息系统、变更控制制度、项目实施组织财务系统、工作核准系统等。非正规控制的方式主要包括项目经理频繁地到项目管理现场,同项目管理人员交流,了解情况,及时解决问题。这又被称为"走动管理"。

非正规控制有若干好处：了解的情况多而及时；人们在现场要比在办公室里坦率、诚恳；项目管理人员在工作岗位上要比不在时更愿意向他人介绍自己的工作和成就，项目经理若在这时候表示赞许，则能激发他们的干劲和创造精神；如果项目要出问题，则容易在其酝酿阶段发现；项目经理到现场会产生多方面的微妙感受，能够觉察出许多潜伏的问题；在现场，容易缩小项目经理和班子成员之间的距离，使讨论问题的气氛更融洽，更容易找出解决问题的办法。

当然，项目经理到了现场，千万不要随便发号施令，发指示要通过项目组织系统。否则，就会越权，就会造成令出多门，让项目班子无所适从，最终瓦解以高昂代价建立起的项目班子。

正规和非正规两种控制的步骤相同，非正规控制要比正规控制频繁。正规控制每次花费的时间一般比非正规控制长，但总的时间上非正规控制并不比正规控制少，有时反而更多。正规和非正规两种控制过程都必不可少。

（二）预防性控制和更正性控制

预防性控制就是在深刻理解项目各项活动，预见可能发生的问题基础上，制定出相应的措施，防止不利事件的发生。制定规章制度、工作程序、进行人员培训等都属于预防性控制。

更正性控制是由于未能或者根本无法预见项目会发生什么问题，只能在问题出现后采取行动，纠正偏差。更正性控制要比预防性控制用得更多些。利用反映过去情况的信息指导现在和将来的工作，即为（信息）反馈控制。更正性控制往往借助信息反馈来实现，其关键是信息要准确、及时、完整地送达项目经理或其他决策者手中。

（三）预先控制、过程控制和事后控制

预先控制是在项目活动或阶段开始时进行，可以防止使用不合要求的资源，保证项目的投入满足规定的要求。如对进场的材料和设备进行检查。

过程控制是对进行过程中的项目活动进行检查和指导。过程控制一般在现场进行。过程控制一定要注意项目活动和控制对象的特点。很多项目活动是分散在不同的空间和时间中进行的。如何进行过程控制，需要项目经理动些脑筋。

事后控制在项目活动或阶段结束或临近结束时进行。生产企业的质量控制可以采取事后控制，但项日控制不宜采取事后控制，因为不利的偏差已经造成损害，再也无法弥补了。

（四）直接控制和间接控制

直接控制着眼于产生偏差的根源，而间接控制着眼于偏差本身。项目活动的一次性常常迫使项目班子采取间接控制。项目经理直接对项目活动进行控制属于直接控制；不直接对项目活动而对项目班子成员进行控制，具体的项目活动由项目班子成员去控制，属于间接控制。

五、控制的方法和策略

项目控制要讲究策略,以下策略可供项目班子参考。

(一)不要丢掉控制权

项目实施过程中,具体工作要由班子成员去做,要把必要的权限交给他们。但是,在他们完成任务后应把相应的权限及时收回。在把工作委托给下属,将权限交给他们时,下属的自我控制能力就变得非常重要。遇到难题或不利的局面时,需要请项目班子和有关的利害关系者讨论,请他们提出建议。有些人就可能企图控制局面,要求按照他们的建议去办。这时候,项目经理一定要保持清醒的头脑,不要在咄咄逼人的气氛中放弃控制权。为了保持对项目的控制,项目经理一定要有多种备选方案,对于班子成员的工作多给予指导和帮助。

(二)让决策者及时了解情况

项目管理班子可支配的资源以及权限都是有限的。对于一些重大问题,必须争取项目实施组织上层决策者的支持。提前将重大问题通报给他们,使其能够根据及时、准确和可靠的信息作出决定。不能事先不通气,临时搞突然袭击。需要上层决策者批准的问题,也要提前准备好有关资料和文件,包括问题的来龙去脉和有关背景。这样,他们就能够及时地给予批准,不影响项目的进展。项目经理向他们通报情况时,务必实事求是,不能掩盖事实真相,弄虚作假。

(三)充分利用决策层的协调能力

项目经理在进行控制时,往往需要项目班子以外的有关职能部门进行配合。尽管项目班子可以同他们商量,请其协助。但在许多情况下,请项目实施组织的决策者出面,可以大大加强对项目的控制。请决策者出面,不是"挟天子以令诸侯",而是因为他们能够统帅全局。

(四)加强沟通

加强项目内外和上下的沟通,顺畅信息交流,做到下情上达,上情下达,是实行项目控制的基本条件。项目班子应当建立起完善的沟通网络、信息反馈环和定期报告评价系统。

(五)根据修改后的计划进行控制

控制的基本依据是项目计划,但是项目计划可能会随时修改,所以项目控制的标准、方法和策略也要不断更新,不能固守不变。

六、变更控制

(一)变更

项目利害关系者常常由于各种原因要求对项目计划进行修改,甚至重新规划。这一类修改或变化，叫做“变更”。变更发生在项目的范围、进度、质量、费用、风险、人力资源、沟通、合同等很多方面，并将影响到其他方面。

（二）变更的来源

变更的原因和来源十分复杂，可以将其归纳为如下几种。

1. 人员变化。当今时代，组织人员的变化十分频繁。经济体制改革、企业改革、政府机构改革、事业的扩大、新机会的来临等等，所有这些都是人员流动的原因。

人员，特别是组织高层领导的变动造成了许多组织项目优先顺序的改变。离开者钟爱的项目经常被新来者冷落到一边。

2. 经费不稳定。美国联邦政府预算总署在1989年做过一次调查，重大政府项目费用超支和进度拖延大多同预算不稳定有关。有些项目，资金刚刚拨到，随后又被调走。究其原因，是国会经常改变项目预算资金。经费不稳定并非政府项目所独有。企业在经济全球化带来的竞争面前，其财力也经常遇到巨大的挑战，它们不得不严格控制支出。结果，许多已计划好的项目的预算不得不进行削减。

3. 技术的变化。技术发展极为迅速。这种发展和变化对项目活动产生了巨大影响，产品和技术的生命期越来越短。在这种情况下，项目的完成时间只要超过半年，就必须考虑项目使用的技术、行动方案、项目计划以及创造的产品或服务是否会落伍的问题。要经常问自己：现在是独特的产品或服务，明年是否还是这样？

4. 竞争环境的变化。当今时代，不再是封闭的时代，信息、知识和技术传播得十分迅速。保密已经十分困难，世界各国的技术和商业间谍活动十分活跃。竞争对手的活动经常是决定本项目命运的关键因素。本项目的独特之处或缺陷经常被竞争对手所利用。本项目的行动必须随时考虑对手的动向。这样一来，本项目的计划就不得不经常变动。

5. 思想和观念的变化。顾客、委托人、项目母体组织和项目班子主要成员的思想变化也是变更的一个重要原因。随着项目的进展，这些人会萌发新的想法，改变他们对项目的要求。项目初始阶段一些不清楚的朦胧想法，随着项目应交付成果的成形，逐渐清楚了起来，于是便能够提出具体的要求。而这些具体要求经常与原来制订项目计划的依据不符，甚至是颠覆性的。这些人还经常受到外界的启发而改变想法。

6. 国民经济形势的变化。经济的快速发展或收缩、突如其来的金融危机、意想不到的国际收支困境、严重的通货膨胀等情况，都可以将原定的项目预算变成废纸，随之带来不可避免的项目计划变更。

（三）变更管理的策略

同对待任何变化一样，对待变更也有主动和被动两种策略。一般来说，项目经理要采取积极的策略来对变更施加管理，以利于整个项目的顺利进行。

1. 做好思想准备。要使项目的参与者做好思想准备，使他们认识到，变化不仅是世间万物的常态,而且变更之中往往蕴藏着机会,能对整个项目带来积极有益的影响。虽然当变化具体涉及项目参与人的工作安排和利益时,很少有人会欣然接受。但项目经理应当多做工作,让他们接受应当接受的变更。

2. 因势利导。项目经理应学会利用变更造成的乱局,将事情引导到有利的方向上去。在许多情况下变更可以为原本已经陷入困境的组织找到解脱途径。当然,并不是所有的变更都会打乱原来的安排,也不是所有的变更请求都必须接受。第7章介绍的快速样品法和配置管理都是利用或阻止变更的有效方法。

3. 对变更进行严格控制。对于变更,项目经理和项目班子必须进行控制。变更分为影响项目整体和局部的两大类。对于影响项目全局的变更要特别重视。项目控制的很大部分就是控制变更。

为了对项目变更进行控制,应由项目实施组织、项目班子或两者共同建立"变更控制制度"。变更控制制度就是一套事先确定的修改项目文件或改变项目活动时应遵循的程序,其中包括必要的表格或其他书面文件,责任追踪和变更审批制度、人员和权限。此外,若有必要和可能,还可以成立"变更控制委员会",负责批准或拒绝变更请求。变更控制制度应当明确规定变更控制委员会的责任和权力,并由所有的项目利害关系者认可。大型、复杂的项目可能要设多个变更控制委员会,担负不同的责任。变更控制制度还应当有处理自动变更的机制。所谓自动变更,又称"现场变更",是不经事先审查即可批准的变更。多数自动变更是由意外的紧急情况造成的。变更控制制度可细分为整体、范围、进度、费用和合同变更控制制度。变更控制制度应当同项目管理信息系统一起通盘考虑,形成整体。

变更控制的任务有查明项目内外存在哪些造成变更的因素,必要时设法消除这些因素以及查明项目是否已经发生变更和在变更实际发生时对其进行管理。各方面的变更控制必须紧密结合起来。

变更控制的依据是项目实施情况报告和有关方面的变更请求。变更请求可以是口头或书面的、直接或间接的,可以来自项目外部或内部,也可以是法律要求的或可由项目班子加以选择的。除存在紧急情况,口头变更必须形成书面文件之后才能受理。

第二节　范围核实和范围变更控制

一、范围核实

范围核实是利害关系者(委托人、顾客等)在项目阶段结束或整个项目结束时,审查项目范围即项目班子应当完成的工作结果和成果,在其符合要求时,正式验收。核实项目范围时务必查明和督促一切工作都做到正确无误、令人满意。如果项目因某种原因提前结束,则范围核实就应当确定已经完成的部分到达了何种水平和范围,并将其形成文件。范围核实与质量控制不同,该过程主要关心的是对项目班子工作结果的认可,而质量控制主要关心的是工作结果是否正确,是否达到了质量标准。当然,这两件事一般是同时进行的,在工作结果符合质量标准要求时予以认可。

(一)范围核实的依据

1. 工作结果。工作结果是执行项目计划的一种结果,既是核实的对象,又是核实的依据。范围核实时要查明项目班子的哪些工作及其应交付成果已经完全或部分地完成了。

2. 成果文件。成果文件就是为记载和说明项目成果或其某一阶段的应交付成果而形成的文件。因此,范围核实时必须审查成果文件。这类文件有多种形式和名称,如计划、技术要求说明书、设计说明书、图纸和其他技术文件等。

3. 项目工作分解结构。项目工作分解结构是范围定义的辅助手段,当然要用来核实项目的工作。

4. 范围说明书。范围说明书详细地说明了项目的范围,因此应当进行核实。

5. 项目计划。以项目计划作为核实项目范围的依据是不言而喻的。

(二)范围核实的工具和技术

项目计划、成果文件、范围说明书,以及其他文件中规定的工作是否已经完成,必须到现场检查,只在办公室听汇报不行。检查时,要对项目班子的工作结果进行测量、考察和试验,以判明其工作是否符合要求。现场检查有多种不同的叫法,例如,审查、成果审查、审计和演练等。在不同的应用领域,不同的叫法都有其特定的含义。

(三)范围核实的成果

范围核实的成果就是正式验收。正式验收要有表明顾客或委托人已接受了项目或阶段性成果的书面文件为凭。这些验收文件编好之后要分发给项目沟通管理计划中记载的需要者。验收可以是有条件的验收,特别是在项目的某个阶段结束时。

二、范围变更控制

(一)范围变更控制的内容

范围变更控制的内容是:①对造成范围变更的因素施加影响,确保变更取得各方面的一致同意;②判断已经发生的变更是否属于范围变更;③当实际变更发生时对它们进行管理。

范围变更控制必须与时间控制、费用控制、质量控制和其他控制过程有机地结合起来,给予综合考虑。

(二)范围变更控制的依据

1. 工作分解结构。工作分解结构在范围变更中充当项目范围的基准,项目班子应当将实际发生的变更同这个基准加以对照。

2. 实施情况报告。实施情况报告提供了有关范围实际情况的资料,如哪些中间成果已经完成,哪些还没有完成。实施情况报告还预先警告项目管理班子注意将来可能会引起麻烦的那些问题。实施情况报告的内容、用途和编写方法将在本章第8节中加以介绍。

3. 变更请求。变更请求可能有多种形式,口头的或书面的,直接的或间接的,外部提出或内部提出的,法律上要求的或可以选择的。变更可能要求扩大项目范围或缩小项目范围。大多数变更请求是下列事项的结果:

(1)某个外部事件(例如,政府法规的变更)。

(2)定义成果范围时的错误或遗漏(例如,在设计电讯系统时忘记了某个必要的性能)。

(3)定义项目范围时的错误或遗漏(例如,未使用工作分解结构,而使用了材料清单)。

(4)增值变更。增值变更,就是在执行项目计划过程中出现了确定项目范围时尚未出现的能够为项目增加好处的技术、资源或机会,如果改变原来项目计划中的活动、技术、资源安排等而采用新技术或资源,就能降低成本、缩短时间、增加收益等。例如,某环境治理项目能够利用原来定义范围时尚未出现的技术来降低费用,由此引发的变更叫做"增值变更"。增值变更可能由顾客、委托人、项目班子或其他利害关系者提出。

(5)为应对某些风险而实施应急计划或权变计划。

4. 范围管理计划。范围管理计划说明了如何管理项目范围以及如何将范围变更纳入项目之中。此外,它还对项目范围将来的稳定性进行了评价(即改变的可能性、频度和程度如何)。范围管理计划还对如何识别范围变更以及如何将其分类给予了清楚明白的说明。

(三)范围变更控制的工具和技术

1. 范围变更控制制度。范围变更控制制度明确了项目范围变更应遵循的程序。该项制度包括书面文字工作、追踪办法,以及核准变更必须经过的批准层次。范围变更控制制度应当同整体变更控制,特别是同任何控制成果范围的现有制度或多个制度结合起来。当项目是根据合同而实施时,范围变更控制还必须符合合同的所有有关规定。

2. 实际进展测量。本章第三节和第四节将要说明如何将实施进展测量技术用于评价任何实际发生的偏差的大小。确定是什么事情引起了相对于基准的偏差,判断这些偏差是否必须采取纠正行动,这两者都是范围变更控制的重要组成部分。

3. 补充规划。项目很少会一点不差地完全按照计划进行。将来一旦出现变更,就可能需要对工作分解结构进行修改,或者采取其他替代方案。

(四)变更控制的成果

1. 范围变更。范围变更就是对经过批准的工作分解结构所定义的项目范围所做的任何修改。范围变更经常要求对费用、时间、质量或其他项目目标进行调整。一旦提出并批准范围变更,就会影响到项目其他方面的计划和活动。因此,在必要时必须更新有关的技术和计划文件,并相应地通知利害关系者。

2. 纠正行动。为了将项目未来预期的实施情况控制在项目计划范围内而采取的所有行动都称为“纠正行动”。纠正行动是范围变更控制的结果。

3. 吸取的教训。产生偏差的原因、选择纠正行动依据的理由,以及从范围变更控制吸取的其他形式的教训,都应形成文件,将其作为本项目以及实施组织其他项目的历史数据的组成部分。

4. 经过调整的基准。变更的性质不同,有时候需要修改相应的基准文件,反映已经批准的变更。修改后的基准文件应当重新发出去,既为有关利害关系者提供新的执行基准,又为将来的变更建立新基准。

第三节　进度控制

项目各项活动的开始和结束时间均已反映在经过批准的进度表中。显然,计划归计划,实际活动和项目的开始和结束时间都会因项目内外的各种原因而改变。项目班子同样需要对项目的进度进行控制。进度控制的内容主要有:①对造成进度变化的因素施加影响,在变化不可避免时,一定要取得各利害关系者的一致认可。②测量实际进度,将其与项目进度计划进行比较,查明实际进度是否偏离了计划。③当实际进度偏离计划时,对进度实施管理。必须牢记,进度控制必须要与其他控制过程紧密配合。

一、进度控制的依据

进度控制要以进度基准、实施情况报告、变更请求和进度管理计划为依据。经过批准的项目进度表,叫做“进度基准”,是项目计划的一个组成部分。它是测量和报告进度实施情况的根据。

进度管理计划说明了如何管理时间进度的变化。进度管理计划可以是正式的或非正式的,可以采取很详细的或大致轮廓式的方式,具体视项目的需要而定。该计划是项目计划的一个组成部分。

实施情况报告提供了进度执行情况的资料,例如,哪些项目计划的日期已经达到,哪些还没有达到。进度报告还提醒项目班子注意将来有可能遇到哪些麻烦。变更请求则是要求延缓进度或加快进度。

项目进度计划至少包括每一活动的计划开始时间和预期结束的时间。该计划可以摘要的形式(总进度计划)表示,也可以详细列出;可以用表格的形式表达进度计划,但一般都是利用各种图形表示出来。例如,网络图、横道图、里程碑图和详细辅助资料。网络图可以加上日期,既表示了活动之间的逻辑关系,又表示了项目关键路线上的活动。横道图,可以同时显示出活动的开始、结束日期和预期持续时间,有时也可以表示活动之间的逻辑关系。这种图易懂,在向管理层介绍项目进度时经常使用。里程碑图与横道图类似,但是仅标示出主要应交付成果的开始和完成时间以及关键的外部界面。

项目进度计划的详细辅助资料至少包括所有假设前提和制约因素的记载。详细辅助资料中细节的数量因应用领域而异。例如:①在施工项目上,最可能包括的有资源时间变化图、现金流预测,以及订货和交货时间表。②在电子项目上,最可能包括的只有资源时间变化图。

二、测量和记录实际进度

要想知道项目的实际进度是否符合原定计划,首先就要测量并记录项目的实际进度情况。

(一)测量实际进度

1. 了解项目各项活动的实际持续时间。例如,某活动计划持续时间为4天,而实际上用了5天。

2. 了解各项活动的实际开始和结束时间。例如,某活动计划于3月1日开始,3月6日结束,而实际上却是于3月7日开始,3月14日结束。

3. 了解哪些活动已经完成,哪些尚未完成。

(二)记录实际进度

将上述了解到的情况和数据记录在项目进度计划之中,例如,记录在横道图、网络图、活动清单上。记录的方式多种多样。表14-1和图14-2分别是某项目进度计划的活动清单和双代号网络图。项目管理人员在项目实施后第5天下班时,对项目的实际进度进行了检查。实际情况如图14-2中的虚线所示。他将所了解到的实际情况记在表14-2之中。表14-3和图14-3是项目实施后第9天下班时的检查记录。

表14-1 某项目活动清单 时间单位:天

活动编号	活动名称	持续时间	紧前活动	ES	EF	LS	LF	TF	FF
(1,2)	A	3	—	0	3	0	3	0	
(2,3)	B	3	A	3	6	3	6	0	
(2,4)	C	2	A	3	5	5	7	2	
(3,7)	D	3	B	6	9	6	9	0	
(5,6)	E	2	B,C	6	8	7	9	1	
(4,8)	F	1	C	5	6	9	10	4	
(7,9)	G	2	D,E	9	11	9	11	0	
(8,9)	H	1	E,F	8	9	10	11	2	
(9,10)	I	1	G,H	11	12	11	12	0	

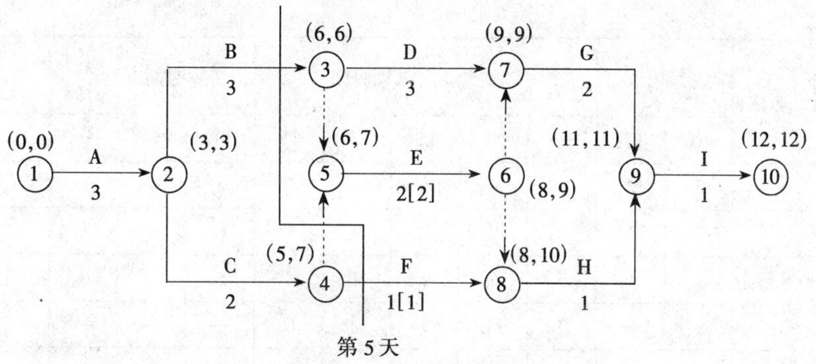

图 14－2　第 5 天下班检查时的网络图

（图中[]内数字表示在第 5 天下班后尚需进行的天数）

表 14 －2　某项目第 5 天下班检查时实际进度记录　　时间单位：天

活动编号	活动名称	持续时间		计划开始与结束时间					实际时间		尚需时间	说明
		计划	实际	ES	EF	LS	LF	TF	开始	结束		
(1,2)	A	3	3	0	3	0	3	0	0	3	0	已如期完成
(2,3)	B	3	2	3	6	3	6	0	3	—	1	
(2,4)	C	2	2	3	5	5	7	2	3	5	0	已如期完成
(3,7)	D	3	—	6	9	6	9	0	—	—	—	
(5,6)	E	2	—	6	8	7	9	1	—	—	—	
(4,8)	F	1	—	5	6	9	10	4	—	—	—	
(7,9)	G	2	—	9	11	9	11	0	—	—	—	
(8,9)	H	1	—	8	9	10	11	2	—	—	—	
(9,10)	I	1	—	11	12	11	12	0	—	—	—	

表 14 －3　某项目第 9 天下班检查时实际进度记录　　时间单位：天

活动编号	活动名称	持续时间		计划开始与结束时间					实际时间		尚需时间	说明
		计划	实际	ES	EF	LS	LF	TF	开始	结束		
(1,2)	A	3	3	0	3	0	3	0	0	3	0	已如期完成
(2,3)	B	3	2	3	6	3	6	0	3	—	1	
(2,4)	C	2	2	3	5	5	7	2	3	5	0	已如期完成

续表

活动编号	活动名称	持续时间		计划开始与结束时间					实际时间		尚需时间	说明
		计划	实际	ES	EF	LS	LF	TF	开始	结束		
(3,7)	D	3	2	6	9	6	9	0	6	—	1	尚未完成
(5,6)	E	2	1	6	8	7	9	1	6	—	1	尚未完成
(4,8)	F	1	1	5	6	9	10	4	5	—	0	已如期完成
(7,9)	G	2	—	9	11	9	11	0	—	—	—	
(8,9)	H	1	—	8	9	10	11	2	—	—	—	
(9,10)	I	1	—	11	12	11	12	0	—	—	—	

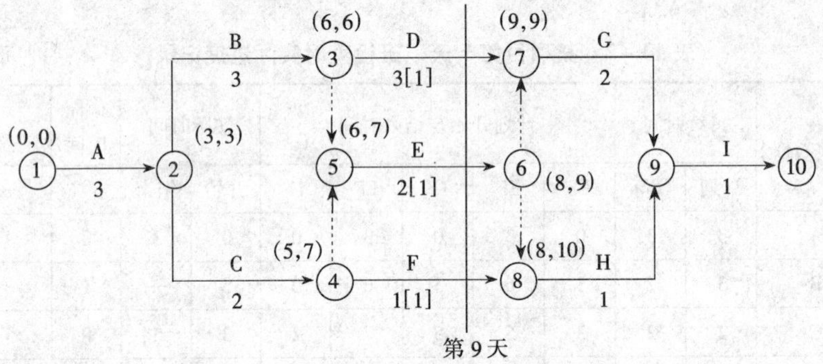

图 14-3 第 9 天下班检查时的网络图

（图中[ ]内数字表示在第 9 天下班后尚需进行的天数）

三、实际进度与进度表的比较

在测量和记录下实际进度情况后，就要将实际进度同进度表即计划进度进行比较。表 14-4 是第 5 天下班时的比较结果。比较时，先要注意关键活动，然后再考察非关键活动，看一看其中是否有延误的地方。在此例中，活动 B 是关键活动，而活动 E 和 F 是非关键活动。还需注意的是，表 14-1 中活动 F 的计划最早开始时间 ES 是第 6 天上班时。从表 14-4中可以看出，关键活动 B(2,3) 和非关键活动 F(4,8) 均未拖延。

表 14-4 第 5 天下班时进度比较结果 时间单位：天

活动编号	活动名称	尚需时间	按 LF 尚有时间	剩余总时差	原有总时差 TF	偏离计划情况
(2,3)	B	1	6 - 5 = 1	1 - 1 = 0	0	正常
(4,8)	F	1	10 - 5 = 5	5 - 1 = 4	4	正常

第 9 天下班时进度的比较结果在表 14－5 中。由表 14－5 看出，关键活动 D（3,7）拖延了 1 天，非关键活动 E 也拖延了 1 天。同样，在比较时需注意，活动 D 和 E 的计划最早开始时间 ES 都应当是第 6 天上班时。

表 14－5　第 9 天下班时进度的比较结果　　时间单位：天

活动编号	活动名称	尚需时间	按 LF 尚有时间	剩余总时差	原有总时差 TF	偏离计划情况
(3,7)	D	1	9 － 9 ＝ 0	0－1 ＝ －1	0	－1 天
(4,8)	F	1	10 － 9 ＝ 1	1 － 1 ＝ 0	4	正常
(5,6)	E	1	9 － 9 ＝ 0	0 －1 ＝ －1	1	－1 天

上述比较方法叫做"进度变差分析"。如果进度计划用时标网络表示，则测量和比较进度就很方便。图 14－4 就是某项目的时标网络图。假设项目管理人员在项目开始后第 4 天下班时测量实际进度，则结果如下。

以第 4 天（日历天为 9 月 18 日）的竖向点画线为界，向右表示提前，向左表示拖后，从图 14－4 中可以看出，活动(2,5)延误半天，活动(4,9)进展正常。

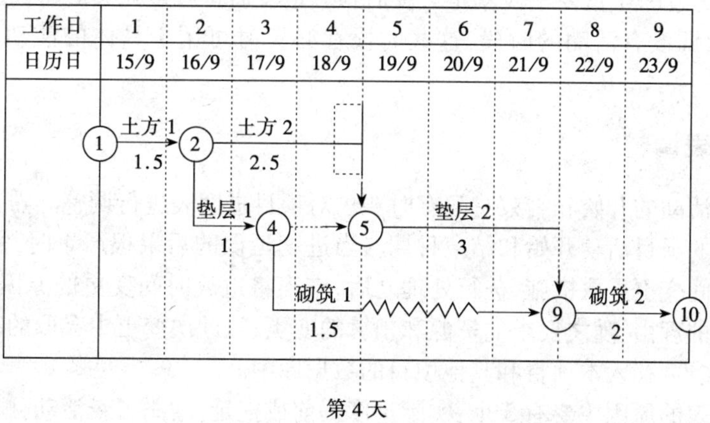

图 14－4　利用时标网络测量和比较进度

实际进度的测量和比较，除了上述方法之外，还可以利用下面第四节中将要介绍的进度费用变差分析，根据表示项目费用计划的 S 曲线来进行测量和比较。

四、进度控制措施

测量实际进度并将其与进度表比较，是为了判断各项目活动进度偏差的大小是否需要采取行动加以纠正。一般而言，非关键活动即使延误很多，一般也不会对项目整个完成时间造成大的影响，而关键活动或接近关键路线的活动出现较大的延误则应马上采取行动。

实际进度出现偏差时,要求修改或重新估计活动的持续时间,修改活动顺序或研究替代进度表。

随着项目的进展,要随时根据测量和比较的结果和其他原因修改进度表。在修改进度表的同时,还应修改同进度管理有关的其他资料和文件,必要时,还要将修改通知给有关的利害关系者。当实际进度偏离进度表很多,特别是出现很大的延误时,在修改进度表之前就应当通知他们,征求其意见。

在进度控制方面常采取的措施是压缩关键活动的持续时间(俗称“赶进度”),即为保证项目活动按时完成或尽可能少延误而采取的特别行动。例如,重新分配人力和其他资源、激励承包商、改变活动顺序以及快速跟进等。快速跟进就是让某些关键活动在紧前活动尚未结束时就开始。个别情况下,会由于资金未及时供应或配套项目无法按时完成而要求项目进度不是加快而是延缓。

进度控制必须要与整体、范围、费用和合同变更控制等过程紧密配合。例如,为了压缩关键活动的持续时间,一般要增加费用。而由于某种原因需要增加新活动时,就会造成范围变更和合同变更。

进度控制另外一个重要手段就是进度后备。进度后备就是在关键路线上设置一段时差或称机动时间,即没有活动的时段,这些时段在必要时可用于具体的活动、活动组或整个项目。

五、进度表调整

修改项目活动的开始和结束时间有时要求对项目进度表进行调整。需要修改的一般是原来经过批准的项目活动开始和结束日期。当进度延误的后果很严重时,需要重新确定基准日期。对时间变更采取措施,进行处理之后,应当将造成时间变更的原因、采取的措施以及采取此措施的理由、随之要求的资源和预算的变更、从此次变更中吸取的教训等都记录在案,形成书面文件,存入本项目和其他项目的数据库中。

修改进度表的原因主要有 3 个:实际进度提前或拖延,增添了新活动,删除了某些活动。修改后的进度表,也要用网络图等图形表示出来。下面介绍前两种情况的进度表调整方法。

(一)实际进度提前或拖延

关键活动和非关键活动实际开始、结束和持续时间同计划的偏离对项目完成时间的影响不同,应当区别对待。

如果比较的结果表明,某些关键活动延误了,则整个项目的完成时间就要延长。如果不允许延长项目完成时间,就要压缩关键活动的持续时间。在压缩关键活动的时间时,就可能改变原来的关键路线,被压缩活动的后续各活动的最早和最迟开始时间以及时差都可能改变,因此后续活动的持续时间也需要修改。

当某些非关键活动实际持续时间延长,并且超过了总时差时,就会影响整个项目的完成时间，就会变成关键活动，网络图中的关键路线就会改变。对于非关键路线上的活动，如果其实际持续时间延长之后，并未超过总时差，则不会影响整个项目的完成时间，因此就不必调整进度计划。

由于上述各种原因，需要重新计算修改后的网络图的时间参数。

调整进度表的方法大体有两种：

1. 在原网络计划的基础上，缩短关键路线上的后续活动持续时间。举例如下。

在表 14 – 1 和图 14 – 3 的例子中，关键活动 D 拖延了 1 天，因此重新绘制网络图。新网络图请见图 14 – 5。重新绘制时，将已经完成了的所有活动都当成一项活动，用(0,A)表示，其持续时间就是从项目开始后已经过去了的时间，即 9 天。节点 A 是第 10 天上班时应当接着进行的所有活动的起始节点。对新网络图重新计算时间参数，结果已表示在图 14 – 5 中。

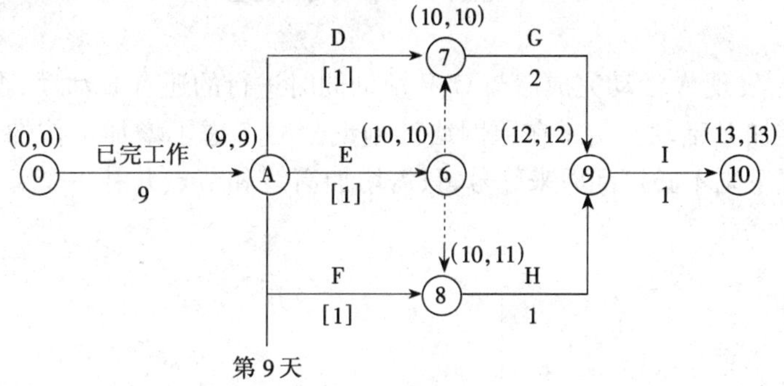

图 14 – 5　关键活动 D 延误造成项目完成时间的延长

从图 14 – 5 可以看出，如果不压缩关键活动的持续时间，项目的完成时间就要延长 1 天，即由 12 天变为 13 天。容易看出，图 14 – 2 和图 14 – 3 中的非关键活动 E 在图14 – 5中也变成了关键活动。也就是说，图 14 – 5 中出现了两条关键路线。这时，若保持原定 12 天的完成时间，就必须将关键路线上的活动持续时间减少 1 天。如果要压缩 D 活动，就必须同时压缩活动 E，否则项目总完成时间并不能缩短。这时，可以考虑缩短 D 的后续活动 G (7,9)的时间，看一看能否将其原计划的 2 天持续时间压缩为 1 天，如果可行，同样可保证原定的 12 天完成时间。

表 14 – 1 和图 14 – 2 中的非关键活动 F 原有 4 天时差，第 9 天检查时虽然已没有时差(见表 14 – 5)，但由于未超出原有总时差的允许范围，故不必调整。

2. 当采用上述第 1 种方法调整有困难时，则采取第 2 种方法，即重新安排活动次序，调整力量，重新编制网络图。

(二)增添新活动

由于编制网络图时考虑不周,或因其他原因需要增加某些工作时就需要重新调整网络逻辑和检查网络编号,计算调整后的各时间参数、关键线路和工期。下面举例加以说明。

某项目由A,B,C,D四项活动组成,网络图如图14-6所示。

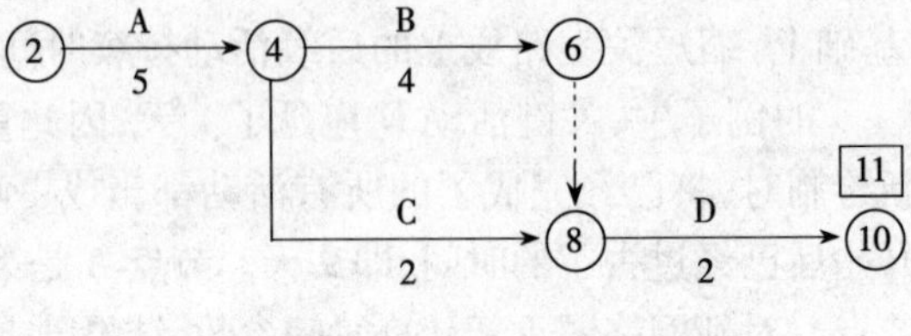

图14-6 某项目网络图

在测量时,发现A活动完成后与C,B活动同时进行的还有E活动,否则D活动就不能开始,因此要增加E活动。由于在原网络计划编号时考虑了增加工作的可能性,留有备用号,在这种情况下则不必打乱原来编号,只需增加箭线和节点并补一个编号即可,其结果如图14-7所示。

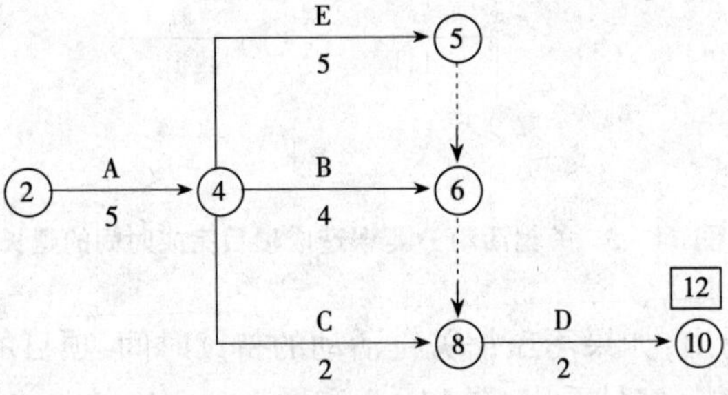

图14-7 调整后的网络图

(完成A后增加E)

重新计算时间参数后,发现关键路线已经转移,项目完成时间也由原来的11天增加到12天。从图14-8可见,增加的E活动作业时间大于B活动,故关键路线转移到E活动上了,项目完成时间也就相应地延长了1天。

如果从起始节点就要增加活动E并直到终点节点结束,画法就如图14-8所示。图14-8表示增加E活动后不必另加节点和编号,因为(2,10)表示E活动,符合编号原则。只调整关键线路和总完成时间即可,图14-8的关键路线就是(2,10)一个活动,总完成时间为12天。

需要指出的是,项目管理发展到今天,进度控制不能不使用项目管理软

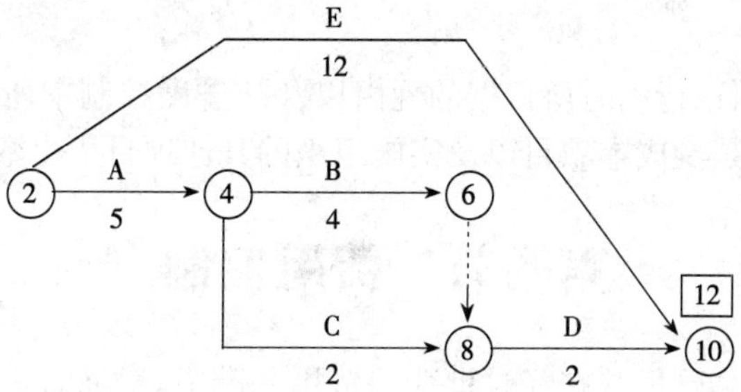

图 14-8　调整后的网络图
（从一开始就增加 E）

件能够查找和比较计划的日期和实际日期，预测（实际的或潜在的）进度变更的后果，因此是进度控制的有力工具。

六、进度控制的成果

在项目进展过程中，要随时修改进度计划，包括各种图形。只有这样，项目进度计划才能反映项目的实际情况，才能作为项目进度管理的依据。当项目结束时，务必将最后的项目进度计划整理好，存档备查。具体说来，进度控制应当取得如下成果：

（一）进度计划更新

进度计划更新就是对用于管理项目的进度资料所做的修改。必要时，要将变更通知给有关的利害关系者。进度计划更新可能要求也可能不要求对项目计划的其他方面进行调整。

进度计划更新需要修改的是项目进度计划中经过批准的开始和结束日期。这些日期一般只在范围变更或估算变更之后才做修改。在某些情况下，进度延误可能后果很严重，需要重新确定基准日期才能提供测量进度实施情况所必需的现实数据。但是，由于重新确定基准日期会造成项目进度计划历史数据的丢失，因此必须三思而后行。只有在无其他办法可用来控制进度时，才重新确定基准日期。确定新的目标进度应当看做是进度计划的正常修改。

（二）纠正行动

为了将项目未来预期的实施情况控制在项目计划范围内而采取的所有行动都称为纠正行动。在时间管理方面的纠正行为常常是加快进度：即为了确保某一活动按时完成或尽可能少延误而采取的特别行动。纠正行动常常要求分析根本原因，查明造成变差的原因，这样就可以有针对性地在进度计划中说明如何恢复进度，然后加以实施，因此，纠正行动不仅仅是处理直接引起变差的原因。

(三)吸取的教训

变差的原因,选取纠正行动时所依据的理由以及从进度控制中所吸取的其他形式的教训等,都应形成文件,将其变成本项目以及实施组织的其他项目历史数据库的组成部分。

第四节 费用控制

项目各项活动的预算已反映在经过批准的费用基准中。显然,实际活动的开销会因项目内外的各种原因而改变。项目班子同样需要对项目的费用开支进行控制。由此可知,费用控制就是:①对造成费用变化的因素施加影响,在变化必不可免时,一定要取得各利害关系者的一致认可;②测量实际开支,将其与项目费用基准加以比较,查明实际开支是否偏离了计划;③当实际开支偏离计划时,实施管理。

必须牢记,费用控制必须与其控制过程紧密配合。具体而言,项目费用控制的工作内容有以下几点:①监督费用实施情况,查明实际开支偏离计划之处及其原因;②将所有的有关变更都准确地记录在费用基准之中;③阻止不正确、不合理或未经核准的变更纳入费用基准中;④将核准的变更通知有关利害关系者;⑤采取行动将以后预期的费用限制在可以接受的范围之内。

费用控制的重要手段之一就是定期撰写"项目费用状态报告"或"费用实施效果报告"。

一般由有财会知识的人负责编写、审查和评价项目费用状态报告。在第一次出现费用超支或节余时,就应该收集数据资料,具体地审查和分析尚未完成的工作和已开销的费用。如果断定项目费用有可能超出预算时,就应该尽快要求顾客、委托人或其他对此负有责任的人追加资金。后者必然要求项目经理提出书面报告,说明超支的原因和追加资金的理由。项目费用状态报告能很好地发挥这种作用。只有在项目经理能够保证可以控制项目总费用时,才有可能得到要求追加的资金。没有这样的保证,顾客、项目委托人或实施组织高层领导在全面分析项目费用的实施效果之后,就可能强迫停止项目。

一、费用控制的依据

第一,费用基准。费用基准就是按时间段编制的预算,可以用来测量和比较项目的实际开支情况。按时段把估算的费用加起来即可求得费用基准,一般以 S 曲线表示出来。下面介绍的"计划价值"或"计划工作预算费用"就是一种费用基准。

第二,费用状态报告。费用状态报告记载了有关项目范围和费用实施情况的资料,例如,哪些预算已经按计划完成,哪些还没有完成。项目费用状态报告还警告项目班子注意将来在哪些方面会出现问题。

第三,变更请求。项目利害关系者提出的变更请求有可能增加或减少预算,因而也要作为费用控制的依据。

第四，费用管理计划。该计划说明了如何管理费用变差（例如，对大问题和小问题要采取不同的应对措施）。费用管理计划根据项目利害关系者的需要，可以正式或非正式编写，可以编写得非常详细，也可以编写得比较粗略。此计划是项目计划的一个组成部分。

二、实际开支的测量和记录

要想知道费用的实际开支是否符合原定费用基准，首先要测量并记录这些费用。

（一）测量实际进度

1. 了解项目各项活动的实际开支。例如，某活动的预算是 500 元，而实际上花了 560 元。

2. 了解各项活动各时间段的实际开支。例如，某活动第一周的预算是 200 元，而实际上却用掉了 300 元。

3. 了解哪些活动已经完成，哪些尚未完成。

（二）记录实际开支

记录实际开支的方式多种多样。这里以“新产品推销”项目为例说明其中之一。由于项目班子人员每周结束时，都要检查项目的实际开支，并将其适当地记录下来。所以，当项目进行到第 15 周末，进行费用测量时，项目班子很快就整理出了在此之前的所有项目实际支出的数据和资料，按照项目各活动所属的会计科目分类，并编写了项目费用状态报告，即表 14－6。

表 14－6　“新产品推销”项目费用状态报告

时间单位：周；费用单位：元

编报时间：第 15 周		项目开始时间：0（2005/2/24）			完成时间：第 29 周（2005/9/21）		
编号	活动名称	预算费用	实际支出	将来开支	完成时费用估算	费用偏差	费用实施指数
A	销售部筹建	192 000	168 000		168 000	24 000	12.5%
B	销售人员招聘	128 000	64 000		64 000	0	
C	销售人员培训	448 000	400 000	112 000	512 000	-64 000	-14.3%
D	广告公司选择	64 000	32 000		32 000	32 000	50%
E	广告计划制订	96 000	88 000		88 000	8 000	8.3%
F	广告计划实施	576 000	160 000	576 000	736 000	-160 000	-27.8%
G	包装式样设计	120 000	128 000		128 000	-8 000	-6.7%
H	包装设备安装	720 000	800 000		800 000	-80 000	-11.1%
I	初成品包装	96 000	24 000	48 000	72 000	24 000	25%
J	产品订购	32 000	32 000		32 000	0	
K	批发商选择	208 000	192 000		192 000	16 000	7.7%

续表

编号	活动名称	预算费用	实际支出	将来开支	完成时费用估算	费用偏差	费用实施指数
L	批发	1 024 000	16 000	1 008 000	1 024 000		
M	交货	144 000		144 000	144 000		
合 计		3 848 000	2 104 000	1 888 000	3 992 000	−208 000	−5.2%

说明：所有数字均预测到当日。上述计算中可以使用其他计量单位，例如人工小时等。

为了说明方便，这里将第8章图8－33新产品推销项目横道图画在这里。图8－33告诉我们，第15周末测量该项目各项活动的实际开支时，发现活动“产品包装”、“销售人员培训”和“广告计划实施”都在进行中，尚未完成；活动“批发（把产品卖给批发商）”和“交货（把产品运给批发商）”尚未开始，而其余活动均已完成。

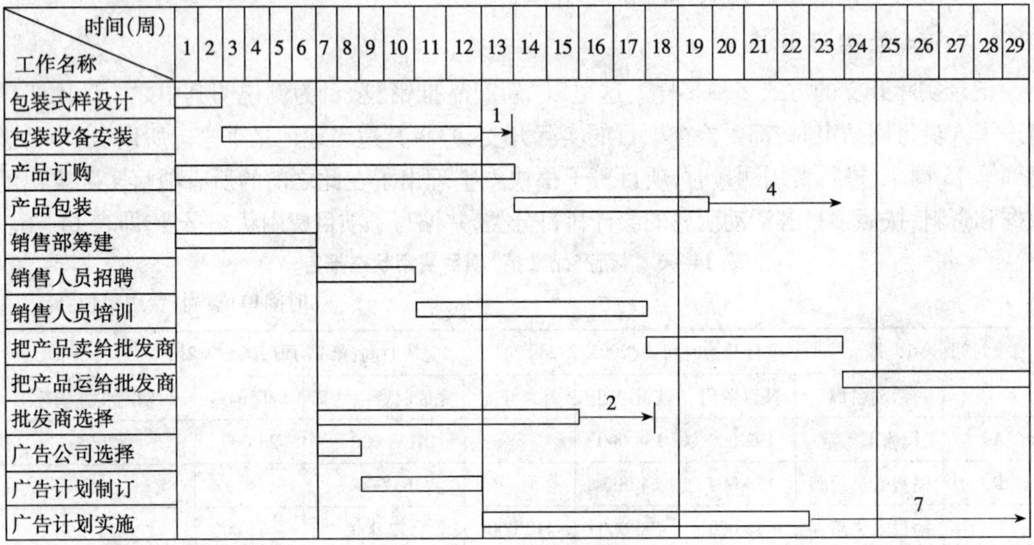

说明：1. 每项活动都按最早开始时间开始。2. 横道的长度就是每项活动的持续时间。3. 每一行表示一项活动。4. 标明各项活动的自由时差。

图8－33 新产品推销项目横道图

从项目开始到第15周末，项目各活动的实际支出记录在项目费用状态报告的第4栏。关于表14－6，可做如下说明：

1. 预算费用（PV或BCWS）就是各项活动经过批准的费用预算或其累计，也叫做“计划价值”。

2. 实际支出(AC 或 ACWP)是各项活动在第 15 周末测量时的实际开支或已经安排使用的数额或其累计,也叫做“实际费用”。图 8 - 33 中活动“批发”虽然尚未开始,但是已经为其安排了 16 000 元。

3. 将来开支(ETC)是第 15 周末测量时,对尚未完成活动仍需资金的新估算,它又叫做“完成尚需估算”。它可以是该项活动剩余工作量占全部工作量的比例 w 与该活动预算费用(计划价值)的乘积。

4. 完成时费用估算(EAC)是第 15 周末实际支出(AC)与完成尚需估算(ETC)之和,即 EAC = AC + ETC。完成时费用估算简称“完成估算”。

5. 费用变差(CV)是预算费用额与完成估算之差,即 CV = PV - EAC。在表 14 - 6 中,当 CV 分别大于零、小于零和等于零时,分别表示该项活动有节余、超支和按预算完成。

6. 费用实施指数(CPI)是费用变差除以预算费用再乘上 100,即 CPI = CV/PV%。注意,这里 CV 和 CPI 的定义与下面将要介绍的进度费用变差分析法中的不同。

7. 在使用上述概念时必须区分单个活动与到某一时间为止“所有”已经完成了的活动或其一部分的计划价值(或预算费用)和实际开支。

8. “50/50 规则”。在检查项目正在进行着的各活动预算费用时,情况非常复杂。例如,当项目班子到现场检查时,发现有 7 项活动正在进行着。有的活动工作量已经完成 12%,有的完成了 71%,还有的完成了 32.6%。一方面,它们的实际开支不与已经完成的工作量成比例,另一方面,如何考虑这些活动的预算费用呢?如果任凭检查者各行其是,那么,无论是对进度,还是对费用进展情况的记录、比较、评价和汇报,都会使人感到莫衷一是,十分混乱。为了克服这种情况带来的繁琐和混乱,可以采取某种公认的原则,对其加以简化和统一。例如,在美国就采取“百分之五十对百分之五十”(50/50 或 50 - 50)原则。这个原则是说,活动在检查时只要已经开始,无论实际上完成了多少工作量,都认为已经完成部分的工作量预算费用为整个活动预算费用的 50%,而当该活动工作量全部完成时再加上剩余的 50%。当然,这里有一个重要的假设:那就是,所有接受检查的活动都以大致相同的量纲计算工作量。

除了“50/50 原则”,还有“20/80”和“0/100 原则”等。后两种原则比较保守。例如,“20/80 原则”是说,无论实际上完成了多少工作量,都认为已完部分的预算费用为整个活动预算费用的 20%,而“1/100 原则”最保守,哪怕实际上已经完成了 99% 的工作量,也只有在全部完成时才有价值。

图 14 - 9 是 50/50 原则的应用。完全在检查时间线左侧的活动均已完成,完全在检查时间线右侧的活动尚未开始。被检查时间线一分为二的活动均已开始,但尚未完成。活动准备财务分析虽然在检查时间线左侧,但还没有全部完成,只不过因图形比例太小,看不出而已。

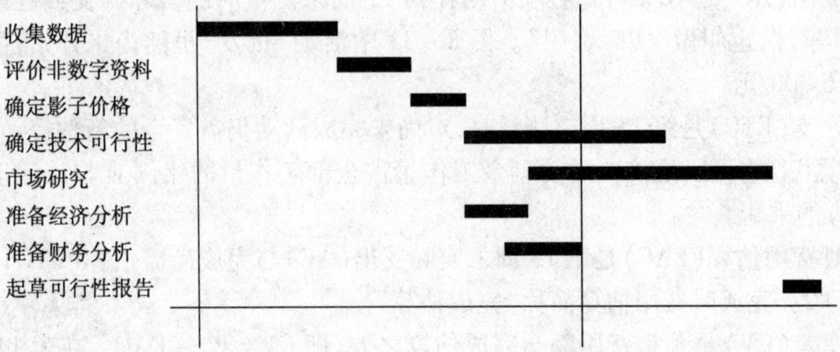

活动名称	预算费用(PV)	开始	结束	检查时预算费用合计
收集数据	9 500	4 750	4 750	9 500
评价非数字资料	1 800	900	900	1 800
确定影子价格	2 400	1 200	1 200	2 400
确定技术可行性	26 800	13 400	0	13 400
市场研究	567 000	283 500	0	283 500
准备经济分析	3 500	1 750	1 750	3 500
准备财务分析	4 800	2 400	0 (因为还差一点没完)	2 400
起草可行性报告	120 000	0(还未开始)	0	0

图 14－9 50/50 规则的应用

利用表 14－6 中的数据还可绘制 S 曲线,这就是图 14－10。图中的实线就是费用基准(BCWS 或 PV)。虚线在第 15 周末之前的部分就是实际开支(AC 或 ACWP),而在之后的部分是完成时费用估算(EAC)。

三、实际开支和费用基准的比较

在记录了项目各项活动实际开支之后,就可以将实际开支同费用基准加以比较。对于在第 15 周末之前已经完成了的活动,其超支情况容易判断。从表 14－6 中看出,无将来开支数额的活动都是已经完成了的活动。除了活动“包装式样设计”和“包装设备安装”分别超支 8 000 和 80 000 元之外,其他已经完成了的活动都有节余。

对于第 15 周末仍在进行但尚未完成的活动是否超支,不像已经完成了的活动那样容易判断,只有在了解了它们已经完成的工作量情况之后,才能作出判断。

为此,先计算已完成工作量同该活动总工作量的比值 w 和该活动实际开支同该活动预算费用的比值 b。然后,进行如下比较:当 w/b 分别大于 1、等于 1 和小于 1 时,则表示该项活动已完成部分有节余、符合预算和超支。至于节余或超支数额的计算,可以使用下面介绍

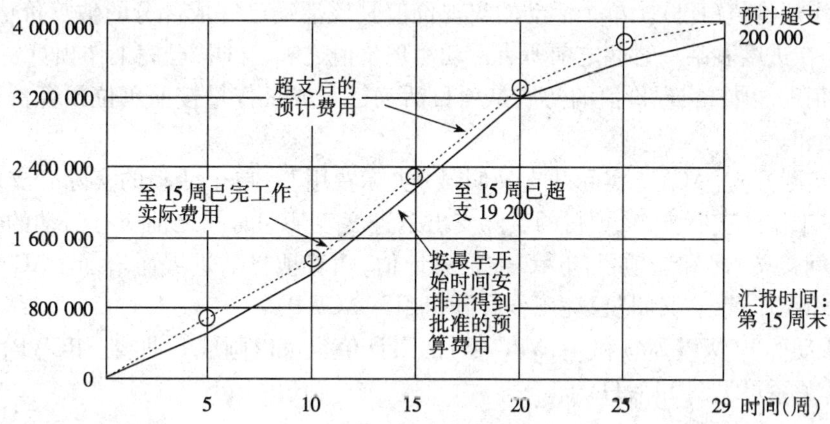

图14-10的附表：

时间段(周)	(活动)预算费用(元)	活动预算累加额(元)
0—5	508 300	508 300
6—10	736 744	1 245 044
11—15	839 741	2 084 785
16—20	992 001	3 076 786
21—25	675 201	3 751 987
26—29	96 000	3 848 000(近似)

图14-10 "新产品推销"项目费用状况(费用基准、实际支出和完成时费用估算)

的进度费用变差分析法(实现价值管理分析法)。

至于项目在结束时是否会超支，则需要根据项目已经完成的情况重新估算(或称"预测")第15周末正在进行的活动尚未完成部分的费用。重新估算或预测有多种方法，也将在下面介绍。

进度费用变差分析法(又叫挣值法，或实现价值管理)要用到3种数值：

其一，计划价值(PV)。单个活动的计划价值是该活动经过批准的预算费用，项目的计划价值是在进度表某一时间之前的所有活动的计划价值之和，都是在费用估算阶段确定的。项目的计划价值又叫"计划工作预算费用"(BCWS)、"预算费用"或"期间预算"。项目的BCWS或PV随着项目各活动的进展而增加，是累加值，在项目全部完成时达到最大，即项目的总预算费用。若以时间为横坐标，金额为纵坐标，则BCWS或PV的图形一般呈英文字母S状，故称S曲线。图14-10和图14-11就是这样的S曲线。换言之，BCWS是按计划应在某给定期间完成的活动(或一部分活动)经过批准的费用估算(包括所有应分摊的管理费)之和。

其二,实现价值(EV)。单个活动的实现价值是该活动已完成部分的估算价值,项目的实现价值是在进度表某一时间之前所有活动实现价值之和,又叫"已完工作预算费用"(BCWP)或"挣值"。项目实现价值的实质是项目活动已完成工作量按照单位预算价格计算出来的费用之和。

其三,实际开支(AC)。实际开支又叫做"实际费用"。单个活动的实际开支就是该活动已经完成工作的实际支出,项目的实际支出是进度表某一时间之前所有活动的实际支出(直接费和间接费)之和。项目的 AC 也是累计值,随着项目的进展而增加。AC 是实际费用,不是实际工作量,它又叫"已完工作实际费用"(ACWP)。

各项活动的 BCWP(EV)和 ACWP(AC)的累计值也可以画成 S 曲线。BCWP,BCWS 和 ACWP 三者关系可见图 14-11。

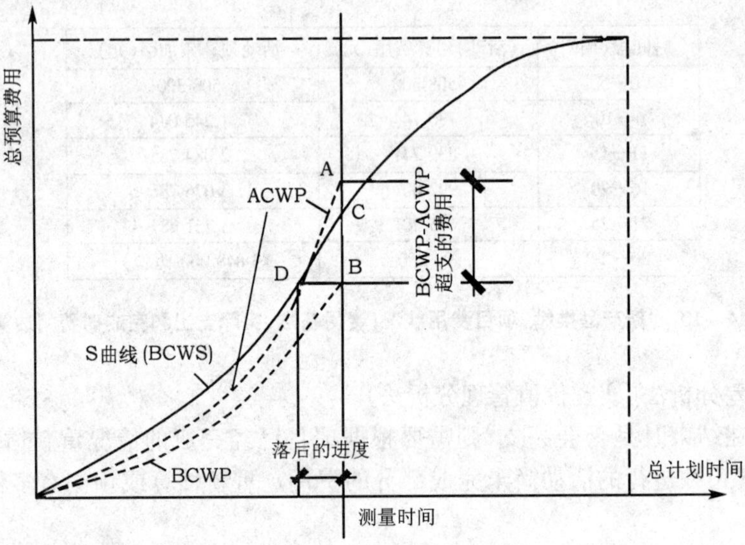

图 14-11 测量项目进展的费用变差(实现价值)分析法

实现价值与计划价值之差,实现价值与实际支出之差分别叫做"费用变差"(CV)和"进度变差"(SV),即

SV = BCWP - BCWS = EV - PV,SV 大于零时,表示项目进度提前;

CV = BCWP - ACWP = EV - AC,CV 大于零时,表示项目未超支。

因此,进度费用变差分析法不但可以记录和比较项目费用的实际开销情况,还可以记录和比较项目的实际进度。

现举例说明进度费用变差分析法的使用。设土方工程总挖方为 10 000 立方米,预算单价为 45 元/立方米。该挖方工程预算总费用为 450 000 元，计划用 25 天完成，每天 400 立方米。

开工后第 7 天早晨，业主项目管理人员前去测量，取得了两个数据：已完成挖方2 000立方米，支付给承包单位的工程进度款累计已达 120 000 元。

项目管理人员先计算已完工作预算费用，得

BCWP =45 元/立方米 ×2 000 立方米 =90 000 元

接着，查看项目计划。计划表明，开工后第 6 天结束时，承包单位应得到的工程进度款累计额为 BCWS =108 000 元。

进一步计算得：

费用变差：CV = BCWP − ACWP =90 000 −120 000 = −30 000 元 < 0，表明承包单位已经超支。

进度变差：SV = BCWP − BCWS =90 000 −108 000 = −18 000 元 < 0，表明承包单位进度已经拖延。18 000 元的费用相当于 18 000 元/(400 立方米/天)/(45 元/立方米) =1 天的工作量，所以承包单位的进度已经落后 1 天。

另外，还可以使用费用实施指数 CPI 和进度实施指数 SPI 测量工作是否按照计划进行，它们的计算公式是：

CPI = BCWP/ACWP = EV/AC

SPI = BCWP/BCWS = EV/PV

当费用实施指数 CPI 或进度实施指数 SPI 小于 1、大于 1 和等于 1 时，分别表明费用超支或进度延误、费用节余或进度提前和费用或进度按照计划进行。

对于上例，我们有

CPI = BCWP/ACWP =90 000/120 000 = 0.75

SPI = BCWP/BCWS =90 000/108 000 = 0.833

这表明费用超支，进度延误。

下面再以上述"新产品推销"项目为例，说明如何使用进度费用变差分析法。使用这种方法必须知道第 15 周末各项活动已经完成的工作量。已经完成的工作量当然要靠项目班子到现场去测量。现在，他们对各项活动已完成工作量测量的结果已经用其在全部工作量中占的百分比 w 记录在表 14 −7 中。各项活动的实现价值等于 w 乘上该项工作的计划价值(预算费用)。

有了上述说明，现在就来看在第 15 周末下班时，新产品推销项目的费用和进度偏离计划即费用基准的情况。这时候，BCWS = 3 848 000 元，ACWP = 2 104 000 元，BCWP = 2 084 800元。于是：

费用变差：CV = BCWP − ACWP = 2 084 800 −2 104 000 = −19 200 元 < 0

费用实施指数：CPI = BCWP/ ACWP = 2 084 800/2 104 000 =0.99 <1

表 14－7 “新产品推销”项目费用变差分析

时间单位:周;费用单位:元

编报时间:第 15 周		项目开始时间:0(2005/2/24)			完成时间:第 29 周(2005/9/21)		
编号	活动名称	预算费用	实际支出	w	EV = w × 预算费用	CV = EV － 实际支出	CPI
A	销售部筹建	192 000	168 000	100%	192 000	24 000	1.14
B	销售人员招聘	128 000	64 000	100%	128 000	64 000	2
C	销售人员培训	448 000	400 000	84.3%	377 664	－22 336	0.94
D	广告公司选择	64 000	32 000	100%	64 000	32 000	2
E	广告计划制订	96 000	88 000	100%	96 000	8 000	1.09
F	广告计划实施	576 000	160 000	20%	115 200	－44 800	0.72
G	包装式样设计	120 000	128 000	100%	120 000	－8 000	0.94
H	包装设备安装	720 000	800 000	100%	720 000	－80 000	0.90
I	初成品包装	96 000	24 000	30%	28 800	4 800	1.2
J	产品订购	32 000	32 000	100%	32 000	0	1
K	批发商选择	208 000	192 000	100%	208 000	16 000	1.08
L	批 发	1 024 000	16 000	0%	0	－16 000	0
M	交 货	144 000		0%	0	0	—
	合 计	3 848 000	2 104 000		2 084 800	－19 200	0.99

说明:所有数字均预测到当日。

表明项目第 15 周末下班时已经超支,这就回答了前面提出的问题。

进度变差:SV = BCWP － BCWS = 2 084 800 －(3 848 000 － 144 000)= －1 619 200 元 < 0

进度实施指数:SPI = BCWP/BCWS = 2 084 800/(3 848 000 － 144 000)= 0.56 < 1

表明项目进度已经拖延。至于是哪些活动造成了延误,还需进一步查明。

首先,我们假设各项活动是“匀速”进行的,即每周工作量是一样的。然后,从表14－7可以看出,第 15 周末,活动“初成品包装”、“销售人员培训”和“广告计划实施”均未完成,分别仅完成了 30%、84.3% 和 20%。那么,这三项活动延误了吗?按照图8－33和表8－15,这三项活动第 15 周末应分别进行了 2 周、5 周和 3 周,占其持续时间 6 周、7 周和 10 周的 2/6,5/7 和 3/10,即 33.33%、71.43% 和 30%。显然,活动“销售人员培训”不但未延误,反而提前了;而活动“初成品包装”和“广告计划实施”延误了。

四、费用预测

为了将实际开支控制在允许的范围之内,必须对项目将来的开支作必要的预测。预测有多种方法。这里只介绍其中之一:根据项目过去的实际开支而估算项目完成估算(EAC)。EAC最常用的计算方法有下列几种:

第一,EAC =迄今为止的实际费用+对所有尚未完成工作费用的新估算=AC+ETC。当项目过去的表现表明原来的估算假设有重大缺陷时,或者它们同条件中的变化不再相关时,这一方法最常用。在表14-6中,新产品推销项目第15周末做项目完成估算(EAC)(第6栏)时,就利用了这一方法。

第二,EAC =迄今为止的实际费用+尚未完成工作的预算(BAC-EV)=AC+(BAC-EV)。当将现有的变差视为正常,而且项目班子预期将来不会出现类似的变差时,这一方法最常用。其中,BAC叫做"完成预算",尚未完成工作的预算(BAC-EV)又叫做"剩余预算"。

第三,EAC=迄今为止的实际费用+尚未完成工作的预算(BAC-EV)÷执行情况系数=AC+(BAC-EV)/CPI,该执行情况系数一般是累计费用实施指数(CPI)。当认为现有的变差可代表将来的变差时,这一方法最常用。

对于任何一个项目,上述每一个方法都可以使用,都会告诉项目班子预测结果是否超过了可接受的范围,可根据各项目活动的具体情况选用。

五、纠正行动

当项目的实际开支严重偏离计划,即费用基准时,就应当查明原因,进而采取纠正行动,以便将项目的开支控制在允许的范围之内。例如,如果费用超支是由于项目质量不合格,因而必须返工所造成,就必须加强质量管理。如果是因为材料采购价格上涨,就应动用价格上涨应急费。

预备费用是费用控制的重要武器,在预算中单列,不分配给任何具体活动,而是根据实际需要分配给具体的项目活动或整个项目。

在对费用变差采取纠正行动,将项目未来预期的费用开支控制在项目计划范围内之后,应当对有关项目费用的资料或文件进行修正。必要时,应通知有关的利害关系者。修改项目估算之后,有可能需要对项目计划的其他方面进行调整。还应将产生偏差的原因,采取纠正行动的理由以及吸取的其他教训形成文件,存入本项目以及其他项目的历史数据库中。

以上述"新产品推销项目"为例,根据第15周末预测,当项目完成时,费用将超过预算5.2%。第15周末实际开支2 104 000元,已达到预算3 848 000元的55%。从时间来看,项目已完成50%。超支大的活动为:"销售人员培训"和"广告计划实施",分别超支14.3%和27.8%。

活动"销售人员培训"将来还要开支112 000元。在该活动完成时,总费用将达到

512 000元,超过预算(448 000 元)64 000 元。建议修改培训计划,容许销售人员提前修完训练课程。缩短训练计划,能够把费用减少到 448 000 元。

活动“广告计划实施”将来还要开支 576 000 元。在该活动完成时,总费用将达到736 000元,超过预算(576 000 元)160 000 元。建议改变电视商业广告节目,减少商业杂志上的广告,这样可节约 128 000 元。

当费用超支严重时,需要重新确定测量费用和时间进度的基准,更新项目预算。更新预算将改变原来经过批准的费用基准,因此,一般只在发生范围变更时才对项目预算进行更新。

费用控制必须同其他控制过程,即范围变更控制、进度控制、质量控制等紧密地结合起来。对费用偏差进行处理,有可能造成质量或进度方面的问题,或在以后使项目蒙受无法接受的风险。

在项目费用控制中,应当学会利用计算机工具,如项目管理软件、电子表格等。它们不但能跟踪计划费用和实际费用,而且还能预测费用发生变更后产生的现实和潜在后果,因此是费用控制的有效工具。

六、费用控制的成果

费用控制的成果表现在以下几方面:

第一,修改的费用估算。修改的费用估算就是对用于管理项目的费用资料所做的修正。必要时,必须通知有关的利害关系者。修改的费用估算可能要求,也可能不要求对项目计划的其他方面进行调整。

第二,预算更新。预算更新是一种特殊类型的修改费用估算,它是对批准的费用基准所做的改变。在某些情况下,费用偏差可能很严重,需要“重新确定基准”才能作为测量进展的现实尺度。

第三,项目结尾。应当制订结束或取消项目的过程和程序。例如,状况报表(美国会计师协会颁发的 SOP98 - 1)要求失败的 IT 项目的所有费用都在取消项目的那一季度勾销。

第四,吸取的教训。造成变差的原因、所选纠正行动的理由以及从费用控制吸取的其他形式的教训,都应形成文件,作为本项目以及实施组织其他项目历史数据库的组成部分。

第五节 质量控制

质量控制是质量管理的一部分,就是在项目进展过程中,对项目各个过程产生的结果进行监视,判断是否符合事先选定的质量标准,并识别和消除产生不满意结果的原因。

对于质量控制,有些人仅仅理解为制造过程中的材料验收、工序控制、产品检验和缺陷分析。对于质量控制一定要全面理解。一般而言,项目的质量控制首先应当考虑项目管理的结果,只有在项目管理的结果符合有关的质量标准,并消除了产生不满意结果的原因时,才能为项目成果的质量控制创造必要条件。很难想象,项目管理的质量一塌糊涂,而项目的成果却达到了质量标准的要求。

质量控制常常要由专门的质量控制人员或部门实施,这要视项目的具体情况而定。

项目班子应当具备足够的质量控制知识,特别是抽样和概率方面的知识,以便评价质量控制的结果。对于一些概念要正确理解,避免混淆。例如:预防(始终保证过程中间不出现错误)和检查(始终保证错误不出现在顾客手中);属性抽样(结果合格,或不合格)和变数抽样(根据测量合格程度的连续性尺度对结果进行评定);特殊原因(异常事件)和随机原因(正态过程方差);公差(结果若在公差规定的范围以内就可以接受)和控制范围(结果若在控制范围之内,过程就是在控制之中)。

一、质量控制的依据

质量控制凭借的依据主要是项目产生的各种结果和质量管理计划。

(一)工作结果

工作结果既包括过程(管理过程和技术过程)结果,也包括项目成果。在实施质量控制之前一定要准备好有关计划或者预期结果和实际结果的资料。

(二)质量管理计划

质量管理计划中说明了项目管理班子将如何实施其质量方针。用 ISO 9000 的话来说,就是说明项目管理班子所使用的项目质量体系。所谓项目质量体系就是:“用以实施质量管理的组织结构、责任、程序、过程和资源。”

(三)实施说明

这一文件非常具体地说明了各种问题的实际内容以及如何在质量控制过程中加以衡量。例如,仅仅说明满足计划的进度日期要求还不够,项目管理班子还必须指出各项活动是必须准时开始呢,还是只要准时完成即可;是测量各单项活动呢,还是仅测量某些应交付成果,如果是后者,这些应交付成果具体是哪些。实施说明在某些行业叫做“度量标准”。

(四)核对表

核对表经常针对具体事项编写,其用途是核实某些规定的系列步骤是否已经实施。编写核对表时可以使用祈使句(“请办这件事!”),也可以用疑问句(“这件事办了吗?”)。例如,费用规划质量控制用的核对表中,可以写入“保险费、税金、公司管理费、不可预见费考虑了吗?”

发达国家的一些大公司和政府机构,都准备了标准的核对表,以便在完成经常性的任务时使用。在某些行业,可以从专业协会或盈利性服务提供者那里取得核对表。

二、质量的监视、比较和分析

同进度和费用的控制一样，为了判断项目结果是否符合事先选定的质量标准，就必须随时监视并记录项目的结果。常用的手段有：

（一）现场检查

现场检查包括测量、察看和检测等活动，目的是判断项目结果是否符合质量标准要求。检查可以在任何层次上进行，对象可以是单一活动的结果，也可以是项目的最终成果。检查有各种叫法，例如审查、成果审查、审计和预演等。在某些行业，检查的内容虽然狭窄，但很具体。

（二）控制图

控制图就是将过程的结果对照时间而绘制的图形，其用途是判断过程是否处于"控制之中"。例如，软件开发项目的源程序质量控制就可以使用这种图。若事先规定源程序中的错误率不得超过5%，则当某天发现某程序员编写的4 500语句源程序中有90个错误语句时，就可以认为此程序员的编程质量得到了控制。而在另外一天再检查时，发现其中有6%的错误语句，则应当要求这位程序员查明原因，并加以纠正。

控制图可用于监视任何类型的成果。控制图最经常的用途虽然是追踪重复性的活动，例如批量加工件，但是也可以用于监视费用和进度变差、范围变更的大小和频度、项目文件中的错误，以及其他管理结果，帮助确定项目管理过程是否处于控制之中。图14－12就是项目进度实施情况的控制图。

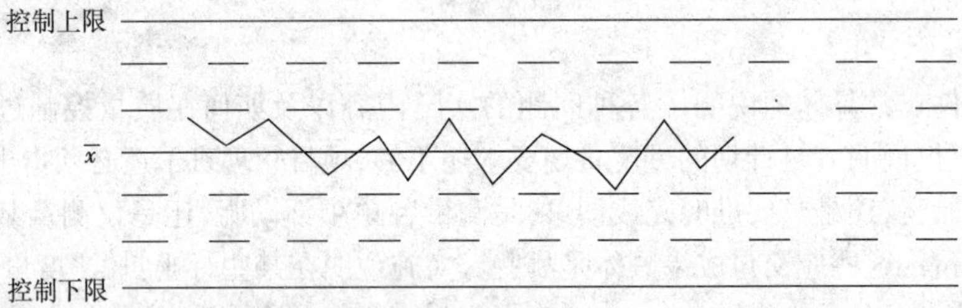

注：所有控制图的 x 轴都由抽样个数（一般是抽样时间）构成。控制图有三根线是一样的：①中心线，以 $\bar{x}$ 表示，$\bar{x}$ 是过程数据 x 的平均值；②上线，叫控制上限，与中心线的距离需进行计算，表示数据向上变化的范围；③下线，叫控制下限，表示数据向下变化的范围；落在控制上限和下限以外的点表示该过程失去了控制，不稳定。

图14－12 项目进度实施情况控制图

（三）帕累托图

帕累托图就是按照发生频率大小顺序绘制的直方图，表示已识别出的各种不同形式或类型的原因各造成多少结果（见图 14－13）。按大小排出顺序的用途是指导纠正行动——项目班子采取行动时应当首先解决造成缺陷最多的那些问题。

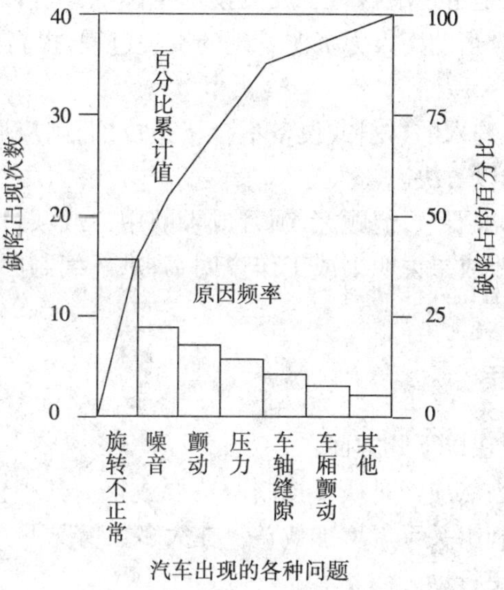

图 14－13 帕累托图

（四）统计抽样

统计抽样就是从感兴趣的对象中选取一部分进行检查（例如，从有 75 张工程图纸的图纸目录中随机选 10 张）。样品若抽取得恰当，常常可以降低质量控制的成本。关于统计抽样，现在已经形成了一个很大的知识体系。在某些行业，项目管理班子必须熟悉多种不同的抽样技术。

（五）流程图

系统或过程的流程图可以表示系统各种组成部分之间的相互关系。项目班子可以利用流程图事先估计项目会出现哪些质量问题以及在何处出现，进而采取处理措施。

（六）趋势分析

趋势分析就是根据过去的结果，利用数学工具预测将来的结果。趋势分析经常的用途是对以下情况进行监视：①技术状况。已经识别了多少错误或缺陷，其中还有多少没有纠正。②费用和进度实施情况。每个时期有多少活动在完成时出现了显著变差。

三、质量缺陷的纠正

当过程处于控制之中时,就不应对该过程进行调整。而当项目的结果未达到质量标准时,就要查明原因,进而动用项目管理的其他过程消除产生质量缺陷的因素。

如果未满足质量标准是由于项目班子成员技术不熟练,项目班子或其他利害关系者缺乏保证质量的积极性,就应当动用人力资源管理的有关过程,提高他们在这方面的技能或积极性。

质量不合格若是由于购入的材料或设备不合格造成的,则应通过项目采购管理中的有关过程,例如合同管理,加以解决。

项目结果符合质量标准要求,但顾客、项目成果的用户或项目委托人仍不满意,则应通过范围变更控制制度,修改成果说明书或工作说明书,重新编制必须修改的项目计划,例如费用和进度计划。

四、质量控制的成果

质量控制的成果表现在以下几方面:

第一,质量改进。这当然应当是质量控制的首要成果。其中包括采取行动提高本项目的有效性和效率,为项目利害关系者增加效益。在大多数情况下,在实施质量改进时需要编写变更申请,或者采取纠正行动。

第二,验收决定。经过检查的事项或者给予验收,或者加以否决。对于被否决的事项,还要决定是否需要返工。

第三,返工。为了满足用户或技术要求说明书的要求,必须让有缺陷的或不合格的产品返工。返工,特别是未曾预料的返工经常造成项目超支或延误。项目班子应当尽最大努力减少返工。

第四,经过完善的核对表。如果使用了核对表,则经过完善的核对表就应当成为项目各种记录的组成部分。

第五,过程调整。在必要的时候,应当根据质量控制测量的结果对管理或技术过程采取纠正或预防行动。在某些情况下,过程调整需要按照整体变更控制程序进行。

第六节 风险监视和控制

风险监视与控制就是追踪已识别出来的风险,监视残余风险,识别新风险,确保执行风险计划并评价它们降低风险的有效性的过程。风险监视与控制记录了与实施应急计划相联系的风险尺度。风险监视与控制是在项目生命期内不间断的过程。随着项目的逐渐成熟,风险会发生变化,原来预期的风险消失了,但新的风险又产生了。

风险监视与控制过程进行得好，就会提供有助于在风险发生之前制订有效决策的信息。定期评价项目风险水平的可接受程度需要同所有的项目利害关系者进行沟通。

风险监视的目的是：①确定风险应对措施是否已经按计划实施；②确定风险应对行动是否像预期的那样有效，是否需要制订新的应对措施；③确定项目的假设是否仍然成立；④在分析趋势的同时，确定风险是否已经改变了它原来开始时的状态；⑤确定是否出现风险触发因素；⑥确定是否遵循正确的方针和程序；⑦确定是否出现或发生以前未识别的风险。

风险控制就是在风险事件发生时实施风险管理计划中预定的应对措施。风险控制可能需要选择替代策略、实施应急计划、采取纠正行动，或重新规划项目。风险应对负责人应当定期向项目经理和风险班子负责人报告计划的有效性、任何未预料到的后果，以及减轻风险所需要的任何中间纠正行动。

当项目的情况发生变化时，要反复多次进行风险分析，并制订新的应对措施。前面已多次说过，即使最彻底、最全面的风险分析也不可能把未来的情况完全掌握，因此，必须对项目风险进行控制。

一、风险监视与控制的依据

（一）风险管理计划

风险管理计划说明了在项目生命期内如何组织和实施风险识别、进行定性和定量分析、制定应对规划、实施监视和控制。该计划有如下内容：可供实施风险管理使用的办法、工具以及数据来源；为风险管理留有的灵活性的评估；各种行动的领导、支援和风险管理的成员构成；风险管理的预算；项目生命期间风险管理过程的次数；定性和定量风险分析使用的评分和解释方法；利害关系者的风险承受力；风险应对计划的内容和格式；记录风险活动和审计风险的方式。

（二）风险应对计划

风险应对计划有下列内容：已识别的风险、风险名称、受影响的项目领域、原因，以及风险影响项目目标的方式；风险负责人和分派给他们的责任；定性和定量风险分析的结果；商定的应对措施（回避、转嫁、减轻或自留）；预计策略实施之后仍残留的风险水平；实施应对策略的具体行动；应对措施的预算和时间；应急计划和退却计划。

（三）项目沟通

从工作结果和其他项目记录中可获得有关项目执行情况和风险的资料。经常用来监视和控制风险的报告包括问题记录、行动/事项清单、危险警告或升级通知等内容。

（四）补充风险识别和分析

当测量并报告了项目实际执行情况后，以前未识别出来的潜在风险就可能显现出来。对于这些风险应当重复项目风险管理的 6 个过程（请见本书第 28 页第一章图 1 –9）。

(五)范围变更

范围变更经常要求进行新的风险分析,修改应对计划。

二、风险监视与控制的工具和技术

风险监视现在还没有公认的、现成完整的技术可供使用。可以把项目其他方面管理以及风险定性和定量分析使用过的一些技术拿来使用。例如,关键路线法、进度费用变差分析法、PERT 和 GERT 等。风险监视技术可分为两大类:一类用于监视与成果有关的风险;另一类用于监视与过程有关的风险。项目风险一般与过程有关。

(一)风险应对审计

项目班子负责风险审计的人员应仔细检查并记载回避、转嫁或减轻风险事件的应对措施,以及风险负责人的工作成效,目的是为了控制风险。

(二)定期风险审查

所有的项目班子会议都应当讨论项目风险问题。在项目生命期间,风险的评分值和重要性顺序会发生变化。任何变化都可能要求增加定性或定量风险分析。这两种方法人们十分熟悉,可用于项目全过程,从项目建议书开始,直至项目结束。

项目建议书、产品或服务的技术要求说明书、招标文件、设计文件、实施计划、必要的试验等都需要审查。审查时要查出错误、疏漏、不准确、前后矛盾、不一致之处。审查还会发现以前或他人未注意或未想到的地方和问题。审查多在项目进展到一定阶段时以开会的形式进行。审查会议要有明确的目标,提的问题要具体,要请多方面的人员参加。参加者不要审查自已负责的那部分工作。审查结束后,要把发现的问题及时交代给原来负责的人员,让他们马上采取行动,予以解决。问题解决后要签字验收。

检查与审查的不同之处在于它是在项目实施过程中,而不是在项目告一段落时进行。检查是为了把各方面来的反馈意见立刻通知有关人员,一般以已完成的工作成果为对象,包括项目的设计文件、实施计划、试验计划、试验结果、在施工的工程、运到现场的材料设备等。检查不像审查那样正规,一般在项目的设计和实施阶段进行。参加检查人员的专业技术水平最好一致,这样便于大家平等地讨论问题。检查之前最好准备一张表,把要问的问题记在上面。在发现问题方面,检查的效果非常好。检查结束后,要把发现的问题及时地向负责该工作的人员指出,让他们马上采取行动,予以解决。问题解决后要签字验收。

(三)实现价值分析

实现价值分析就是利用实现价值对照项目基准计划(进度、费用、质量等基准)监视项目整体执行情况。实现价值分析(进度费用变差分析)可以揭示项目完成时费用和进度偏离目标的情况。当偏离显著时,应重做风险识别和风险分析。这种分析在第四节中已作过介绍。

（四）技术性能测量

技术性能测量就是将项目执行期间实现的技术工作结果同项目计划中的技术成果进度表进行比较。技术性能若未达到要求，可能意味着项目范围存在不能实现的风险。

（五）风险图表

风险图表表示法就是根据风险评价的结果，从项目的所有风险中挑选出前几个，例如前10个最严重的风险，列入监视范围。然后每月都对这10个风险进行检查，同时写出风险应对计划，说明应对策略和措施是否取得成功。与此同时，将当月前10个优先考虑的风险画一个图表。其中每一个都写上当月优先顺序号、上月优先顺序号，以及它在这张表上已出现了几个星期。如果发现表上出现了以前从未出现过的新风险，或者有的风险情况变化很小，那么就要考虑是否需要重新进行风险分析。要注意尽早发现问题，不要让小问题演变成大问题，进而失去控制。同样重要的是，要及时注意和发现在风险应对方面取得的进展，因此，也要把已成功控制住的风险记在图表中。

另外，还要跟踪列入图表的前10个风险的类别变化。如果新列入的风险以前被划入未知或不可预见的类别，那么，就预示着很可能出麻烦。这种情况还表明原来做的风险分析不准确，项目实际面临的风险要比当初考虑的大。下面的表14－8说明了风险图表使用的方法。

表14－8　利用风险图表监视风险

风　险	当月优先序号	上月优先序号	风险类别	规避策略
进度拖延	1	3	可预见	减轻
要求变更	2	4	可预见	减轻
功能未达要求	3	2	已知	减轻
费用超预算	4	1	已知	后备措施
……	……	……	……	……
人员无经验	10	10	已知	转移

项目进展中一定会显露出风险迹象，管理人员应积极地捕捉，把有关风险的新信息收集起来。来自其他部门的一些资料，包括合同、人事、财务、营销等，都会帮助管理人员抓住风险迹象。表14－9列入的一些信息来源，对风险管理人员很有用。

表14－9　在监视风险期间可以考虑的其他迹象来源

1. 临时请来的专家小组讨论会	7. 以往项目的教训总结
2. 会议报告	8. 项目变更建议
3. 同项目有关的文献	9. 保险报告
4. 项目财务报表	10. 营销报告
5. 人事报告	11. 咨询报告
6. 项目阶段审查	

(六)补充风险应对规划

风险控制的手段除了风险管理计划中预定的规避措施之外,还应根据实际情况确定权变措施。如果实际发生的风险事件事先未曾预料到,或其后果比预期的严重,风险管理计划中预定的规避措施不足以解决时,必须重新制订风险应对措施。因此,有必要进行补充应对规划。

进行风险监视的理由之一是防止可预见、不可预见的风险变成已知风险。当提出变更计划、采用新技术克服其他一些风险,或者采取其他一些纠正行动时,就有可能出现这种情况。项目管理人员对这样的变化应当非常敏感,要能够在这些变化出现时立刻发现它们。

三、风险监视时机

项目班子需要付出多大的努力监视风险呢?这要看经过识别和评价的风险是否对项目造成了不能接受的威胁。如果是,是否有可行的办法应对?解决这两个问题有两种办法。

第一种方法,把接受风险之后得到的直接收益同可能蒙受的直接损失比较一下,若收益大于损失,项目继续进行;否则,没有必要把项目继续进行下去。

第二种办法,需要比较间接收益和间接损失。比较时,应该把不能量化的方面也考虑在内,例如环境影响。在权衡风险后果时,必须考虑经济以外的因素,包括为了取得一定的收益而实施风险应对策略时可能遇到的困难和费用。图 14 - 14 表示的是风险应对策略的效果同为此而付出的相应费用的关系。

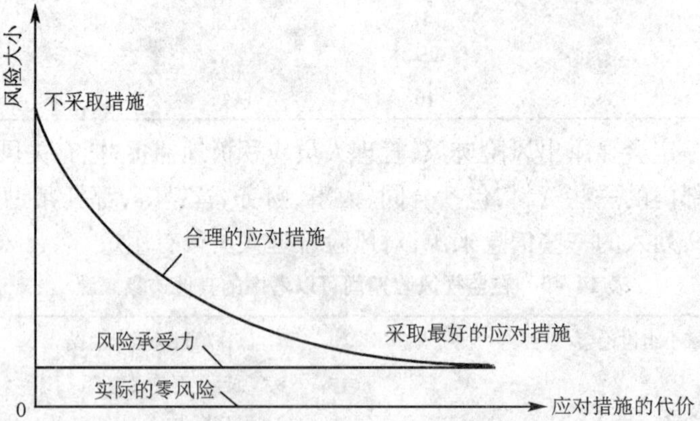

图 14 - 14 风险大小与应对措施代价的关系

图 14－14 最左边的点表示根本未采取任何风险应对措施，没有投入任何资金。项目成功还是失败，完全顺乎自然。沿着横坐标向右，随着资金投入的增加，风险应对策略的效果增强。在最右边，风险削弱到最低限度。但是，这个最低限度不是 0，而是人们能够接受的水平即风险下限。最低限度是根据主观判断确定的，是项目利害关系者一致认为不是风险的水平。

四、风险监视与控制的成果

风险监视与控制的成果包括以下内容：

第一，权变计划。权变措施就是对以前未识别或自留风险采取的未经计划的应对措施。权变措施必须正确地记载并纳入项目计划和风险应对计划中。

第二，纠正行动。纠正行动就是实施应急计划或权变措施。

第三，变更请求。实施应急计划或权变措施的结果常常是要求对项目计划进行修改，其结果就是发出变更请求。变更请求由整体变更控制制度来管理。

第四，风险应对计划更新。风险可能发生，也可能不发生。当风险确实发生时，就应当将其形成文件并进行评估。实施风险控制可能会减少已识别风险的后果或概率。必须重新估计风险评分，以便正确地控制重要的新风险。未发生的风险应当记录在案，并在风险应对计划中取消。

第五，风险数据库。风险数据库就是汇集、维护和分析收集到的并在风险管理过程中使用的数据的存储设施。利用这个数据库可以协助整个组织的风险管理，并随着时间的流逝逐渐形成吸取风险教训的基础资料。

第六，风险识别核对表更新。根据经验更新的核对表有助于将来项目的风险管理。

第七节 整体变更控制

一、整体变更控制的内容

整体变更控制的内容是：

第一，对造成变更的因素施加影响以确保各方对变更取得一致意见；

第二，判断发生的变化是否属于变更；

第三，当变更实际出现时对其进行管理。

为了保持原来确定的项目范围和整体实施基准不变，就必须随时对基准的变更进行不间断的管理，或者拒绝新的变更，或者批准这些变更，并将其纳入修改后的项目基准之中。

二、整体变更控制的要求

整体变更控制的要求是：

第一，维护测量基准的完整。

第二，确定项目范围时必须反映成果范围的变更。

第三，协调跨项目管理知识领域的变更。图 14 – 15 反映了项目某个方面的变更会影响到项目的其他方面。例如，进度变更常常会影响到费用、风险、质量以及人员配备等方面的情况。

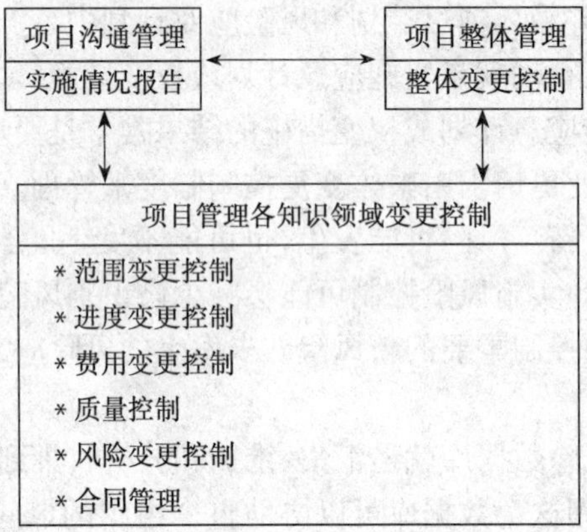

图 14 – 15 协调整个项目跨知识领域的变更

三、整体变更控制的依据

整体变更控制的依据包括以下几方面：

第一，项目计划。项目计划是据以控制变更的基准。

第二，项目实施情况报告。项目实施情况报告中含有项目实际执行情况的资料，可以提醒项目班子注意将来可能造成麻烦的问题。

第三，变更请求。变更请求可以多种形式提出：书面或口头、间接或直接、外部或内部、有法律强制性的或可以选择的；也可以涉及项目成果和项目管理过程的各个方面。

四、整体变更控制的技术和工具

(一)变更控制制度

变更控制制度就是定义如何监视和评价项目实施情况的一套正式并有文件记载的程序,其中包括可对正式项目文件进行修改的步骤。变更控制制度包括核准变更时必需的书面工作、追踪方法、过程和审批层次。

在许多情况下,项目实施组织会有某种变更控制制度,可以将其"原封不动"地拿来用于本项目。然而,如果没有合适的现成变更控制制度,则项目管理班子就需要建立这样一种制度,使其成为本项目的组成部分。

许多变更控制制度都设一个小组负责批准或否决人们提出来的变更。这些小组的角色和责任都已在变更控制制度中明确地定义并且经过所有关键利害者的认可和同意。各组织对于这些小组的定义和叫法各不相同,但是,比较常见的是配置控制委员会(CCB)、设计审查委员会(ERB)、技术审查委员会(TRB)、技术评价委员会(TAB),以及其他各种各样的叫法。

建立正式的变更控制制度,能够有效地提高整体变更的控制水平。然而,变更控制制度也有不足之处。其中之一是审查委员会处理变更请求需要很长时间。所以,变更控制制度还必须包括处理未经过事前审查就可能批准的变更的程序,例如,由于紧急情况而造成的变更。一般说来,变更控制制度允许"自动"批准一些事先明确的变更类型。但是,这些变更仍然必须形成文件,加以掌握,以便能够记载基准的演变过程。

(二)配置管理

本书第七章第五节"顾客和委托人要求管理"已经介绍了配置管理在确定顾客对项目成果和项目要求中的应用。这里再介绍一下其控制功能。在美国,一些配置管理专家经常在复杂的大型项目,例如大型客机、舰艇、火箭、导弹、航天飞机、大型软件的研制和制造中从事配置管理工作。他们的主要工作就是查明、确认、记载项目成果的功能、特性、结构、空间布局、外观、系统各部分之间的联系等等方面,并对这些方面的可能变更进行审查、分析、记录和报告。在应交付成果和最终成果完成时加以审查,同设计文件和其他文件相对照,看是否符合要求,即进行范围核实。

在许多应用领域,配置管理仅是变更控制制度的一个部分,用途是确保对项目成果所做的说明正确而又完整。而在其他一些应用领域,变更控制指的是为管理项目变更而进行的任何系统性的努力。

(三)进展测量

评价项目活动是否偏离了项目计划,是否需要采取纠正行动可以利用多种进展测量技术,例如第四节介绍的实现价值分析法(进度费用变差分析法)。

（四）补充规划

项目很少一点不差地完全按照计划进行。一旦出现变更，就可能要重新编制或修改费用估算、活动顺序和进度表、资源要求、风险应对方案的分析，或者对项目计划进行其他各种调整。

（五）项目管理信息系统

应当说，没有健全的项目管理信息系统，就难以对涉及项目多个方面的变更进行控制。

（六）沟通

沟通是一切管理的手段，不限于项目管理。沟通在整体变更控制中的重要作用更不能忽视。其原因在于，变更的一个很消极的后果是许多重要的利害关系者不能及时、全面和准确地知道项目的最新状况。因此，项目经理必须通盘考虑所有的变更，并通过项目管理信息系统及时地通知受其影响的所有利害关系者。在通信技术发达的今天，做到这一点并不难。例如，互联网和电子邮件已经能够让我们做到前人想都不敢想的事。难的是，许多人没有形成项目各方面的一举一动都牵涉到其他方面的意识，没有养成凡事尽快通知他人的习惯。许多技术人员和日常业务人员出身的项目经理或项目工作人员特别应当增强沟通意识，提高沟通技巧，养成沟通习惯。

（七）高层管理人员的支持

变更常涉及资源的追加、动用和调整，常常打乱人们的步伐，影响人们的业绩，改变人们的态度。然而，项目经理一般都没有足够的权限，也常常缺乏知识、能力和眼光来处理因大的整体变更而出现的新局面。没有高层管理人员及时、有力的支持，项目经理和班子就难以保证项目在变更之后依然正常进行。

五、整体变更控制的成果

整体变更控制的成果体现在以下几方面：

第一，项目计划的更新。对项目计划或者详细辅助资料的内容所做的任何修改都属于项目计划更新。必要时，必须将这些修改通知有关的利害关系者。

第二，纠正行动。纠正行动的思考和实施凝聚了项目班子和其他利害关系者的心血。书面记载的纠正行动及其结果都属于整体变更的成果。

第三，吸取的教训。偏差产生的原因、已选纠正行动的理由，以及吸取的其他类型的教训都应形成文件，记录在案，只有这样，上述东西才能变成本项目和实施组织内其他项目的历史数据库的组成部分。该数据库也是知识管理的基础。教训还是项目实施组织经验积累的重要来源。要知道，教训是花钱买来的，不能弃之不理。

第八节　实施情况报告

在执行项目计划过程中，顾客、项目委托人、项目实施组织高层领导等都十分关心项目的实施情况。他们想知道项目目前的状况、近些时间又取得了哪些进展，以及将来如何发展。

项目实施情况报告能够满足他们的上述愿望和要求，对项目做到心中有数，能够据此作出决定，采取行动，或作为资料以备后查。

实施情况报告就是收集和向项目各利害关系者散发有关项目实施情况的信息，说明资源是如何用来满足项目的要求、实现项目的目标，进而达到项目的目的的。实施情况报告有3种：

第一种，状况报告。它说明项目目前所处的阶段，例如，进度和预算现在的状态。

第二种，进展报告。它说明项目班子已完成的工作，例如，进度完成的百分比，或者已完成部分同正在进行部分的比。

第三种，预测。预测项目将来的状态和进展。

实施情况报告是项目利害关系者之间沟通的重要资料。实施情况报告要考虑频率、方式、听众或读者、内容和基准计划。报告方式多种多样，例如，会议上的口头介绍、打电话、绘制网络图、编写书面报告、复印、电脑打印、电子邮件等。

实施情况报告的内容也是多种多样，例如，时间进度、费用开支、资源需求和供给、成果和管理的质量、项目班子的表现、变更、风险等。一般报告应当提供有关范围、进度表、费用和质量的信息。许多项目还要求有关风险和采购方面的信息。报告可以专项编写或以综合的方式编写。

项目经理在面对面报告项目实施情况时，应当充分利用直观手段，例如，图表、曲线、比率等等，必要时说明事情的来龙去脉和将来的计划。

向项目利害关系者报告项目实施情况也是项目经理和项目班子请他们给予支持、解决问题的好机会。所以，可以在报告的场所营造一种“作战指挥部”的气氛。报告时要吸引他们的注意力，说明问题的轻重缓急，迫使他们作出切实可行、有效的决定。

项目实施情况报告是执行项目计划过程中必不可少的工作。这项工作既是项目经理了解项目实施情况，收集资料的过程，也是向项目利害关系者分发项目实施信息的过程。为了编写项目实施情况报告，需要及时收集能够正确、准确和全面反映项目实际情况的各种资料。正是在这样一个过程中，项目经理和项目班子能够随时掌握项目的进展，发现项目实施过程中已经出现的或是未来可能出现的种种问题，如费用的支出、进度、人员调配，以及前期报告要求解决的问题。更为重要的是，项目利害关系者可针对报告所指出的问题及时拿出切实可行的解决办法，并对可能发生的问题尽早采取预防措施，及时吸取教训，避免将来重犯。

一、实施情况报告的依据

第一,项目计划。用于评价项目实施情况的各种基准都写在项目计划之中。项目实施情况报告应根据项目计划有针对性地收集实施资料。

第二,工作结果。工作结果应说明哪些应交付成果已全部或部分完成,已经开销了哪些费用或使用了哪些资源等。这些项目计划执行后得到的结果都属于工作结果。工作结果应当在沟通管理计划所说明的范围内报告。有关工作结果的信息要准确、一致,这样才能使实施情况报告真正发挥作用。

第三,其他项目记录。除了项目计划和工作结果之外,其他项目文件常常包含有在评价项目实施情况时应当考虑的项目环境信息。

二、实施情况报告的工具和技术

实施情况报告的工具和技术包括以下内容:

(一)进展审查

进展审查就是顾客、委托人、项目实施组织管理层、项目班子或其他有关者为评价项目状态和进展而举行的会议。其主要审查项目实际的范围、进度、开支、成果、质量、人员的表现等是否与项目计划一致,是否出现了未预料之事。如果创造独特产品或服务的项目有设计工作,就要审查设计是否可行,设计文件是否发现了问题,能否按照设计文件将产品制造出来。还要审查项目班子的表现、成绩如何,是否需要改进班子建设工作,与利害关系者的合作是否顺利,有哪些问题需要解决。总之,进展审查就是审查项目的过程、目标和成果。进展审查一般连同下面说明的实施情况报告技术一起使用。

审查会议可以分为三大类,即状况审查会、表现审查会和设计审查会。

1. 状况审查会。状况审查会通常由项目经理主持或召集。出席会议包括项目班子成员、利害关系者、顾客、项目班子的上层管理人员。状况审查会的基本目的是:通报情况、发现问题和决定行动。状况审查会应定期召开,以便及早发现问题,防止发生危及项目目标的意外情况。

状况审查会议程中需要讨论的问题有:

(1)自上次会议以来所取得的成就;已实现的“里程碑”;回顾前一次会议议程中所列事项的情况。

(2)费用、进度和范围的进展情况。进展情况须根据已完工作和实际开支的最新资料编写,并与基准加以比较。

(3)费用、进度和范围的变化趋势。这是指执行项目计划过程中好的或不好的趋势。

(4)费用、进度和范围的预测。根据目前的进展情况、趋势和尚需完成的工作,检查项目完成日期和费用的预测，将其与基准比较。

(5)费用、进度和范围的变差。核实各项活动和工作的实际开支与进度，同基准进行比较，找出差异。应特别注意进度拖延和费用超支的情况。

(6)纠正行动。会议不但可以发现已经出现和潜在的问题，有时还会提出纠正措施。此外，有时还要求单独召开解决问题的会议，请有关的班子成员提出纠正措施。

(7)改进的机会。会议上也许某成员提出，改用一种材料或设备也可以满足要求，比原计划要用的那种还便宜；或者某成员提出，使用或稍加修改现有电脑软件，不必重新研制，可以节省大量时间。

(8)分派行动。行动应当明确，分配给具体的班子成员，指定负责人和完成日期。完成时间由负责人估计。会上在大家面前答应之事应该竭尽全力按时完成。

项目经理还须在会下同各成员单独交换情况，核实会上讲的情况。项目经理应该要求拿出有形的产品或应交付成果，如图样、模型或报告，核实工作完成情况（不能是“几乎”或“基本”完成）。这样做表明项目经理真正对每个人的工作感兴趣，表示成员个人的工作对于项目的完成十分重要。

2. 表现审查会（解决问题会）。当项目经理发现问题时，应立即和有关人员召开会议，不能等着下次开状况审查会时再解决。在项目启动时，项目经理和项目班子应当确定一些原则：由谁于何时召开解决问题会，每个人采取纠正行动权限的大小等等。解决问题可采用的办法之一有如下步骤：① 说明问题；② 找出问题的各种可能原因；③ 收集资料并找出最可能的原因；④ 找出可能的解决办法；⑤ 评价可行的办法；⑥ 确定最佳办法；⑦ 修改项目计划；⑧ 实施解决办法；⑨ 核实问题是否已经解决。

3. 设计审查会。有设计工作的项目，如信息系统开发项目，就需要召开一次或多次设计审查会，确保各利害关系者同意或批准设计者提出的构思、方案和设计文件。

多数技术性项目一般采取两种设计审查会：

(1)最初设计审查会。当承包者已经完成初步概念说明、图形或流程图时举行最初设计审查会。会议的目的是承包人在定购交货期较长的原材料之前请顾客或委托人审查设计方案是否符合技术要求，并请其批准（从而不至于延误项目进度）。

(2)最终设计审查会。当已经完成详细说明、图形、屏幕和报告格式等诸如此类的文件时举行最终设计审查会。其目的是在开始施工、装配和生产之前取得利害关系者的批准。

不管开哪种会，都要注意表达方式。审查的虽然是项目活动和工作，但都牵连到人。因此一定要注意方式方法，防止对有关人员的伤害。审查的根本目的是改进工作，提高效率，取得更好的成绩，不是追究责任。不当的口气、措辞和面容都可能造成抵触情绪。人是不愿意将自认为做错了的事示于众人面前的。如果直接询问：“有什么问题吗？”回答就可能是：“没有。”这样就什么问题也解决不了。项目都是从未做过、需要逐步完善的事情，怎么会完全没问题。其症结就是了解情况的方式不对。

(二)变差分析

变差分析就是将实际的项目结果同计划的或预期的结果加以比较。费用和进度变差是最需要经常进行分析的,但是范围、资源、质量和风险方面与计划的偏离常常也同样重要,甚至更为重要。前面已经介绍的进度费用变差分析就是一种很好的变差分析。

(三)趋势分析

趋势分析就是仔细检查项目结果随时间流逝而出现的变化,判断实施情况是在改善还是在恶化。

(四)实现价值分析

实现价值分析有各种各样的形式,是最常用的进展测量方法。该法将范围、费用(或者资源),以及进度测量结合为一个整体,帮助项目管理班子评价项目进展。前文中已经详细介绍了该法的使用步骤。

(五)信息分发工具和技术

前面介绍过的信息分发工具和技术可以用来分发实施情况报告。实施情况报告应当做到以下几点:

1. 简明。报告长短不能表明项目进展顺利与否。只有简明,读者才会认真阅读。报告不要填塞过多不必要的信息。

2. 斟酌字句。报告要用易理解的短句,不用复杂、过长的句子。报告要适当分段,语言要简单,读起来要朗朗上口。

3. 整个报告和各段落都先写重要方面,因为有些读者习惯于只看各段的第一句话。

4. 报告要尽可能用图表、图、表格或图片等直观手段。图表不要太复杂,每张图表只需有一个概念或论点。最好分用几张清楚的图表,而不是凌乱地画在一张图上。

5. 注意格式和前后一致。报告的内容以易理解的形式编排,字体大小要便于阅读。不清楚的资料、图表或难以辨认的小字体复制件不要列入。

书面报告同口头沟通一样,应该给听众留下深刻的印象。做报告必须三思而后行,应该将此视为创造形象的机会,而不应视其为一种费神、耗时的额外负担。

从读者那里定期了解其需要和感兴趣的东西,可以得到十分宝贵的有用信息。应当征求他们对改进报告的建议。

三、实施情况报告的成果

实施情况报告的成果主要表现在以下几方面:

(一)实施情况报告书

实施情况报告书组织和归纳了收集到的资料并说明所有的分析结果。报告书应当提供各种利害关系者要求的那种性质和详细程度，且记载于沟通管理计划之中的信息。

不同的利害关系者对实施情况报告书的要求是不同的。一般说来，高层管理人员需要的是有关项目重要情况的简单扼要的报告，项目经理和项目班子需要知道项目的具体情况，而一线管理人员主要关心有关自己具体行动的信息。

实施情况报告书的常用格式包括横道图（也叫甘特图）、S 曲线、历程图以及各种表格。前文中的图 14－10 和图 14－11 是利用 S 曲线展示累计 PV 分析数据，而表 14－6 和表 14－7则是以表格的形式展示一套不同的 PV 数据。

一般实施情况报告书要综合编写，在同一报告内写进费用、进度以及其他方面的资料，对项目状况给予完整的说明。

说明进度情况时，经常利用横道图、CPM 网络图以及里程碑图等直观手段，例如本章第三节的图 14－2 至图 14－4。

报告费用情况也有多种方法，最常用的有开支表、直方图和 S 曲线，例如本章第五节的图 14－10 和图 14－11，表 14－6 和表 14－7。

实施情况报告书是项目管理人员主要的沟通手段。应用这种沟通手段的能力，不仅可用来衡量项目管理人员与顾客、委托人、项目实施组织管理层的联系，而且可衡量他与项目本身的联系是否成功。

撰写报告书者要知道读者对什么感兴趣，而不是自己对什么感兴趣。下面介绍常用实施情况报告类型和提高报告效果的一些办法。

1. 中间进展报告。进展报告不是流水账，不能将活动与进展混淆起来。顾客、项目委托人感兴趣的是哪些东西已经完成，哪些尚未完成，而不是项目班子完成了哪些活动。

编写中间实施情况报告的间隔叫做“报告期”。中间实施情况报告仅写报告期内发生的事情，例如：①自上次报告以来所取得的成果。应指明已达到的重要里程碑，已经实现和尚未实现的计划事项。②项目目前的状态。费用、进度和项目范围要同基准作比较。③以前发现的问题的解决情况。如果以前的进展报告中提出的问题还没有取得进展，就应该说明原因。④自上次报告以来出现的和潜在的技术、进度和费用问题。⑤准备采取的改进措施。应详细说明下一报告期内为解决项目范围、质量、费用、进度等方面准备采取的改进措施。⑥希望在下一报告期内达到的里程碑，要与最新商定的项目计划一致。

2. 最后报告。最后报告一般是总结，不是中间报告的简单相加。最后报告包括以下几方面内容：①合同规定的要求。②项目班子的工作成果为顾客、委托人带来的实际利益和预期利益的对比。③合同原定目标实现的程度，如果没有实现，应附有说明。④项目的简要说明。⑤善后事宜。它应包括为提高或扩大项目成果，顾客、委托人可能会考虑的活动。例如，如果项目是建造办公楼，顾客或委托人可能会要求增加停车层、健美中心或护理中心。⑥应交付给顾客、委托人的所有设备、原材料、软件以及图样和报告等文件的清单。⑦系统或设备最后通过测试的测试数据，顾客、委托人据此验收的项目成果。

（二）变更请求

项目利害关系者在阅读项目实施情况报告之后，常常要对项目的某些方面提出修改意见。这些修改即变更，要求应按有关控制过程，如范围变更控制、时间控制、费用控制等规定的办法处理。

利用项目实施情况报告，可以让各级负责人判断项目的进展是否正常、良好或者有问题，进而发现哪些方面潜伏着问题。此外，还能够判断出各种控制手段或措施是否有效。

示例 14-1　进度实施情况报告编写要点

项目（进度）状态报告

项目进度控制以“早开始早结束”为根据。项目（进度）状态报告是真实记录，是管理活动的基础。该报告用来规划、指导、预测、测量和评价实际进度的拖延或偏离情况，在此基础上向本组织高层管理人员建议应采取的措施。

项目进度控制需要的基本数据资料来自项目进度表，因此可用图来说明项目的状态。例外报告是状态报告中最重要的内容之一。例如，在状态报告中要提到下面几点：

(1)哪些活动严重落后于进度表，如果不加以改变，项目完成时间将拖延多少？

(2)是什么原因造成拖延，使项目落后于进度表？

(3)为了恢复项目正常状况，已经采取或正在采取哪些措施，已经得到或希望得到什么结果？

(4)对于进一步采取措施以恢复项目正常状况，有何建议？

（一）概括性横道图

概括性横道图适合于把项目的状况通知给高层管理人员。如何概括横道图，视高层管理人员的需要而定。例如，说明项目设计进度的概要性横道图要体现整个项目设计期间，通常要反映下列阶段的工作：

1. 可行性研究；

2. 管理部门审批；

3. 基本项目设计；

4. 设计和采购；

5. 施工；

6. 设备安装；

7. 项目投入使用。

项目设计的这些阶段与其他应用领域中的项目有类似之处。项目的规模和复杂性决定了是否需要把所有的这些阶段都列入概括性横道图。

(二)状态报告的内容

状态报告简明扼要地介绍项目内容，包括项目关键活动的情况和对这些关键活动以及应该特别引起注意的事项的评价。具体地说，大型项目的状态报告包括详函、实施要点和项目概要。

1. 详函。详函又叫做“转递信”，它是呈交参与或关心项目的管理人员的信件。其主要内容是说明项目计划、主要事件预定完成日期、关于关键项目状况的简单报告和其他问题的可能解决方法。下面是详函实例：

某玻璃制品项目详函实例

玻璃制品计划情况

各位先生：

透沙(Tulsa)染色1号研制计划已经制订完毕。透沙染色1号是2004年12月初开始研制的。该项计划旨在为玻璃制品推销计划及时提供试销样品。这些样品要在2月1日开始装运。用于经营染色玻璃制品的透沙计划循环模式，详细情况见附件。

设备器材采购工作正在按计划进行，但是，7月份在透沙做的两个试验没有完成，也没有结果。由于临时排气系统的机械设备故障已经检修完毕，因此，试验小组现在正准备进一步的试验。

计划实施状况的要点另附。

若有疑问，敬请提出。

M·斯比劳

2005年8月17日

2.实施要点:着重指出项目重要事项的情况。要点应该由一、两个简单句子组成,而不涉及太多的详细内容。在简单的进度状态报告中,实施要点有时还可能写在详函内。下面是实施要点实例:

某玻璃制品项目实施要点实例

1. 过程设备的生产制造已完成75%以上,大约60%的组装工作也已完成。在运给透沙之前,希望于10月1日在技术中心开始调试。

2. 设备将于11月15日开始试用;在12月1日之前,希望生产结果证实设备能够生产合格品。

3. 根据透沙1号12月份染色的情况,玻璃制品预计在2月1日之前可以开始装运。

4. 玻璃制品技术中心的研究和设计,将为销售部门开展玻璃制品邮寄竞争提供试销初样。在12月1日之前,"3×4"有缝边的玻璃样品即可制成。

5. 为市场推销计划提供其他玻璃样品的时间表,是根据12月初透沙1号染色炉的情况而编排的。

玻璃制品设计处

2005年8月4日

3.项目概要:用一个横道图将各项活动直观地综合在一起,使高层管理人员既能检查整个项目,又可不涉及细枝末节。项目概要运用例外管理原理,把更多的注意力放在关键活动上。下面是项目概要实例:

某玻璃制品项目概要实例

编报日期:2005年8月1日

一、横道图(略)

二、至编报日期的进展与项目状况

在过去的两个月里,透沙的研制没有多大进展。在大多数试验中,由于机械故障,其中一些试验不能正常进行,这些故障准备在8月份已安排的试验中加以排除。设备器材的采购正在按计划进行。现在,装运不是关键性的问题。主要项目的详细进展情况如下:

1. 玻璃加工设备。设备的生产制造已完成大约75%,在运给透沙以前,准备于12月15日以前在技术中心进行调试。根据调试的要求,现在气动控制台正在生产,电气控制台的订单也于7月25日发出。希望这两个控制台在9月份能够生产出来并运到技术中心。

2. 废气和废物的收集。排气管道应该在8月1日之前完工,并送到技术中心组装。特殊气体洗涤器的供应商要确保10月15日之前向透沙交货。

3. 过程材料的存储、配制和分配。由于长时间谈判而误期,考虑到供应商会提高定价,为了避免耽误生产,透沙将承担责任,并且提供临时设备。

三、里程碑事件报告

进度与上次报告时一样,没有延误。设备安装将于11月15日完成。根据12月份透沙染色的现行计划,2月1日开始生产。

11月15日:完成设备安装,并在透明玻璃生产线上开始试用;

12月5日:透沙1号开始染色;

1月15日:向市场供应用于商品展览、建筑模型等用途的玻璃;

2月1日:开始装运产品。

利用概括性横道图向高层管理人员汇报的步骤如下:

1. 对照进度表,指出项目实际状况。

2. 必要时修改活动持续时间估计值,以图形形象地表示出落后于进度表的延误时间。

3. 把注意力集中于横道图下面状态注解中说明的关键活动。

4. 介绍实现项目时间目标的备选方案。如果项目有可能延期完成,那么,在项目早期就要把这种可能性表示出来。如果项目延期不可避免,也要把延误的时间表示在横道图上。

概括性横道图下面的状态注解更详细地说明了横道图中活动的状况。由于概括性横道图形象地展示了关键活动的状况,因此,就用状态注解突出这些活动的详细内容,以便引起对关键活动的注意。

利用汇总表编写的阶段性事件报告,包括项目开始和完成的计划日期、日期的偏离情况和对这些偏离情况的解释,还指出项目重要的阶段日期。这些日期与保证项目及时完成的主要阶段性事件日期一样重要。

项目状态报告可能有一页或几页,其格式可以灵活,但内容应相同。另外,也可视项目的需要,增加一些特殊内容。无论如何,其内容应保证高层管理人员能够正确评价项目。

示例 14－2 费用实施情况报告编写要点

费用实施情况报告的格式和细目取决于各级管理人员的要求，因而各项目的费用实施情况报告有所不同，但至少应提供下述信息：

1. 项目现有的计划、进度和开支。

2. 迄今为止的时间进度和费用状况。

3. 完成项目各项活动的时间和费用预测。

费用实施情况报告指出了项目中可能产生麻烦的地方，使管理人员能够预测进度延迟和费用超支或节余的情况。由于实施情况报告将这些有问题的地方，根据它们对项目全局的影响大小按等级予以分类，管理人员知道什么地方需引起注意。

费用实施情况报告为项目各级管理人员准确地总结所有出现的情况，因此管理人员不必检查下级的详细数据便可估计项目状态。而且，如果要求分析具体方面，报告中的详细数据无需另外处理就可使用。

所有的费用实施情况报告都是互相联系的，不同格式和详细程度不同的报告都使用同一基本数据，但各种报告侧重于不同环节和侧面。

报告一般按月编制，以便与会计制度保持一致。必要时，报告期可短一些。这种报告可从多种不同的角度编写，以满足不同读者的需要，例如概括性报告、工作负荷报告、费用报告、进度与费用预测报告和里程碑报告。

一、概括性报告

概括性费用实施情况报告是为高层管理人员编写的，不仅说明项目的主要组成事项，还说明项目的全面进度安排和费用状态。其中主要提供下述信息：

1. 对已经完成的活动将预算费用与实际开支相比较，说明迄今为止的费用超支或节余情况。

2. 将项目的预算与实际开支与完成项目尚需估算(ETC)之和进行比较，以此预测项目的费用超支或节余情况。

3. 标明故障点，指出项目中哪些地方的进度或费用状态应引起高层管理人员注意(本章第5节3~5段的分析就是这样做的)。

二、工作负荷报告

组织高层管理人员根据项目工作负荷安排人员的使用，决定是否需要加班、增雇人员或重新安排进度。工作量直方图说明整个的人员需求，而工作负荷报告则说明各项工作的工时分配。

三、项目费用报告

项目费用报告表明：

1. 实施该项目的预算费用。

2. 迄今为止的实际开支。

3. 迄今为止已完工作合同估算值(PV或BCWP)。

4. 根据迄今为止的实际开支和尚未进行的工作完工估算（即完成尚需估算）作出的项目完成时费用估算(EAC)。

第1,2项可从费用基准和各种财务票据中获得。第3项是项目状态报告上各项初始费用估算之和。最后一项衡量项目已取得的进展。比较累积的实际开支和已完工作合同估算值,管理人员就能发现已完工作的费用是高于还是低于原预算。

四、进度和费用预测报告

进度和费用预测报告说明报告日期以后各项活动完成时间和费用的变化趋势。每周或每月都可以从项目状态报告得到新的预测情况,这些预测为费用与进度报告提供了新的数据。

五、里程碑事件报告

网络图上一些选定的活动开始或结束时间标志项目进展的重要事件。报告这些里程碑事件的情况，可以使顾客、委托人、本组织高层管理人员以另外一种方式了解项目的状态。里程碑事件应有明显的时间标志,能代表对满足项目要求、达到目的和实现目标有重要意义的关键活动。

里程碑事件报告向高层管理人员说明：

1. 本年度计划安排的每个里程碑事件；

2. 已如期完成的活动；

3. 未如期完成的活动；

4. 今后活动的进度安排；

5. 项目生命期内预计的里程碑事件；

6. 各里程碑事件的实现时间；

7. 各里程碑事件的期望实现时间；

8. 各里程碑事件最近的机动时间计算结果；

9. 何时何地需要采取管理措施。

示例 14－3 项目实施情况报告编写要点

项目实施情况报告归纳了详细的时间和费用数据，概括了项目实施情况。该报告可用来评价项目时间和费用整体情况，指出造成进度延迟和费用超支的环节。汇总起来的这些数据为各级管理人员提供了与工作分解结构对应的汇总事项。项目状态报告的内容和格式可概括如下：

(一)详函

(二)目录

(三)引言

(四)概要

(五)项目管理报告

1. 报告的目的

2. 活动清单

3. 活动分类

4. 图表

5. 网络图和活动清单，包括：

(1)活动时间估计

(2)活动最早开始时间

(3)活动最迟结束时间

(4)关键路线

6. 总机动时间表

7. 进度表

8. 横道图进度表

9. 费用预算表

(1)单位时间预算表

(2)开支计划表

(3)要求的费用效果

10. 人员安排

(1)人力分配(根据最早开始时间安排)

① 列表

② 标明人力用量的横道图

(2)人力均衡

① 列表

② 标明已均衡人力用量的修正横道图

(3)人力负荷表

① 按最早开始时间的负荷

② 均衡之后的负荷

(六)附录

1. 原始资料

2. 计算资料

3. 计算机打印输出

思考题

1. 控制有哪几种方式,项目控制应在哪几个方面进行,有哪些策略?
2. 项目控制各子过程的依据、工具和技术及结果各是什么?
3. 项目控制和连续性生产的企业管理控制有何不同?
4. 当用户提出范围变更时,为了分析变更对项目的影响,项目班子应审查哪些文件?
5. 提出范围变更的主要原因是什么?
6. 调整进度表有哪几种方法?
7. 什么叫做"实现价值分析",这种方法要用到哪几个数据,各自用什么单位表示?
8. 费用预测的目的是什么,有几种计算方法,各适用于何种情况?
9. 风险监视的目的、依据、工具和技术及结果各是什么?
10. 有哪几种常用的风险应对措施?
11. 实施情况报告有哪些工作要做,其依据、工具和技术及结果各是什么?

练习题

1. 请按 50/50 原则,计算检查图 14 -16 中各项活动的预算费用。

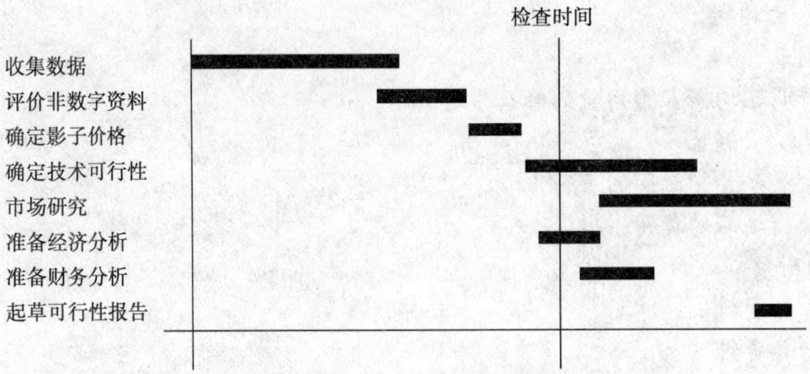

活动名称	预算费用(PV)	开始	结束	检查时预算费用合计
收集数据	9 500			
评价非数字资料	1 800			
确定影子价格	2 400			
确定技术可行性	26 800			
市场研究	567 000			
准备经济分析	3 500			
准备财务分析	4 800			
起草可行性报告	120 000			

图 14－16

2. 已知某项目计划完成时间为12个月,有关费用的数据如下:

BCWS＝184 000 元,BCWP＝160 000 元,ACWP＝200 000 元,BAC＝960 000 元。

请计算:

(1) 该项目的费用变差、进度变差、费用执行指数和进度执行指数。

(2) 该项目进展如何,是否提前或延误,提前或延误了多少?

(3) 该项目是否超支或节余,超支或节余了多少?

(4) 利用费用执行指数计算该项目完成估算(EAC),同项目计划相比,项目执行得如何?

(5) 利用进度执行指数估算该项目将花多长时间完成。

3. 某项目混凝土工程总浇筑量为16 000立方米,预算单价为54元/立方米。该混凝土工程总预算费用为864 000元,计划用16天完成,每天完成1 000立方米。开工后第5天早晨刚上班时施工单位项目经理前去测量,取得了两个数据:已浇筑了3 800立方米,已经开支221 400元。请用实现价值分析法检查该项目的进度和费用进展情况。

4. “新产品推销”项目费用状态报告如表14－10所示。请用实现价值分析法检查该项目的进度和费用进展情况。

表14－10 “新产品推销”项目费用状态报告

时间单位:周;费用单位:元

编报时间:第15周		项目开始时间:0(2005/2/24)			完成时间:第29周(2005/9/21)		
编号	活动名称	预算费用	实际支出	将来开支	完成时费用估算	费用偏差	费用实施指数
A	销售部筹建	192 000	188 000				
B	销售人员招聘	128 000	84 000				
C	销售人员培训	448 000	408 000	116 000			
D	广告公司选择	64 000	32 000				
E	广告计划制订	96 000	90 000				
F	广告计划实施	576 000	180 000	566 000			
G	包装式样设计	120 000	130 000				
H	包装设备安装	720 000	800 000				
I	初成品包装	96 000	24 000	48 000			
J	产品订购	32 000	32 000				
K	批发商选择	208 000	192 000				
L	批发	1 024 000	16 000	1 000 000			
M	交货	144 000		144 000			
合计		3 848 000					

说明:所有数字均预测到当日。

5. 某项目计划完成时间为12个月,于2002年10月初开始。2003年5月底进行检查,数据均记录在表14－11中。请根据表中的数据绘制S曲线,并评价2003年5月底时项目的进度和费用的进展情况(费用单位:元)。

表 14-11

月份	BCWS		BCWP		ACWP		SV		CV	
	增量	累计	增量	累计	增量	累计	增量	累计	增量	累计
10	1 495.6	18 281.9	691.2	16 478.8	843.2	17 300.3	-804.4	-1 803.1	-152.0	-831.5
11	-47.1	18 234.8	1 689.2	18 168.0	1 119.3	18 419.6	1 763.3	-64.2	569.9	-226.3
12	782.2	19 017.0	784.9	18 952.8	759.4	19 179.1	2.7	-64.2	25.5	-226.3
1	736.0	19 752.9	750.7	19 705.0	590.5	19 768.8	14.7	-47.9	160.2	-63.8
2	586.2	20 339.1	533.8	20 238.8	608.3	20 376.9	-52.4	-100.2	-74.5	-138.0
3	618.5	20 967.6	473.3	20 712.1	571.1	20 948.0	-145.2	-245.5	-97.8	-235.9
4	670.6	21 682.2	591.8	21 303.9	792.2	21 740.2	-78.8	-324.3	-200.4	-436.3
5	1 278.8	22 907.0	1 200.2	22 504.1	1 177.8	22 918.0	-78.6	-402.9	22.4	-413.9
6	1 064.3	23 971.3								
7	976.8	24 984.1								
8	877.9	25 826.0								
9	877.9	26 703.9								

第十五章 项目结束

MODERN PROJECT MANAGEMENT

内容提要

- 项目或项目阶段所有活动均已完成，或因故而停止时，必须做好扫尾工作
- 只有在正式收尾之后，项目各利害关系者才能终止其义务和责任
- 介绍合同收尾和行政收尾的具体内容和做法
- 在项目结束后还应进行总结，分析成败原因

学习重点

- 合同收尾和行政收尾
- 项目的终止
- 总结评价，分析成败原因

第一节　项目的收尾

一、概述

凡事都要善始善终,不能虎头蛇尾。项目管理亦当如此。当项目或项目阶段的所有活动均已完成,或者虽然未完成,但由于某种原因而必须停止并结束时,项目班子应当做好项目或项目阶段的扫尾(收尾、结尾)工作。

项目结尾是项目全过程的最后阶段。没有这个阶段,项目就不能正式投入使用,不能生产出原定的产品或服务。即使投入使用,项目的维修保养也无法进行。不做必要的收尾工作,项目各利害关系者就不能终止他们为完成本项目所承担的义务和责任,也不能及时从本项目中获取应得的权益。

项目或项目阶段收尾包括行政收尾和合同收尾。收尾有如下子过程,彼此之间的关系画在图 15－1 中。

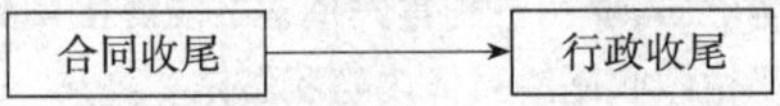

图 15－1　结尾各子过程及其之间的联系

第一,合同收尾:了结合同,进行结算,包括解决所有未尽事宜。

第二,行政收尾:编造、收集和分发信息,正式宣布项目的结束。

项目接近完成时,有关人员往往将注意力转移到新的任务上,有些班子成员也要调离。而项目结尾工作常常零碎、繁琐、费时、费力,容易被人忽略。因此,项目结尾的重要性应当特别强调,否则会给项目成果的使用或运营带来后患。

二、合同收尾

合同收尾就是了结合同并结清账目,包括解决所有尚未了结的事项。合同收尾类似于行政收尾,因为合同收尾既是成果验收,即核实是否正确、令人满意地完成了所有的工作,又是行政收尾,即更新项目记录以反映项目或阶段的最后结果,并将其归档以备后用。

有些项目,合同收尾的具体手续可在合同条款和条件中加以规定。合同提前终止是一种特殊的合同收尾。

合同订立之后,在尚未履行或尚未完全履行时提前终止效力叫做合同的解除。合同的解除是合同当事人结束约定的权利、义务关系的一种方式。解除合同一般只是对合同未履行部分不再履行,不涉及已履行的部分。但是,在个别情况下,解除合同的效力也可以追溯到合同订立之时,合同双方须恢复到合同未订立时的状态。

合同的解除有几种形式:履约解除、协商解除、受挫解除和违约解除。

第一,履约解除。履约解除就是当合同双方均已按照合同规定履行了各自的全部义务,无须再做其他事情时,合同即可解除。如果仅一方履行了自己的全部义务,但另一方没有,合同就没有解除。

第二,协商解除。这是指当合同是双方商订时,只要有报酬,就有可能随后另行商议终止其效力。

第三,受挫解除。合同订立时有可能履行,但是后来出现了无法预见的情况,无法实现合同的基本目的,此时的合同解除叫受挫解除。

第四,违约解除。违约解除有两种情况。第一种是预先违约,即在开始履行合同时间到来之前明确地申明不打算履行合同;第二种是执行违约,即在履行合同期间未能履行义务。在这两种情况下,蒙受损失的一方可以在觉察到违约行为时马上起诉。即使是预先违约的情况,也没有必要非等到履行时间过去之后再采取法律行动。由于违约而提出的索赔可以针对整个合同,也可以仅针对其中的一部分条款。

除了履约解除,其他三种形式的合同解除均是合同收尾的特殊情况。

合同解除的条件和法律后果,详见1999年3月15日公布的《中华人民共和国合同法》第六章“合同的权利义务终止”。

合同文件是合同收尾的依据。合同文件包括签订合同之后所有经过双方认可和批准的变更,不限于合同本身。此外,还包括所有的支持表格、卖主提出的所有技术文件、卖主的进展报告、诸如单据和支付记录等财务文件,以及所有与合同有关的检查结果。在合同收尾之前要整理好合同文件。

合同收尾要进行采购审计。采购审计就是对整个采购过程,从采购规划直到合同管理进行系统的审查。采购审计的目的是找出可以在本项目其他事项的采购上或实施组织内其他项目上借鉴的成功和失败经验。

合同收尾结束时,项目班子应整理出一套编上号码的完整合同记录,连同项目记录一起存档。负责合同管理的人员或组织应当向承包商发出本合同已经履行完毕的正式书面通知。

三、行政收尾

项目或项目阶段在达到目的或因故终止时,必须做好行政收尾工作。项目班子的收尾工作就是编造、收集和散发有关信息、资料和文件,正式宣布项目或项目阶段的结束。

在进行行政收尾时,要注意以下几点:

第一,项目班子首先应检查项目成果并将检查结果形成文件,以便由委托人或顾客正式验收项目成果。行政收尾工作包括收集确能反映项目最后性能的记录、分析项目的成功和有效之处,并把这些资料存档以备后用。

第二,行政收尾工作的各项活动不得推迟到项目完成之后。项目每一阶段都要做好收尾工作,保证不丢失有用的资料。一般情况下,项目甚至阶段结束后,项目班子成员就会陆续离开。如果不及时办理收尾手续,珍贵的资料,无论是书面的,还是记忆在当事人头脑中的,都将随着班子成员和利害关系者的离开而丢失,或者随着时光的流逝而被人淡忘。因此,收尾活动无论如何也不能在当事人离开后再进行。

第三,在行政收尾时,所有为了记录和分析项目进展而编写的文件,包括说明测量项目实施状况主要步骤的规划文件,都必须在行政收尾期间准备好,以供随时查阅。

说明项目成果的文件,如图纸、技术要求说明书、技术文件、电脑文件等,以及其他项目记录也必须在收尾工作期间准备好,以便有关人员随时查阅。

第四,项目管理班子成员要对上述各种行政收尾工作所必需的资料进行系统地检查和分析,并对其进行归纳,写出简单扼要的材料。为此,在项目进展期间测量和报告项目实施情况曾用过的分析和信息管理方法,都可以拿来进一步使用。

第五,在行政收尾时,项目班子应当在有关方面的协助下负责系统地整理所有的项目记录,将编了号的完整项目记录交由有关方面存档。还应当更新所有同本项目有关的数据库,删除陈旧、过时、无用的数据,仅保留那些反映项目最后真实情况的数据,以避免日后查阅时让人摸不着头绪。当项目是根据合同进行的时候,或者在其涉及很大的采购物资时,必须特别注意将财务记录存档。

第六,在行政收尾结束时,项目班子应当让业主或发起人正式验收自己的项目(或阶段)成果,写出验收文件,并将其分发给有关各方,宣布项目或项目阶段的正式结束。

行政收尾结束即为项目结尾结束。项目结尾就是确认项目已经满足了顾客对项目成果的所有要求(顾客已经正式验收了项目成果和其他应交付成果,以及交付成果的组织要求,例如,工作人员评价、预算报告、吸取的教训等)。

四、项目的终止

在必要时和某些情况下,必须果断地终止正进行中的项目。当项目管理人员发现,由于主观或客观原因项目无法再进行下去,或者进行下去也不可能达到原来的目的或满足原定的要求时,就应当果断地结束项目。如果项目有合同在前,就属于合同解除,必须遵循合同中规定的程序和步骤。

"谋事在人,成事在天。"当初市场调查、可行性研究表明有利可图、效益很好的项目,经过几年的拖宕和延误,现在市场需求已经大变,其产品已经无人问津。在这令人尴尬的局面中,多数人会对那些已经投入的巨额资金和宝贵资源心疼难舍。但是,我们必须将已经投入,但没有收益的资金视为"沉没成本"。有关沉没成本的见解告诉我们,决定要根据现实做出,不能让沉没成本的"幽灵"影响我们现在的决定。绝不能付出更高昂的代价去挽救已经明确是错误的过去，不能“一条道儿走到黑”。

惠普公司负责产品开发的前副总裁马文·帕特森在其著作《加速革新》中讨论了产品开发项目的终止问题。他说，如果一个人从来没有终止过产品开发项目，那么他就一定把本不应该上市的产品拿到了市场上。天下哪有百战百胜的项目班子！反之，如果终止过多，那么，项目的构思、可行性研究、选择、产品开发或项目管理肯定有问题。

当然，在宣布项目已经没有希望之前，一定要认真调查，深入思考，谨慎从事。要“多谋善断”，不能“优柔寡断”。一旦认识到项目必须终止时，就马上说服人们，使其认识到终止的必要性和紧迫性。早终止一天，就少一天损失。

第二节　总结评价

行政收尾时，项目管理班子还应当找出项目和项目管理的成功和失败之处，研究本项目使用过的哪些方法和技术值得推广，并考虑要继续研究受本项目的启迪而提出的各种方法和技术，还需开展哪些活动。

合同收尾也要找出值得本项目其他产品或本组织其他项目借鉴的成功和失败之处。

一、成功与失败

正常人没有愿意项目失败的，都希望获得成功。但是，什么叫成功和失败呢？其含义许多人并不清楚。因此，有必要讨论成功和失败的定义和便于判断的标准。这样的定义和标准，要考虑项目所有参与者的看法，取得多数人的同意。

最常见的一个定义是，项目失败就是项目没有实现原定的目标。例如，没有实现范围、时间、费用和业绩目标。

但是，这个定义大有商榷之处。有人会问：如果原定目标不合理，没有实现，能算失败吗？即使原定目标都合理，而且都实现了，就能说项目成功了吗？在许多情况下，目标虽然都实现了，但是项目要解决的问题、利用的机会、要实现的战略意图却没有解决、利用或实现，能说这样的项目是成功的吗？可见，弄清什么叫做项目的成功或失败，并非易事。

有人指出，人们解决问题常犯如下4种错误：①应该行动时却不行动；②不该行动时却行动；③采取错误的行动解决错误的问题；④问题提得对或抓得对，但解决办法不对。

对于项目，实现了所有目标但其成果却未被使用，属于第3或第4类错误。实际上，在某些情况下，第3类错误往往是造成项目犯第4类错误的根本原因。也就是说，项目所解决的是错误的问题，因此没人会使用这种为解决错误问题而创造的成果。组织内部的软件开发项目中经常发生这种事情。项目班子与部门经理讨论项目的要求，然后开发了体现项目要求的系统，但是他手下的员工却不愿用它，因为该系统并不能真正满足他们的要求。

我国建设项目习惯以工期、成本和质量“三大目标”为标准来判断项目的成败。但是，常识告诉我们,这种习惯应当改变。悉尼歌剧院就很能说明问题。该项目进度严重拖延,费用巨额超支,若按我们的标准,这肯定是失败的项目。但是,在它建成之时,却受到了民众的喜爱,成了澳大利亚的一处名胜。不但如此,它还吸引了世界各国人民,越来越多的人不远万里来到这里欣赏。游客就是该项目成果的使用者,满足了他们的要求,因此是一个成功的项目。

失败有一个简单的定义:事情出了问题或与预期不符。该定义稍加引申,就可以发现和区分多种类型的失败(见表 15 - 1)。

表 15 - 1　失败的类型

类　型	失　　败
1	未实现目标
2	出现不希望得到的消极结果
3	有意设计的失败
4	目标不合适

表 15 - 1 中第 1 种类型的失败是我们大都能遇到的,例如工作总不正常的软件和卖不出去的产品;类型 2 是原定目标虽然实现了,但有不希望遇到的次生问题和消极后果。这个问题我们在第 4 章中已经讨论过,项目备选方案要接受多种测试,其中之一便是"是否可以接受次生问题?"提这样的问题是为了帮助项目经理避免此类错误。

今天的大多数环境问题都是人类昔日解决其他问题时产生的次生问题。

有意设计的失败是人们希望发生的。例如,电流超过一定强度,保险丝就断(失败),但保险丝原本就是这样设计的。消防喷淋系统平常不喷水,但火情出现时,该系统就不再阻挡水流从管道中喷出来。这些都是类型 3 失败。

类型 4 失败类似于前面的类型 3 错误:它们都是解决错误的问题。产品运转正常但满足不了市场需求就属于这一类型。例如,用来减少成品运送中破损问题的传输设备不能解决破损问题,但在厂内运送货物却很管用。

所有有关失败的论断大多数都是主观的,掺杂了个人看法、舆论影响和各种各样的期望。因此,项目班子和顾客项目负责人看似成功的项目,顾客却看不上眼,视其为失败。毫无疑问,当项目有多个利害关系者时,这种情况经常出现。这再一次说明了,在项目开始之前便制定出各方都同意的成功标准有多么重要。

二、应交付成果、结果和期望

项目有 3 种结果,它们分别是:应交付成果、各种结果和利害关系者的期望。它们有多种组合,如何判断项目的成败,需要认真考虑。

表 15 -2 中第 1 和第 8 种结果,很容易理解,这里不再赘述。第 2 种结果,因利益不同,有些利害关系者期望未满足。如果项目在进行过程中利害关系者换了,新来者期望可能不同,这样就会有第 2 种结果。因此,项目经理要时刻留意利害关系者期望的变化。千万不要误以为利害关系者的期望始终不变。

表 15 -2　项目应交付成果、结果和期望

兑现许诺,提交应交付成果?	兑现许诺,拿出结果?	符合期望?	结　果
是	是	是	1. 完全成功
		否	2. 未满足某些利害关系者的期望
	否	是	3. 满足了某些利害关系者的期望
		否	4. 应交付成果与开始时不符
否	是	是	5. 应交付成果与结果不符,但毕竟有结果
		否	6. 仅仅根据应交付成果评价项目
	否	是	7. 满足了某些利害关系者的期望
		否	8. 完全失败

人们对计算机技术的期望发生变化就是一个很典型的例子。当首批个人电脑出现时,人们无不惊叹电子表格计算行列数据的速度。但是仅仅几年之后,人们便开始埋怨它速度过慢,原因是人们对电脑性能的期望在不断增长。以前,人们对国内信件一个月送达目的地没有什么意见。可是,当联邦快递出现后,第二天就能收到。而现在有了传真和电子邮件,传递几乎成了瞬间之事。

结果 3 很有意思。应交付成果按期交付,没有得到许诺的结果,但满足了期望。首先,应考虑应交付成果与许诺不符的原因。这便是我们认为自己所交付的成果可以得出结果,但是我们错了。所谓满足了期望,不是因为利害关系者非常体谅,就是因为所有的人都事先已判定无法得到结果。

结果 4 和结果 3 类似,只是这里利害关系者并不体谅。

结果 5 很奇特。应交付成果未按许诺提交,却获得了许诺的结果,满足了期望。这种现象可能是人们意识到了,如果想获得许诺的结果,就必须更改原定的应交付成果。

对于结果 6 来说,情况是应交付成果不符合事先许诺,然而获得了许诺的结果,但是没有满足期望。这里项目经理未能按许诺提交应交付成果,利害关系者似乎抓住这个问题不放,但尽管许诺的应交付成果和许诺的结果背离,期望的结果却已经得到。

结果 7,利害关系者真正善于体谅。应交付成果和结果都没有得到,但期望却满足了。这可能是因为该项目是由与利害关系者关系十分密切的人做的。

三、项目成功的定义

有人说，如果项目成果符合要求说明书的要求，性能满足用途，项目实施组织高层管理人员、委托人和项目班子的关键人物、关键的用户，以及顾客对项目的成果又非常满意，就可以认为项目完全成功。也有人说，如果恰当的和关键性人物认为项目是成功的，那么它就是成功的。

请注意，上述定义根本未提及时间、费用和班子的表现与业绩。也就是说，时间、费用和班子表现与业绩不是评价项目成功与否的标准。其中原因之一是，提出上述定义者研究的都是已经完成了的项目。费用和时间目标在项目进行过程中始终是压在项目班子身上的重负。然而，项目一旦完成，并且满足了众多关键人物的需要和要求，那么，费用和时间目标是否实现就无关紧要了。人们在研究中有一个重要发现，在认为是成功的项目中，许多体现成功的因素都有表现；在认为是失败的项目中，许多体现失败的因素也都有表现。

研究还发现，有一种看法与许多项目经理对项目管理的理解相左，即计划并非一切。进度网络图对于项目的成功的确作用很大，但是，还有比计划更重要的其他因素。例如，工作分解结构、系统设计、配置管理，以及实施情况报告等。事实上，过度地使用进度网络图会损害项目的成功。原因是项目经理将过多的精力花在调整和更新项目计划包括网络图上，因此削弱了管理中的其他更重要的方面。

人们将利用网络图管理之类的做法划归为科学管理学派。科学管理学派信奉者在处理失控局面时使用了许多控制手段。现在人们已经认识到，正是各种各样"科学的"控制手段造成了失控局面。研究人员发现，科学管理学派信徒的管理风格只是造成了一种"全在控制之下"，"控制确有效力"的虚幻感觉，但是他们控制的对象是"口服心不服"。有人利用对"北极星导弹"计划进行的最新研究成果支持上述观点。世人一直以为，这个计划的成功在很大程度上归功于计划评审技术 PERT。但是，对这个计划进行的最新研究发现，当年参加该计划的人当时根本就没有听说过后来大肆宣传的什么进度计划和网络图。最新的研究结论与以前的看法简直是南辕北辙。现在的人们认为，该计划的成功主要应归功于参加人员所发挥的聪明才智，而进度表、网络图和其他纸上的计划只是门面，制造出一种假象，仿佛主要是 PERT 在指导该计划参加者的行动、活动和工作。当然，这个门面不可或缺。它创造了一种严谨、重要、科学的气氛，正是这种气氛争取了外界对"北极星"计划的强有力支持，同时封住了批评者和反对者的嘴。

研究表明，协调和关系，充分的沟通和控制，项目独特性、重要性和对公众的开放程度，明确并得到一致承认的成功标准，竞争和预算压力，最初过于乐观，概念的复杂程度，以及内部凝聚力 7 个因素合在一起对"大家认为的项目成功"影响最大。而"协调和关系"在 7 个因素中又是影响最大的。协调和关系可进一步分解为如下因素：①项目经理和职能部门经理的团结。②项目班子的精神、使命感、献身精神和能力。③项目经理和政府官员、委托人，以及上级的团结。④项目经理的人事和行政管理技巧。⑤现实的进度报告。⑥项目成员非正式的相互支持关系。⑦项目经理的权威。⑧变更程序合理恰当。⑨项目班子工作的稳定和安全。⑩项目人员参与决策和参与解决大问题。⑪公司总部的积极性。⑫能否得到支持。

四、大家认为的项目失败

有一些因素使人们认为项目是失败的。因此,必须多做能够使人们认为成功的事,避免使人们认为项目失败之事。下列因素影响“大家认为的项目失败”:①未充分利用进度和状态报告。②状态报告肤浅。③项目经理缺乏人事、行政和技术管理技巧。④项目经理无影响力和权威。⑤与顾客协调不当。⑥与顾客和母公司关系不融洽。⑦顾客对预算标准不感兴趣。⑧项目人员很少参与决策和解决问题。⑨项目班子超编,有多余、混事之人。⑩项目班子内部工作不稳定。⑪项目班子缺乏集体精神和使命感。⑫母公司死气沉沉,缺乏动力和策略变化。⑬与公司总部协调不当。⑭项目属于“新类型”。⑮该项目比过去的项目复杂。⑯启动资金匮乏。⑰不能尽快完成设计。⑱不能尽早完成工作。⑲项目计划脱离实际。⑳变更程序不合适。

还有一个应注意之处,人们往往认为,某些局面属于逆境,会妨碍他们取得成功。但是,如果项目经理适当地关照以上列举的因素,即使在逆境中,也可以取得高水准的“认为的项目成功”。

五、目标和变化

一厢情愿和不切实际的目标没有实现,是否算失败?项目除非一开始就是现实的,否则,与项目有关的人都会因受骗而妥协。如果项目经理同意去实现自己明知不切实际的目标,所谓“同意”只是因为公司经理施加压力,要求项目经理去这样做。结果,项目经理和公司经理就都受骗而妥协了。最终,如果项目经理实现不了不现实的目标,公司经理也同样会遇到麻烦。所以,项目经理有义务坚持仅他自己相信是现实的目标,并作出许诺。

怎么才能知道目标是否现实?只能从目标的过去背景来判断。当使用工作分解结构进展到重复性较大的具体工作层次上时,就可以根据这个层次推算。在此之前,只能猜测。即使具体到这个层次上,推算也会有偏差。应当明白,在规划过程中,活动的时间都是大概的,并不确定。然而,我们还是根据最优猜测为每项活动分派时间,然后将其连接起来,用肯定的方法计算时间参数、关键路线和机动时间等。

这样一想,就有理由怀疑以各项工作是否按时为标准判断项目成败是否合理。实际上,为了项目获得成功,可以改变某些工作的方法和时间安排,并调整项目班子的努力来满足对项目完成时间的要求。但是,如果我们跟踪完成时间计划的情况和实际工时与计划估计工时之比,就会发现,为实际工时所支付的费用与原先估计的工时费用之间有很大差异。请研究一下表15－3中给出的造成差异的多种原因。

表15－3 项目工作中差异的来源

来源	举例
对某活动持续时间的估算是根据有限的经验（这项工作只做过有限的几次）	班子成员从本项目抽调出来到另一个项目上去解救燃眉之急
原计划由某人完成某项活动，但活动应当开始时，此人却不能来	长时间加班加点造成疲倦，疲倦造成错误，错误又造成更多的加班加点，更多的加班加点又进一步造成……
多个项目争夺资源造成启动一拖再拖，降低了工作效率	由于计划不完善、沟通不畅等产生的错误造成返工
未料到的技术问题造成工作时间超过预期	疾病、严重个人问题、照顾幼年子女以及社会工作造成延误

人们对于计划与实际之间的差异大小，也会抱有不切实际的期望。由于项目的预算是根据有多少需要做的工作编制的，而在开始阶段，工作的确切数量并不明了，因此，无法得出精确的人工费用。项目成本的确定性随项目接近尾声而增加。

组织高层领导和项目管理人员必须做好思想准备，接受差异。任何过程都有差异，差异可以减少，但是不能根除。有些组织，有时可以听到这样的指示：既不能超支，也不能比预算少。这种指示违背自然规律。如果有人能办到，那也只是他应变能力高超或纯属偶然，并非他真能在可控状态下取得这样的结果。

六、项目失败的原因和解决办法

有些组织近一半的工作带有项目的性质，如果失败的项目太多，那么整个组织都将面临灾难。

众多的项目失败有13个很普通的原因，如果理解了它们，或许就可以采取某些步骤避免失败。本节提醒项目经理注意造成失败的一些典型原因，以便预防。

（一）问题不明确

明确问题定义的重要性本书前面已提及。正如朱兰所说，一个项目就是一个计划要解决的问题。如果没有很好地理解问题，就可能犯非常典型的错误，即为错误的问题提出正确的解决办法。避免这种错误的办法是：努力去理解做某件工作的真正原因，然后写出能反映这一原因的问题说明。

举例来说，某小组接受了一项任务。任务是将某办公室搬到办公楼另一处。这个小组可能认为工作只是搬办公家具和打隔断。但是，办公室搬迁的真正意图是什么？可能是为了使搬迁的工作人员与新址附近的工作人员能够在工作中更好地协调。是否能有一种最佳的布局方法使这次迁移变得更有成效？只有清楚地了解了搬迁的真正意图，小组才能回答或说明白这个问题。

(二)准备不充分

例如,某些系统开发项目经常会出现顾客有所谓“小问题”要处理的情况。不幸的是,顾客对软件的功能知之甚少,而程序员又不了解用户的业务流程。他们加入项目班子之后,才开始学习自己不了解的东西,于是乎,培训实际上也进入了项目范围,项目范围随之大大扩大。

(三)由少数人编制项目计划

由少数人编制项目计划,虽然在某些场合是必要的,但可能会带来灾难。如,某工程在计划中漏掉了现场准备,项目经理随之陷入窘境。该错误造成的结果是预算为160万元的工程超支了480万元。这个错误是什么原因造成的?原因是项目计划是由项目经理一个人做的。他违反了一条基本原则:实际承担某项工作的人必须参与该项工作计划的制定。

(四)人员不落实

某些时候,项目经理的角色不明确,或者其角色没有为本组织所有人所接受。其结果是,没有人真正对项目负责,事情往往因此而落空。当项目经理角色不明确时,就可能对费用无审批权,因此造成的结果便是给组织内工作人员开“空头支票”。以委员会形式管理项目也可能成问题,特别是当人们缺乏共识、不知道应如何决策时。

(五)项目规划无可靠依据

许多公司从来就没有为已完项目做良好的记录。所以,在规划下一个项目时,没有足够的“历史数据”可以利用。或者,虽然过去的工作人员做了工时记录,但并不准确,而当前的项目人员却使用这些不准确的数字制订新的进度计划。

(六)资源规划不充分

例如,没人考虑某人具备某专业技术,在项目需要时,能否将这样的人弄到本项目上来;或者职能部门要为多个项目工作,但没人注意到,各项目工作已经达到了该部门实际可出工时的300%以上。低劣的资源计划可能是造成项目失败的最常见的原因。

(七)认同感和整体观念差

当项目划分为若干任务组时,很多利害关系者埋头于自己承担的工作,时间一长,就忘记了“项目的最终成果要由各任务组的成果集合而成”,要求大家经常沟通,密切配合。可是,很多人关起门来,埋头干自己的,不同其他部门人员交流、协调。到头来,大家的成果对不上号,无法形成整体。解决这种问题要靠项目经理加强班子建设。

(八)项目成员走马灯般地换面孔,全然不顾后果

项目班子成员辞职、撤换成了家常便饭,项目经理未考虑这样做的后果。职能部门经理为了本部门的“业绩”,经常更换派到项目班子里去的成员。他们受“奖赏”,是因为他把自己部门的人员经常调动,好像效率很高,而不是因为他完成了项目任务,满足

了项目要求，达到了项目本来的目的。这种问题的根源在于本组织的人看不到项目或项目经理的重要性。

（九）项目计划不具体

项目计划如果不具体，缺乏细节和深度，就不容易发现潜在的问题。粗制滥造的项目计划会引起多种冲突和变更，并在同期进行的项目之间制造麻烦。但是，必须警惕的是：过于具体和详细的计划也同样令人难办。确定编制深度的一个基本原则是：项目计划的细节和深度应以便于管理，取得效果为度。必须明白什么算“粗”，什么算“繁琐”，怎样才算“正好”。

（十）项目未按计划进行

项目未按计划进行，似乎难以想象，但事实就是如此。出现这种情况有两个常见的原因。第一个是，计划过于粗略，不准确，以至于不值得照办，项目班子最终丧失了控制能力。第二个原因，即使编制出了详尽的计划，但有些人不沉着，一遇到问题，便惊惶失措，将计划抛之脑后。与第一种原因一样，项目班子也会丢失控制能力。

（十一）忘记了原定目标

工程师有时过于醉心于技术，在研制新产品时忘记了他们的责任是研制产品，不是把玩技术。有的时候，他们变成了完美主义者，精益求精，浪费了大量时间，把产品搞得比技术要求说明书规定的还要好。建筑师、软件工程师常犯这种毛病。项目经理必须时时监督项目的工作，在必要时，提醒人们注意自己工作的目的。

（十二）高层管理者不承认现实

有些时候，组织高层管理人员根据自己的见识、以往经验或其他一些因素对项目提出要求。当项目经理提交的估算与高层管理人员的判断不符时（当然是项目经理的估算高），后者通常会固执己见，坚持要求削减估算数额。如果项目经理被逼无奈，秉承后者的旨意，缩减预算，抬高费用目标，则项目很可能因此而失败。

与此种作风相仿的是如下一种情况：同时加强质量、成本、时间和范围目标。这种作风违反了“不可能原理”，即以上 4 要素中只能同时限定 3 个。鉴于 4 要素之间此消彼长的依赖关系，因此，必须留下一个可自由变动的要素。

（十三）把粗略的估算当成正式的目标

有时候，项目经理按他人要求作出一个粗略的估算。这样的粗略估算竟被拿去当做决定项目是否接着干下去的依据。当组织高层领导作出了“接着干下去”的决定后，会有更多的细节随之而来。这时，人们会发现粗略估算过低。但此刻，既然原来告诉组织高层管理人员的是一个较低的数字，并且他们原以为那个数字是正确的，现在无法再回头向他们报告，说这个项目需要更多的费用。于是乎，粗略的估算变成了项目预算，成了目标。要想避免这种局面出现，必须记录和保存所有的推测，并书面告诉高层管理人员，现在的估算仅仅是一个正负误差为百分之多少的粗略数字。这样做，就可以让高层管理人员从一开始就很清楚，估算的数字今后还会修改（当然，高层领导可能还会一意孤行将粗略的估算当做项目目标，但至少项目班子已经记录和保留了自己的立场）。

七、项目成败微观因素

上面探讨的都是项目外部环境中造成项目失败的因素。项目班子的内部因素，班子的表现对项目的成败也影响很大。下面因素名称右边＊号的多少表示该因素对项目成败影响的大小。

（一）促成项目成功的主要因素

1. 项目班子形成阶段

个人动机/激励	* * * * * * * * * * * * * * * * * * *
高层领导支持	* * * * * * * * * * * * * * *
班子激励	* * * * * * * * * * *
目标清楚	* * * * * *
技术先进	* * *

2. 项目开始进展阶段

班子激励/合作	* * * * * * * * * * * * * * *
个人动机/激励	* * * * * * * * * * *
高层领导支持	* * * * * *
技术专长	* * *

3. 项目高峰阶段

班子激励	* * * * * * * * * * * * * *
个人激励	* * * * * * * * * *
顾客支持	* * * * * *
高层领导支持	* * *

4. 项目收尾阶段

个人激励	* * * * * * * * * * * * * * * * *
班子激励	* * * * * * * * * * *
高层领导支持	* * * * * *
财务支持	* * * *

（二）妨碍项目成功的主要因素

1. 项目班子形成阶段

班子未经动员 * * * * * * * * * * * * * * * * * *
领导不得力 * * * * * * * * * * * * * * *
技术能力限制 * * * * * * * * * * *
财力有限 * * * * * *

2. 项目开始进展阶段

班子未经动员 * * * * * * * * * * * * * * *
目标冲突 * * * * * * * * * * * * *
领导有问题 * * * * * *
高层领导支持不力 * * * * *
技术问题 * * * *
财务支持极差 * * *
预算 * *

3. 项目高峰阶段

班子未经动员 * * * * * * * * * * * * * *
高层领导支持不力 * * * * * * * * * * *
程序有缺陷 * * * * *
资源限制 * * * *
领导有问题 * * *
技术问题 * * *
财务支持极差 * * *
顾客 * * *

4. 项目收尾阶段

控制不力 * * * * * * * * * * * * * * * * *
财务支持极差 * * * * * * * * * * *
目标 * * * * * *
领导问题 * * * *
高层领导支持 * * * *
资源限制 * * * *

思考题

1. 项目结束有哪几个子过程?
2. 什么叫合同收尾,需要做哪些工作?

3. 什么叫做合同解除，有几种情况？
4. 合同收尾和行政收尾各自的依据、工具和技术，以及成果是什么？
5. 为什么要经常更新资料，删除陈旧、过时、无用的数据资料？
6. 在哪些情况下，项目或项目阶段应当果断终止？
7. 掌握沉没成本概念在果断终止项目时起什么作用？
8. 人们在办事时，常犯哪4种类型的错误？
9. 应当如何判断项目的成败和得失？

附录

主观概率的估计方法

主观概率与客观概率一样可分为离散型和连续型。连续型分布常见的有均匀分布和正态分布。这里介绍估计主观概率的概率转盘法。概率转盘是一个圆形转盘,上面有黑白两色扇形。圆心装一个可旋转的指针。黑色扇大小可随意调节,如图 A.1 –1 所示。

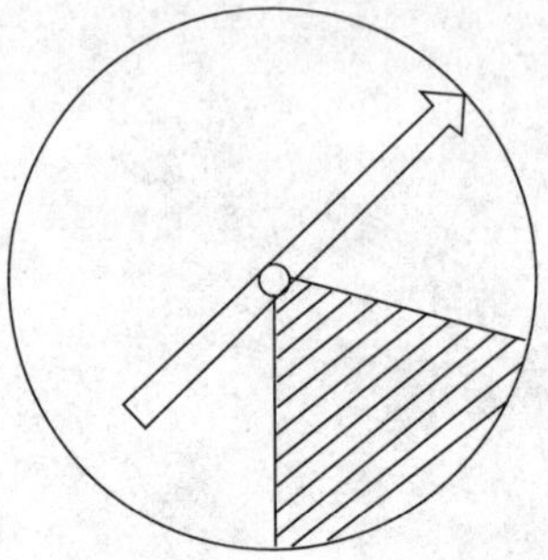

图 A.1 – 1

为了便于专家确定主观概率,风险管理人员可借助概率转盘同他对话。例如,估计项目新产品销售情况的概率。假设销售情况有三种可能:年销量大于 b,年销量在(a,b)之间和年销量小于 a。

风险管理人员先将概率转盘置于黑色扇和白色扇各占一半处,开始同专家谈话。问专家是愿意打赌新产品年销量小于 a,还是愿意打赌指针在旋转后停在黑色扇区内?

假定专家的回答是:"我想指针停在黑色扇内的把握大一些。"于是风险管理人员调整转盘,将黑色扇缩小至圆盘的 25% 。再问,专家则回答:"我不改变刚才的看法。"于是又调整转盘,将黑色扇缩小至圆盘的 12. 5% 。再请专家发表意见,这时专家犹豫了一下,说:"现在,我可确实不愿意在指针上打赌了,也不愿意打赌新产品年销量小于 a,上述两种赌,我都感到无所谓。"于是就把新产品年销量小于 a 的概率定为 12. 5% 。

其次，风险管理人员问年销量大于 b 的可能性。将概率转盘置于黑色扇和白色扇各占一半的位置上。专家说："对此问题，我不想赌，无所谓。"于是风险管理人员就把新产品年销量大于 b 的概率定为50%。

最后，新产品年销量在 (a,b) 之间的概率就是 $1-0.125-0.5=0.375$。为了检验上述估计的合理性，风险管理人员应将概率转盘调为黑色扇区占37.5%，并询问专家，是否愿意年销量在 (a,b) 之间和指针旋转后停在黑色扇区内。如果专家已感到这种打赌无所谓，询问便到此结束。这样，就得到销售情况三种可能的主观概率分别为：

$P\{\text{年销量}<a\}=0.125, P\{a<\text{年销量}<b\}=0.5, P\{\text{年销量}>b\}=0.375$

如果专家并不感到这种打赌无所谓，那么，风险管理人员就应回到开头一系列的提问，以便发现前后不一致之处。

当然，确定主观概率还有别的方法，这里不再介绍。

参考文献

[1]吴之明,卢有杰. 项目管理引论[M]. 北京:清华大学出版社,2000.

[2] The PMI Standards Committee. A Guide to the Project Management Body of Knowledge[M]. Philadelphia: Project Management Institute, 1994.

[3] The PMI Standards Committee. A Guide to the Project Management Body of Knowledge[M]. Philadelphia: Project Management Institute, 2000.

[4]陈玉雄,蒋孔昭译. 工程管理原理[M]. 北京:科学技术出版社,1986.

[5]王德海,张晓婉,赵维宁. 现代项目管理的理论与方法——项目管理者操作指南[M]. 北京:中国农业出版社,1998.

[6]毕星,翟丽. 项目管理[M]. 上海:复旦大学出版社,2000.

[7]世界银行项目管理编写组. 世界银行项目管理(世界银行培训教材)[M]. 北京:中国财政经济出版社,1983.

[8]卢有杰,卢家仪. 项目风险管理[M]. 北京:清华大学出版社,1998.

[9]刘新梅,赵西萍,孙卫. 项目人力资源与沟通管理[M]. 北京:清华大学出版社,1999.

[10]Ward W A, Deren B J, D'Silllva E H. 项目分析经济学——实用指南[M]. 卢有杰,译. 北京:清华大学出版社,2001.

[11]卢有杰. 新建筑经济学[M]. 北京:中国水利水电出版社,2002.

[12]卢有杰. 建设系统工程[M]. 北京:清华大学出版社,1997.

[13]罗东坤. 项目管理[M]. 东营:石油大学出版社,1991.

[14]Knutson J, Bitz I. 怎样当好项目经理[M]. 黄志强,张小眉,译. 上海:上海人民出版社,1995.

[15]Ruskin A M, Estes W F. 工程师应知:工程项目管理[M]. 唐齐千,译. 北京:机械工业出版社,1987.

[16]徐国华,赵平. 管理学[M]. 北京:清华大学出版社,1989.

[17]吉多,克莱门斯. 成功的项目管理[M]. 张金成等,译. 北京:机械工业出版社,2000.

[18]弗雷姆. 新项目管理[M]. 郭宝柱等,译. 北京:世界图书出版公司,2001.

[19]哈林顿,霍尼,康纳. 项目变革管理[M]. 唐宁玉等,译. 卢有杰,审校. 北京:机械工业出版社,2001.

[20]刘易斯. 项目经理案头手册[M]. 王增东等,译. 北京:机械工业出版社,2001.

[21]施瓦尔贝. IT 项目管理[M]. 王金玉,时郴,译. 王增东,审校. 北京:机械工业出版社,2002.

[22]Charette R N. Software Engineering Risk Analysis and Management[M]. New York : McGraw-Hill Book Company, 1989.

[23]风险管理编写组. 风险管理[M]. 成都:西南财经大学出版社,1994.

[24]The Association of Project Managers. Project Risk Analysis and Management[M]. Buckinghamshire: The Association of Project Managers, 1992.

[25]杨国民,马飞,许正良. 决策技术[M]. 长春:吉林人民出版社,1986.

[26]吴之明. 现代工程建设的计划与管理[M]. 北京:清华大学出版社,1987.

[27]Hamburger D H. The Project Manager: Risk Taker and Contingency Planner. Project Manager Journal[J], 1990,21(4).

[28]世界银行经济发展学院教学资料. 项目管理培训班(教材之一)[M]. 清华大学,译. 1994.

[29]世界银行经济发展学院教学资料. 项目管理培训班(教材之二)[M]. 清华大学,译. 1995.

[30]世界银行经济发展学院教学资料. 项目管理培训班(教材之三)[M]. 清华大学,译. 1995.

[31]世界银行经济发展学院教学资料. 项目管理培训班(教材之四)[M]. 清华大学,译. 1995.

[32]卢有杰. 项目风险管理. 中国投资与建设[J],1997(1),(2).

[33]卢有杰. 项目人力资源管理[J]. 中国投资与建设,1997(8),(9).

[34]卢有杰. 经济全球化中的项目管理[J]. 工程经济,2003(6).

[35]卢有杰. 关于项目管理知识若干问题的探讨[D]. 中国(首届)项目管理国际研讨会论文集之二,理论篇——项目管理的理论、方法和工具,2002(4).

[36]卢有杰. 认真推广项目管理. 经济管理[J],1996(6).

[37]美国项目管理协会. 项目管理知识体系指南[M]. 3 版. 北京:电子工业出版社,2005.